U0479533

北京市公共图书馆大事记 2012–2022

The Chronicle of
Beijing Public Libraries
(2012-2022)

首都图书馆 编

学苑出版社

图书在版编目（CIP）数据

北京市公共图书馆大事记：2012—2022 / 首都图书馆编 . — 北京：学苑出版社，2023.10

ISBN 978-7-5077-6766-7

Ⅰ . ①北… Ⅱ . ①首… Ⅲ . ①公共图书馆－大事记－北京－2012-2022 Ⅳ . ① G259.271

中国国家版本馆 CIP 数据核字（2023）第 183568 号

责任编辑：战葆红　刘　悦
出版发行：学苑出版社
社　　址：北京市丰台区南方庄 2 号院 1 号楼
邮政编码：100079
网　　址：www.book001.com
电子信箱：xueyuanpress@163.com
联系电话：010-67601101（销售部）　010-67603091（总编室）
印　刷　厂：河北赛文印刷有限公司
开本尺寸：710 mm×1000 mm　1/16
印　　张：31.5
字　　数：420 千字
版　　次：2023 年 10 月第 1 版
印　　次：2023 年 10 月第 1 次印刷
定　　价：128.00 元

编委会

主　任　毛雅君　许　博
副主任　胡启军　李念祖　刘　朝　谢　鹏　张　娟

委　员　肖佐刚　樊亚玲　李　凯　郝　伟　吴　私
　　　　姚光丽　陈乐宝　刘冬梅　王海东　杨兰英
　　　　史红艳　王海川　孙海波　张　慧　刘凤革
　　　　尉红英　朱爱平

编　辑　高　莹　陈　琼　李木子　武克涵　李晓晔
　　　　于景琪　许　凯　刘禹伶　权菲菲

编写说明

《北京市公共图书馆大事记（2012—2022）》是北京市公共图书馆行业在互联网新时期十年来的成长足迹，这不单是一部记录史，而且是能从一个侧面反映出北京地区不同类型图书馆创新求索的发展历程。"修志问道，以启未来"是编修大事记的初衷所在。

本书以编年为主，纪事本末为辅。全书编排分为4个部分。第一部分为专家约稿和北京市公共图书馆十年发展综述，以见闻和综述形式，从不同视角讲述了北京地区公共图书馆业务建设概况。第二部分为北京市公共图书馆大事记，这一部分较为全面、系统地记载了2012—2022年间，北京地区图书馆面对变革发生的大事，包括重要会议、主要活动、改革创新等。第三部分为北京市公共图书馆分类大事记，这部分是对公共图书馆十年来大事、要事的凝练。第四部分为附录，主要内容为馆舍建设、馆藏特色、机构变动、所获奖项、法律行规、主要人事任免和出版物等统计资料，便于读者快捷查询，了解重点。

《北京市公共图书馆大事记（2012—2022）》的资料来源于北京各区公共图书馆汇总编撰的记录。本着以事为主、客观叙述的原则，编者重点对这部分内容进行了重新审读、修订和完善。由于篇幅所限，以往的活动内容，仅选择对全市业务发展有较大影响力的部分写入。全书的数据来源于北京市公共图书馆年度业务统计和工作总结。

本书的编修历时一年，得益于各馆领导的缜密部署、行业专家的全力支持、各区馆员的通力合作。在收集资料与编写的过程中，我们再一次见证了时代浪潮之下公共图书馆界的变与不变。书香传承，继往开来，编者们同样怀揣着梦想与期待。

编 者

2023年10月

前　言

2023年，借首都图书馆建立110周年之际，我们编写了这本《北京市公共图书馆大事记（2012—2022）》，概要回顾了北京市公共图书馆10年来的发展历程。

时光荏苒，转眼10年过去了。这10年是值得浓墨重彩记录的10年。在以习近平同志为核心的党中央坚强领导下，我国如期实现了全面建成小康社会的宏伟目标，开启了全面建设社会主义现代化国家的新征程。这10年里，北京作为全国文化中心，在公共文化服务体系建设、古都历史文化遗产保护、文化传播与交流等各个方面稳步推进。伴随着国家腾飞和北京文化各领域发展，公共图书馆事业也迎来蓬勃发展，北京市公共图书馆覆盖城乡的服务网络体系基本建成，扎实推动了全民阅读国家战略，将市、区两级文化资源输送到基层，实现了全区域文化资源的有序流转。信息技术赋能开创了文化惠民工程新局面，公共数字文化融合发展工程深入推进，智慧图书馆建设取得了实质性进展。

从图书馆服务台前长长的借阅队伍，到如今网借配送、送书到家；从17点响起的闭馆音乐，到延时开馆夜间点亮的灯光和座无虚席的夜读身影……映射的是北京市公共图书馆紧跟时代步伐，同频共振的成长故事。时代的洪流开阔了图书馆人的视野与思路，掀起了对公共图书馆理念功能、服务范式、运营模式、建筑形态、文化载体的创新探索。其间无数艰辛岁月，不只浸透了图书馆人在文献工作上的心血，更闪烁着服务民众、服务社会的公益之光。万书插架非关我，一卷入心方属君，书籍在流动中产生价值，知识在传递中化育理想，而图书馆正是平等阅读、实现理想的平台。

阅读是人类精神发展史的一个缩影，只有通过阅读与思考，才能沿文本上溯先贤的精神气象。北京作为一座古老而焕发新生的城市，要沟通历史与现在，要实现世界认同的北京模式，必须拥有"万卷心胸几今古"的气势。北京市公共图书馆担负着新的文化使命，资源的共享、良好的互动让我们将共同的语言、共同的理想转化成为共同的思想和价值，向整个城市输送源源不断的精神力量。

2014年至2023年，"全民阅读"连续十次被写入政府工作报告，学习型社会书香氛围越来越浓厚。从市中心的公共图书馆到阡陌间的农家书屋，从读书会到童书角，公共图书馆文化服务越来越深入人心。一个城市的文化决定着它的魅力，而作为城市名片的图书馆，代表着城市的深度和厚度，一座书香漫溢的城市必定是美丽的城市，那是关于心灵和精神的大美。愿北京市图书馆界和各界热心图书馆事业发展的有志者相会于此，相激相荡。首都图书馆将团结带领全市各级公共图书馆逐步实现从"以书为本"向"以人为本"的全面转型，文化服务从"一般化、基本化、均等化"向"优质化、数字化、智能化、身边化"的高质量服务迈进，为全力提升首都的文化凝聚力、传播力、创新力踔厉前行。

编者

2023年10月

目 录

阅读北京,与书相伴
　　——写在首都图书馆建馆 110 周年之际……崔岱远 / 1
愿在家门口实现与"诗和远方"的相遇
　　——北京市公共图书馆十年发展综述 / 7

北京市公共图书馆大事记(2012—2022)/ 21

2012 年 / 23

2013 年 / 42

2014 年 / 62

2015 年 / 79

2016 年 / 103

2017 年 / 127

2018 年 / 143

2019 年 / 160

2020 年 / 179

2021 年 / 199

2022 年 / 225

北京市公共图书馆分类大事记（2012—2022）/ 255
市级以上领导察访 / 257

公共图书馆评估定级工作 / 262

重要会议及培训 / 264

重点工程建设 / 269

业务与服务创新 / 274

协会与联盟 / 283

全民阅读活动 / 290

文化志愿服务与特殊群体服务 / 297

馆舍发展及组织机构改革 / 303

附 录 / 307
首都图书馆及北京市区级图书馆简介 / 309

2012年—2022年北京市公共图书馆新馆建设情况 / 329

2012年—2022年北京市公共图书馆获得荣誉一览表 / 331

2012年—2022年北京市公共图书馆编辑出版书录 / 450

北京市公共图书馆第五次、第六次评估定级一级馆名单 / 459

2012年—2022年北京市公共图书馆馆长、书记任职年表 / 460

2012年—2022年公共图书馆法律法规、政策文件、行业标准 / 466

2012年—2022年北京市公共图书馆数据对比图 / 472

Table of Contents / 475
Build Cultural Hubs at Doorstep, Bring Poems and Dreams Within Reach
Overview on the Development of Beijing Public Libraries During the Past Decade / 477

阅读北京，与书相伴
——写在首都图书馆建馆110周年之际

今年是首都图书馆建馆110周年馆庆。110年，长过一个世纪还拐了个弯儿。首都图书馆，就像一位静静地坐在京城某条胡同里四合院门口大槐树下的期颐长者，阅尽了这座城市的繁华与庸常，悠悠然诉说着百多年来的北京故事。一位位过客停下脚步驻足聆听，或久或暂，都从这位长者的讲述中收获了无尽的意趣。首都图书馆就是一部书，一部可以听闻可以阅读的北京之书。

我之于首都图书馆只能算是一个后生晚辈。曾经位于国子监的首都图书馆老馆那狭长幽深的阅览室只属于我童年里模模糊糊的记忆。仔细想来，我与这座北京的知识宝库真正的缘分主要就集中在百年一拐弯儿这十年间。而这十年恰恰是首都图书馆深推全民阅读、建设书香中国的崭新阶段。这十年间，我眼见着悠远博厚的首都图书馆敞开了阅读之门，再次展现出了勃勃生机。

2012年，党的十八大报告历史性地写入"开展全民阅读活动"的号召。也正是在那一年，我第一次走进了位于东三环十里河附近宽敞豁亮的首都图书馆新馆，坐在了"乡土课堂"的讲台上，和百余位读者朋友们分享我的新作《京味儿食足》。从此之后，每一年每一季，我都要登上首都图书馆高高的台阶，在这里和读者朋友们一起阅读北京，同时也见识了首都图书馆为推动全民阅读所举行的各种阅读活动。而我，作为一个在北京土生土长的读者、作者和编者，承蒙首都图书馆抬爱非常幸运地一次次参与其中，和首都图书馆一起度过这十年的时光。

作为一名作者，我在首都图书馆的品牌活动"乡土课堂""阅读之城""尚读沙龙""成长课堂"上与读者朋友们分享过我的作品《京味儿》《京范儿》《吃货辞典》《北京三字经》。在首都图书馆与北京大兴国际机场合作共建的首都图书馆大兴机场分馆的开馆仪式上和北京广播电视台的主持人一起做了首场阅读活动，分享了我的新作《四合院活物记》。

作为读者，我应邀担任了"首都图书馆荣誉馆员"，在2018年和北京市公共图书馆文化志愿者总队的志愿者们一道远赴新疆参加了作为北京市对口扶贫协作领域文化交流项目的"书香'智'远，'志'爱无疆"——赴新疆和田文化志愿公益活动，在首都图书馆和田分馆、和田地区图书馆、和田市图书馆、墨玉县图书馆、洛浦县图书馆等地全程8天参与了文化支援志愿公益活动，主讲了"中国传统节日节气文化"和"走近季羡林"等多场文化讲座，把首都北京浓郁的文化气息传达到昆仑山下。此外，为了促进国际间的文化交流和文明互鉴，我还在保加利亚总统访华前夕联系策划了保加利亚驻华大使馆向首都图书馆捐赠图书活动，由大使亲自把书送到首都图书馆的馆领导手中。文化，只有传播和交融才能体现出魅力和价值。

作为一名编者，我和首都图书馆的相关同志们齐心协力精心策划，邀请了北京师范大学文学院的专家学者们进行分类归纳和深度点评，把作为北京市全民阅读品牌项目"阅读北京"的重要组成部分，北京市公共图书馆联合开展的全市大型阅读推广活动《最美书评》征集评选出的获奖优秀作品结集出版，为读书人、书评人和读书评的人著书立言，连续6年凭借优良的编辑出版质量和精美的装帧设计赢得了广大读者的认可，搭建起一座书与人的彩虹桥。

首都图书馆的阅读推广活动全方位覆盖了北京各个阶层、各个地区、各个年龄段的读者群,真可谓是名副其实的深化全民阅读。为丰富京郊大地上农村少年儿童们的文化生活,充分发挥农家书屋的作用,在北京市文旅局的指导和支持下,首都图书馆带领全市各涉农地区公共图书馆开展了"我的书屋,我的梦"农村少年儿童阅读实践活动,组织中小学生走进身边的农家书屋,充分利用公共阅读资源,引导孩子们在阅读中享受快乐,增长知识,同时记录下自己的读书心得,用文字抒发感想,展示风采。于是有了两年一次汇总结集出版的《北京市农村少儿"我的书屋,我的梦"主题征文汇编》,我和首都图书馆少儿馆的老师们一道把这个两年一卷系列图书打磨成了寄托孩子们希望的精品。

十年间,首都图书馆的阅读推广从未间断,即使是在非常艰难开展活动的三年疫情的特殊日子里也不曾停歇过。这是一份对阅读的坚守,需要一种对文化的信念,这份坚守与信念正是植根于首都图书馆百余年来的积淀。记得第一场线上"首图讲坛·空中课堂"直播是在2020年5月2日下午由我主讲的《漫读北京》。当时我坐在空空如也的大厅里,背靠书架面对镜头,在没有任何读者互动的情况下自言自语式地讲了一个多小时。我心想,这么个讲法能有几个人看呢?直播结束,现场的工作人员告诉我说:线上有325.5万读者观看,86万个喜欢,17.6万个黄钻。这个业绩让我不由得一惊,我深深明白,这300多万名观众都是首都图书馆的忠实读者,都是冲着首都图书馆的名气才打开手机听我讲座的。首都图书馆已经成为北京文化生活不可或缺的一部分,无论环境怎么变化,北京需要文化,北京人需要首图。于是第二年,我又在首都图书馆的"春明学堂"线上讲座开讲了《从龙须沟看新北京》的题目。

回想这十年,我有幸能够与这座属于北京基层读者、体现首都文化独特韵致的图书馆全方位相伴成长。首都图书馆不但为我提供了广阔的平台,还给予了我太多的荣誉——邀请我担任了"首都图书馆的荣誉馆员"，授予我"北京市公共图书馆文化志愿者总队优秀文化志愿者"称号。2022年底，我还非常荣幸地和另外99位来自北京各图书馆、出版社、学校、媒体等社会各界，在这十年里同样对"全民阅读"动真情、用诚心、干实事的书友一起被推选为"星星点灯微光如炬百名阅读推广人"，共同成为"书香中国"阅读北京的积极倡导者和有力推动者。在首都图书馆建馆110周年之际，我作为首都图书馆的读者、作者、编者，唯有在此真诚地道一声感谢！

有了首都图书馆的引领，这十年北京市所属的各家公共图书馆在深化全民阅读方面都取得了可圈可点的鲜活成就。北京已经成为名副其实的阅读之城，对京津冀公共文化协同发展乃至引领全国的阅读新风尚起到了示范作用。

东城区图书馆每年读者达100多万人次，借阅图书近90万册。我曾多次应邀主讲东城区图书馆的阅读推广优秀项目"书海听涛"，参与过东城区图书馆极具特色的朗诵推广阅读活动，现场感受了东城读者朋友们蓬勃的阅读热情，还在东城区图书馆与王府井新华书店合作建立的王府井书店图书馆举办过多次新书发布会，尝试了实体书店与图书馆强强联合的新模式。

我曾在西城区图书馆和西城区少儿图书馆为老人们和孩子们主讲了多场读书分享会，进行过多次网络直播，播撒下阅读的种子，内容从节日、节气到美食，从北京文化到"一带一路"，我也被西城区文旅局评为"书香西城阅读之友"。

作为海淀区图书馆的理事，我多次参与了海淀区全民阅读项目的评审，跟随海淀区图书馆的工作人员下到社区、乡镇的阅览室参与基层阅读推广活动，并且亲历了"阅看阅美——三山五园历史文化主题列车阅读空间"的成功打造，和成千上万的游客一起搭乘城铁西郊线，全线感受蕴含着丰厚历史底蕴的"三山五园"名胜文化，通过车厢这个独特的载体把"行"与"读"紧密联系起来，"行"在海淀，悦读于山水之间。乘坐西郊线穿越"三山五园"的阅读活动自2021年3月启动后，通过新华网、中国文化报、中国日报、学习强国等33家媒体累计报道50余次，活动参与人数达到150万人次以上，在潜移默化间向游客传达了阅读的力量。

说起北京的公共图书馆，当然还不能少了坐落于城市副中心的通州区图书馆，在那里要讲的自然是《阅读大运河》，大运河不仅是世界文化遗产，更是北京作为千年古都的文化命脉。

北京的公共图书馆有几十座之多，我为什么单单挑了这几家说呢？因为我生在东城，长在西城，现在居住在海淀，而通州是我的母亲工作了几十年的地方，这几家图书馆和首都图书馆一样，与我有着深厚的缘分，而这十年的阅读时光正是这缘分结出的硕果。我深知，生长在有书可读的北京是一件多么幸运的事情！我读北京，我写北京，我深爱着北京，我乐意在北京的各个图书馆讲述北京的故事。也愿在下一个十年里能常在图书馆与书相伴，与书友为伍，不断深化全民阅读活动，共续千年古都文脉。

（崔岱远　著名作家、编辑、文化学者、北京读书形象大使）

愿在家门口实现与"诗和远方"的相遇
——北京市公共图书馆十年发展综述

党的十八大以来，中国特色公共图书馆事业迎来蓬勃发展新时代。习近平总书记在给国家图书馆老专家回信与致首届全民阅读大会举办的贺信中指出："图书馆是国家文化发展水平的重要标志，是滋养民族心灵、培育文化自信的重要场所"，"坚持正确政治方向，弘扬优秀传统文化，创新服务方式，推动全民阅读，更好满足人民精神文化需求，为建设社会主义文化强国再立新功"，"希望全社会都参与到阅读中来，形成爱读书、读好书、善读书的浓厚氛围。"

"全民阅读"已连续10次被写入政府工作报告，从"倡导"到"大力推动"，再到"深入推进"，全民阅读工作经历了近十年的发展，学习型社会书香氛围越来越浓厚，图书馆公共文化服务越来越深入人心。《中华人民共和国公共文化服务保障法》《中华人民共和国公共图书馆法》及《全民阅读促进条例》的相继出台，令公共文化事业发展得到前所未有、强有力的法律保障。国家审时度势，将文化与旅游合并成立文化和旅游部，推动文化事业、文化产业和旅游业融合发展，促进了产业升级与消费升级，增强和彰显了文化自信，提高了国家文化软实力和中华文化影响力。

新时代十年，书香建设交出了北京答卷。北京市文化和旅游局的组建，以文化赋能旅游发展、提升旅游品位，用旅游带动文化传播、彰显文化魅力，让"诗"和"远方"在满足人民美好生活新期待中实现了更好的联结。北京市"1+3"公共文化政策、《北京市图书馆条例》《北京市基层图书服务资源整合实施管理办法》等文件的出台及修订，令公共图书馆法制化建设持续向前推进。北京市公共文化服务发展、公共图书馆整体规划与发展建设都取得了诸多成效，在文化与旅游、京津冀协同发展与合作模式上进行了深入探索，发挥了北京作为全国文化中心的重要作用。科技与文化的融合发展，加快了传统图书馆改革的步伐，以技术赋能和跨界合作激发了活力。在庆祝中国共产党建党百年、北京冬奥会及冬残奥会筹备并成功举办、党的二十大胜利召开等重大活动与时间节点，北京市公共图书馆积极策划开展了内容丰富、形式多样的系列阅读活动，营造了良好而浓厚的书香氛围。面对新冠疫情"大考"，北京市公共图书馆全体干部职工迎难而上、砥砺前行，主动转变服务方式、积极宣传防疫知识，助力基层抗疫、共铸战疫信心，充分彰显出图书馆人的担当作为。

十年间，北京市公共图书馆事业稳中求进。较之2012年，2022年全市馆藏文献总量提升了75.6%，业务经费增长了60.67%；每万人公共图书馆面积达到322.98平方米[1]；全市四级公共图书馆共举办线上、线下活动14.6万余场，参与市民近9500万人次；在第五次和第六次全国县级以上公共图书馆评估定级中，北京参评的市、区级图书馆全部获评"一级图书馆"。这些数字和体量的增长，是北京市公共图书馆过去十年发展成果的直观呈现，也是全市上下一心、历经考验谋发展的最好印证。愈发多元化的图书馆服务进一步引领大众关注阅读、参与阅读和热爱阅读。北京正在为建设世界城市和创意之都、增强市民的文化获得感和幸福感而持续发力，久久为功，踔厉奋进新征程。

---

[1] 据2012年、2022年"北京市公共图书馆基本情况统计分析汇总表"。

一、体系建设全面推进

时至今日，北京市已构建起以首都图书馆为中心馆、区图书馆为总馆、街道（乡镇）图书馆为分馆、社区（村）图书室为基层服务点的公共图书馆总分馆制体系；并以农家（益民）书屋、特色阅读空间等作为补充的多种形态、多元合作模式不断向基层延伸。十年来，覆盖范围持续拓展，整体效能显著提升。首都图书馆重视发挥中心图书馆职能，积极推进全市公共图书馆服务体系建设，探索公共文化服务新路径、新模式，促进公共图书馆服务体系专业化、标准化、规范化发展。截至2022年，北京市四级公共图书馆（室）总数达到6175家，馆藏文献总量4893.04万册（件），馆舍面积70.7万平方米，阅览坐席10.8万个。

自2013年开始，全市场馆基础设施建设呈增长态势。首都图书馆二期、朝阳区图书馆新馆、通州区图书馆新馆、密云区图书馆新馆、房山区燕山图书馆新馆、海淀区图书馆北馆，丰台图书馆大红门新馆、顺义区图书馆、房山区图书馆新馆落成开馆，全市公共图书馆馆舍面积达到34.1万平方米[1]。北京城市图书馆完成建筑封顶，计划于2023年底开放服务。同时，全市大力推进基层图书馆（室）与特色阅读空间建设，独特的馆舍风格、优质的阅读环境，为读者打造了特色鲜明的综合文化美学空间，在满足人们丰富多样阅读需求的同时，也涵养了城市的文化底蕴。社会化运营与社会力量参与助力公共图书馆延长服务时间、丰富服务内容、提升服务效能，"15分钟公共阅读服务圈"的基本形成，进一步提高了图书馆服务的可触性与便利性，激发了辖区居民的参与热情。

北京市公共图书馆运用"网红"思维主动与自媒体宣传的新策略，

---

[1] 据2022年"北京市公共图书馆基本情况统计分析汇总表"。

吸引公众实地打卡，切实享受公共文化空间学习、休闲等功能，将走进图书馆当成一种生活方式，以空间再造持续推动服务创新和转型发展，促进"以书为中心"到"以人为中心"的积极转变。首都图书馆大兴机场分馆、春明簃阅读空间，东城区角楼图书馆，朝阳城市书屋·熹阅堂馆，西城区红楼公共藏书楼等，就是其中的佼佼者（出圈），吸引了大量市民到访，展现了公共图书馆时代新风貌。

针对城乡发展不均衡情况，"农家（益民）书屋"项目作为贯彻落实乡村振兴战略的精神引擎，有力地推动了阅读资源在不同地域间的流动与共享。北京市共建有农家（益民）书屋 4551 家[1]，经基层图书服务资源整合，全部纳入各区公共图书馆总分馆制建设，实现资源共享，统一管理制度、统一标准服务、统一参加活动，全面提升了农村地区文献资源的利用率和服务效能。"我的书房我的梦"主题活动通过阅读实践引导少年儿童从小学习历史、播种理想信念种子，进一步提升了农村学生的阅读体验与乡村阅读内驱力。

十年间，随着公共图书馆事业发展进入快车道，北京市公共图书馆进行了法人治理结构改革的尝试，北京市区级以上图书馆陆续成立理事会并定期召开相关会议，研讨图书馆各项工作方针策略，搭建合作平台，积极吸收社会力量，为公共图书馆发展注入活力。

二、资源建设共建共享

文献资源是图书馆开展服务的基本来源。随着互联网阅读的数字化、移动化、社交化发展，全市公共图书馆的资源建设力求夯实馆藏、传承特色，以多维服务模式满足读者多元的阅读需求。2022 年，市、区、街道、乡镇公共图书馆购书专项经费总额达 7660.66 万元，较十年

---

[1] 北京市 2022 年农家（益民）书屋出版物补充更新工作情况报告。

前增加了31.65%[1]；全市总文献馆藏量3491.93万册件，较十年前增加了75.6%[2]；数字资源量780.43TB，较十年前增长了1.5倍。全市书刊文献借阅人次达到1163万人次，流通借阅册次达到1147.8万册，较十年前分别提升了1.27倍和46.67%[3]。

在主动适应新技术、新媒介和尊重版权的前提下，更多具有地方特色的多元化典藏文献得到了自主研发、保护、引进与应用。北京市公共图书馆依托自身馆藏，自建了特色数据库，创设特色资源品牌。2022年，北京市各图书馆对冬奥相关数字资源进行了编辑整理与深入挖掘，如首都图书馆着力打造"数字冬奥"资源专栏，延庆区图书馆建设"最美冬奥城——冬奥文化专题库"，丰台区图书馆采购建设"丰台区图书馆·冬奥百科"数据库，通州区图书馆通过全景数字展览技术推出冬奥主题线上展等，助力北京冬奥会及冬残奥会圆满举办。除此之外，首都图书馆的"北京记忆"、东城区图书馆的"东华流韵"、海淀区图书馆的"海淀叙录"、西城区图书馆的"宣南会馆"、西城区青少年儿童图书馆"书间精灵——图书馆藏书票"等一批特色鲜明的自建数据库项目，在保存地域历史文化资料，服务城市开发和经济建设方面发挥着重要作用，同时促进了数字资源的开放共享，提高了文献资源的利用率。文化信息资源共享工程充分利用自建资源及新媒体宣传渠道，在全市开展专题片展演活动，全市总计播放数千场。

面对新冠疫情"大考"，全市公共图书馆迅速做出了应对与转型。疫情防控常态化对图书馆如何满足阅读需求、创新阅读方式以及图书馆服务模式提出了迅速应变的要求，"首图公共文化云"微信直播、"顺图文化云"等一批数字资源云直播、云展览、云阅读、云视听应运而生。全市公共图书馆整合各类文献资源，推动数字资源走上云端、走上指

---

1 据2012年、2022年"北京市公共图书馆基本情况统计分析汇总表"。
2 据2012年、2022年"北京市公共图书馆基本情况统计分析汇总表"。
3 据2012年、2022年"北京市公共图书馆基本情况统计分析汇总表"。

尖，2022年，全市公共图书馆设有数据库473个，其中自建库125个，与2019年相比，增加了62.34%[1]，数字文献阅读量超过445.5万篇/册次，惠及读者119.8万人次[2]。以文化暖人心，以行动防疫情，图书馆为广大读者在家中度过非常时期提供了多种选择。

习近平总书记指出："中华文化延续着我们国家和民族的精神血脉，既需要薪火相传、代代守护，也需要与时俱进、推陈出新"，要"让书写在古籍里的文字都活起来，让中华文明同世界各国人民创造的丰富多彩的文明一道，为人类提供正确的精神指引和强大的精神动力"。十年间，首都图书馆（北京市古籍保护中心）在北京市属古籍收藏单位的通力合作下，在推进中华古籍保护计划、民国时期文献保护计划、中华优秀传统文化传承发展等国家重点文化工程，在传统典籍的保存保护、整理开发、数字化建设、标准制定、推广普及等方面取得丰硕成果。

在古籍普查登记结出硕果基础之上，北京市积极推动地方文献整理开发与研究成果出版。首都图书馆率先完成古籍普查工作，并积极协助市属单位开展普查工作；截至2022年，北京市属41家古籍藏书单位古籍普查工作已基本完成。全市已有17家单位的古籍普查登记目录正式出版。古籍数字化和古籍信息发布工作取得进展。科技赋能，古籍资源得以智能化保护和探索，融媒体手段使典籍的魅力更好地被呈现出来。从2013年北京市古籍保护中心网站上线，到珍贵古籍数字化，全市公共图书馆形成合力，以古籍庋藏为核心，在辐射古籍修复、数字化、阅览、整理和活化利用等方面，取得了长足进展。首都图书馆持续开展"馆藏珍善本古籍数据库"建设，在全市开展代存区馆古籍的数字化工作，以支持各馆进行古籍数字化工作。古籍数字化基础设施逐渐完备，全文书影数字化稳步推进。融媒体传播使得古籍"触

---

[1] 据2019年、2022年"北京市公共图书馆基本情况统计分析汇总表"。
[2] 据2022年北京市公共图书馆服务体系建设工作总结。

手可及"，相关文创产品开发、研学游等传统文化传承弘扬新路径得到开辟。

当古代文字遇上现代科技，北京市古籍保护中心将继续带领各区公共图书馆，以开放、多元、交融、创新的文化格局，保护珍贵文献，展示典籍文化，鼓励吸纳全民共同参与古籍保护事业，传承中华文明精髓，品读经典文心书韵。

三、服务方式推陈出新

党的十八大以来，思考创新、追求创新、实践创新逐渐内化为公共图书馆界的基本共识，成为行业发展新常态。其中以"图书馆＋"和"互联网＋"为引领的协同创新最为突出，文、商、旅、体等多业态开启跨界融合。

2012年也被称为"移动互联网元年"，智能终端、社交媒体、大数据等迎来爆发期，红火领跑，超过10亿[1]的中国网民和手机网民也为图书馆服务提高效能提供了前所未有的机遇。新媒体平台逐渐成为图书馆创新服务的新赛道，其社交功能连接了读者需求和公共图书馆线上服务，媒介融合丰富了图书馆的传播形式。公共图书馆微博、微信、APP、抖音等新媒体在努力积累大量粉丝，推送信息量和访问量方面都保持了上升趋势。传统的活动预告、馆情资讯等服务被延伸至新媒体平台，读者预约、书目介绍、资源推介、信息咨询、借书办证、扫码入馆等服务活跃起来，与支付宝、小程序、H5等关联，更让这些服务变得更加高效便捷。

面对新冠疫情对到馆服务的影响，全市各图书馆积极响应北京市图书馆协会的倡议，整合公共图书馆数字文化服务平台、应用、公众

---

[1] 据第50次《中国互联网络发展状况统计报告》。

服务号等，开展线上服务，多渠道推出《送您一份北京市公共图书馆数字文化资源攻略》，方便市民便捷高效地获取数字资源。

基于覆盖全市的公共图书馆四级服务网络，全市公共图书馆"一卡通"服务网点持续优化。截至2022年，全市公共图书馆"一卡通"成员馆达到457个，其中通借通还馆428个。在实现本地区文献资源联采统编、书目信息联合检索、文献联合编目、图书通借通还和数字资源共建共享基础之上，推出了线上借阅、24小时自助图书机设备、预约借书、电子读者证、"送书到家"等服务。这些新服务是公共图书馆基于技术赋能，探索读者服务新方式和新模式的有效实践。

四、阅读活动异彩纷呈

当阅读渠道从纸质书籍转向新媒体平台、数字资源和沉浸式、立体式的知识分享，各种类型的读书活动、展览、讲座、评比由线下延伸至线上，读者可以通过各馆的微信公众号、直播等互动参与、充分体验，实现终身阅读与优质活动的双向奔赴。新冠疫情中的2020年，北京市各级公共图书馆共举办各种形式的读者活动9710场次，较2012年前增加了1.23倍，参与人数达到5090.9万人次，参与活动的人次比率较十年前增加了14.56倍。

借助新媒体舞台互动造势，北京市公共图书馆推进了一系列具有推广潜力的阅读活动。已陪伴大家7年的"阅读北京——首都市民阅读系列文化活动"，吸引着数百万市民参与，在首都图书馆以及各区图书馆的协作下，近年来已经累计产生451名领读者、287名读书小状元，并向广大读者推荐1000余种图书和69家"十佳优读空间"——百姓身边的基层图书馆（室）。仅2022年全年，各项活动参与量达3926.02万人次，微博话题阅读量2582万，直播活动观看量达1147.8万。北京市诵读大赛、"阅读伴我成长"、"十佳优读空间"评选和"最美书评"

征集评选等全民阅读活动，在全市范围内联动各区图书馆合力参与，形成了"阅读北京"文化品牌，展现了北京全民阅读事业的鲜活成就及对京津冀公共文化协同发展乃至全国范围阅读推广的辐射力。

东城区图书馆"故宫以东·书香之旅"、西城区图书馆"海棠树下为您读诗"、朝阳区图书馆"阅读行走"、丰台区图书馆"丰台文化大讲堂"、石景山图书馆"快乐阅读直通车"、海淀区图书馆"走读之旅"、门头沟区公共文化中心（门头沟区图书馆）"西山讲堂"、房山区文化活动中心（房山区图书馆）"阅读启智 梦想起航"、房山区燕山图书馆"青苗悦读汇"、通州区图书馆"书香副中心"、顺义区图书馆"游花海品书香"、昌平区图书馆"昌平区朗诵艺术节暨大赛"、大兴图书馆"蓓蕾行动"、怀柔区图书馆"童心·绘"、平谷区图书馆京津冀诵读邀请赛、密云区图书馆"诵读密云"、延庆区图书馆"长城脚下有书声"、西城区青少年儿童图书馆"青青草文学社"等富有创新性的阅读活动，影响范围已经远远不局限于馆舍，景区、演播室、学校，甚至网络平台等都成为阅读推广的新空间，让文化元素为旅游增添底蕴，打造了一批文旅融合特色活动品牌。

五、读者服务面面俱到

坚持普惠与特惠相结合，关注老年人、未成年人、残障人士、少数民族、军人（武警）、农民（农民工）等特殊群体，提供有针对性的特色文化服务和上门服务，是图书馆开展公共文化服务的应有之责。十年来，北京市各公共图书馆坚持调整优化相关服务措施，为特殊群体享受图书服务提供便利。

立足本馆特色，专注于青少年儿童阅读培养的阅读服务得到了精心设计。配合"双减"政策，北京市公共图书馆高度重视培养少儿阅读习惯，提倡终身阅读。红领巾读书活动多年来逐渐细分成红领巾讲故事比赛、家庭情景剧比赛、藏书票设计比赛、电子书制作、青少年经典导读、科幻创作征文等多项活动，成为北京市青少年阅读活动的文化品牌，同时，北京市青少年经典导读平台服务也在持续升级。2022年开展的7117场红领巾读书活动，共惠及小读者159.7万人次。针对未成年读者，北京市公共图书馆还通过打造少儿影院、多媒体互动、舞台表演等，拓宽孩子对图书馆的整体认知，吸引他们到图书馆读一读、看一看，学一学、玩一玩。

随着老年人阅览室、无障碍信息服务中心、农民工之家等纷纷设立，图书馆保障公平、普遍、均等的服务理念和社会形象得以进一步彰显。在残障服务方面，各区公共图书馆积极配合数字阅读推广工程的实施，为读者提供了盲人智能听书机外借等多样化的无障碍助读服务。在提升贫困地区的内生动力方面，为进一步推进全市扶贫协作工作，首都图书馆与各区公共图书馆向新疆、河北、内蒙古、云南、重庆等地进行了文化援建，建设北京对口支援合作文献资源数据，组织开展文化支援公益活动，开展北京对口支援合作专题阅读服务，包括专题展览、文献采访与编目、数字资源利用、地方文献工作、阅读推广活动等业务指导和服务，打开了文化扶贫新局面。北京市公共图书馆文化志愿服务团队也参与到各项具体工作的开展和实施中来。截至2022年，文化志愿服务总队累计开展文化志愿服务4789场，参与志愿者4.9万人次，服务总时长15.4万小时。

同时，全市公共图书馆积极参与政府立法与决策咨询工作；市区公共图书馆依据区位优势开展了图书馆进军营，助力书香军营建设工作；积极推广民族特色文献的挖掘与保护，传承和保护少数民族文化，在推动公共文化服务普惠发展和不断满足人民对美好生活向往中发挥了不可或缺的作用。

六、深入合作共谋发展

为全面落实中央《京津冀协同发展规划纲要》和《京津冀三地文化领域协同发展战略框架协议》，2015年，京津冀图书馆联盟正式成立。7年来，联盟成员馆发挥各方优势，联合参考资讯平台、专业人才培养平台、惠民服务平台、公共文化示范区建设平台及冬奥会主题服务平台等，联合策划实施了阅读推广、文化帮扶、展览巡展、交流研讨、人才培养等系列项目，实现了优势互补、互利共赢、协同发展。在《京津冀图书馆合作协议》下，联盟组织文化帮扶贫困县图书馆；三地联合举办京津冀图书馆联盟馆员论坛；启动了京津冀图书馆红色文献数据库建设项目，推进了京津冀区域图书馆红色文献征集梳理、整合开发、数据库建设、征集保护和开发利用等工作；与三地图书馆联合举办"三地青少年经典导读活动""阅读冬奥共迎未来——京津冀百万少年儿童冬奥知识竞赛活动""我与图书馆的故事"等活动；共同与雄安新区公共服务局签署《雄安新区图书馆发展支持计划框架协议》，开展京津冀图书馆一体化建设研究，探索京津冀图书馆服务体系新发展理念，推进图书馆智慧化转型，构建新发展格局，促进三地图书馆事业协同发展。

十年间，北京公共图书馆的横向联合发展日益加深，在国际交流合作方面取得了宝贵经验，拓展了影响力。北京市公共图书馆代表团实施"一带一路图书馆国际合作交流项目"，每年从北京友好城市中选取4个国家开展交流活动，以互设读书专区、互办学术讲座、互递文献资料、互动学术交流、互派馆员访问为原则，新建"阅读北京"图书空间，并以此为基础开拓多样的合作交流工作；在区域合作中，北京市公共图书馆代表团赴我国台湾地区参加"北京文化周"系列文化交流活动，成功开启"首都图书馆'阅读北京'活动项目"，展示书籍深受台湾地区年轻人的喜爱，增进了两岸交流。在"走出去"的同时，各图书馆也积极"引进来"，通过搭建文化展览展示舞台，策划举办"拉美艺术季""伊朗文化周"等异域文化风情展，为首都市民提供了沉浸式文化体验。

七、科技赋能智慧引领

"十二五"期间，全国文化信息资源共享工程、数字图书馆推广工程、公共电子阅览室建设深入实施，海量优质数字资源和便捷服务送至基层，改变了基层图书馆信息化程度低和资源建设落后的状况，在馆藏资源数字化建设和网络信息服务方面发挥了重要作用；"十三五"期间，在统筹上述三大工程的基础上，积极推动公共数字文化工程创新，并于2018年成立"首都图书馆公共文化云"，联动全市公共图书馆资源，打造了七大功能版块的公共数字文化服务平台，合力织就京城"云中图书馆"。新冠疫情爆发初期，全市各级公共图书馆服务"线下关门、线上开花"，通过数字阅读方式实现图书馆服务不打烊。

近年来，全市公共图书馆加快推进智慧图书馆建设，积极将RFID、云计算、大数据、人工智能、区块链、VR、人脸识别、智能书架、机器人等新一代信息技术应用于业务建设和读者服务，智慧图书馆建设取得实质性进展。2022年，首都图书馆以创新举措促使图书馆传统服务在"互联网+"助力下实现转型升级。"阅享京彩"网借服务平台，为全市读者提供图书快递到家服务和上门揽件还书服务；"读者智能问答系统"通过官方网站、微信小程序、微信公众号等多个线上服务平台，实现预约入馆、图书借阅、信息咨询、OPAC查询等多项综合性服务问题解答；"手机扫码借书服务"为读者提供文献借阅方式多元化选择；利用软件机器人自动化技术模拟人工操作，可实现重复性工作自动化流程服务。智慧图书馆串联起了互联网、大数据、云计算、人工智能和物联网，逐步形成惠及全民的阅读服务新业态。

文化自信是更基础、更广泛、更深厚的自信，是更基本、更深沉、更持久的力量。北京这座历史文化名城，正焕发出新的时代光芒。北京市公共图书馆作为全民阅读体系中的重要一环，在推动全民阅读的过程中稳定发挥着涵养地方阅读文化、服务多元阅读需求、集结阅读推广力量、提高阅读推广专业水平的功能。未来，公共图书馆将从阅读延伸出去，通过营造开放、平等、共享的空间，进一步打造优质文化服务品牌，挖掘馆藏资源特色，增加服务的深度与广度，渗透力与影响力。

图书馆发展正迎来最好的时代。文化与科技双向赋能将让知识更加便捷地抵达读者心灵，让公共阅读真正融入城市生活，让市民轻松享受更加异彩纷呈的图书馆服务。

愿更多读者能在家门口实现与"诗"和"远方"的精彩相遇；愿北京市公共图书馆事业、全国文化中心建设更上一层楼！北京市公共图书馆人也将踔厉奋发、笃行不息，奋力铸就首都文化新辉煌！

北京市公共图书馆大事记
(2012—2022)

2012 年

一月

1月1日 著名作家蒋子龙参加东城区图书馆"书海听涛"系列活动,与读者谈"人成精了,文学怎么办?"

1月7日 以"弘扬北京精神,传承北京文化"为主题的"首图讲坛·乡土课堂2012年新闻发布会"在首都图书馆举行。市社科联社科普及部主任孙武权、北京史研究会会长李建平、副会长谭烈飞等领导、专家出席。

1月7日 丰台区图书馆召开读者座谈会,读者代表对图书馆服务水平、阅读推广活动、馆藏资源及人性化服务等方面工作给予充分肯定,并对图书排架、活动秩序维护等提出建设性意见。

1月10日 文化部社会文化司、全国文化信息资源建设管理中心以及北京市文化局共同主办的"文化年货带回家"服务农民工主题活动在朝阳区闽龙陶瓷总部基地举行。全国文化信息资源建设管理中心、首都图书馆及朝阳区图书馆向闽龙陶瓷的农民工代表赠送80套文化共享工程视频光盘及图书。

1月31日 北京市委书记刘淇到首都图书馆就文化服务设施建设情况调查研究,参观"北京精神"大型主题展,视察社区数字文化站展示厅并听取首都图书馆二期工程的汇报,对图书馆近年来在建设北京市公共文化信息服务体系的成绩给予肯定。

1月　房山区燕山图书馆新馆建成并投入使用。新馆位于燕山文化活动中心5层，馆舍面积2800平方米，实现计算机管理、网络全覆盖，7月正式面向读者开放。新馆新增图书20000余册、报纸500余种，建有街道图书室4个、社区图书室31个、图书配送网点51个。

二月

2月11日　著名作家梁晓声做客东城区图书馆"书海听涛"，为读者讲述知青故事的文学创作并留言"发展图书馆事业，更好地为热爱读书的人们服务"。

2月14日　昌平区图书馆举办2012年昌平区文化资源共享工程管理员培训班，来自14个镇（办）的139名基层管理员参加培训。

2月16日　由瑞典LIFE学院与西城区图书馆联合举办的"瑞典的风能开发与利用"主题图片展览在西城区图书馆开幕，展览汇集了51幅图片，主要向公众介绍中国、印度、瑞典及非洲的风能开发与先进经验，以及瑞典LIFE学院在这4个国家与地区的培训成果。

2月21日　石景山区图书馆组织召开2012年基层工作会，区图书分馆馆长等参加会议。会议总结2011年基层图书分馆工作，部署2012年重点工作，表彰北京市2011年度"千场讲座"活动组织奖的获奖馆与优秀基层分馆。

2月22日　歌德学院院长彼得·安德思、歌德学院图书馆馆长莫妮卡·威廉姆斯等一行3人到西城区图书馆参观，西城区图书馆馆长阎峥、副馆长吉晓明等接待，双方洽谈图书馆合作事宜。

2月23日　北京市文化局在朝阳区潘家园街道图书馆正式启动北京市"数字文化社区"工程建设工作，此工程是市文化局2012年公共文化服务方面"十大惠民"工程之一，同时还被列入2012年"市政府为群众拟办的35件重要实事"。东城区、西城区等文化委员会主管领导，朝阳区相关委办局及43个街乡主管文化工作领导参加启动仪式。文化部社文司司长于群、书记陈刚，市文化局局长肖培等共同为潘家园数字文化社区揭牌。

2月29日　怀柔区图书馆组织全馆干部职工赴天津泰达图书馆参观。

三月

3月7日　北京市崇文区图书馆更名为"北京市东城区第二图书馆"。

3月10日　怀柔区图书馆开通图书通借通还服务。

3月13日　大兴区图书馆开通图书通还服务。

3月19日　西城区青少年儿童图书馆召开2012年西城区中小学生第三十届"鲁迅奖章"暨"红领巾读书"活动动员会。会上总结2011年"红读"活动开展情况，宣读获奖名单，布置2012年活动。全区41所小学、28所中学的"红读"活动负责人参加会议并交流工作经验。

3月23日　河北省三河市图书馆同人到顺义区图书馆参观学习。

3月26日　乌克兰国家图书馆协会代表团一行28人到访首都图书馆，就图书馆业务发展、数字资源建设等进行参观交流。首都图书馆副馆长陈坚接待。

3月28日　2012年街道图书馆工作会在东城区图书馆召开，东城区文化委员会党委书记杨新、副主任魏瑞峰，东城区图书馆馆长肖佐刚、副馆长左堃，以及17个街道主管领导与图书管理员共50余人参会。会议总结2011年街道图书馆工作，布置2012年工作。

3月29日　房山区燕山图书馆召开"红领巾读书"工作会，会议总结2011年"红读"工作，安排2012年活动，表彰市级先进集体和个人并组织经验交流。

3月29日 河北省三河市文化局及图书馆领导一行8人到平谷区图书馆实地参观考察，交流工作经验，平谷区图书馆馆长徐柏香等馆领导接待。

3月30日 东城区图书馆召开2012年"红领巾读书"活动工作会，首都图书馆、区文化委员会、精神文明办、少工委、图书馆相关领导及东城区各学校大队辅导员、"红读"活动负责老师，共80人参会。东城区图书馆馆长肖佐刚对2011年"红读"活动进行总结，区文明办副主任吴晨宣读《关于开展2012年东城区红领巾活动通知》，区少工委负责人曾国强布置2012年"红读"活动方案。

3月30日 平谷区图书馆召开全区基层街道、乡镇分馆工作会，馆长徐柏香等相关领导出席。来自全区18个乡镇、街道的基层文化干部参加会议。

3月31日 首都图书馆特别策划的"书香暖童心 阅读促成长"国际儿童图书日主题活动在馆内举行。来自劲松第四小学近1500名学生通过看电影、读好书、与名家面对面等活动丰富自身知识、享受阅读乐趣。副馆长邓菊英代表首都图书馆向该小学赠送200册《童年书缘》图书。

3月 "爱国、创新、包容、厚德"的"北京精神"表述语正式发布后，西城区图书馆举办"北京精神学习月"活动：邀请4位北京史专家阐述"北京精神"精髓，231名读者参与讲座；线上线下同时举办"北京精神"主题展览，吸引近7000名读者参观。

3月 怀柔区图书馆完成机房升级改造。

3月 平谷区图书馆对全区10家新建社区益民书屋及60家补充建设的村级益民书屋进行自查及工作指导。

四月

4月11日 怀柔区图书馆召开2012年"红领巾读书"活动工作会，区图书馆副馆长张慧等领导，全区31所小学校大队辅导员及直属初中校团委书记参加会议。会议总结2011年怀柔区"红读"活动，表彰获奖单位及个人，布置2012年"红读"活动具体工作。

4月14日 "京城活雷锋"孙茂芳爷爷走进东城区图书馆讲述雷锋故事，并与殷乐等小朋友们共度"书香生日会"。40多名孩子及家长参与。

4月16日—4月24日 怀柔区图书馆举办2012年共享工程管理员培训班，图书馆馆长王建军、副馆长张慧等出席开班仪式。培训覆盖全区284个村级服务点及16个镇乡、街道服务点，内容包括计算机基础知识、互联网搜索引擎与网络资源使用、共享工程平台使用及文化服务活动等。

4月17日 西城区图书馆与西城区图书馆协会参与协办的中国国际友人研究会书画院成立仪式在西城区图书馆举行。

4月21日 由首都图书馆联盟主办，首都图书馆、国家图书馆、北京市区县图书馆联合承办的"北京换书大集"正式启动。国家图书馆提供近年文津图书奖获奖图书进行交换，23家区县参与前期书刊收集工作，多家出版社、多位文化名人提供图书交换。活动吸引近5000人参与，交换书刊近25000册。

4月22日 由首都图书馆联盟、首都图书馆和中国传媒大学播音主持艺术学院共同主办的"品读书香·传诵经典——世界读书日大学生诵读会"在首都图书馆举行，标志着首都图书馆与该学院广泛合作的开启。来自首都四所高校的青年学生以朗诵、配音、吟唱等形式参与活动，现场观众近400名。

4月22日 西城区青少年儿童图书馆协同新浪读书人俱乐部与儿童

公益爱乐团,在首都博物馆举办"逛北京,看北京——2012年西城亲子绘本阅读行动派"活动。

4月23日 房山区图书馆文博分馆开馆。在故宫博物院院长单霁翔的大力支持下,段天顺、张忠培、郑欣淼、单霁翔、赵少华、李洪峰、杨志今、郭旃、董保华、苏东海、阎崇年、于丹、姜昆、吴雨初、孔繁峙、王亚民及李韵等共捐赠图书1万多册。

4月23日 "山水清韵、推敲诗魂——贾岛纪念馆、图书馆开馆仪式暨房山区第17个'世界读书日'贾岛诗歌咏诗会"在房山区贾公祠举办。咏诗会以群体朗诵会的形式,通过《风起盛唐》《推敲佳话》《千古余声》上中下3篇展示了贾岛的诗歌人生和贾岛文化。故宫博物院院长单霁翔、国家文物局副局长董保华及首都图书馆副馆长陈坚等领导出席活动。

4月23日 由怀柔区委宣传部、区文化委员会主办,桥梓镇人民政府、区图书馆承办的怀柔区2012年"践行北京精神 弘扬怀柔文化"全民读书活动暨"十万图书进农家"启动仪式在桥梓镇文化广场举行。市新闻出版局、市读书益民工程领导小组办公室及首都图书馆等有关领导出席。活动为全区284个行政村的益民书屋配送图书10万册,价值280余万元。

4月23日 石景山区少年儿童图书馆同人一行15人到怀柔区图书馆参观交流,怀柔区图书馆副馆长李晓东、张慧陪同。双方进行座谈交流。

4月24日 北京市教育委员会"社会大课堂"调研组一行6人到平谷区图书馆就北京市中小学生社会大课堂活动开展情况进行调研。

4月25日 东城区图书馆与"北京精神"群众摄影文化活动组委会联合举办"理解北京精神拍摄北京精神"摄影讲座,北京市政协原副主席、《北京青年报》摄影部主任胡金喜主讲。

4月26日 "4·23"世界读书日暨"外交官带你看世界"系列活动

启动仪式在西城区图书馆举办。活动由中国国际友人研究会，西城区图书馆、区图书馆管理协会、区文联、区社科联及区旅游行业协会共同主办，旨在给读者提供与《外交官带你看世界》丛书作者及我国前驻外外交官交流的平台。

4月26日 昌平区图书馆举办"北京精神美德传承"读书演讲比赛，15名基层赛优秀选手参加。北京市新闻出版局与昌平区委等部门领导出席。

4月27日 海淀区图书馆一行赴朝阳区图书馆就24小时自助图书馆运行维护工作开展交流。

五月

5月12日 "五个一"文化助残系列活动赠书仪式暨文化助残讲座在首都图书馆举行，首都图书馆副馆长陈坚、市残联宣文部主任董连民、市残疾人活动中心主任李焕林、市肢残人协会主席刘京生等领导出席。活动由首都图书馆与市残疾人联合会、市残疾人活动中心共同策划开展，"五个一"即"参加一次讲坛""参观一场展览""读一本好书""进行一次图书交换""分享一份心得"。

5月18日 首都图书馆、平谷区黄松峪乡政府与塔洼人家度假村联合打造的乡村文明共建服务点、平谷区图书馆分馆——塔洼书苑正式挂牌成立，面积100余平方米，配有图书2万册。首都图书馆与黄松峪乡政府自2009年6月起开始文明共建，不断合作促进基层文化建设。

5月20日—7月12日 房山区燕山图书馆各部门全部搬入燕山文化中心五层。成人部和期刊室合并搬到503室，少儿部在507室。

5月28日 "图书馆服务宣传周"期间，首都图书馆举办"图书馆体验日——走进现代图书馆"活动。读者代表与媒体工作者，参观首都图书馆社区数字文化站展示厅及二期工程现场。这是首都图书馆二期工程首次向普通读者开放参观。

5月29日 首都图书馆为北京光爱学校师生送去图书700余册。该校专门收留来自全国各地的流浪儿、孤残与特困儿童，实行全免费寄宿制。首都图书馆为该校办理集体借阅证，并在该校设立首都图书馆流动图书站，定期为孩子们提供图书。

5月 石景山区图书馆社区青年汇被评为2012年度"石景山区示范社区青年汇"。

5月 石景山区图书馆被评为"石景山区扶残助残先进集体"。

5月 在第二届"北京阅读季"期间，昌平区图书馆组织各乡镇开展"百姓读书大讲堂"活动，共举办讲座、论坛及报告等共31场，2009人次参与。

六月

6月1日 石景山区图书馆召开2012年图书馆服务宣传周、科技周总结表彰会。区科学技术协会主席佟长江、区文化委员会党委副书记阮起良等领导出席，社区居民、在校学生、企业员工及部队战士近百人参加了活动。

6月9日 著名作家王蒙参加东城区图书馆"书海听涛"系列活动，为400余位读者讲述"与文学同行"。

6月9日 我国第7个"文化遗产日"之际，北京市委宣传部、市文物局，东城区、西城区人民政府联合主办的"文化遗产与文化繁荣"主题活动，于永定门广场举行。东城区图书馆编辑的《我与中轴线》《聚焦中轴线》两部书在活动中正式与社会公众见面。活动同时推出根据两部内容设计、制作的大型公益展览——"壮美中轴线"图片展。

6月12日 东城区副区长朴学东调研东城区第一图书馆、第二图书馆。东城区文化委主任李承刚、副主任魏瑞峰陪同，馆长肖佐刚汇报。

6月14日　由西城区图书馆、北京德国文化中心歌德学院（中国）、西城区图书馆管理协会共同举办的主题为"公共图书馆作为生活和体验的空间"学术研讨会在西城区图书馆举行。西城区图书馆馆长阎峥主持会议，德国比勒费尔德市公共图书馆馆长哈瑞德·皮尔茨主讲。

6月20日—6月21日　北京市公共图书馆馆长工作会议在昌平区召开。会议对首都图书馆联盟、全市公共图书馆近期工作进行总结与部署，组织各区县图书馆交流研讨，学习《公共图书馆服务规范》等文件。市文化局副巡视员、首都图书馆馆长倪晓建，市文化局公共文化处处长黄海燕，首都图书馆及各区县图书馆馆长参会。

6月27日—6月29日　瑞典LIFE学院在西城区图书馆召开国际能效应用与规划（亚洲区）研讨会，共有来自中国、印度、越南、印度尼西亚、蒙古、泰国、斯里兰卡及瑞典8个国家的23名学员参会。

6月　西城区宣武图书馆正式启动北京市"数字文化社区"工程建设，区内首批建设单位——天桥社区服务中心、广外社区服务中心、广内社区服务中心、陶然亭龙泉社区居委会、白纸坊社区服务中心及牛街社区服务中心的"数字文化社区"正式对外开放。

6月　顺义区图书馆荣获"顺义区创先争优先进基层党组织"称号。

七月

7月3日　第二届"北京阅读季"之"北京精神美德传承"读书演讲比赛决赛暨怀柔区2012年全民读书活动颁奖仪式在怀柔区图书馆举行，首都图书馆副馆长陈坚等领导出席。

7月10日　石景山区区委、文化委员会领导前往区图书馆考察调研，对图书馆工作给予肯定。

7月18日　由朝阳区文化委员会、区妇联主办，区图书馆、悠贝亲子图书馆承办，朝阳各街乡协办的"书香朝阳"10万人次公益亲子阅读推广活动启动仪式，在朝阳区图书馆正式启动。

7月21日 东城区图书馆向北京市红十字会捐款5000元人民币，用于"7·21"北京特大自然灾害救助，收到北京红十字会感谢状。

7月24日 石景山区图书馆被评为2012年度"石景山区军民共建先进单位"。

7月25日 北京市图书馆协会11家成员单位参与北京市国有文化资产监督管理办公室举办的"大爱无疆——北京文化企业抗击'7·21'特大自然灾害救灾捐赠仪式"，向受灾地区百姓捐款6万元。

7月25日 石景山区图书馆向北京市红十字会捐款人民币3000元，用于"7·21"北京特大自然灾害救助。

7月 北京市文化局牵头，首都图书馆、区文化委员会共同购置设备，援建北京市首个农村数字文化社区——洪寺数字文化社区。援建物资包括图书1万余册、电脑10台、大屏幕电视机1台、触摸屏读报机1台及平板电脑5部，全部用于为"7·21"特大自然灾害灾区居民打造文化家园。

7月 东城区第一图书馆、第二图书馆，西城区宣武图书馆，启动移动图书馆服务项目，成为北京市首批开通移动图书馆服务的公共图书馆。服务开通后，读者可利用移动终端登录移动图书馆主页，通过便携数字图书阅读设备浏览、下载数字资源。

八月

8月1日 怀柔区益民书屋管理员培训班在钟磬山庄举行。区图书馆馆长王建军总结怀柔区益民书屋建设情况，区文化委员会副主任王冉同志宣读《怀柔区文化委员会关于对星级书屋的表彰决定》及《首届北京阅读季怀柔区获奖情况通报》，并为四星、五星级书屋代表颁奖。培训班发放区图书馆编写的《怀柔区益民书屋管理工作手册》。

8月6日 北京市首家"农村数字文化社区"——房山区洪寺村文化活动中心正式向读者开放。该中心配备纸质图书5000余册,提供38个数据库的300万种电子图书与1400多种电子期刊,利用歌华有线专业平台设立16大门类服务项目。

8月10日—9月7日 顺义区图书馆完成2012年益民书屋建设工作,为117家村级益民书屋补充资源,新建社区书屋55家,全区配发图书23万余册,光盘1.7万余件,书架900余个,总价值790余万元。

8月16日 西城区青少年儿童图书馆举办"道德讲堂,讲述身边的道德故事"主题活动,唱响《学习雷锋好榜样》,弘扬道德主旋律。

8月16日 昌平区图书馆举办第二期益民书屋管理员培训班,92家益民书屋管理员及17个镇(办)文化中心主任参加培训。昌平区图书馆副馆长董秀芳进行开班动员,并就益民书屋考核验收工作进行部署。

8月21日 平谷区图书馆在世纪广场发放2012年益民书屋物料,对2005年—2008年建设的86家农村益民书屋进行二次补充,对新建的17家社区书屋发放书籍、书刊架等物品。至此,平谷区实现30个社区及271个村的书屋全覆盖。

8月30日 平谷区图书馆在区文化馆小剧场举办共享工程基层管理员业务培训——摄影知识专题讲座,330余人参训。

8月30日 平谷区图书馆召开2012年平谷区基层公共图书馆上半年工作总结会,区文化委副主任逯艳敏、图书馆馆长王宇及全区18个乡镇、街道的文化中心主任等有关领导参加会议。

九月

9月3日 由首都图书馆联盟主办的第一届"首都读者周"系列活动正式面向广大市民开展,落实完成联盟"十大文化惠民措施"中的一项——将每年9月的第一周设立为"首都读者周"。"读者周"期间，国家图书馆、首都图书馆、高校以及区县图书馆策划举办让市民了解图书馆、走进图书馆、利用图书馆的培训、讲座与展览等活动，向市民宣传图书馆服务项目。

9月7日 西城区青少年儿童图书馆举办"中德学术报告会"。德国斯图加特市儿童图书馆馆长介绍了馆情、馆况。国家图书馆少儿馆馆长黄洁、首都图书馆及区县图书馆馆长参加，共同探讨青少年儿童图书馆发展问题。

9月8日 海淀区区委副书记、代区长孙文锴一行到海淀区图书馆视察调研。

9月14日、18日 法国巴黎大区伊西市副市长一行5人赴东城区图书馆参观访问，来访人员包括副市长玛尔蒂娜·维斯埃尔，国际关系部部长塞巴斯蒂安·马松，第一图书馆馆长大卫·利兹雅尔、副馆长安娜·雷，以及第二图书馆负责人美兰尼·布东。伊西市图书馆代表与东城区图书馆代表进行了业务交流，并探讨合作意向。

9月15日 台湾资深儿童插画家、"绘本之父"郑明在西城区青少年儿童图书馆做题为"揭开孩子画中的秘密"的讲座，展示《请到我的家乡来》作品中的精美图画，指导小读者绘出自己心中的家乡。

9月18日 温州图书馆一行8人到石景山区图书馆参观，石景山图书馆馆长王红、副馆长李树平等接待。双方就业务工作、未来发展等议题进行交流与探讨。

9月27日 顺义区图书馆在馆内推出免费无线上网服务。

9月28日 首都图书馆二期开馆仪式在新馆报告厅举行，文化部副部长杨志今，北京市委常委、宣传部长、副市长，国家图书馆馆长、首都图书馆联盟名誉主席周和平等领导出席，市文化局局长肖培主持。首都图书馆新馆是北京市重点工程，是市政府全额投资建设的大型文化设施，总建筑面积达9.4万平方米，可容纳文献1000余万册（件），具有2万人次的日接待能力，可容纳近3000个阅览座席。新馆开放当日迎来5000名读者。

9月28日　首都图书馆"掌上图书馆"服务在新馆报告厅正式发布。该服务项目以无线通信技术为支撑，建立首都图书馆移动服务平台，通过手机、平板电脑等手持移动终端设备，为图书馆用户提供馆藏搜索与数字阅读等服务。

9月28日　首都图书馆全新检索服务——"北京市公共图书馆e搜索"（js.bjgxgc.cn）正式上线。该服务整合首都图书馆、北京市公共图书馆馆藏信息等图书馆资源，中国知网、龙源期刊等数据库资源，以及首都图书馆、北京市文化共享工程、"北京记忆"等网站资源，检索内容涵盖图书、报纸、期刊、学位论文、会议论文、音视频及资讯信息等。

9月　东城区图书馆延长开馆时间，并在电子阅览区域内增加电脑，最大限度拓展文化服务空间。延长开放时间的部门有第二外借室、综合阅览室、自习室，调整后的每周开放时间为70小时，比原来每周增加5小时。

十月

10月6日　由首都图书馆与中国国家博物馆联合举办的大型系列讲座"国之重宝"在首都图书馆开幕，中国国家博物馆研究馆员、中央文史研究馆馆员、国家文物鉴定委员会副主任委员、全国古籍整理出版规划领导小组成员孙机先生作题为"神龙出世六十年"的首场讲座。

10月8日　西城区图书馆重新向公众开放，在北京市区县级公共图书馆中率先完成自助借还书系统全馆覆盖。西城区图书馆于6月—9月进行RFID技术改造，改造后，读者可通过相关自助设备获取办证、借阅及文印等服务。

10月9日　东城区图书馆在"树形象展风采创佳绩喜迎十八大"2012年北京市读书益民杯知识竞赛中荣获优秀组织奖。

10月12日　东城区图书馆召开视障阅览室建设专家论证会，中国盲文图书馆馆长助理沃淑萍、研发部主任唐李真，首都图书馆副馆长陈坚，区残联副理事长汪凯燕，区文化委员会副主任魏瑞峰，区财政局周媛及视障阅览设备厂家代表参加。与会专家对《东城区图书馆视障阅览室建设方案》提出建设性意见和建议。

10月15日　中国盲文图书馆朝阳区支馆揭牌仪式在朝阳区图书馆举行，联合国残疾人权利委员会副主席、中国盲协副主席杨佳，中国盲文出版社社长、总编辑、中国盲文图书馆负责人张伟，首都图书馆副馆长邓菊英，朝阳区文化委员会党委书记李洋，区残疾人联合会副理事长赵亦洁以及区图书馆馆长李萍等出席。中国盲文图书馆与朝阳区图书馆签订《服务协议书》，约定在文献、活动及培训等方面实现资源共享。

10月28日　东城区图书馆举行"我与中轴线"征文颁奖暨作者与读者见面会。北京市作家协会秘书长王升山、东城区文化委员会副主任魏瑞峰、《新东城报》主编陈宗刚、古建文物专家王世仁、民俗专家赵书及作家徐城北等百位作者与读者参加。

10月29日　美国伊利诺伊大学国际和地区研究馆、图书馆的中文、韩文研究馆员蒋树勇博士到怀柔区图书馆调研。怀柔区图书馆馆长王建军介绍图书馆基本情况并陪同参观。

10月31日　海淀区人大代表一行到海淀区图书馆调研工作。

十一月

11月7日　新西兰图书馆代表团一行到首都图书馆参观访问。到访人员包括新西兰内政部信息和知识服务司副司长苏－鲍威尔（Sue Powell）

与新西兰国家图书馆馆长威廉·麦克努特（William Macnaught）。首都图书馆副馆长陈坚陪同到访人员参观首都图书馆新馆，双方进行友好交流。参访人员体验首都图书馆古籍修复过程。

11月7日 "青少年思想教育基地"正式落户通州区图书馆。区关心下一代工作委员会常务副主任王雅岚等领导向通州区图书馆颁发铜牌。

11月8日 由朝阳区图书馆主办、悠贝亲子图书馆协办的"社会力量参与全民阅读推广的现状与未来"中国图书馆学会2013年年会朝阳区图书馆分会场学术会议，在上海浦东新区世博展览馆正式开幕。配合此次学术会议，朝阳区图书馆在世博展览馆1号馆举办"开启绘本之旅 书香溢满朝阳"专题展览活动和亲子阅读指导示范活动。

11月12日 由北京市图书馆协会和首都图书馆联合举办的学术交流会在首都图书馆举行，美国伊利诺伊大学国际和地区研究馆图书馆蒋树勇博士与美国图书馆协会主席莫利·拉斐尔女士应邀参与中外学术交流。北京市200余名图书馆工作人员参会，并就文化服务工作进行学术交流。

11月15日 新闻出版总署印刷发行管理司司长王岩镔一行3人到大兴区考察调研益民书屋建设工作。调研组先后到西红门镇宏大园益民书屋及清真寺益民书屋，对服务内容、服务情况、服务效果及日常管理等情况进行详细询问和了解。

11月16日 中宣部出版局副局长张拥军等领导到怀柔区桥梓镇北宅村益民书屋调研卫星数字益民书屋使用情况，并听取区文化委员会的相关汇报。

11月16日 经过近3年的修建，密云区图书馆新馆开馆。新馆建筑面积7500平方米，藏书58万册，设有6个职能部门与10个对外服务窗口。

11月20日 北京市人大常委会副主任吴世雄一行到首都图书馆，

视察本市全国文化中心建设与公共文化建设进展情况。市人大常委会委员、教科文卫体委员会委员及部分市人大代表等，共50余人参与调研。市文化局局长肖培，首都图书馆副馆长邓菊英、陈坚、胡启军陪同。

11月20日 北京市第二批"市级资源联盟"筹建工作会在北邮科技大厦举行，朝阳区图书馆被会议指定为"图书资源联盟"牵头单位。

11月22日 日本国立国会图书馆代表团一行到首都图书馆参观访问。到访人员包括日本国立国会图书馆副馆长池本幸雄、关西馆次长山崎治、收集书志部主任司书大基奈奈绘等。首都图书馆副馆长陈坚接待代表团，双方就馆藏建设与读者服务等进行友好交流。

11月23日 平谷区图书馆在黄松峪乡雕窝村举行图书发放仪式，为雕窝村55户村民配备11000册图书及55组书柜。

11月24日 北京市第八届"全民终身学习活动周"开幕式在中国妇女儿童博物馆举行。首都图书馆文化品牌活动"首图讲坛"荣获2012年"首都市民学习品牌"称号。

11月24日 北京市第八届"全民终身学习活动周"在东城开幕，副市长洪峰，东城区领导宋甘澍、颜华出席。东城区图书馆"书海听涛"文化讲座荣获2012年"首都市民学习品牌"称号。

11月28日 北京市政府教育督导室专家对怀柔区图书馆进行校外教育工作督导评价。

11月28日 平谷区图书馆赴大兴庄镇文化中心，为该镇18个村级共享工程基层服务点及益民书屋管理员开展业务培训。

十二月

12月3日 中共中央政治局委员、北京市委书记郭金龙到首都图书馆，就基层单位学习贯彻党的十八大精神及公共文化服务设施建设情况进行调研。市委秘书长赵凤桐，市常委、宣传部部长、副市长陪同调研。郭书记参观首都图书馆新馆，对首都图书馆开展学习贯彻落实党的十八大精神的各项工作表示充分肯定，并对新馆现代化文化服务设施给予高度评价。

12月5日 北京市人民政府驻华使节招待会在首都图书馆新馆举行。来自90多个国家驻华使馆与国际组织驻华代表处的大使、首席代表及其配偶共160多人应邀出席。市委副书记、市长郭金龙，市委副书记、市政协主席王安顺出席招待会。各国大使参观首都图书馆新馆，对新馆环境和设施给予高度评价。

12月8日 由首都图书馆联盟、首都图书馆及中国传媒大学播音主持艺术学院联合主办的，第十四届齐越朗诵艺术节暨第八届全国大学生朗诵大赛优秀作品展演在首都图书馆剧场举行。活动邀请中央电视台主持人顾国宁与王宁担任主持，14部优秀作品参演，近700名读者与学生参与。

12月10日—15日 石景山区图书馆组织部分职工前往广州、东莞、深圳三地图书馆考察参观。

12月18日 东城区共享工程支中心被文化部评选为"全国文化信息资源共享工程公共电子阅览室示范点"。

12月18日 海淀区图书馆中关村768创意产业园图书流动站正式揭牌服务读者，这是海淀区图书馆送书下基层、服务核心区企业的第5个流动站，标志着"海淀区面向基层的公共文化惠民工程"全面启动。中关村768创意产业园及海淀区图书馆相关领导出席了揭牌仪式，并共同为流动站揭牌。

12月20日 由首都图书馆联盟、西城区文化委员会主办，西城区宣武图书馆、西城区宣南文化研究会承办，西城区广外街道社区百姓摄影家协会协办的首届"读书的艺术"摄影大展在首都图书馆开幕。

12月21日 由东城区第一、第二图书馆承办的"学习雷锋精神践行北京精神"2012年东城区"红领巾读书"活动汇报展演在北京第一师范学校附属小学举办。首都图书馆少儿阅读活动中心主任王梅，东城区委宣传部副部长郭加林，区精神文明办公室副主任吴晨，区文化委员会副主任魏瑞峰，区团委副书记李焱，区委教工委、团少工委副书记李勇，东城区图书馆馆长肖佐刚等领导出席，并对2012年"红读"活动获奖单位和个人进行表彰。

12月23日 "中德最美书籍设计展暨西城区图书馆与歌德学院合作十周年启动仪式"举行。国家图书馆社会教育部主任汤更生，首都图书馆副馆长陈坚，歌德学院代表姜宁馨、孙晓雪，清华大学美术学院教授吕敬人及西城区图书馆馆长阎峥参加活动。

12月27日 "2012年东城区红领巾读书活动培训交流会"在东城区图书馆举行，40所学校分管"红领巾读书"活动的副校长、德育主任、大队辅导员及图书馆老师参加。

12月 由北京市文化局主办、首都图书馆承办的北京市公共图书馆培训班于昌平落幕。首都图书馆于8月—12月在全市开展12期图书馆专业培训，全市1200名基层图书馆从业人员参训。培训邀请文化部、国家图书馆、全国文化信息资源建设管理中心、北京大学、北京师范大学及首都图书馆等单位的专家学者授课，25门课程内容涵盖宏观政策、基础理论与具体实践，采用专题教学、交流座谈、现场实习与参观考察等多种教学形式。

12月 怀柔区图书馆工会与团支部组织职工开展业务技能大赛。

12月 北京市首家农村公共电子阅览室——怀柔区渤海镇马道峪村公共电子阅览室的管理员张玉霞被文化部授予"文化共享之星"的称号。

2012年 北京市各区县图书馆分别举办了"2012年益民书屋管理员培训"，针对辖区内益民书屋涉及的书屋管理员以及各街道、地区办事处文化科或文化中心负责人开展培训。培训内容涉及益民书屋图书分类、登记、上架、借阅管理、档案管理、规范化管理及延伸服务等。

截至2012年底，北京市70余家公共图书馆实现通借通还，读者凭借"一卡通"读者证即可享受图书同城通借通还服务，并可在线浏览百余家图书馆的文献资源与讲座等。"一卡通"读者证实现与国家图书馆读者证的互认与数字资源共享。

2012年 西城区图书馆与中国国际友人研究会、区图书馆管理协会等单位合作举办"外交官带你看世界"系列讲座。该系列讲座全年共举办8场，围绕《外交官带你看世界》系列丛书，邀请具有丰富外交经验、声名远播海内外的著名外交官为广大读者讲述他们的外交工作与海外生活经历。

2012年 朝阳区图书馆在区文化委员会的领导和相关部门的配合下，完成全区总量110台24小时自助图书馆的建设任务，实现了43个街乡全覆盖。读者办证累计达到8456张，借还书总量为449153册。

2012年 怀柔区共建成益民书屋311家，其中星级书屋32家，卫星数字益民书屋15家。

2013 年

一月

1月8日　东城区图书馆荣获全国社科普及工作经验交流会组委会颁授的"全国人文社会科学普及基地"称号。

1月8日　顺义区图书馆召开2012年顺义区"红领巾读书"工作总结表彰会，全区40余名中小学校辅导员参加。

1月12日　首都图书馆"乡土课堂"十周年纪念仪式暨2013年讲座计划新闻发布会在首都图书馆举行，首都图书馆馆长倪晓建，北京史研究会副会长、中国文物交流中心副主任姚安出席。2013年"乡土课堂"重点打造"美丽北京"主题系列讲座。

1月13日　新加坡国家图书馆管理局助理总裁郑爱清一行4人在国家图书馆工作人员的陪同下，到西城区图书馆进行参观交流，西城区图书馆馆长阎峥接待并参与座谈。

1月16日　由首都图书馆联盟、西城区文化委员会主办，西城区第二图书馆、西城区宣南文化研究会承办，西城区广外街道社区百姓摄影家协会协办的"读书的艺术"百姓摄影展在中国盲文图书馆开幕。中国盲文图书馆馆长张伟，西城区美协主席郑文奇，宣南文化研究会常务副会长许立仁及西城区第二图书馆馆长李金龙、副馆长林凤兰等相关领导出席开幕仪式。

1月16日 共享工程石景山支中心2012年基层工作会召开。会议总结2012年石景山支中心及基层服务点工作，部署2013年重点工作，并向获奖分馆和选手颁奖。

1月19日 梁启超先生诞辰140周年之际，著名学者解玺璋做客东城区图书馆"书海听涛"，向文学爱好者解读"善变的梁启超"。

1月22日 北京市古籍保护中心专家组莅临东城区图书馆开展古籍普查工作，结合实物从软、硬件两方面提出宝贵意见。

1月22日 2012年通州区"红领巾读书"活动表彰会在通州区图书馆多功能厅召开。

1月24日 平谷区2012年"红领巾读书"活动总结表彰会在区图书馆召开，平谷区图书馆馆长王宇，团教工委书记、少工委办公室主任贾颖以及部分中小学团队干部代表共计30余人参会。

1月24日、28日 平谷区图书馆召开全区基层图书馆工作总结表彰会。平谷区图书馆馆长王宇、副馆长刘凤革及来自全区18个乡镇、街道的基层文化干部参会。

1月25日 东城区图书馆馆内实现无线网络全覆盖。

1月30日 东城区图书馆召开科举专题研讨会。人民大学历史系教授毛佩琦、教育部考试中心教授胡平、中国社科院历史研究所研究员李世愉以及首都图书馆副馆长陈坚等专家参会，就"科举辑萃"专题数据库与科举文献开发、整理以及科举专题纪录片项目提出意见和建议。

1月31日 内蒙古自治区包头市图书馆馆长高晓红一行5人到西城区青少年儿童图书馆参观交流。

二月

2月1日 由朝阳区文化委员会主办、区图书馆承办的"公共文化服务体系建设与民办图书馆发展"研讨会在朝阳区图书馆召开。国家公共文化服务体系建设专家委员会副主任、北京大学信息管理系教授李国新，朝阳区文化委员会主任黄晓伟、副主任马骏，首都图书馆副馆长邓菊英，华东师范大学副教授金武刚，朝阳区图书馆、区内民办图书馆负责人及出版发行代表近20人参加会议。

2月18日—24日 房山区燕山图书馆举行首届换书活动，鼓励读者在书上撰写或夹带留言寄语，向书的下一位读者传递阅读心得。

2月27日 东城区图书馆工会举办职工上书排架技能考核比赛。

2月28日 东城区召开街道图书馆工作会，区文化委员会副主任魏瑞峰、文化科科长刘苏强，首都图书馆合作协调中心主任高莹，区第一图书馆馆长肖佐刚、第二图书馆副馆长马可及各街道文教科长、图书馆管理员参会。会议总结2012年街道图书馆工作，布置2013年工作。北新桥街道图书馆作为年度典范，介绍基层图书馆建设成果与工作经验。

三月

3月2日 东城区图书馆举办"中华自强励志精神分享暨作者与读者见面会"，7位残疾作者分别讲述了自身的创作经历和励志人生。人民出版社向共青团中央、残联机关团委、图书馆和区残联赠送了《中华自强励志》丛书。

3月5日 北京市委常委陈刚作为志愿者到首都图书馆参加"3·5"北京志愿服务活动，共青团北京市委员会书记常宇，市委社会工委书记、市社会办主任宋贵伦，市委办公厅副主任费宝歧以及市文化局副局长王珠一同参与志愿服务。

3月16日 由澳大利亚驻华使馆、首都图书馆及Books Illustrated画廊等机构联合推出的"来自澳大利亚的问候"系列活动在首都图书馆启动。该活动为期5天，是2013年"澳大利亚文学周"的重要项目之一。

3月18日 2013年西城区中小学生第三十一届"鲁迅奖章"暨"红领巾读书"活动启动，全区34所小学、24所中学的"红读"活动负责人参加启动会议，会议布置全年各项读书活动。

3月19日 石景山区非遗工作会暨国家级非遗保护项目"永定河传说"传承教育基地揭牌仪式在区图书馆举行。区文化委员会主任高鸿雁、副主任董聪慧，相关单位主管领导，各项目保护单位负责人，项目传承人，教育传承基地代表，驻区共建部队代表及社区群众参加会议。高鸿雁为石景山区图书馆国家级非遗项目"永定河传说"传承教育基地揭牌。

3月21日 中华炎黄文化研究会科举文化专业委员会专家考察决定，将东城区第一图书馆"科举辑萃"网站评定为该专业委员会的学术指导网站。

3月25日 "海淀区域内图书馆资源共享前期调查工程"专家研讨会在海淀区图书馆召开。原北京市文化局副局长、巡视员冯守仁与首都图书馆副馆长邓菊英参会。

3月26日 河北省沧州市图书馆到东城区图书馆就馆藏设施、文献建设、读者服务及特色专题等问题进行交流座谈。东城区图书馆书记王鸿鹏接待并陪同参观。

3月30日 在鲁迅先生诞辰132周年之际，由《新国风》杂志社、华夏新诗研究会、西城区第二图书馆联合主办的著名诗人绿岛长诗《骨头的硬度》研讨会，在西城区第二图书馆召开。著名诗人、解放军出版社原社长峭岩，中国萧军研究会常务副会长萧鸣，著名诗人、《新国风》杂志社主编丁慨然，著名诗人、人民日报社文艺部主任石英与各界读者共50余人出席会议。新华社、《人民日报》及中国作家网等多家媒体出席并进行报道。

3月 顺义区依托文化共享工程的服务网络与设施以及文化共享工程、国家数字图书馆的数字资源，推进乡镇文化站、街道（社区）文化中心（文化活动室）建设，开始在全区建设145个公共电子阅览室，其中镇级25个、村级120个，为群众免费提供互联网服务及相关学习培训。

四月

4月2日 西城区第一图书馆与文化部共享工程中心合作，首次将"心声音频馆"文化资源服务系统引进公共图书馆。系统根据视障人士的需求特点和使用习惯订制开发，能帮助视障人士听到多种类型、近5000小时音频内容。

4月2日 由通州区委宣传部、文明办、文化委及文联主办，通州区图书馆承办的"通晓知书香，周知筑新城——通州区2013年百姓读书季"启动仪式在运河文化广场举行。

4月10日 东城区图书馆网络技术部为数字文化社区工作人员和共享工程基层服务点工作人员进行专题培训，并发放超星学习本和培训资料。

4月11日 2013年房山区燕山地区"红领巾读书"工作会在燕山文化活动中心召开。会议总结回顾2012年"红读"工作，部署2013年活动，对获得北京市奖项的先进集体和个人进行颁奖与表彰。

4月13日 平谷区图书馆正式启动馆内无线网络改造工程。

4月15日 东城区图书馆官方网站增设"读者满意度调查"栏目，并开始定期统计分析读者投票结果。

4月18日 2013年石景山区"红领巾读书"活动工作会在石景山区少年儿童图书馆报告厅召开，来自区内各中小学校的团、队教师及学生代表近百人参会。会议对2012年度"红读"活动获奖集体和个人进行了表彰，部署了2013年"红读"活动各项工作。

4月19日—20日 首都图书馆联盟、首都图书馆联合中国科学院国家科学图书馆、北京大学图书馆、对外经贸大学图书馆及北京市区县图书馆举办第三届"北京换书大集"。活动延续"分享阅读 交换快乐"口号，号召市民将家中闲置书刊流动起来，与其他市民交换阅读。活动共举办2天，除首都图书馆作为主会场外，还增设中科院国家科学图书馆等12家分会场，吸引北京大学出版社、中国人民大学出版社、商务印书馆等机构参与，共收集书刊近3万册，吸引近8000名市民参与。

4月19日 怀柔区2013年"红领巾读书"活动工作会在区图书馆召开。会议总结了2012年"红读"工作，对表现突出的集体和个人进行了表彰，部署了2013年"红读"活动具体工作。

4月—6月 在第三届"北京阅读季"期间，昌平区图书馆组织各乡镇开展"百姓读书大讲堂"活动，举办讲座、论谈及报告等系列活动共计14场，参与人数743人次。

五月

5月8日—6月21日 北京市文化局发布《北京市文化局关于北京市公共图书馆开展评估定级工作的通知》，对区县级图书馆第五次评估定级工作进行部署；成立以市文化局副局长王珠为组长，市文化局公共文化事业处处长黄海燕、首都图书馆馆长倪晓建为副组长的评估工作领导小组；确定由首都图书馆成立以倪馆长任组长的专家评估组，具体实施评估检查工作。专家组对全市区县级图书馆的基础设施、经费人员、文献资源、服务工作、协作协调、管理与表彰以及重点文化等方面工作进行评估检查。参加评估的区县图书馆，全部达到"一级图书馆"标准。

5月8日 由北京市文化局公共文化处副处长张悦，首都图书馆副馆长邓菊英、陈坚等组成的市评估专家组到怀柔区图书馆进行评估定级检查。

5月15日 西城区图书馆完成全国公共图书馆第五次评估达标工作。

5月15日 平谷区图书馆在区委党校礼堂举办共享工程基层管理员业务培训班，来自全区各乡镇、街道、行政村的300多名基层文化干部参培。

5月17日 北京市公共图书馆第五次评估定级专家组对东城区图书馆进行实地评估检查。区文化委员会主任李承刚、副主任魏瑞峰听取评估反馈意见。

5月17日 韩国国立中央图书馆代表来到西城区青少年儿童图书馆参观交流。西城区青少年儿童图书馆副馆长于燕君介绍图书馆情况，并与韩国代表座谈。

5月20日 延庆区图书馆完成全国公共图书馆第五次评估定级工作。

5月22日 海淀区图书馆接受北京市评估专家组检查指导。

5月23日 江苏省扬州市少年儿童图书馆馆长沈建勤一行7人到西城区青少年儿童图书馆参观交流。

5月29日 北京市评估定级专家组到密云县图书馆检查。

5月30日 由石景山区文化委员会、区妇联、区计生委联合主办，区图书馆承办的石景山区庆祝"六一"儿童节主题活动"梦想从这里起飞"，在石景山区图书馆举办。

5月31日 东城区图书馆东总布胡同分馆开馆运营。

5月—10月 西城区第一图书馆围绕《西城之最》一书，开展"西城之最"公益阅读体验行系列活动。该活动共举办讲座7场，374人次参加。其中在北海和白云观的两场讲座被纳入区委宣传部组织策划的

2013"最 in 西城"体验行活动中。

六月

6月1日 原北京市西城区图书馆正式更名为"北京市西城区第一图书馆"。

6月1日 西城区第一图书馆少儿阅览室正式对外开放。阅览室藏书共3569册，其中包含绘本读物207册，全年订阅少儿杂志10种，阅览座席27个。

6月1日 第四届"顺图杯"少儿围棋、象棋大赛在顺义区图书馆举行。

6月5日 丰台区图书馆接受北京市评估定级专家组评估定级检查。

6月14日 北京市公共图书馆评估定级专家组对大兴区图书馆各项工作进行全面评估检查。

6月17日 东城区图书馆在2013年全国中小型公共图书馆联合会征文活动中荣获征文组织奖。

6月17日 房山区图书馆评估接受北京市评估专家组检查。

6月17日 北京市公共图书馆评估专家组到房山区燕山图书馆进行评估工作。

6月19日 北京市评估定级专家组到朝阳区图书馆评估检查。

6月20日 由中华人民共和国文化部、伊朗文化与伊斯兰联络组织主办，中国对外文化集团公司、伊朗驻华大使馆文化处及首都图书馆承办的"伊朗文化周"系列活动在首都图书馆启动。文化部部长蔡武、国家新闻出版广电总局副局长邬书林、文化部外联局局长张爱平、北京市文化局局长陈冬、首都图书馆馆长倪晓建、伊朗文化与伊斯兰联络组织主席霍拉姆沙德以及伊朗驻华大使马赫迪·萨法里等领导、嘉宾出席开幕式。活动由伊朗综合艺术展、伊朗电影展映与伊朗传统表演3项内容组成。

6月24日 顺义区图书馆完成全国公共图书馆第五次评估定级检查。

6月25日 门头沟区图书馆接受北京市评估定级专家组检查。

6月26日—28日 瑞典LIFE学院国际能源有效利用与规划（亚洲区）研讨会在西城区第一图书馆召开。会议由瑞典国际开发署委托瑞典LIFE学院主办，中国可再生能源学会协办，西城区第一图书馆承办，共有来自瑞典、中国、印度、蒙古、马来西亚及朝鲜6个国家的16名学员参加。

6月 顺义区图书馆馆内新增读者自助办证机、HP36TB磁盘阵列存储、10万册超星电子图书以及10个超星掌上学习本。

6月 北京市公共图书馆2012年入馆员工岗位培训班举办2期，共70人参训。

6月 北京市图书馆协会与北京市档案学会联合举办了"政府信息公开查询工作学术交流会"，交流政府信息公开查询工作中取得的成绩，对进一步完善查询服务提出改进建议。

七月

7月2日 通州区张家湾镇张家湾村清真寺流动送书点举行揭牌仪式，通州区图书馆在区内宗教场所中建立的首家流动送书点投入使用。通州区图书馆馆长杨兰英与张家湾清真寺阿訇共同为流动送书点揭牌。区委统战部殷士和，区民委办公室主任李鹏，张家湾镇党委委员、宣传部部长马俊艳，镇民政科科长黄怀远及伊斯兰协会会长穆德英等出席仪式。

7月8日 受文化部委托，由陕西省图书馆馆长谢林任组长、湖北省图书馆馆长汤旭岩任副组长的专家组到首都图书馆进行公共图书馆评估定级暨重点文化工程督导。在首都图书馆评估工作汇报会上，市委宣传部副部长、市文化局局长陈冬致欢迎辞，市文化局副局长王珠和首都图书馆馆长倪晓建分别作"北京市公共图书馆事业发展汇报"与"理念与创新 品牌与服务——首都图书馆评估定级工作汇报"。专家评估组对首都图书馆开展实地考察、资料审阅、读者调查等各项考核督导工作。首都图书馆获"一级图书馆"称号。

7月10日 "我的梦·中国梦——美好生活从阅读开始"演讲比赛决赛暨第六届怀柔区全民阅读活动颁奖仪式在区图书馆举行。北京市文化局公共文化事业发展处处长黄海燕，首都图书馆党委书记肖维平，怀柔区委常委、宣传部长彭丽霞等领导出席活动。活动主办单位领导，各镇乡、街道，区直各工委、直属党委等有关部门领导以及观众共300余人参加。

7月10日 中国新闻出版报总编马国仓，北京记者站站长王坤宁，北京市新闻出版局出版物发行管理处处长王亦君，副处长邓勇、滕秋义等领导到怀柔区雁栖镇交界河村"篱苑书屋"调研。怀柔区图书馆馆长王建军等陪同。

7月12日 江西省吉安市吉州区文化广播电影电视新闻出版局、吉州区图书馆同人到东城区图书馆交流。东城区图书馆馆长肖佐刚、副馆长左堃与来访者座谈，并陪同参观。

7月17日 《中国首都图书馆与白俄罗斯国家图书馆合作协议》在钓鱼台国宾馆签署，白俄罗斯文化部第一副部长卡拉切夫斯基、首都图书馆副馆长邓菊英分别在协议书上签字。两馆同意通过一系列活动促进合作，包括管理层互访、馆员交换以及图书馆业务方面的合作。该协议在白俄罗斯副总理的见证下签署，是白俄罗斯总统卢卡申科2013年访华期间的成果之一。

7月20日 平谷区图书馆承办的"阅读成就中国梦"第三届"北京阅读季"系列阅读活动落下帷幕。全区18个镇乡、街道市民积极参与各项活动，平谷区图书馆荣获优秀组织奖和"先进集体"称号。

7月26日 石景山区图书馆特邀中共北京市委党史研究室副主任陆兵前往66469部队进行"中共党史中的智慧与启迪"专题讲座，同时为军营送去图书千余册。"八一"前夕，石景山区图书馆共为部队官兵送去讲座2场、图书8000余册。

7月30日—8月1日 2013年出版界、图书馆界全民阅读年会在黑龙江省哈尔滨市举行，全国300余名代表出席大会。"读书的艺术"作为2012年西城区第二图书馆的创意品牌活动，以3110幅摄影作品诠释全民阅读内涵，荣获此次年会优秀案例特别奖。

八月

8月2日 海淀区图书馆一行20余人到怀柔区图书馆参观考察。怀柔区图书馆副馆长张慧介绍图书馆基本情况并陪同参观。

8月5日—8日 新加入通还服务图书馆培训班举办4天，60人参训。培训内容包括北京市公共图书馆计算机服务网络、"一卡通"服务管理办法、"一卡通"通借通还系统维护等方面课程，组织参观西城区和平门图书馆，并研讨相关工作。

8月5日 东城区图书馆举办2013年益民书屋管理员培训班，邀请北京市新闻出版局读书益民工程领导小组办公室主任王妙丽做"加强益民书屋管理，提高益民书屋使用效率"专题培训。

8月14日 由石景山区文化委员会主办，区图书馆承办的"实现中国梦，先从读书始"读书益民杯宣讲比赛举行，20余名选手参赛。选手们围绕"实现中国梦"主题讲述身边的感人故事和自身经历，表达实现中国梦的美好愿望。

8月15日—8月16日 怀柔区图书馆组织2012年受到表彰的优秀书屋管理员、星级书屋管理员以及各镇乡文化中心主任等90余人开展培训。

8月16日 顺义区图书馆举办图书馆职工业务大比武。

8月19日 由首都图书馆联合东城区、西城区、朝阳区、海淀区图书馆举办的北京市基层图书馆管理员培训班圆满结束。

8月20日—22日 图书馆文献标引工作培训班举办3天，70余人参训，邀请国家图书馆曹玉强授课。

8月22日 由北京摄影家协会主办，首都图书馆协办的首届北京摄影艺术展在首都图书馆开展。展览共分为"中国梦想·光影同行"及"美丽平谷"两个系列，展出摄影作品400余幅。

8月26日 海淀区北部文化中心举行项目开工启动仪式，标志着海淀区图书馆新馆建设正式开始。

九月

9月3日—4日 北京市公共图书馆馆长工作会议召开，总结评估工作，部署"一卡通"实事、24小时自助图书馆安装、数字文化社区、系统升级等工作。

9月3日 平谷区图书馆主办2013年第二期平谷区基层图书管理员业务培训班，来自各镇的30余名基层图书室管理员参训。

9月6日、13日 数字资源服务与利用培训班举办2天，50余人参训，面向本市区县图书馆，系统介绍全市图书馆共享数字资源，培训如何利用数字资源。

9月11日 2013年"数字文化社区"建设动员会在东城区文化委员会办公楼召开，针对2013年区内计划建设36家"数字文化社区"工作进行布置。

9月14日 由中国社会科学院、首都图书馆联合推出的社科类讲座品牌首都图书馆讲坛"社科讲堂"成立仪式暨首场讲座在首都图书馆举行。中国社科院荣誉学部委员张椿年做题为"走向海洋，强国之道——西方海洋大国的发展历程"的首场讲座，现场400余名读者参与。

9月26日 首都图书馆联盟联席会召开，北京市文化局党组书记、首都图书馆联盟主席张文华，首都图书馆联盟副主席兼秘书长、首都图书馆馆长倪晓建，国家图书馆、中共中央党校图书馆、中国科学院国家科学图书馆及友谊医院图书馆等16家联盟副主席单位的领导及相关人员参会。会议总结联盟成立以来工作开展情况，并对未来的发展规划进行协商讨论与展望。

9月 石景山区少年儿童图书馆组织职工参加第十三届"东北、华北、西北"论文研讨会，共15篇论文获奖，其中8篇荣获一等奖。

十月

10月9日 通州区图书馆新馆建成开馆。新馆位于京贸中心附近，同时投入试运营的还有区文化馆与剧场。新馆面积17513平方米，馆藏图书近70万册，年订期刊1365种、报纸178种，阅览座位约1000个，日接待读者3000人次，利用特色馆藏资源新建运河文化展示平台。

10月11日 "爱在重阳 沐浴书香"重阳节主题联谊会暨平谷区图书馆"市民书房"公益活动启动仪式在区文化馆举行。2013年平谷区"十大读书人物"代表柴福善，"书香家庭"代表陈德勇做演讲，平谷区图书馆为50家"书香家庭"发放公益读书卡及图书。

10月16日 首都图书馆举行建馆100周年纪念大会，举办"城市与图书馆"学术论坛与"一个世纪的开放历程——首都图书馆百年馆史展"，协办"诺贝尔奖获得者北京论坛"相关活动，并举办"京都华彩——北京建都史主题展""发现首图"摄影作品征集等活动。A座场馆恢复开放，承担库本图书阅览、残障读者阅览等服务；少年儿童图书馆重新开放；B座场馆新设港澳台文献阅览区，为读者提供7万余册文献。

10月16日 首都图书馆百年华诞之际，北京市图书馆协会组织280名会员参加"城市与图书馆"学术论坛，来自荷兰海牙市图书馆、法国里昂市中心图书馆、意大利米兰市图书馆、芬兰赫尔辛基城市图书馆、加拿大不列颠哥伦比亚大学亚洲图书馆、新加坡公共图书馆、美国芝加哥大学东亚图书馆、香港公共图书馆、中国科学院国家科学图书馆、中山大学图书馆、北京大学图书馆等13位馆长、学者发言。

10月16日 重装一新的首都图书馆少年儿童图书馆正式迎接小读者。改建后的少儿阅览服务面积达到4000平方米，面积增加3倍，开设"少儿综合服务区""亲子借阅区""少儿中文书刊借阅区""少儿英文阅览区"及"青少年多媒体空间"五大区域，有15万册书刊供开架借阅，增设符合小读者身体特征的迷你版自助借还书机，以简化借还书操作流程。少儿馆推出"七彩悦读成长计划"激励阅读，打造包括"书影共读""阅读故事发现会""认知图书馆"在内的三大类10余项活动内容，提供多元服务。

10月18日 平谷区政协委员一行20人到区图书馆视察工作，区文化委员会主任王振国、副主任逯艳敏及平谷区图书馆馆长王宇陪同。

10月25日 国家审计署退休干部、前国务院副总理邓子恢的女儿邓小燕做客石景山区图书馆"名家讲坛"，向读者讲述邓子恢与陈兰一生的革命历程。社区居民、学生及部队战士等100余人聆听讲座。

10月27日—11月14日 西城区第一图书馆与法国驻华大使馆合作引进"水，科学的核心"大型图片展，全面展示法国在水资源领域的主要研究项目。

10月28日 西城区青少年儿童图书馆36名员工在馆长樊亚玲带领下参观首都图书馆少年儿童图书馆。

10月30日 石景山区"地方文献征集研讨会"在区图书馆举行，区教委、投促局、卫生局、建委等20余家单位参加会议。首都图书馆北京地方文献中心主任李诚做地方文献专题讲座。

10月31日 西城区青少年儿童图书馆42名员工在馆长樊亚玲带领下到密云区图书馆参观学习。

10月31日 北京市校外教育督导组到房山区燕山图书馆检查指导工作。

10月 怀柔区图书馆完成全区15个卫星数字益民书屋设备巡检工作。

十一月

11月8日 由朝阳区图书馆主办、悠贝亲子图书馆协办的"社会力量参与全民阅读推广的现状与未来"2013年中国图书馆年会学术会议第29分会场在上海浦东新区世博展览馆举办。上海华夏社会发展研究院院长鲍宗豪，杭州市图书馆馆长褚树青，北京市朝阳区文化委员会主任黄晓伟、副主任马骏，悠贝亲子阅读学院院长孙莉莉，悠贝亲子图书馆创始人林丹、馆长龚小莉，小陶子流动儿童图书馆发起人安庆华以及各省市图书馆代表出席会议。朝阳区图书馆在世博展览馆1号馆举办"开启绘本之旅 书香溢满朝阳"专题展览。

11月9日 西城区青少年儿童图书馆举办"鲁迅奖章"暨第十三届高中生"激辩青春"辩论赛决赛。

11月13日 房山区图书馆举办"中国梦 房山情"房山区益民书屋纪实情景剧大赛，拱辰街道的《梦》与长沟镇的《梦想从这里起航》获得一等奖。

11月18日 西城区陶然亭街道龙泉社区图书分馆暨数字文化社区揭牌仪式在龙泉社区中心举行，陶然亭街道副主任忻靓，西城区第二图书馆馆长李金龙、副馆长林凤兰等领导及著名词作家石祥出席。西城区第二图书馆向分馆捐赠图书，分馆与陶然亭小学共建图书室。

11月18日 西城区广外街道莲花河社区图书分馆举行揭牌仪式，广外街道办事处副主任袁志，西城区文化委员会相关领导，广外社区中心主任黄建国，西城区第二图书馆馆长李金龙、副馆长林凤兰以及著名词作家石祥等出席。

11月20日 法国文化中心多媒体图书馆新任馆长高莉及随行人员来到东城区图书馆交流座谈。双方探讨图书馆现状与合作事宜。

11月21日 西城区第一图书馆2013年"外交官带你看世界"系列讲座10场全部结束，共783人参加。

11月23日 北京市妇女联合会与首都图书馆共同主办的"读世界，看天下——首都家庭阅读国际文化推广活动"落下帷幕，来自俄罗斯文化处的艺术总监卡佳为小读者们带来童话故事，俄罗斯少年儿童走上首都图书馆"童心舞台"演奏俄罗斯民间传统舞曲，合唱俄罗斯民歌。该活动展览项目"小绘本大世界"原版图画书展展出来自北京塞万提斯学院与北京俄罗斯文化中心的60余本绘本、画册；"一书一世界"图片展由首都图书馆联合以上两家文化机构以及外语教学与研究出版社，为小读者推荐近50本中外童书。

11月29日 北京市培智学校校外活动实践基地揭牌仪式在海淀区图书馆举行。

11月 首都图书馆官方微信正式开通，实现通过微信、微博、豆瓣等新媒体和网络专栏向读者发布首都图书馆各类动态信息。

11月 顺义区图书馆开展基层图书室检查工作。

十二月

12月1日 北京市东城区图书馆正式更名为"北京市东城区第一图书馆"。

12月2日 首都图书馆康复文献阅览室经装修重新开放。全新的康复阅览室面积扩充至220平方米，可为残疾读者、老年读者提供文献信息资源服务。阅览室内配备盲文点显器、有声地图、盲文打印机、电子手持放大器、大字阅读器及电动轮椅等专业设备。

12月3日　中国盲文图书馆与西城区第一图书馆签订支馆协议，"中国盲文图书馆北京市西城区支馆"正式挂牌。该馆由中国盲文图书馆给予资源支持与业务指导，以西城区第一图书馆视障人阅览室为平台与纽带，形成"中国盲文图书馆—西城区第一图书馆—社区视障人阅览室"的服务网络。

12月3日　国家图书馆工作人员陪同塔吉克斯坦图书馆界官员、专家等7人到西城区第一图书馆进行交流。西城区第一图书馆馆长阎峥接待并陪同参观。

12月11日　石景山区图书馆召开基层分馆总结会。会议总结前一年图书分馆工作取得的成绩，部署下一年重点工作，并对优秀分馆和工作人员进行表彰。

12月11日　顺义区8家书屋获得2013年星级奖励。

12月12日　怀柔区委副书记、代区长常卫到区图书馆视察，对图书馆的馆舍环境、开放服务给予肯定。

12月12日　"品书香　促成长"科级干部主题读书活动暨怀柔区图书馆党校分馆揭牌仪式在区委党校举行，首都图书馆副馆长邓菊英，区文化委员会主任吕晓国，区委党校党委书记、常务副校长王保军，区委组织部副处级组织员于海臣，区委党校副校长徐春华及区图书馆馆长王建军等出席。怀柔区图书馆向分馆投资67万余元，配送图书2.5万册。

12月16日—17日　北京市公共图书馆馆长工作会议召开，总结年度工作，部署明年任务。

12月18日　北京市图书馆协会第五次会员代表大会在首都图书馆召开，中国图书馆学会等单位相关领导出席。大会对协会第一届理事会工作进行审议，选举产生协会第二届理事会、监事会及领导机构。首都图书馆馆长倪晓建当选协会第二届理事长；首都图书馆副馆长邓菊英当选常务副理事长兼秘书长。

12月18日 东城区东花市街道本家润园社区及朝阳门街道新鲜社区被评为2013年"三星级书屋"，其书屋管理员史艳军、佟湘婷被评为"优秀管理员"。

12月18日 西城区天桥雷锋图书馆在南纬路38号院举办开馆仪式，西城区第二图书馆馆长李金龙、天桥社区中心主任李波等领导出席。

12月22日 东城区第一图书馆举办"人间正道是沧桑——纪念毛泽东诞辰120周年经典诗文朗诵会"，通过诵读、小品及演唱的方式带领读者重温毛主席经典诗词。

12月26日 朝阳区图书馆新馆建成开馆。新馆坐落于广渠路66号院，建筑面积14600平方米，以"借阅一体"服务方式为主导，实现无线网络覆盖，配置以"射频识别"技术为基础的读者自助服务系统，引进电子画板、移动阅读终端及体感投影等阅读体验设备，开设24小时自助借阅服务区与盲人借阅区。

12月30日 河北省廊坊市文化广电新闻出版局李局长以及廊坊市图书馆刘馆长、甘馆长一行3人到东城区第一图书馆参观交流。

12月 西城区第一图书馆（绿色科普驿站）被环保部宣教中心、美观环保协会评为"酷中国——全民低碳行动计划低碳生活馆示范项目"。

12月 中宣部、文化部及新闻出版广电总局在京召开第五届全国服务农民服务基层文化建设先进集体表彰会。大兴区西红门镇宏大园益民书屋荣获"全国服务农民、服务基层文化建设先进集体"称号。

12月 大兴区图书馆编纂完成《大兴记忆：民间趣闻轶事》，由三联书店出版社出版。

12月 怀柔区分中心完成2013年文化共享工程年终检查考评工作。由区图书馆相关人员组成的检查考核工作小组，分自查、实地考查及总结3个阶段对区内文化共享工程及基层图书室进行检查考评。

12月 怀柔区图书馆在文化部第五次全国公共图书馆评估定级中，被评为一级图书馆。

2013年 北京市交通枢纽、大型住宅区、商业区、文化休闲场所及行政机关集中区域实现布置155台24小时街区自助图书馆，其中朝阳区127台、西城区10台、东城区8台、海淀区8台、房山区2台。全年累计办证6767个，借书19.1万册，还书22.5万册。

2013年 首都图书馆继续加强数字文化社区建设。截至年底，已在全市建成300个数字文化社区，并且搭建完成高清交互电视应用平台、无线应用平台，集中采购适用于电视平台使用的电子图书、电子期刊及视频资源。

2013年 首都图书馆正式启动图书馆业务管理系统更换工作。经公开招标，以色列艾利贝斯公司的Aleph500系统中标，成为首都图书馆新的图书馆业务管理系统。7月15日，首都图书馆召开项目启动工作会议，部署项目管理程序及项目实施计划，成立项目实施小组，确定项目实施过程中的关键时间点，讨论数据转换范围，提交项目实施计划表。截至年底，已完成硬件、存储和网络环境准备，以及Aleph软件安装与本地配置，并先后进行3次数据转换。根据《北京市公共图书馆计算机信息服务网络"一卡通"服务手册》调整并配置采访、编目、流通及期刊管理等相关参数表，初步配置各个模块参数。

2013年 首都图书馆继续推进北京市古籍保护中心各项工作，全市共有23家古籍藏书单位开展普查登记工作，共普查完成6万余种、61万余册，数据已上传至全国古籍普查平台。在《第四批国家珍贵古籍名录》中，共有4家市属古籍藏书单位的32部珍贵古籍入选，其中首都图书馆入选20部。首都图书馆共为昌平、顺义等8家区县图书馆代存古籍4000余册，共组织5人次参加国家级培训，并举办全市培训班1次，50余人参加。北京市古籍保护中心网站全新改版，建成"首都图书馆古籍珍善本图像数据库",并出版一批影印古籍文献。

  2013年 首都图书馆联盟落实政府实事工作要求,于年底实现全市100个通借通还网点建设目标。截至2013年11月,全市100个通借通还网点累计借书量6130304册,还书量5843773册,新增读者卡108627个。联盟为保障"一卡通"通借通还服务质量,重新编撰修改《北京市公共图书馆"一卡通"服务管理手册》,向基层服务点免费发放;先后与北京石油化工学院图书馆、怀柔区党校图书馆、对外经贸大学图书馆及中央音乐学院图书馆等单位协调实施资源共建共享,联合开展惠民服务,协调对外开放事宜;进一步深化首都图书馆和国家图书馆合作,实现文献资源与数字图书馆建设、立法决策服务以及图书馆社会教育等领域的资源共享。

  2013年 朝阳区图书馆"图书交换大集"全年共举办4期,参加活动人数达1.4万人次,交换图书万余册。

  2013年 昌平区图书馆举办基层图书管理员培训班3期,共培训359人次。

2014 年

一月

1月2日 "社会力量参与朝外地区图书馆运营"合作签约仪式在朝阳区朝外街道朝外地区文化服务中心举行,北京市文化局局长陈冬、副局长王珠出席。朝阳区图书馆、朝外地区文化服务中心与悠贝亲子图书馆三方共同签署合作协议,由街道图书馆提供设施及图书资源,民办图书馆进行专业化管理运营,区级图书馆制定服务标准并进行业务指导与考核,标志着朝阳区在公共文化服务社会化方面取得阶段性成果。

1月13日 东城区第一图书馆举办读者座谈会,30位热爱读书的老读者齐聚一堂,探讨如何传播经典诗文,如何开展诵读沙龙活动。

1月24日 海淀区文化委员会、海淀区图书馆相关领导陪同海淀区副区长陈双调研基层图书馆服务设施。

二月

2月13日 在怀柔区文化委员会副主任王冠蘅带领下,由区图书馆工作人员组成的检查组对新建的11个"数字文化社区"进行初步检查验收。

2月18日 海淀区副区长陈双在区政府208会议室组织召开组建海淀区图书馆联盟专题协调会，听取区文化委员会关于组建图书馆联盟方案的专题汇报。

2月20日 东城区第一、第二图书馆召开2013年街道图书馆总结会，并对2014年工作进行布置。

2月21日 石景山区图书馆召开"2014年石景山区图书馆数字文化社区工作会"，图书馆与数字文化社区负责人针对社区的建设与发展、管理员的业务培训等问题进行了交流与讨论。

2月26日 海淀区文化委员会主任陈静率队赴国家图书馆洽商海淀区图书馆联盟合作事宜。

2月27日 石景山区图书馆党支部被评为"石景山区建设学习型党组织工作示范点"。

2月28日 海淀区文化委员会主任陈静率队赴中科院图书馆洽商海淀区图书馆联盟合作事宜。

三月

3月4日 石景山区图书馆举办弘扬雷锋精神道德讲堂活动，邀请雷锋精神研究专家、《雷锋全集》主编邢华琪进行专题讲座。区文化委员会、区精神文明建设委员会办公室、中国传记文学学会、海司老干部服务处等领导，与来自部队、学校、企业单位等百余名读者参加活动。

3月4日 怀柔区委常委、宣传部长胡东一行到怀柔区图书馆参观调研，区文化委员会主任吕晓国、副主任王冠蘅陪同。

3月6日 昌平图书馆一行20余人到怀柔区图书馆参观考察。怀柔区图书馆副馆长李晓东介绍基本情况，并陪同参观。

3月8日 通州区图书馆微信（公众平台）订阅号正式上线。

3月12日 顺义区图书馆组织开展全区"最美乡村图书管理员"评

选活动。

3月19日 石景山区少年儿童图书馆举办非遗项目"永定河传说"传承教育基地揭牌仪式。

3月25日 中国驻莫斯科中国文化中心与首都图书馆正式签署《（中国驻）莫斯科中国文化中心与（中国）首都图书馆馆际互借与文献传递服务合作协议》。这是首都图书馆在馆际互借与文献传递业务方面，首次与中国驻海外文化机构开展合作。

3月25日 石景山区副区长杨东起一行到区图书馆进行文化工作调研，并听取图书馆工作开展情况汇报。

3月26日 2014年西城区中小学图书馆（室）专业技术人员继续教育培训班开学典礼，在西城区青少年儿童图书馆举行。国家图书馆少儿馆馆长王志庚、西城区教育技术装备中心书记张保国及西城区青少年儿童图书馆馆长樊亚玲出席典礼。王志庚做题为"让好书飞起来"讲座，全区60所中小学校的84名老师参加培训。

3月28日 由北京市司法局、市文化局与首都图书馆联合打造的"北京司法大讲堂"启动仪式暨"市民普法讲堂"首场讲座在首都图书馆举行。市法宣办常务副主任、市司法局局长于泓源、市司法局副局长邓建生、市文化局副局长吕先富、市司法局副局长吴庆宝及首都图书馆党委书记肖维平出席。

3月28日 海淀区图书馆在区内卓展购物中心建立的第一个商业图书流动站举办启动仪式，首批300册新书配送到位。区文化委员会副主任齐艳艳与区商务委副主任游笑歌为该图书流动站揭牌，并赠送图书。

四月

4月2日 西城区青少年儿童图书馆邀请北京大学信息管理系教授

王子舟，为区中小学图书馆 80 余名老师讲授《浅阅读与深阅读争辩的文化内涵》讲座。

4月2日 怀柔区图书馆对杨宋镇各村图书管理员进行业务培训。

4月3日 平谷区图书馆开展"书香沁北京、阅读进万家"服务惠民下基层活动，区委常委、副区长屈志奇，区文化委员会主任王振国为基层群众赠书。

4月10日 由来自尼日利亚、埃塞俄比亚、苏丹、南苏丹、南非、津巴布韦、毛里求斯、加纳等国家的教育部、卫生部、档案图书馆、国家图书馆及大学图书馆高级管理人员组成的"2014年非洲英语国家图书馆高级管理人员研修班"一行19人访问首都图书馆。副馆长邓菊英接待并与来访者座谈。

4月14日 银川市图书馆馆长强朝辉一行4人到石景山区少年儿童图书馆参观交流。

4月14日—5月14日 石景山区图书馆闭馆1个月，进行静音地板的铺设和部分施工改造工程。

4月16日 顺义区图书馆引进歌德电子书借阅机。

4月18日 昌平区图书馆精选图书1200余册走进小汤山镇马坊村农村集市，开展"文化下基层，图书进大集"活动。

4月19日 中共中央政治局委员、北京市委书记郭金龙，市委副书记、市长王安顺等市委市政府有关同志一行8人到首都图书馆参加文化志愿服务。郭金龙等市领导听取首都图书馆馆长倪晓建关于该馆建设情况的汇报，并开展近2小时的志愿服务。

4月19日 石景山区少年儿童图书馆在京原路7号·社区青年汇旗舰店建立的分馆正式开馆。区文化委员会副主任董聪慧与团区委副书记王传东共同为分馆揭牌。该馆藏书8000余册，由社区青年汇提供场地、人员、设备及日常维护，石景山区少年儿童图书馆负责配备图书，并对图书管理员进行业务指导和规范管理。

4月22日 由北京市文化局、首都图书馆联盟联手打造的"阅读之城——市民读书计划"主题活动在首都图书馆正式启动。北京市文化局副局长、党组成员关宇，知名学者、作家解玺璋，中央电视台主持人郎永淳，中央民族大学历史系副教授蒙曼，首都图书馆馆长、首都图书馆联盟常务副主席、秘书长倪晓建及北京师范大学图书馆馆长、首都图书馆联盟副主席张奇伟出席启动仪式。活动旨在向公众推荐好书，经读者票选与专家评选，推出"年度城市阅读书目"。

4月23日 首都图书馆"首图讲坛 红点直播——讲座直播间"正式开通。读者使用电脑、手机或其他移动设备登录网址（http://dian.fm/id/clcn），就能实时收听"首图讲坛"讲座。首都图书馆成为国内第一家利用网络进行讲座实时音频直播的图书馆。

4月23日 东城区第一图书馆"法语学习园地"对外开放，东城区文化委员会、东城区外事办联合举办开放仪式及第一场学术讲座。

4月23日 位于西城区西四南大街43号万松老人塔的"北京砖读空间"成立，这是北京市首次将文物保护单位打造成公共阅读空间。该特色阅读空间由西城区文化委员会、区第一图书馆及正阳书局等多方共同打造，免费对读者开放。"北京砖读空间"管理委员会办公室设在西城区第一图书馆，该馆负责专题文献的划拨与定期更新，并提供公益活动支持。

4月23日 怀柔区2014年"红领巾读书活动"工作会在区图书馆召开。区文化委员会党组书记陈宝明，团区委宣教部副部长李永红，团教工委书记、少工委办公室主任高宁波，区文化委员会相关领导以及全区小学校大队辅导员、初中校团委书记等参加会议。会议由区图书馆馆长王建军主持。

4月24日 房山区燕山图书馆召开"红领巾读书活动"工作会，该馆馆长李大志主持会议，栾兰作2013年燕山地区"红读"工作总结，副馆长孙潇磊布置2014年工作，优秀辅导员代表刘锐做"红读"工作经验介绍，与会领导为获得市级"红读"活动的先进集体和个人颁奖，9所中小学校大队辅导员参加会议。

4月25日 西城区第一图书馆公众号（订阅号）正式开通。

4月27日 中央电视台记者、主持人水均益携新书《益往直前》，与首都图书馆现场600余位读者分享新书幕后故事。

4月30日 东城区副区长王晨阳带领区文化委员委、区图书馆人员前往北新桥、东四两家街道文体中心，调研街道、社区图书馆（室）运行情况。东城区第一图书馆馆长肖佐刚、第二图书馆馆长左堃等10余人参加座谈。

4月—6月 昌平区图书馆"百姓读书大讲堂"活动共开展讲座、论坛及报告等系列活动共计18场，参与人数1837人次。

五月

5月6日 昌平区图书馆开展文化、科技、卫生、法律"四下乡活动"，免费发放图书500余册，借助303个村级益民书屋图书室，引领基层群众了解并走进身边的图书室，使文化下乡保持长效化机制。

5月13日 第五次全国公共图书馆评估工作检查小组专家到石景山区少年儿童图书馆评估定级，专家小组听取图书馆的工作汇报，对图书馆整体工作进行了档案和实地检查。

5月21日—24日 全国中小型公共图书馆联合会2014年研讨会在安徽省马鞍山市召开。西城区第一图书馆一行6人在副馆长郑彩萍的带领下参加会议，该馆社会工作部主任孟兰做题为"浅谈中小型图书馆如何提高为弱势群体服务的效能"的交流发言。

5月23日—24日 由北京市文化局主办，首都图书馆联盟、首都图书馆承办的第四届"北京换书大集"正式开幕。活动延续"分享阅读 交换快乐"的主题，倡导"分享阅读、绿色阅读、快乐阅读"的理念，号召广大市民将家中闲置书刊流动起来，吸引市民走进图书馆、利用图书馆。本届活动以首都图书馆为主会场，北京市各区县图书馆、中国科学院国家科学图书馆、对外经贸大学图书馆及首都师范大学图书馆等联盟成员单位为分会场，主会场吸引近4000名读者参与，交换图书3万余册。

5月27日 第五次全国公共图书馆评估北京市专家评估组对石景山区图书馆进行实地检查。

5月28日—30日 由首都图书馆与北京市古籍保护中心共同举办的"双楳藏心曲——吴晓铃先生诞辰一百周年纪念展览"在首都图书馆展出。展览首次展出吴晓铃先生的珍贵手稿、精品藏书、部分遗物、文献研究及整理成果等。29日，首都图书馆携手中国社科院文学研究所共同举办"双楳藏心曲——吴晓铃先生诞辰一百周年纪念座谈会"，北京市文化局副局长关宇，首都图书馆馆长倪晓建、党委书记肖维平、副馆长陈坚，吴晓铃先生的亲属、生前友人及同事60余人参加。

六月

6月10日 怀柔区图书馆主编的《APEC在怀柔》首发式在区文化委员会办公地举行。怀柔区图书馆向区直机关工委、益民书屋、青年志愿者及文化经营场所赠送该图书。

6月12日 由平谷区图书馆主办，区少工委协办的2014年平谷区红领巾读书活动"弘扬传统文化 争做美德少年"讲故事比赛在区图书馆成功举办。比赛覆盖全区29所小学，共32名选手参加。

6月15日 经国家社会科学基金学科评审组评审、全国哲学社会科学规划领导小组批准，首都图书馆馆长倪晓建申报的国家社会科学基金项目——"面向大数据的单元信息组织体系研究"获2014年国家社科基金年度重点项目立项。

6月17日 北京市公共图书馆馆长工作会议召开，协调各级公共图书馆"一卡通"系统升级工作，总结数字文化社区服务工作，部署中国图书馆年会相关工作。

6月17日 由昌平区文化委员会、区精神文明建设委员会办公室、区教育委员会、共青团昌平区委员会、区少年先锋队工作委员会主办，昌平区图书馆、城关小学承办的2014年昌平区红领巾读书展示活动在城关小学举办。活动展示了青少年科普剧比赛和讲故事比赛的获奖作品，200余名少年儿童参加活动。

6月17日 怀柔区图书馆微信公众号正式开通，实时发布活动信息，开展新书推荐、业务咨询等服务。

6月18日 石景山区图书馆被确定为"石景山区首批市民终身学习体验中心"；特色品牌活动灯谜及英语角荣获"石景山区学习品牌项目"称号。

6月18日 文化部全国公共文化发展中心副主任李建军、全国公共文化发展中心培训保障部部长刘刚、文化信息资源共享工程北京市分中心主任陈建新一行，对怀柔区数字文化社区的管理信息系统建设情况进行调研，区图书馆馆长王建军、副馆长李超陪同。

6月19日 内蒙古自治区包头区图书馆一行8人来西城区青少年儿童图书馆参观交流，该馆副馆长潘兵介绍图书馆情况并陪同参观。

6月19日 海淀区图书馆（北馆）内部功能设计建设研讨会在首都图书馆举行。首都图书馆副馆长邓菊英，海淀区文化委员会主任陈静，海淀区图书馆、清华大学建筑设计院及威凯公司相关代表参会。

6月24日 房山区燕山图书馆馆长李大志、副馆长孙潇磊带领图书馆业务人员到星城调研社区图书室，实地查看图书资源、硬件设施及借阅登记情况，了解图书室活动场所、制度建设及活动开展等情况，指导业务工作并配送图书2000册。

6月30日 西城区第一图书馆应邀参加"全国盲人阅读推广工作经

验交流会暨盲人有声读物捐赠仪式"。该馆荣获"2014年全国盲人阅读推广优秀单位"称号，助盲志愿者梁昊获得"优秀助盲志愿者"称号，盲人读者徐嘉荣获"优秀盲人读者"称号。

6月30日 通州区图书馆微信公众号正式开通。

七月

7月2日 海淀区文化委员会主任陈静率队赴朝阳区，对朝外地区文体中心、朝阳区图书馆新馆进行参观调研。

7月4日 北京市政协主席吉林一行9人到首都图书馆就公共文化服务进行调研。市文化局局长陈冬、首都图书馆馆长倪晓建及党委书记肖维平等陪同。陈冬局长向调研组介绍北京市公共文化服务"四化"发展目标，即以推动公共文化服务标准化、均等化、社会化、数字化为重点，加快构建现代公共文化服务体系，着力保障文化民生。调研组一行参观首都图书馆，并体验自助借还书机、触屏读报机等现代化服务设施。

7月8日 由中国图书馆学会、歌德学院主办，首都图书馆、北京市图书馆协会承办，德国汉堡图书馆布瑞特·易卜生女士"阅读从看图开始"主题讲座在首都图书馆举行，本市各级各类图书馆200余人参加。

7月10日 东城区第一图书馆组织街道及本馆图书管理人员进行"Aleph500图书馆信息管理系统"培训，通过视频讲解、实操演示及现场交流，建立馆员对新系统的初步认识。

7月23日 在中国盲人协会与中国盲文图书馆开展的"文化助盲共品书香——全国盲人阅读推广优秀单位和个人评选"活动中，东城区第一图书馆视障阅览室获得"2014年全国盲人阅读推广优秀单位"称号。

7月29日 海淀区图书馆（北馆）功能建设研讨会在区图书馆举行。首都图书馆副馆长邓菊英、区文化委员会主任陈静、清华大学建筑设计院及威凯公司相关代表参会。

7月31日 "全国盲人阅读推广工作经验交流会暨盲人有声读物捐赠仪式"在中国盲文图书馆举行，首都图书馆荣获"2014年全国盲人阅读推广优秀单位"称号。

八月

8月1日 "悦读·怀柔"第七届怀柔区全民阅读现场知识竞赛决赛及颁奖仪式在怀柔区图书馆举行，400余人参加活动。

8月1日 怀柔区2014年益民书屋管理员培训在区图书馆举行。全区益民书屋管理员和各镇乡、街道文化中心主任等300余人参加。

8月13日 石景山区图书馆引进的电子书借阅机正式投入使用，为读者免费提供健康生活、文学名著、小说传记、少儿教育等11类共2000种电子图书的借阅服务。

8月23日 青苹果童书会成立一周年之际，西城区青少年儿童图书馆邀请著名儿童文学作家、儿童阅读教育专家保冬妮为小读者及家长带来儿童绘本故事会，并为"童书会故事妈妈"颁发聘书。

九月

9月3日 首都图书馆副馆长邓菊英一行5人来到顺义区调研北京市公共图书馆总分馆制服务配送体系情况，先后走访光明街道裕龙三区、马坡镇白各庄村、庙卷村益民书屋，区文化委员委主任王颖、副主任陈永祥，区图书馆馆长史红艳陪同。

9月5日 房山区燕山图书馆购置两台歌德电子书自助借阅机，为读者提供2000册图书服务，根据图书下载使用情况每月更新图书100册。

9月24日 西城区第一图书馆推出"云图书馆"手机阅读服务，并在馆内设置三台二维码数字书刊触摸屏，读者用智能手机扫码就能免费下载图书杂志数字资源。

9月24日 西城区青少年儿童图书馆副馆长潘兵，为全区中小学图书馆70余位老师讲授"关于公共图书馆如何开展未成年人服务"的讲座。

9月25日 2014年"书香中国·北京阅读季"阅读盛典在西城区举办，对2014年"书香中国·北京阅读季"的先进单位、家庭及个人进行表彰。

9月26日 "我爱我的祖国——悦读怀柔诵读经典"全民阅读成果展示暨怀柔区第七届全民阅读活动在怀柔区图书馆举行。中国图书馆学会副理事长、北京市图书馆协会理事长、首都图书馆联盟常务副主席、首都图书馆馆长倪晓建，北京市新闻出版广电局公共服务处副处长刘民武，北京市新闻出版广电局读书益民活动办公室主任王妙丽，怀柔区区委常委、组织部部长王红兵，怀柔区区委常委、宣传部部长胡东，怀柔区人大副主任赵学恭及怀柔区政协副主席史宗祥等领导出席活动。活动由中共怀柔区委宣传部、怀柔区文化委员会、共青团怀柔区委员会主办，怀柔区图书馆承办，怀柔区第六小学与驻怀93710部队协办。

9月26日 顺义区图书馆举办第四届"顺义杯"少儿围棋大赛。

9月29日 东城区第一图书馆购置公共数字阅读机，为读者提供数字阅读服务。

十月

10月1日 东城区第一图书馆东总布分馆正式开馆。分馆由东城区

第一图书馆与国内推广亲子阅读的专业机构悠贝亲子图书馆合作运营，总体建筑面积400平方米；入藏图书约2万册，以少儿、文学与生活类为主，持证借阅，通借通还；馆内活动均公益免费。

10月10日　东城区史家七条小学和黑芝麻胡同小学近500名师生走进东城区第一图书馆，与著名儿童作家杨红樱面对面，聆听题为"童年阅读的意义"的讲座。

10月10日　2014年中国图书馆年会在北京召开。东城区第二图书馆抽调24名工作人员参与本届年会相关工作，如与会代表报到注册，4个主题论坛及23个分会场的会场秘书和开闭幕式秩序维护等工作。

10月10日—12日　北京市文化局、北京市图书馆协会推出"文化的港湾——首都图书馆事业发展纪实"主题展览，2000余名市民参观。展览运用图片、文字、多媒体技术呈现北京图书馆事业发展历程，其中，"人人读书　人人荐书"活动展示平台吸引了众多市民参与。

10月11日　2014年中国图书馆展览会主题系列活动"聆听经典、品味书香"经典诗文朗诵会在北京全国农业展览馆举办。朗诵会由东城区文化委员会主办，东城区第一、第二图书馆承办。

10月12日　北京市图书馆协会、首都图书馆联盟承办"图书馆公共服务体系的实践与探索——政府、馆员、志愿者及理事会制度"等主题论坛，吸引中国图书馆年会百余名参会代表参加。北京市图书馆协会为筹备论坛，组织相关主题的征文活动，面向全国图书馆界同人征集到102篇学术论文。

10月12日　2014年中国图书馆展览会主题活动"金秋换书会"在全国农业展览馆五号馆举办。

10月15日　海淀区图书馆（北馆）内部功能设计研讨会在区图书馆举行，首都图书馆专家与清华大学建筑设计院代表参会。

10月16日　怀柔区图书馆工会组织职工参观国家图书馆，就图书采编、流通管理、读者活动等进行交流，并参观国家典籍博物馆。

10月15日—28日 顺义区图书馆为461家益民书屋补充配发图书46640册、音像11525张、报刊4610份、书架461个，总金额140.4万元。

10月16日 内蒙古赤峰地区30余名图书馆同人到东城区第一图书馆参观交流。东城区第一图书馆馆长肖佐刚、副馆长穆红梅及原馆长董海接待来访同人并陪同参观。

10月19日 东京都友协市民交流团到石景山区图书馆开展文化交流。

10月20日 海淀区图书馆（北馆）内部功能设计推进会在区图书馆召开，清华大学建筑设计院与亚卫通公司代表参会。

10月29日 东城区第一图书馆网络技术部主任高磊荣获2014年东城区"学习之星"称号。

10月 怀柔区图书馆新增一台电子书借阅机，为读者免费提供电子图书下载服务。电子书借阅机内置2000册授权电子图书，每月保持100册图书更新。

10月 怀柔区图书馆向317个益民书屋配送书刊3.13万册、电子音像制品7825个、书架313个，实现了行政村和社区全覆盖。

十一月

11月4日 东城区第一图书馆网络技术部开展2014年数字文化社区专题培训。

11月5日 石景山区图书馆24小时自助图书馆、电子书借阅机正式投入使用，服务读者。

11月15日 海淀区青龙桥街道建成以24小时流动图书馆为中心的街道文化广场和街道图书阅览中心。文化广场以24小时流动图书馆为服务核心，占地1400平方米，除流动图书馆外，还设有文化长廊、宣传橱窗；阅览中心占地120平方米，藏书3000余册。

11月16日—12月5日 公共图书馆资源建设与读者服务培训（德国）项目完成，首都图书馆副馆长李冠南一行12人赴德国科隆、柏林、法兰克福进行培训，共听取17场专题讲座，参访13个各类型图书馆，培训包括德国图书馆事业发展概况、图书馆管理和运作机制、图书馆文献建设、德国图书馆联合会情况、读者服务创新、少儿阅读推广、图书馆激励机制与员工发展等内容。该项目是北京市文化局第一次专业技术人员组团出国境培训。

11月17日—19日 顺义区图书馆举办"顺义区图书馆基层管理员培训班"，分6期完成对全区500名基层管理员的业务培训。

11月20日 怀柔区图书馆举办"怀柔区数字文化社区管理员培训班"，培训内容涉及数字文化社区的管理、活动、软件管理平台使用等。

11月21日 平谷区图书馆完成对全区271个行政村、30个社区益民书屋的文献补充更新工作。每个书屋更新图书100册、报纸5种、期刊5种、电子音像制品25种（张）及书报刊架1个。

11月22日 北京市西城区第十四届高中生辩论赛在西城区青少年儿童图书馆举行，22所学校代表队参加比赛。

11月25日 石景山区图书馆举办"阅读点亮中国梦"诵读比赛，19人参加比赛。

11月27日 西城区第一图书馆参与创建的京城首家"酒店阅读空间"在什刹海畔的皮影文化酒店正式成立。

11月27日 北京市"读书益民杯"知识竞赛决赛在大兴区图书馆举办。大兴区代表队荣获一等奖，石景山区图书馆、海淀区图书馆分别获得知识竞赛优秀组织奖。

11月 西城区青少年儿童图书馆低幼阅览室改扩建工程完成，阅览座席由22个增加到70个。

11月 怀柔区图书馆在馆一层大厅安装LED显示屏。

11月 怀柔区图书馆被中共北京市怀柔区委员会、怀柔区人民政府评为怀柔区 APEC 服务保障工作突出贡献单位。

十二月

12月3日 中国盲文图书馆北京通州区支馆揭牌仪式在通州区图书馆举行，副区长李亚兰，中国残联副主席、中国盲协名誉主席李志军，北京市残联副理事长吕争鸣以及中国残联理事、中国盲文出版社社长张伟出席并讲话。支馆在通州区图书馆视障者服务中心的基础上建立，将开展盲文图书与音像资源的借阅、预约借书及送书上门等服务，举办各类面向视障人士的技能培训与交流活动等，实现与中国盲文图书馆文献、活动、培训及读者资源的共享。

12月12日—13日 北京市公共图书馆馆长工作会议召开，总结2014年工作与服务情况，部署2015年重点工作任务。

12月12日 湘南起义耒阳人物传记图书捐赠仪式在石景山区图书馆召开，副区长杨东起、中国传记文学学会会长万伯翱等领导出席仪式并讲话，烈士及将军后代介绍了先辈的生平事迹，并向中国传记图书馆、石景山区图书馆捐赠图书。

12月15日 北京市房山区机构编制委员会下发《关于同意设立北京市房山区文化活动中心的函》，成立房山区文化活动中心，房山区图书馆并入该中心。

12月18日 海淀区图书馆新馆建设前期调研工程专家研讨会在首都图书馆召开，首都图书馆馆长倪晓建、北京大学图书馆馆长朱强、首都图书馆副馆长邓菊英、首都图书馆副馆长陈坚、首都师范大学出版社社长胡橪、国家图书馆信息管理处处长富平、北京大学信息管理系教授李广建和各区县图书馆馆长参会。

12月30日 东城区第二图书馆北京边检总站分馆举行开馆仪式，东城区第二图书馆馆长左堃、副馆长马可，北京边检总站政委郑锦舫、政治处主任赵慧玲以及边检各队（站）领导出席。分馆配备22大类、8000余册图书。

12月31日 房山区燕山图书馆在成人借阅部和少儿借阅部安装图书自助借还机。

12月 北京市图书馆协会承接"海淀区图书馆新馆建设研究"课题，从新馆功能定位、技术应用、标识系统、开办项目等多方面为海淀区图书馆新馆建设提供智力支持。

12月 石景山区图书馆协会荣获2014年石景山区全国科普日优秀组织单位奖。

2014年 北京市城市街区155台24小时自助图书馆实现运行服务，分别安置在东城区等5个区县的交通枢纽、大型住宅区、文化休闲场所及行政机关集中区域。首都图书馆调拨4万余册图书建立专属库，委托专业物流公司进行物流配送，并制定《北京市城市街区24小时自助图书馆物流配送管理办法》。自助图书馆全年借阅图书21.8万册，还书28.2万余册，办理借书证8699个，每台的动态浏览屏定期发布全市公共图书馆全民阅读活动指南。

2014年 文化共享工程北京分中心启动北京市公共电子阅览室技术平台建设，完成包括网络、服务器、存储及相关应用软硬环境的搭建，300余个公共电子阅览室终端软件的安装部署等；搭建国家公共文化数字支撑平台，完成支撑平台中硬件采购及部署工作，以及支撑平台中五大基础平台（云管理系统、资源共享系统、应用集成系统软件、网络分发系统以及评估管理系统）采购与部署，承接"文化共享工程地方特色资源项目申报及评审系统"的研发工作；持续建设数字资源，建设内容包括："国韵京剧"多媒体资源库——期刊杂志中的京剧故事、"国韵京剧"系列专题片——梨园子弟口述专题片、"北京历史文化"系列专题片——爱新觉罗家族口述专题片、"北京会馆"系列专题片及"十年科举"系列专题片。

2014年 首都图书馆数字资源移动客户端——"首图读览天下"与"首图移动知网"正式上线。"首图读览天下"提供移动休闲阅读服务，读者可通过其浏览1600种、50000余册综合性人文大众类期刊，内容涵盖新闻人物、商业财经、文化艺术等领域。"首图移动知网"整合中国知网海量优质、权威学术类资源，读者通过其可下载学术期刊、学位论文及工具书等内容。

2014年 丰台区图书馆利用文化信息共享工程资源，举办8期中老年人电脑基础知识培训班。

2014年 昌平区图书馆为308个村、社区益民书屋进行补充更新，每个书屋配送书架1个，图书60种、100册，报刊10种及光盘25张。

2014年 昌平区图书馆举办为期3天的基层图书管理员培训班，每天培训100余人次，共计培训424人次。

2015 年

一月

1月8日 昌平区委常委、宣传部长余俊生在区文化委员会领导陪同下到区图书馆调研，听取馆长寇小新汇报。

1月10日 东城区第一图书馆特邀外交部领事司司长、中国驻纽约领事馆总领事张宏喜大使做题为"一个不合格的外交官交了一份及格的外交答卷"讲座。

1月12日 石景山区图书馆馆长王红应邀参加《舒乙与石景山》文史专辑签名赠书仪式。舒乙先生向石景山区图书馆赠送文史专辑图书。

1月15日 韩国大邱天主教大学图书馆科学系教授赵庸完一行14人参访首都图书馆，副馆长邓菊英介绍该馆基本情况，并就北京市公共图书馆服务体系建设、北京记忆、古籍保护、少年儿童图书馆、数字图书馆建设等方面进行了业务交流。

1月15日 2015年平谷区"红领巾读书活动"工作会在区图书馆召开，区文化委员会工会主席刘东彪、少工委办公室主任贾颖、区教委小教科科长姬云燕及平谷区图书馆馆长王宇等有关领导出席。来自全区29所学校的50余名德育主任与大队辅导员参加会议。

1月19日 石景山区图书馆组织中层以上领导干部赴上海市图书馆、杭州市图书馆及杭州市生活主题图书馆等地参观考察。

1月20日 在文化部召开的2015年全国文化志愿服务工作推进会议上，首都图书馆文化志愿者夏树敏荣获"2014年优秀文化志愿者"称号。

1月24日 东城区第一图书馆邀请原驻法国大使、外交部外交政策咨询委员、欧洲学会法国研究会名誉会长蔡方柏，做题为"中法建交的意义及中法关系的回顾与展望"讲座。

1月28日 石景山区少年儿童图书馆召开"红领巾读书活动"工作总结会，表彰2014年度"红读"活动北京市、石景山区先进集体及个人。

1月30日 新疆和田地区代表团文体组在北京市文化局副局长庞微等陪同下来到首都图书馆考察参观，并就图书馆建设及开展文化服务方面进行交流，首都图书馆班子成员参加座谈。座谈由市文化局副局长庞微主持。首都图书馆馆长倪晓建向文体组介绍该馆在场馆建设、运营管理以及开展公共文化服务等方面的工作情况。和田地区文体局党组书记、局长居来提·麦色依提、和田市文化体育广播影视出版局党委书记买买提艾力·玉素浦等介绍和田地区公共文化设施建设和开展服务的现状。

1月31日 东城区第一图书馆邀请前外交部美大司、拉美司司长，前驻厄瓜多尔、古巴、阿根廷等国大使徐贻聪，做题为"我与卡斯特罗"的讲座。

1月 顺义区图书馆开通官方微信公众平台订阅号。

1月 怀柔区图书馆工会、共青团联合举办图书馆职工技能大赛。

1月—2月 房山区燕山图书馆开展"小小图书管理员"社会实践活动，工作人员为小管理员讲解图书管理工作的基本流程及注意事项，654人参加活动。

二月

2月1日 平谷区图书馆一层服务大厅装修改造完成,以全新面貌接待读者。

2月2日 "我心中的首邑——大兴"主题展览在大兴区图书馆举行。展览以图片为主,分为人杰地灵、物阜民丰及日新月异三个部分,直观展示大兴的发展变迁与辉煌成就。

2月5日 顺义区24家益民书屋被评为星级书屋,其中五星级2家,三星级22家。40名书屋管理员前往通州台湖图书城挑选书屋及个人奖励图书。

2月11日 中国画画家于大武先生携新作儿童图画书——《北京的春节》来到首都图书馆与小读者们面对面交流。

2月13日 顺义区图书馆微信公众号正式开通运营。

2月15日 首都图书馆心阅书香志愿服务项目推出以"心手相牵 共度春节"为主题的"心阅美文——欢乐融融过大年"春节特别档活动。来自朝阳区潘家园街道残联、南磨房街道残联、十八里店街道残联及丰台区和义街道残联的近50名残障朋友和首都图书馆的部分文化志愿者参加活动。北京市残疾人联合会副理事长吕争鸣、北京市残疾人联合会宣文部主任宿廷虎、北京市志愿服务指导中心副主任王赢、首都图书馆党委书记肖维平、首都图书馆副馆长李冠南出席活动。

2月16日 按照西城区"文、商、旅"融合发展三年行动计划,由西城区旅游委员会和文化委员会联手打造的文化旅游公益项目——西城区"都市旅游阅读空间"正式启动。

2月27日 东城区第二图书馆使用"ALEPH500图书馆信息管理系统"替换"智慧2000系统"。

2月 西城区青少年儿童图书馆按照区人力社保局关于《事业单位调整专业技术人员结构比例工作》口头通知精神,把专业技术人员岗位高级、中级、初级比例调整为1∶4∶5，并进行聘任工作。

三月

3月11日 国家图书馆后勤服务管理中心副主任张海波一行来到首都图书馆调研参观，副馆长胡启军接待。座谈会上，双方就后勤服务保障的范围、岗位设置、人员调配方式、节能减排工作、物业服务保障及监管工作等进行交流。

3月13日 广州图书馆副馆长黄秋玲一行7人来到首都图书馆参观考察，副馆长李冠南接待。双方就《北京市图书馆条例》颁布后，北京市图书馆立法宣传推广经验等进行交流。

3月13日 海淀区图书馆举办新馆家具、图书采购、人员编制研讨会，首都图书馆副馆长陈坚参会。

3月18日 东城区第一图书馆召开2015年街道图书馆工作会，总结2014年工作，布置2015年重点工作。首都图书馆合作协调中心主任高莹、共享工程北京市分中心副主任陈建新、东城区文化委员会副主任魏瑞峰等出席会议，各街道图书馆文体中心主任及管理员参加会议。

3月19日 北京市文化局党组书记、局长陈冬，副局长庞微等一行5人，在石景山区领导陪同下，到区图书馆调研，了解益民书屋建设情况。

3月26日 北京市区县图书馆馆长工作会议在首都图书馆召开，会议传达2015年北京市公共文化工作的总体目标和任务，研讨"一卡通"系统升级工作，通报数字文化社区建设与服务情况。

3月26日—27日 西城区青少年儿童图书馆组织参加"2015年全国少年儿童经典阅读培训班"，提高馆员对经典阅读及传统文化的理解与认识。

3月27日 中央文化管理干部学院来京参加"芜湖市公共文化服务

管理与创新专题研修班"的文化馆干部、公共文化服务单位骨干人员等一行40人来首都图书馆开展现场教学活动，副馆长陈坚接待并介绍公共文化服务开展情况。

3月27日 东城区8台城市街区24小时自助图书机开通服务，持有北京市公共图书馆"一卡通"的读者可在自助图书机上办证、借还图书及续借文献。

四月

4月1日 深圳大学城图书馆馆长赵洗尘、副馆长李桂芬一行6人到首都图书馆调研学习。副馆长陈坚接待到访客人。座谈会上，双方就资源建设、资源经费额度与使用、新馆建设与开放使用、公共服务具体做法与相关经验等内容进行交流。

4月1日 西城区青少年儿童图书馆开通官方微信公众平台订阅号。

4月1日 由平谷区图书馆承办的第七届大众读书工程启动仪式暨第二届清明诵诗会在平谷区世纪广场大舞台举行。平谷区副区长徐素芝、北京市新闻出版广电局公共服务处处长王亦君、平谷区文化委员会主任王文忠、平谷区教育委员会副主任崔会明等领导出席启动仪式。

4月2日 2015年西城区中小学图书馆（室）专业技术人员继续教育培训开班典礼在西城区青少年儿童图书馆举行。

4月4日 北京市文化局副局长庞微、市文化局公共文化处处长黄海燕到通州区图书馆调研通州区公共文化服务体系建设情况。

4月7日 东城区第一图书馆邀请北京大学教授王余光做"阅读转型与全民阅读推广"主题讲座。该馆与东城区第二图书馆的70余名工作人员参加。

4月7日 西城区青少年儿童图书馆召开第三十三届"鲁迅奖章"暨"红领巾读书活动"动员大会。西城区教委校外办傅晓月、北京校外教育协会副秘书长王媛媛以及西城区青少年儿童图书馆馆长樊亚玲同与会人员回顾2014年工作成果。

4月8日 吉林省图书馆副馆长宋艳一行4人来到首都图书馆参观考察，副馆长陈坚接待到访客人。座谈会上，双方就数字资源采购事宜进行了交流。

4月9日 房山区燕山地区召开"红领巾读书活动"工作会，各中小学校大队辅导员参加会议。房山区燕山图书馆副馆长孙潇磊总结2014年燕山"红读"主要活动和工作，部署2015年"红读"重要活动，并对获得市级"红读"活动的先进集体和个人进行了表彰与颁奖。

4月10日 上海浦东图书馆馆长张伟一行3人来到首都图书馆参观调研。副馆长陈坚接待到访客人。座谈会上，双方就"十三五"规划制定情况、北京市图书馆协会管理运作模式及理念创新、阅读推广、品牌化服务等方面的先进经验进行交流。

4月10日 北京大学信息管理系教授张广钦带领学生25人来首都图书馆参观教学。馆长倪晓建为师生们讲授了公共图书馆研究及公共文化服务等方面的内容。

4月17日—18日 由北京市文化局主办，首都图书馆联盟、首都图书馆承办的第五届"北京换书大集"在京举办，交换书刊近3万册，参与市民近7000人次。中国科学院文献情报中心、北京大学图书馆、朝阳区图书馆、海淀区图书馆等14家图书馆作为分会场举办了换书活动。

4月17日 东城区数字图书馆"书香东城"全民阅读平台正式开启，免费发放30万张阅读卡，提供10万种大众类数字图书。著名学者于丹、东城区第一图书馆馆长肖佐刚以及读者代表、著名演员朱琳等人出席启动仪式，400余人参加。

4月18日 诗人阿紫做客"好书好人生·昌平读书汇"，与300余位书友交流互动，共同寻找诗意人生。昌平区委宣传部副部长郑高智、区委组织部副部长操太盛、区教育委员会主任李成旺及区文化委员会主任刘全新等领导出席活动。

4月23日 "世界读书日"当天，读者在首都图书馆和全市区县图书馆外借的图书，将自动延长1个借阅周期。

4月23日 怀柔区图书馆召开2015年"红领巾读书活动"工作会。团区委相关领导、全区小学大队辅导员及中学团委书记等参加。怀柔区图书馆馆长王建军主持会议，副馆长李晓东总结2014年"红读"工作，表彰活动中表现优异的集体和个人，团教工委书记、少工委办公室主任高宁波部署2015年"红读"活动。

4月25日 石景山区图书馆电子阅览室改造项目、中心机房设备升级改造项目、中心网络机房运维系统项目通过验收。

4月26日 由北京青少年发展基金会主办，新街口街道工委、新街口街道办事处、西城区青少年儿童图书馆承办的"携爱成长——青少年公益讲堂进社区'心悦阅读课堂'"活动在西城区青少年儿童图书馆正式启动。

4月28日 清华大学图书馆采编科古特藏党支部书记贾延霞及编目部、特藏部、资源建设部等部门的党员、骨干一行21人来到首都图书馆参观交流。副馆长李冠南接待到访客人，双方就图书馆整体建筑、环境建设、空间规划、功能布局、业务概况、特色服务，地方文献自建数据库、资料收集与管理，非正式出版物分类、著录、服务，以及古籍管理、服务等内容进行交流。

4月 西城区青少年儿童图书馆与西城区妇联合作打造"书香悦人·金书签"读书活动，设立图书角，定期开展"金书签"读书心得评比。西城区青少年儿童图书馆先后为菜市口百货公司、京彩瓷博物馆、北京120急救中心、西城区体育局离退休老干部处及区妇联等7家机关、企事业设立图书基层服务点。

五月

5月3日 台湾著名儿童文学作家、图画书评论及译者余治莹女士来到西城区青少年儿童图书馆，为读者带来"做个爱书人 阅读绘本之美"公益讲座，家长与小朋友共130余人参加。

5月5日 台湾大学图资系教授兼图书馆馆长陈雪华一行5人到访首都图书馆，副馆长陈坚接待到访嘉宾。双方就北京市公共图书馆服务体系建设情况、读者服务特色等进行交流。

5月5日 平谷区教育委员会联合区文化委员会，在区图书馆举行"多读书 读好书"平谷区小学第六届读书节暨走进图书馆展示实践活动。区文化委员会、教育委员会有关领导，教师、家长及学生代表等300余人参加活动。

5月7日 北京市人民政府外事办公室副主任高志勇一行就推广"新中装"一事访问首都图书馆，并在该馆党委书记肖维平、副馆长李冠南的陪同下考察首都图书馆文化设施。

5月12日 石景山区少年儿童图书馆开通官方微信公众平台服务号，推送新书推介、活动通知、图书馆动态等内容。

5月13日 平谷区图书馆与绿谷欣艺评剧团合作，在服务宣传周到来前夕，结合"星火工程"下乡演出开展图书馆服务宣传下乡活动。

5月21日 中国中共党史学会党领导文化建设史研究专业委员会会长龙新民一行14人，到首都图书馆考察参观。北京市文化局局长陈冬、首都图书馆馆长倪晓建接待到访客人。倪晓建介绍了图书馆事业发展状况以及阅读对提高全民文化素质的重要作用，并陪同参观首都图书馆少年儿童图书馆、新馆场馆及古籍书库。

5月21日 2015年平谷区公共图书馆工作会在平谷区图书馆召开。来自全区各街道、乡镇图书馆的20余名文化干部参加会议。

5月21日 平谷区图书馆举办"品阅书香"千场名家面对面活动首

场讲座。活动邀请中国摄影家协会会员、北京市摄影家协会副主席耿大鹏，与全区30余名基层文化干部进行面对面交流。

5月22日 江西省图书馆副馆长李晓君一行3人到首都图书馆考察学习。副馆长胡启军接待到访客人。双方就首都图书馆在新馆建设方面的先进理念及相关数据资料等进行交流。

5月23日 昌平区图书馆精选800余册书刊走进崔村镇香堂农贸大集，开启昌平区图书馆2015年"文化走基层，图书进大集"活动序幕。

5月26日 由石景山区文化委员会和区妇女联合会主办，区少年儿童图书馆承办的"家风家训 伴我成长——庆六一儿童节主题活动"启动。活动围绕"红色基因，绿色发展，金色梦想"3个主题，有9个家庭代表队同台竞技。石景山区领导参与活动并为孩子们送上节日祝福。

5月27日 海淀区政府办公室人员到区图书馆调研政府信息查询工作开展落实情况。

5月28日 首都图书馆合作协调中心与信息咨询中心联合举办原文传递服务培训。公共图书馆开启了原文传递服务，"一卡通"读者可免费获取北京部分高校的文献资源。

5月28日 中央文化管理干部学院培训部主任刘瑞彪一行47人到首都图书馆考察学习。馆长倪晓建、副馆长陈坚接待到访客人。倪晓建做"三网融合背景下公共数字文化的服务建设机制"主题授课。

5月28日 石景山区图书馆召开禁烟部署大会，学习落实《北京市控制吸烟条例》，制定图书馆禁烟工作方案，全面推进公共场所禁烟工作。

5月29日 陕西省图书馆原副馆长徐大平一行4人到首都图书馆考察学习。副馆长胡启军接待到访客人，双方就首都图书馆先进建馆理念进行交流座谈。

5月29日 由北京市文化局、首都图书馆联盟联合打造的北京市全民阅读大型公益活动"阅读之城——市民读书计划"在首都图书馆启动。中国人民大学图书馆副馆长索全军、市文化局办公室主任路斌、市文化局公共文化处副处长刘贵民出席启动仪式。首都图书馆馆长倪晓建致辞，中央民族大学外国语学院院长郭英剑和科普作家、中国地震局地质研究所研究员位梦华分别做题为"数字化时代的阅读：读什么和怎么读"与"读书漫谈"演讲，中央美术学院绘本创作工作室文本辅导向华以视频的形式做"阅读与传承"主题演讲。

5月31日 由西城区青少年儿童图书馆主办，新阅读研究所、第三届中国少年儿童文化作品评选组委会协办的"原创绘本@北京：两代人的儿童视角"活动启动。

六月

6月1日 "曹灿杯"全国首届青少年朗诵大赛正式拉开帷幕。大赛同步启动"清音计划"——关爱语言障碍儿童公益活动，邀请全国各地语言障碍儿童进京免费参与全程赛事活动，并进行免费培训。本届大赛由中国诗歌学会朗诵演唱专业委员会、北京市语言学会朗诵研究会、北京市东城区文化委员会主办，东城区第一图书馆及东城区第一文化馆协办。

6月6日 中国国学学会名誉会长、中国教育培训学会副会长、中国公民德行教育大讲堂著名讲师张选做客昌平图书馆"好书好人生·昌平读书汇"。区委宣传部副部长郑高智、区委组织部副部长操太盛及区文化委员会主任刘全新等领导同300余书友参加活动。

6月9日—10日 石景山区少年儿童图书馆举办全区中小学校辅导员和辅导教师培训，内容包括"藏书票"设计制作与电子书制作。

6月11日 石景山区24小时微型图书馆在区政府大楼内正式投入使用。

6月13日—20日 北京市图书馆协会与北京市古籍保护中心联合

承办"我与中华"摄影大赛及优秀摄影作品展,并在石景山区图书馆等6家单位巡展。

6月13日 首都图书馆在第10个文化遗产日当天举办主题讲座、互动活动和主题展览。中国印刷博物馆研究室主任、中国印刷史研究会副秘书长李英做"全民阅读兴起于宋代"主题讲座,首都图书馆举办"雕版印刷体验之旅"读者互动活动。

6月16日 中国思想政治工作研究会秘书长、中宣部思想政治工作研究所所长王学勤一行访问首都图书馆,并在馆长倪晓建、副馆长李冠南的陪同下参观首都图书馆。

6月17日 北京大学信息管理系教授、博士生导师刘兹恒来到西城区青少年儿童图书馆做"现代图书馆信息资源建设"主题讲座。西城区各中小学校图书馆老师及少儿馆员工79人参加。

6月22日—23日 平谷区图书馆在碧海山庄分期举办基层图书管理员业务培训,全区各乡镇、街道及行政村共300余名基层文化干部与图书馆管理员参加。

6月26日 国际禁毒日当天,北京市公安局禁毒大队和南磨房派出所民警在首都图书馆开展禁毒宣传,引导群众"珍惜生命,远离毒品"。北京市政法委书记杨晓超,公安部副部长、北京市公安局局长王小洪以及朝阳区相关领导参加活动,首都图书馆副馆长胡启军陪同。

七月

7月3日 东城区图书馆理事会成立。在第一届第一次会议上,北京东方嘉诚文化产业发展有限公司董事长、外部理事甄军当选为理事长;会议通过了《东城区图书馆章程》;确定2015年7月—12月理事接待读者的具体日期与内容;确定下一阶段社会理事的调研内容及下次理事会时间。

7月5日 由中国国土经济学会、中国自然辩证法研究会、中国未来研究会、中国生产力研究会、中国技术经济研究会、国家发展改革委员会、中国民生研究会、孙冶方经济科学基金会、知识产权出版社和首都图书馆联合举办的于光远学术思想研讨会在首都图书馆举行。中国科学院、中国社科院、北京大学、清华大学等单位的多名专家学者参与研讨，于光远的夫人孟苏女士、女儿余小东教授等家人，于老生前友人、学生和部下约150人参加了研讨会。会上，中国科学院院士何祚庥、中国社科院学部委员张卓元等十余位专家做专题发言，回顾了于光远的学术思想和生前事迹；首都图书馆馆长倪晓建介绍于光远先生与首都图书馆多年的密切关系。

7月8日 由西城区第一图书馆、法国驻华使馆及法国文化中心图书馆主办的法国绘本图片展，在西城区第一图书馆开展。

7月12日 东城区第一图书馆邀请前驻英国大使、亚太安全合作理事会中国委员会会长、外交部政策咨询委员会委员、外交部公共外交咨询委员会委员马振岗，做"从英国大选结果看中英关系的发展"及"我所知道的布莱尔"主题讲座。

7月16日 首都图书馆与蒲公英童书馆联合推出"故乡·遇见——九儿绘本作品原画展"，这是绘本画家九儿自2012年至今的130余件原画及雕塑作品首次与读者见面，《回不去的故乡》《想要正好的遇见》新作也在展览开幕之际首发。首都图书馆副馆长陈坚、北京市新闻出版广电局公共服务处处长王亦君、儿童文学作家白冰、资深出版人叶俭、清华美院雕塑系教授王小蕙等领导和嘉宾出席展览开幕式并致辞。

7月16日 内蒙古自治区通辽市图书馆馆长王蒙、副馆长巴特带领旗县基层图书馆馆长12人，到东城区第一图书馆进行业务交流。馆长肖佐刚、副馆长穆红梅、程佳蕾、高磊接待并陪同参观。

7月16日 石景山区人大常委会主任岳德顺、常务副主任石玉贵、副主任李艳等领导及各界委员代表，在区委常委、副区长田利跃，区文化委员会主任王亚迅等领导的陪同下，到区图书馆参观调研，了解图书馆文化惠民工作情况，听取区文化委员会关于创建国家公共文化服务体系示范区（项目）等工作的汇报。

7月19日　东城区第一图书馆邀请前驻俄罗斯使馆公使、驻格鲁吉亚大使、驻乌兹别克斯坦大使李景贤做主题为"俄罗斯：宽阔与厚重——名人辈出的国度兼我所知道的苏联—俄罗斯政要"的讲座。

7月22日　怀柔区图书馆举办2015年公共电子阅览室、数字文化社区管理员培训班，全区镇乡、街道的文化中心主任和管理员30余人参加培训。培训邀请首都图书馆文化共享工程北京市分中心主任陈建新授课。

7月23日　房山区燕山图书馆"党员E网书栈"党建创新品牌建设工作已达到标准，入驻党建创新品牌基地。

7月28日　由石景山区精神文明建设委员会办公室、区文化委员会及区双拥优抚安置办公室共同主办，区图书馆联合驻区部队承办的"铭记历史　共创未来——石景山区纪念抗战胜利70周年军民共建知识竞赛"在石景山区图书馆举行，7支代表队同场竞技。

7月29日　由石景山区委宣传部、区文化委员会及区科学技术协会联合主办，区图书馆与区少年儿童图书馆承办的"我眼中的感人故事"百姓DV大赛总结座谈会在石景山区图书馆举行。会上展播优秀作品，区委宣传部副部长苏昊、区文化委员会副主任董聪慧等领导出席并为获奖选手颁奖。

7月29日　怀柔区图书馆举行"悦读·怀柔"第八届全民阅读活动之2015"读书点亮人生"年度人物评选颁奖盛典。北京市文化局副局长庞微、公共文化处处长黄海燕，市新闻出版局公共服务处谭素云，首都图书馆副馆长陈坚，怀柔区委常委、宣传部部长胡东，区人民政府副区长任武军，区人大教科文卫委主任吴秋红，区文化委员会主任夏占利，区文化委员会党组书记陈宝明及副主任田正科等领导，与全区 300 余名文化志愿管理员参加活动。活动由区委宣传部、区文化委员会主办，区图书馆承办。活动中的 11 位年度人物，是 2008 年全民阅读活动以来，由百位"读书状元"和"读书家庭"中评选出来的代表。

7月—8月 西城区青少年儿童图书馆青青草文学社开展"阅读传统体验文化"暑期采风活动，带领读者走进中国书店（雁翅楼店）、百年老字号——张一元、北京仿古瓷艺术馆、北京空竹博物馆以及中国现代文学馆。

7月—12月 依据"统一部署、分层管理、试点先行、稳步推进"的工作思路，在首都图书馆成立由北京市文化局公共文化处处长黄海燕任组长、首都图书馆副馆长陈坚任副组长的工作组，启动全市基层图书服务资源整合工作。首都图书馆牵头对全市益民书屋现状进行全面调研；召开专题工作会，听取区县图书馆馆长对整合基层图书馆与益民书屋的意见与建议；研究制定《北京市基层图书服务资源整合实施方案》《北京市基层图书服务资源整合管理办法》《北京市"阅读北京"读书推广活动方案》《北京市基层图书服务资源整合预算方案》和《北京市基层图书馆书目选配办法》，并征求相关单位意见。从业务与服务规范方面指导各区县图书馆的基层服务资源整合工作，以及海淀区和延庆县的试点工作。

八月

8月1日 著名主持人敬一丹携新书《我遇到你》走进东城区第一图书馆，回顾在央视的岁月、采访过程中感人至深的故事。现场 500 位读者参与。

8月6日 北京市公共图书馆馆长工作会议在首都图书馆召开，市文化局领导、全市公共图书馆馆长及相关人员 60 余人参加会议。会议对上半年公共图书馆服务工作进行总结；市文化局领导对落实"1+3"

公共文化政策相关工作进行部署；各馆就整合基层图书馆服务资源进行讨论，并提出意见和建议。

8月12日 四川省图书馆调研小组编目部主任赫青、信息网络部主任郑蜀等一行6人到首都图书馆考察学习。副馆长陈坚接待了到访客人，双方就首都图书馆在数字资源采购流程及资源评估管理机制、读者服务阅览室的设置与布局、图书馆信息化数字化建设概况及成果、新馆搬迁中遇到的问题及解决办法等方面进行了交流座谈。

8月15日 由首都图书馆与人民出版社共同推出的阅读分享会在首都图书馆举行。分享会以《中国抗日战争史简明读本》为题材，由中央电视台《朝闻天下》气象主播高坚主持，中央马克思主义理论研究和建设工程专家刘庭华教授主讲。首都图书馆党委书记肖维平等领导为作出贡献的读书分享会主持人、副秘书长和荣誉书友颁发证书。人民出版社向首都图书馆捐赠图书3000余册，用于"图书交换"书籍置换和援建"爱心书屋"。

8月18日 "大兴记忆：不能忘却的纪念"主题展览开幕暨巡展启动仪式在大兴区图书馆举办。展览内容分为"峥嵘岁月""如日方升""欣欣向荣"三部分。

8月19日 由首都图书馆与童趣出版有限公司联合主办的"名家面对面——走进神奇的冒险侦探世界"活动在首都图书馆举行。奥地利知名儿童文学作家托马斯·布热齐纳向小读者们分享他的冒险侦探世界。

8月20日 首都图书馆、天津图书馆、河北省图书馆馆长座谈会在首都图书馆召开，研究京津冀三地公共图书馆合作项目。

8月21日 阿拉伯联合酋长国文化、青年与社会发展部图书馆司司长艾哈迈德·哈达比一行4人到访首都图书馆。副馆长陈坚接待参观团，并在座谈中简要介绍首都图书馆相关情况，随后陪同来宾参观首都图书馆。

8月21日 由印度尼西亚、马来西亚、菲律宾等国文化官员组成的参观团一行21人到访首都图书馆。副馆长陈坚陪同来宾进行参观，并简要介绍了首都图书馆相关情况。

8月21日 由文化部主办、中央文化管理干部学院承办的"第九期东盟——中日韩（10+3）文化人力资源开发合作研讨班"成员一行23人，到首都图书馆进行参观考察。副馆长陈坚接待到访客人，双方就公共文化服务管理等进行座谈。

8月26日 通州区委常委、组织部长付晓辉到通州区图书馆考察调研。

8月26日 东城区第一图书馆少儿部与北京绘读教育、国家图书馆少儿馆共同策划"绘本阅读教师培训计划"，在东城区第一图书馆共举办7场培训。

8月28日 四川省图书馆副馆长陈雪樵一行4人，到首都图书馆考察学习。副馆长李冠南接待到访客人，双方就少儿服务、图书采编、读者服务、文献布局、图书剔旧等业务工作进行了交流座谈。

8月28日 十堰市图书馆党支部书记赵明意一行2人，到首都图书馆考察学习。副馆长李冠南接待到访客人，双方就首都图书馆部门设置和总分馆体系建设等情况进行了交流座谈。

九月

9月5日 著名主持人水均益应邀到东城区第一图书馆做讲座，与大家谈中日关系，现场近150名读者参与。

9月9日 北京市图书馆协会对《北京市图书馆条例》的适应性进行评估，并提出修改建议。

9月14日 大连图书馆副馆长李珠一行4人，到首都图书馆考察学习。副馆长陈坚接待到访客人。双方就音乐图书馆及新媒体服务工作进行了交流。

9月14日—24日 首都图书馆合作协调中心与数字图书馆管理中心联合举办Aleph系统操作培训，内容涉及采编、流通、连续出版物共13个系统模块，19家区县图书馆的272名系统管理员及业务骨干参加培训。

9月14日 东城区第一图书馆"书海听涛"讲堂邀请曾任尼泊尔、新加坡、泰国等多国大使、亚洲司司长，现外交部政策咨询委员、第十一届全国政协委员、中国公共外交协会副会长、外交学院兼职教授张九桓为读者做讲座。

9月14日 石景山区少年儿童图书馆对全部馆藏图书进行RFID智能文献检索系统升级工作。

9月16日 东城区残联领导向东城区第一图书馆颁发"扶残助残，无尚光荣"牌。

9月18日 广州市天河区图书馆馆长刘驰一行5人，到首都图书馆考察学习。副馆长陈坚接待到访客人。双方就图书馆场馆建设、部门及岗位设置、人员管理、图书馆信息化及数字图书馆建设等进行了交流。

9月22日 由河北省委组织部、省文化厅与文化部人事司联合主办的"河北省现代公共文化服务体系构建专题培训班"成员一行50人，到首都图书馆参观学习。副馆长陈坚接待到访客人。双方就公共文化服务建设方面工作进行交流。

9月22日 绍兴图书馆副馆长那艳一行3人，到首都图书馆考察学习。副馆长陈坚接待到访客人，双方就讲座、展览等读者活动的组织与开展进行了交流。

9月22日 东城区第一图书馆举行英语沙龙活动，东城区外语人才库80多名成员及区领导参与。

9月23日 由上海图书馆组织的"十三五"建设发展规划调研小

组成员一行4人，到首都图书馆参观学习。副馆长陈坚接待到访客人。双方就总分馆体系及现代公共图书馆服务体系建设等工作进行交流。

9月23日 东城区第一图书馆东总布分馆RFID自助借还书系统正式上线运行。

9月23日 由西城区青少年儿童图书馆举办的中小学图书馆继续教育培训班第二学期开班。

9月24日 由首都图书馆、美国驻华大使馆联合举办的"美国钢琴家约翰·罗毕莱特（John Robilette）古典钢琴音乐会"在首都图书馆举行。约翰·罗毕莱特被称为"黄金时代"的复古钢琴演奏家，曾在美国国会图书馆、英国伦敦威格摩尔音乐厅等世界顶级音乐殿堂独奏。

9月24日 海淀区文化委员会主任陈静率队视察海淀区北部文化中心图书馆建设，并与建设方进行座谈。

9月24日 住建部领导在海淀区规划局领导陪同下，到海淀区图书馆检查无障碍设施建设情况。

9月26日 东城区第一图书馆和中国语文现代化学会语言艺术专业委员会共同举办"中华经典诵读指导中心"基地揭牌仪式，150余名诵读爱好者参与。

9月28日 由北京市文化局、乌鲁木齐市委宣传部与文化局主办，首都图书馆、乌鲁木齐市艺术创作研究中心承办的"乌鲁木齐印记——庆祝新疆维吾尔自治区成立60周年"摄影图片展在首都图书馆展出。展览共展出乌鲁木齐城市建设变迁风貌图片200余幅。

9月29日 首都图书馆法律主题馆走进中海城社区，为社区居民举办以"幸福万年，平安上门"为主题的系列沙龙活动。北京华佳律师事务所主任、北京市百名优秀公益律师、首都图书馆法律专家志愿者张华律师为社区居民带来财产继承专题讲座。

9月30日 创建首都公共文化服务示范区第三方工作组到石景山图书馆，检查创建工作文字档案。

十月

10月1日　西城区青少年儿童图书馆开通网站手机版。

10月14日　参加"2015年人大系统信息资源共建共享研讨会"的全国人大、北京市人大常委会相关领导及各省、自治区、直辖市与会人员近100人，到首都图书馆考察参观。馆长倪晓建、副馆长陈坚接待并陪同参观。

10月15日　国家图书馆馆长兼党委书记韩永进一行6人，到首都图书馆考察参观。馆长倪晓建、副馆长陈坚和胡启军接待到访客人，双方就首都图书馆建设和服务等方面进行了交流。

10月15日　东城区友好城区——韩国首尔市钟路区政府代表团到东城区第二图书馆参观交流，馆长左堃、副馆长王静接待并介绍相关情况。

10月19日　平谷区第一届"全民终身学习活动周"启动仪式在世纪广场举行，副区长徐素芝出席活动并讲话。

10月21日　东城区第一图书馆外文阅览室"RFID智能图书馆管理系统"标签转换与安全门检测系统全部完成。

10月23日　北京市人大代表、市人大常委会教科文卫体办公室相关领导在市文化局副局长吕先富、副局长李新平的陪同下前往首都图书馆，就京津冀协同发展规划文化方面的具体情况进行视察。首都图书馆党委书记肖维平接待到访领导。

10月24日　石景山区图书馆召开基层管理员培训会议。

10月27日　东城区第一图书馆馆长肖佐刚荣获"书香中国"第五届北京阅读季"十大金牌阅读推广人"称号。

10月28日　由大兴区委宣传部、区文化委员会主办，区图书馆承办的"天下首邑·大兴故事"情景演绎大赛落幕，高米店街道选送的《枣林趣话》获得大赛一等奖。

10月29日 东城区区长张家明、副区长王晨阳在区文化委员会主任李诚刚、建国门街道工委书记李卫华、东城区第一图书馆馆长肖佐刚及书记王芯陪同下，到东总布分馆检查指导工作。

10月30日 首都图书馆召开2015年文化志愿者工作联席会议，馆党委书记肖维平出席会议。北京市律师协会、北京市残疾人文化体育指导中心、北京市红丹丹教育培训交流中心、首都师范大学初等教育学院、北京市劲松职业高中等5家单位的志愿团体代表、志愿者个人代表以及首都图书馆9个志愿项目的负责人参加会议。

10月30日 东城区第一图书馆进行"RFID智能图书馆管理系统"标签转换和新设备安装与调试工作。

十一月

11月3日 通州区委常委、宣传部长肖志刚到区图书馆考察调研。

11月4日—6日 昌平区图书馆举办益民书屋、共享工程管理员培训班，培训包括图书分类、图书排架、读者活动及共享工程应用等内容，350名管理员参加。

11月4日 由怀柔区文化委员会主管主任任组长，区图书馆馆长和相关工作人员组成的检查考核小组，对各镇乡、街道文化共享工程工作进行考评，并对5个镇乡、50个基层服务点及50名优秀管理员进行表彰。

11月5日 2015年全国基层文化队伍示范性培训"河北省公共图书馆高级管理人员研修班"一行50人到首都图书馆参观学习。副馆长陈坚接待到访客人，双方就公共文化服务建设方面工作进行交流。

11月6日 东城区第一图书馆举办东城区全国文化信息资源共享工程专题培训，馆长肖佐刚主持，来自17个街道的文体中心相关负责人、数字文化社区工作人员及图书馆相关工作人员共70余人参加培训。

11月7日 东城区图书馆理事会参观天津图书馆新馆，天津市图书馆副馆长介绍图书馆功能布局、藏书重点及读者活动等情况。

11月10日 美国加州大学圣巴巴拉分校戴维森图书馆地图与图像实验室主任乔恩·雅布隆斯基教授到访首都图书馆，陈坚副馆长接待到访嘉宾。

11月11日 韩国国立中央图书馆企划进修部部长柳政荣（副馆长）一行5人赴首都图书馆考察。副馆长李冠南接待到访嘉宾，双方就北京市公共图书馆服务体系建设情况、读者服务特色等方面进行了交流。

11月16日—次年2月13日 石景山区图书馆闭馆施工，进行窗户、楼宇线路及中心网络机房设备等升级改造，并对所有流通图书进行数据加工。

11月17日 由北京市文化局、首都图书馆联盟主办的第二届"阅读之城——市民读书计划"书目终评会在首都图书馆举行。北京市文化局党组成员、副局长庞微，首都图书馆联盟常务副主席、首都图书馆馆长倪晓建，中国作协副主席、书记处书记李敬泽，著名学者解玺璋，文学评论家止庵，中央民族大学历史文化学院副教授蒙曼，知名媒体人郎永淳等二十位专家，就初评书目进行研讨，并投票评选出由《中国古典文心》《中国古代物质文化》《物种起源》等30册图书组成的"2015年度请读书目"。

11月18日 法国文化中心多媒体图书馆馆长高莉（Emilie Bettega）一行2人就推广法国绘本展一事来访首都图书馆，与国际交流中心主任张震宇进行会谈。

11月19日 北京市社会科学界联合会"社科学术资讯服务中心筹建组"一行4人到首都图书馆调研学习。副馆长李冠南接待到访客人，双方就首都图书馆馆藏图书资料整体情况、数字化现状及使用情况、历届北京市哲学社会科学优秀成果评奖获奖图书的馆藏情况及查询使用情况等进行了交流。

11月19日　首都图书馆、天津图书馆、河北省图书馆在石家庄签署合作协议，成立京津冀图书馆联盟。北京市文化局副局长庞微，天津市文化广播影视局社会文化处处长朱义海，河北省纪委驻文化厅纪检组长、河北省监察厅驻文化厅监察专员张军田出席活动并讲话。

11月20日　由首都图书馆与乌鲁木齐市文化局联合主办，乌鲁木齐市艺术团自编、自导、自演的原创儿童奇幻童话剧《音乐精灵》在首都图书馆演出。该剧是北京市文化局、首都图书馆文化援疆项目之一，是新疆维吾尔自治区成立60周年献礼作品。

11月21日　"激辩青春"2015西城区第十五届高中生辩论赛在西城区青少年儿童图书馆落幕。

11月26日　"'活力老人 艺动京城'北京市老年人艺术作品展览"在首都图书馆开展。北京市老龄产业协会会长翟鸿祥等领导出席活动并致辞。

11月　平谷区图书馆加大数字图书馆建设力度，建设微信公众平台，更新数字图书馆门户，完成两项特色馆藏文献数字化加工。

十二月

12月1日　宁波市图书馆副馆长沈冠武一行8人，到首都图书馆进行参观学习。副馆长胡启军接待到访客人，双方就当今国内图书馆专业信息化前沿技术设备和应用、新馆智能化建设的预算及构成、"十三五"数字图书馆规划等方面进行了交流。

12月1日—31日　西城区青少年儿童图书馆开展2016年岗位竞聘工作。

12月2日　由北京市残疾人文化体育指导中心主办的"北京市残疾人文化组织成立30周年成果展"在首都图书馆举办，近100幅书画作品、150幅摄影作品、集邮作品和文学创作作品参展。中残联宣文部副主任邹柏林、北京市文联机关纪委书记张亮京、北京市残疾人联合会党组书记郭旭升以及北京市相关文化组织和市残联相关部门的领导出席了开幕式。

12月2日 北京大学教授李国新课题组来到东城区第一图书馆东总布分馆,对东城区"社会力量参与公共文化服务"课题进行调研,东城区第一图书馆馆长肖佐刚、东城区图书馆理事会理事林丹及理事王玉梅陪同调研,龙潭街道、体育馆路街道、东直门街道文体中心及皮卡书屋等单位代表参与座谈。

12月11日 首都图书馆召开干部大会,宣布北京市文化局党组关于首都图书馆主要领导职务调整的决定:常林兼任首都图书馆馆长,免去倪晓建馆长职务。市文化局党组书记、局长陈冬出席会议并作重要讲话。首都图书馆领导班子成员、党委委员、纪检委员、中层干部、工会委员、团委委员和党团支部书记共44人参加会议。

12月11日 拉美文学研究家陈凯先教授、拉美魔幻现实主义名作《百年孤独》的中文版译者范晔、年轻作家阿乙相聚首都图书馆,对话探讨阿根廷文豪豪尔赫·路易斯·博尔赫斯留下的"文学遗产"。

12月14日—18日 顺义区图书馆对471家益民书屋补充图书55000余册,总价值1684800元。

12月15日 "图书交换"志愿服务项目在北京第二监狱开展"暖风行动"主题活动,活动为北京市第二监狱捐赠图书1550册,援建第四家爱心图书室。第二监狱副监狱长王海峰主持召开交流座谈会,首都图书馆副馆长李冠南、典藏借阅中心(汽车图书馆)主管赵雪锋、人民出版社读书会副会长王振东及第二监狱3个主要监区监区长参加会议。

12月16日 在广州举办的中国图书馆年会上,首都图书馆荣获2015年"全国少年儿童阅读年"——全国少年儿童"我的藏书票"设计大赛、2015年"全国少年儿童阅读年"——"中国传统节日"、"图书馆未成年人服务案例征集评选活动"三项优秀组织奖。

12月16日　东城区副区长朴学东在区文化委员会主任李承刚、东城区第二图书馆副馆长马可的陪同下，到东城区第二图书馆花市火神庙和左安门借阅处调研。

12月20日　即日起，北京市行政区域内全天禁止黄标车行驶，公共图书馆流动服务车全部停运。

12月28日　内蒙古自治区呼和浩特市图书馆副馆长卜险峰一行到海淀区图书馆开展业务交流。

12月29日　西城区青少年儿童图书馆召开"2015年优秀志愿者、优秀小读者"颁奖暨座谈会，副馆长潘兵为获奖读者颁奖。

12月　昌平区图书馆为182个益民书屋各配送图书60种、100册，报刊10种及光盘25张。

2015年　昌平区图书馆"送书下乡"100次、25600册。其中，部队51次、15300册，农村29次、5800册，社区15次、3000册，养老机构5次、1500册。

2015年　平谷区图书馆新建基层分馆5家，配送图书2万册、书架40组；新建基层流动送书点10个，开展送书上门服务共计100次。

2016年

一月

1月1日 由北京市文化局、首都图书馆联盟共同主办的"悦读阅美——2015年请读书目主题展"在首都图书馆开展。本次展览既是第二届"阅读之城——市民读书计划"主题活动的成果展示，也是2016年度主题活动的起点。展览以展板形式呈现"2015年请读书目"，同时现场设立荐书台，市民可通过填写图书推荐表推荐好书、撰写书评，将自己的阅读体验与他人分享。

1月2日 "乡土课堂"2016年度开讲仪式暨新闻发布会在首都图书馆举行。北京史研究会会长李建平、北京史研究会秘书长张蒙、北京史研究会理事袁长平、首都图书馆馆长常林和副馆长陈坚出席了开讲仪式。陈坚副馆长总结2015年"乡土课堂"所取得的成果。李建平会长发布2016年"乡土课堂"讲座计划，其中"北京绿色发展"和"寻访皇家艺术"将是2016年"乡土课堂"隆重推出的两大系列讲座。

1月11日 "魅力越南"——越南摄影绘画作品展在首都图书馆B座第二展厅开幕。越南驻华大使邓明魁、中国文化部外联局局长助理王晨、中国—东盟中心秘书长杨秀萍及部分外国驻华使节等近200名嘉宾出席开幕式。此次越南摄影绘画作品展是中越建交66周年系列庆祝活动之一，共展出越南摄影师阮越清、黄海盛和画家邓芳越近50幅作品。

1月11日 密云区图书馆举办的"文化密云书香浓——密云图书馆'书香密云 全民阅读'工作成果展"正式向读者开放。本次展览以图片为主，文字介绍为辅，再现活动瞬间。

1月15日—30日 由首都图书馆、河北省图书馆、沧州市图书馆联合主办的"杂技之光——河北吴桥杂技文化展览"在首都图书馆A座二层文化艺术展厅展出。展览以图片资料为主，深层次、多方位地展示了我国杂技的历史发展和文化底蕴，以及河北吴桥杂技艺术发展历程。本次展览是京津冀图书馆联盟文化资源共享的重要举措，以加深两地市民对彼此城市发展及地域文化的了解与认识。

1月21日 根据《首都图书馆与法国里昂市立图书馆合作协议》中有关开展馆际图书交换的相关条款，法国里昂市立图书馆向首都图书馆赠送法文原版图书102册。

1月22日 由北京市文化局、河北省文化厅指导，首都图书馆、河北省图书馆与中国文化新闻促进会联合主办的"创新京津冀公共图书馆协同发展新模式"座谈会在固安幸福图书馆召开。全国政协委员、中国新闻文化促进会理事长李东东，全国政协委员、中华全国新闻工作者协会党组书记、常务副主席翟惠生，北京市文化局党组成员、副局长庞微等领导出席，北京市文化局、河北省文化厅、廊坊市、固安县以及首都图书馆、河北省图书馆相关人员参加座谈。与会领导共同见证首都图书馆、河北省图书馆与中国新闻文化促进会签订合作协议，并为首都图书馆固安分馆揭牌。

1月22日 石景山区少年儿童图书馆荣获第十届"北京阳光少年"活动优秀组织奖。1月26日东城区第二图书馆采编部举办居民捐赠图书征集活动。征集图书以北京地方史志、文史资料、名人传记、地区民间文献为主。采编部对所有捐书逐一筛选加工，纳入馆藏。截至活动期满，已有13位捐赠者捐赠图书330册。

1月28日 首都图书馆在A座报告厅召开2015年度工作总结表彰大会。会上，首都图书馆馆长常林作2015年度工作总结报告，并对2016年工作做出总体部署。馆领导及职工共248人参加了会议。会议由副馆长李冠南同志主持。

1月29日 由北京市朝阳区与天津市宝坻区联袂打造的"朝阳·宝坻书法美术摄影艺术联展"在朝阳区图书馆新馆开幕。此次展览是朝阳区首次举办的"京津冀"地区艺术联展。天津宝坻区委常委、宣传部长刘亚秀、朝阳区文化委主任、文联党组书记高春利等两地领导和参展作者参加了开幕式。本次展览共展出两地艺术家精心创作的书法、美术、摄影艺术作品150件，其中包括书法作品66件，美术作品45件，摄影作品39件。

二月

2月2日 山东省菏泽市图书馆王晓柏一行2人，到首都图书馆参观学习全国科普教育基地工作情况。宣传策划部主任王海茹、典藏借阅中心主任田峰接待到访客人。

2月18日 根据2013年首都图书馆分别与法国蓬皮杜国家文化与艺术中心公共信息图书馆和法国里昂市立图书馆签署的合作协议中开展馆际图书交换的相关条款，首都图书馆向上述两家图书馆寄出近两年市面上关于北京历史、文化、风俗等方面的优秀出版物各100册。

2月21日 房山区在整合房山区图书馆、文化馆、电影放映中心服务职能的基础上设立北京市房山区文化活动中心，加挂北京市房山区图书馆、北京市房山区文化馆牌子。整合后原房山区图书馆为房山区文化活动中心所属的图书服务部，保留原图书馆基本职能。

三月

3月2日 2016年第一期全国县市文化局长培训班成员一行90人，到首都图书馆进行参观考察。首都图书馆副馆长李冠南接待了到访客人。

3月2日 西城区领导卢映川、王旭、郑然、沈桂芬、姜兆春来到西城区第一图书馆参加文化志愿服务。区委书记卢映川一行在接受志愿服务岗前培训后，完成了图书整理排架、引导读者文献检索及图书借还服务。

3月5日 首都图书馆文化志愿者网站（http://stzyz.clcn.net.cn/）正式上线，网站设有志愿项目、志愿动态、志愿风采、培训资料、联系我们、注册登录等多个栏目。

3月9日 2016年"北京市红领巾读书"活动主办单位协调会在首都图书馆B座一楼会议室召开。首都精神文明建设委员会办公室未成年人处处长常建军、团市委中少部部长杨海松、首都图书馆副馆长陈坚及市红领巾读书活动办公室的工作人员参加会议。

3月10日 首都图书馆党委书记肖维平带领首都图书馆志愿者前往北京市未成年犯管教所，举办"首图志愿服务在行动"主题活动。"图书交换"志愿服务项目组捐赠1164册图书，建立了第五家爱心图书室。

3月17日 京剧表演艺术家孙毓敏捐书仪式在首都图书馆北京地方文献中心阅览室举行。北京交响乐团党委书记黄海燕，首都图书馆馆长常林、副馆长陈坚，北京市戏曲艺术教育基金会秘书长叶黛珠等出席仪式。仪式上，孙毓敏向首都图书馆捐赠图书24种84册、音像制品14种，常林为其颁发捐赠证书。仪式由北京地方文献中心主任马文大主持。

3月18日 全国文化干部素质能力提升工程——温州市公共图书馆专题培训班成员一行45人到首都图书馆参观学习。首都图书馆副馆长邓菊英接待到访客人，双方就首都图书馆的发展情况进行了交流座谈。

3月25日、28日 北京儿童艺术剧院创作的儿童剧《胡同.com》在首图剧场举行。这部讲述新老北京碰撞交融的剧中，北京那些"会说话"的老物件儿成为剧中的重量级演员。本次共演出三场、接待观众1800余人次。

3月29日 首都图书馆召开2015年文化志愿服务总结表彰会暨2016年文化志愿服务推进会。市志愿服务指导中心党总支副书记崔杰、首都公共文明引导员指挥中心主任王树智、市律师协会副秘书长刘军，首都图书馆党委书记肖维平、副馆长李冠南，首都图书馆文化志愿服务各项目负责人以及优秀文化志愿者代表共计82人参加。

3月31日 应北京市援疆和田指挥部邀请，首都图书馆副馆长邓菊英、共享工程中心主任陈建新、数字图书馆管理中心副主任谢鹏一行3人带队前往新疆自治区和田市，就和田市图书馆新馆建设项目开展业务指导工作，针对馆舍功能布局、读者服务理念、家具设备、网络信息化建设等方面提出了建设性意见。和田市图书馆作为北京市对口支援和田市重点援疆建设项目，将承担起重要的文化教育职能。

四月

4月5日—9日 应四川省什邡市图书馆邀请，首都图书馆副馆长陈坚和数字图书馆管理中心副主任谢鹏参加首届京什文化交流周活动。活动期间，陈坚、谢鹏就市级图书馆总分馆建设体系和"一卡通"网络建设要点两个主题分别与当地图书馆工作人员开展了培训、交流活动，将首都图书馆经验与当地图书馆从业人员进行了分享。

4月6日 首都图书馆在天光会议室召开第五届第四次职工代表大会，67名职工代表参加。会上审议并通过了《首都图书馆财务管理办法》等11个文件，通报了《首都图书馆福利项目标准调整情况》，就《首都图书馆2016年度员工继续教育计划》征求意见。副馆长邓菊英、胡启军和工会委员列席了会议，副馆长、工会主席李冠南主持会议。

4月7日 乌拉圭东岸共和国驻华大使费尔南德·卢格里斯及一秘劳拉·希尔瓦到访首都图书馆。首都图书馆馆长常林在会面中向大使费尔南德·卢格里斯一行简要介绍了首都图书馆的相关情况，卢格里斯大使阐述了中乌友谊并希望通过更多的文化交流促进和加深两国人民的友好交往。随后卢格里斯大使向首都图书馆赠送了西班牙原版图书，常林向乌方回赠根据首都图书馆馆藏古籍珍品制作的高仿真复制品。会面结束后卢格里斯大使一行由常林和邓菊英陪同参观了首都图书馆。

4月14日 首都图书馆"法律专家志愿者咨询"项目被评为全国最佳志愿服务项目。

4月15日 北京市人大内务司法委员会相关领导及代表一行20人，到首都图书馆开展"七五"普法规划调研座谈活动。首都图书馆党委书记肖维平、副馆长胡启军接待到访客人。市人大领导及代表听取了首都图书馆有关北京市法治文化基地的建设情况汇报，以及北京市文化局法治文化建设工作思路和意见建议的介绍。市文化局副局长庞微出席了此次活动。

4月15日 2016年第二期全国县市文化局长培训班成员一行100人，到首都图书馆进行参观考察。首都图书馆副馆长邓菊英接待来访，双方就首都图书馆公共文化服务建设情况进行了交流座谈。

4月20日 根据首都图书馆与德国科隆城市图书馆签署的合作协议中有关开展馆际图书交换的条款，首都图书馆向该图书馆寄出关于北京历史、文化、风俗等方面的优秀出版物共计100册。

4月22日—23日 由北京市文化局、首都图书馆联盟主办的第六届"北京换书大集"在首都图书馆举行。以"分享阅读 交换快乐"为口号，"北京换书大集"号召市民将家中闲置的好书、好刊拿到图书馆，与其他市民交换阅读。活动在为大众提供以书会友平台的同时，在全市推广"分享阅读、快乐阅读、绿色阅读"的阅读理念。除主会场首都图书馆外，另有18家首都图书馆联盟成员馆作为分会场参与收书、换书。

4月22日 西城区"阅读推广+"联盟组织成立暨第一届代表大会举行，同时，文化地标性特色阅读空间"西华书房"正式亮相。这是2016年"书香西城"建设的两大举措，也是构筑"记忆西城、书香西城、艺术西城、时尚西城"蓝图的公益阅读项目。

4月22日 朝阳区首个"城市书房"于朝阳区西坝河东里正式开放。书房内有4000册图书，包括大量盲文书籍，内容涉及中医理论、养生等方面。为了方便盲人阅读，书房还配置了4台带有盲人辅助功能的电脑设备。

4月23日 中共东城区委宣传部与中国邮政集团公司北京市分公司在东城区第一图书馆共同举办"全民阅读"特种邮票首发式。东城区委宣传部副部长方芳、东城区人民政府副区长王中华、中国邮政集团公司北京市分公司副总经理范小荣、中国图书馆学会秘书长霍瑞娟、中文在线数字出版集团股份有限公司董事长童之磊、东城区文化委纪委书记杨春兰等领导出席，府学小学、景山小学、雍和宫小学的200多名师生和家长参与了活动。

4月23日 石景山区图书馆开展"世界读书日系列活动"，包括换书大集、灯谜楹联展览等；同时推出电子期刊借阅机和石景山区图书馆微信订阅号。

4月28日 以韩国国会图书馆法律情报管理部副主任沈银珠女士为团长的韩国国会图书馆代表团一行3人到访首都图书馆。首都图书馆副馆长陈坚在会面中向代表团一行简要介绍了首都图书馆的相关情况。国际交流中心主任张震宇、采编中心主任张娟也分别对读者服务等问题进行了回答讲解并陪同韩国代表团参观首都图书馆。

4月 北京市图书馆协会参与组织Aleph 500图书馆集成管理系统培训，各区县图书馆业务骨干和系统管理员共100余人参训。

4月—8月 首都图书馆面向基层图书馆管理员举办业务培训班10期，共计培训556人次。培训班每期5天，邀请业界专家授课，内容涵盖互联网+图书馆服务创新、基层图书馆阅读活动组织与推广、新技术服务等课程。

五月

5月4日 首都图书馆团委举办"凝聚青年力量 推动首图发展"庆祝"五四"青年节暨青年论坛成果展示活动。北京市文化局团委书记许博，国家图书馆典藏阅览部主任、少年儿童馆馆长王志庚，西城区第一图书馆馆长阎峥，首都图书馆党委书记肖维平等领导出席活动。全馆近150名青年职工参加活动，论坛由团委书记潘淼主持。

5月6日 首都图书馆国际交流中心接收签约合作馆德国科隆城市图书馆赠书，共计62册。

5月9日 首都图书馆党委召开"两学一做"学习教育动员会。会上传达了市委书记郭金龙同志在市委"两学一做"学习教育工作会议上的讲话精神，传达学习了市宣传文化系统和市文化局系统"两学一做"学习教育动员部署会议精神。馆党委就首都图书馆贯彻落实"两学一做"学习教育工作总体要求做出了具体安排。党委委员、各党支部书记、支部委员共30余人参加了会议。会议由党委委员、副馆长李冠南主持。

5月13日 中国艺术研究院图书馆办公室主任李晓冬到首都图书馆参观学习。副馆长邓菊英接待了到访客人，双方就首都图书馆新馆建设的规划方案及实施经验进行了交流座谈。

5月22日 为深入贯彻落实习近平总书记关于"要重视家庭建设，

注重家庭、注重家教、注重家风，发扬光大中华民族传统家庭美德"，"记住要求、心有榜样、从小做起、接受帮助"和"讲好故事事半功倍"的要求，由首都文明办、北京市教育委员会、北京市妇联共同主办，首都图书馆、北京学生活动管理中心承办的"中华美德少年行——家风故事宣讲活动"在首都图书馆开讲。副馆长陈坚及主办单位相关领导出席本次活动，200余名少年儿童及家长参与。

5月24日 李亚红担任石景山区图书馆副馆长，井倩菲担任石景山区少儿图书馆副馆长。

5月28日—29日 由北京市东城区文化委员会、中华炎黄文化研究会科举文化专业委员会、故宫博物院故宫学研究所、孔庙和国子监博物馆等单位共同主办，东城区第一图书馆承办的第十三届科举制与科举学国际学术研讨会在北京召开。开幕式于5月28日上午在故宫博物院报告厅举行，来自海内外的专家学者100余人参加了会议。东城区区委常委、宣传部部长宋甘澍、东城区文化委员会主任王伟东、中华炎黄文化研究会常务副会长张希清、厦门大学教育研究院院长刘海峰和台湾暨南国际大学荣誉教授徐泓出席并先后致辞，中华炎黄文化研究会科举文化专业委员会主席团主席、中国人民大学历史系毛佩琦教授主持大会。开幕式后六位专家作了主题报告。

5月31日 首都图书馆馆长常林签署授权委托书，在其病休期间授权给党委书记肖维平代行法定代表人职权。副馆长李冠南、办公室主任姚雪霞、党委办公室主任段瑞林、金诚同达律师事务所律师受托参与授权事务。

六月

6月1日 新疆和田地区文体局调研员张化杰、地区图书馆馆长储鑫一行3人到首都图书馆参访。副馆长邓菊英接待了到访客人，双方就少儿服务工作的特色以及日常运行情况和地方文献工作的开展等方面进行了交流和考察。

6月2日　由北京教科院基教研中心、首都图书馆联合主办，北京市教育委员会"利用社会资源丰富中小学校外实践活动课程"项目的重点活动之一"书香首图 悦读阅美"中小学校外实践活动在A座少儿图书馆举办。来自北京市朝阳区劲松第四小学、北京中学的240余名师生，在首都图书馆上了一堂精彩纷呈的校外实践课。北京教科院基教研中心基础教育研究中心副主任王建平、综合实践活动教研室主任梁烜、朝阳区教委小学教研室副主任王颖、首都图书馆副馆长陈坚等领导参加活动。

6月3日　2016年"北京市红领巾读书"活动动员会在首都图书馆召开，本市16个区20个公共图书馆30余人参加了会议。首都图书馆副馆长陈坚出席并就"红读"活动工作提出要求。少儿阅读活动中心主任王梅就2016年红领巾读书活动进行了部署。

6月6日　由西城区第一图书馆、北京德国文化中心·歌德学院（中国）、西城区图书馆管理协会共同举办的中、德"图书馆的可持续性发展"学术研讨会在西城区第一图书馆举办。西城区图书馆管理协会会长郭斌、歌德学院图书馆馆长任宣丽、西城区第一图书馆馆长阎峥以及西城区公共阅读空间、西城区阅读推广联盟、各区图书馆、街道和社区图书馆共计60余人出席研讨会。德国柏林洪堡大学图书馆与信息学院佩特拉·豪克博士讲解了"绿色图书馆"的创意如何得以贯彻。

6月14日　由中国文化部和古巴驻华大使馆共同主办，中国对外文化集团公司承办的"古巴革命领袖——菲德尔·卡斯特罗纪实图片展"，在首都图书馆展出。本次展览共展出87幅纪实性摄影图片以及2个视频作品。首都图书馆党委书记肖维平出席开幕仪式。

6月20日　由首都图书馆牵头，东城区、通州区、大兴区、平谷区、门头沟区等区图书馆共同开展的线上推广活动——"市民学习计划"

学霸争夺赛顺利结束。本次活动基于首都图书馆的网上学习平台——市民学习空间（http://shoutu.xuexi365.com）开展，该平台以学术视频资源为主，包括大量高校的专业课、公开课、讲座、访谈等视频。读者在活动期间通过制定学习计划，在平台上观看相关视频进行学习，并撰写学习体会的方式参与活动。

6月21日 首都图书馆党委举行纪念建党95周年大会暨"学党史感党恩跟党走"主题党日活动。首都图书馆"书香宣讲团"成员作题为"两学一忆促发展"的主题宣讲。党员集中观看党建纪录片《永远的焦裕禄》。首都图书馆在职党员、离退休党员代表、入党积极分子200余人参加了活动。

6月22日—30日 首都图书馆馆党委书记肖维平率团赴台湾参加"北京文化周"，并开展了一系列文化交流活动。代表团一行参访台北市立图书馆、高雄市立图书馆、台图李科永纪念图书馆、台图龙华民众阅览室等四家公立图书馆和分馆，台湾师范大学图书馆、实践大学及图书馆、东海大学图书馆、正修科技大学及图书馆等四家高校图书馆及校区。活动期间，"阅读北京"专区分别落户台北市立图书馆和高雄市正修科技大学图书馆。代表团除带去赠送对方的有关北京的200余种图书，还赠送特别读者卡供访问"北京记忆"等多种数字资源库，并带去北京地方文献中心专门制作的《北京公园开放记》电子展览和讲座。首都图书馆分别与高雄市正修科技大学图书馆、台中市东海大学图书馆签订双方合作框架协议。除设立"阅读北京"文化空间、赠送图书外，在未来还将进一步开展文献资源互递、特色馆藏文化展览、讲座、学术论坛、馆员交流等相关活动。

6月 中国图书馆学会培训班120人到首都图书馆参观交流，北京市图书馆协会参与接待。

七月

7月3日 石景山区少儿图书馆特色阅览室举行"传承红色基因，我是小军迷"活动，军事、国防主题阅览室等多个特色阅览室设置工兵扫雷战、丛林阻击战等游戏挑战环节，吸引了百余名小读者参与活动。

7月8日 日本丸善雄松堂株式会社图书馆事业部部长矢野正也一行到访首都图书馆。首都图书馆副馆长陈坚陪同代表团参观了首都图书馆，在之后的座谈中回答了代表团关于图书馆政策等方面的问题，并探讨了未来交流合作的内容与模式。矢野部长在参访过程中表达了希望在10月带领一支由日本国内图书馆专家组成的代表团参访首都图书馆的意向，陈坚副馆长对此表示欢迎。

7月8日 由文化部主办、中国对外文化集团承办的"意会中国——斯里兰卡青年艺术家采风作品展"在首都图书馆第二展厅开展。文化部外联局局长助理王晨、斯里兰卡驻华大使卡鲁纳塞纳·科迪图瓦库出席开幕式并致辞。此次展览是5位斯里兰卡青年艺术家于2016年6月底—7月初访华采风创作成果的展示。

7月10日 海淀区图书馆北部新馆开始对外试运营。新馆位于海淀区温泉路47号海淀北部文化中心A座，藏书80万册，座位1200个。馆舍格局通透，采用自助借还系统。

7月12日 根据《社会团体管理条例》及《首都图书馆读者协会章程》的有关规定，首都图书馆读者协会于2015年11月15日召开会员大会决议注销，成立清算组于2015年11月16日开始对读者协会进行清算，并于2016年7月12日完成了读者协议的全部注销手续。

7月13日 石景山区图书馆增加图书配送中心和业务拓展部两个部室。

7月20日 "北京国际经济贸易资料中心"启动仪式在首都图书馆

举行。北京市文化局副局长庞微，北京市贸促会副会长、北京国际经济贸易学会会长张钢，首都图书馆党委书记肖维平，中国国际商会国际事务部部长赵振格等有关领导出席了启动仪式。张钢会长和肖维平书记签署了《北京国际经济贸易资料中心共建协议书》。"北京国际经济贸易资料中心"由北京市贸促会、首都图书馆合作共建，是全国首家由贸促机构和省级图书馆共建的专业类公共资料中心。

7月21日 由北京市文化局主办，朝阳区文化委员会、北京交响乐团、首都图书馆三家单位共同发起并承办的"艺术朝阳——纪念长征胜利80周年交响音乐会"在首图剧场举行。北京交响乐团的专业演奏团队在首图剧场奏响《红旗颂》《瑶族舞曲》《北京喜讯到边寨》等耳熟能详的曲目，赢得现场700余名观众的一致好评。北京市文化局副局长庞微、首都图书馆党委书记肖维平等领导出席了本次音乐会。

7月—8月 首都图书馆委托中科明德人力资源服务有限公司，通过实地走访并填写调查问卷等方式，对全市基层图书馆（室）进行摸底和梳理，全面反映其馆舍、资源、开放时间、服务内容与效果、人员等情况。

八月

8月2日 西城区第一图书馆与宜家家居签署合作协议，双方表示将就环保与可持续发展等议题进行深入合作。此次合作是双方在2014年建立中瑞可持续发展信息中心基础上的合作升级，宜家家居可持续发展负责人将在西城区第一图书馆为市民解读瑞典及宜家家居的可持续发展理念，同时免费提供办公用品。

8月4日 湖南省少年儿童图书馆史彦一行4人到首都图书馆进行参访。首都图书馆副馆长邓菊英接待了到访客人。双方就首都图书馆环境建设和阅览场地特色设计元素与理念、先进的服务理念与手段等进行了交流座谈。

8月4日 市文化局机关党委副书记、纪委书记吴秀泉一行到首都图书馆督导"两学一做"学习教育工作,对首都图书馆开展"两学一做"学习教育工作给予了高度评价。

8月15日—19日 由首都图书馆副馆长李冠南带队,陈建新、谢鹏和徐冰组成的4人小组赴美国参加2016年国际图联大会,并圆满完成参会任务。

8月19日 由文化部和北京市文化局主办,北京市对外文化交流事务中心承办,首都图书馆协办的"2016台湾学子暑期实习月"活动圆满结束。国际交流中心联合历史文献中心、少儿阅读活动中心、少儿综合借阅中心等部门为3名台湾大学生制订了详细的实习方案。3位学生在首都图书馆及北京部分文化机构进行实习。此次活动得到了国台办、市台办、市文化局相关领导的称赞与认可,以及中央电视台、新华社等多家媒体的通力报道。

8月19日 由首都图书馆携手东城区、西城区、朝阳区、海淀区图书馆举办的北京市基层图书馆管理员培训班落下帷幕。此次培训邀请业界具有较高学术水平和实际工作经验的专家授课,内容涵盖互联网+图书馆服务创新、基层图书馆阅读活动组织与推广、新技术服务等课程。培训取得良好效果,学员反映授课老师"观点新颖、见解独到、讲解透彻","结合了国内外案例,开阔了思路、受益匪浅"。

8月25日 根据《中共北京市文化局党组关于市委第八巡视组巡视反馈情况的集中整改方案》通知要求,针对馆级领导在所属企业兼职问题进行整改,将北京市雍幽文化书社和北京市泮水文化服务中心的法人变更为首都图书馆地方文献中心主任马文大,并完成企业法人变更工作。

8月26日 "弘扬志愿奉献精神,推进法治文化建设——全国律师咨询日暨法律主题馆专家顾问团成立仪式"在首都图书馆举行。由著名律师陈旭担任形象大使，另有11名检察官、法官、律师组成了专家顾问团。这是首都图书馆的首批法律主题馆形象大使和专家顾问团队。他们将从法律信息服务、法律宣传、文献资源建设等多个方面对法律主题馆的建设提出建议、意见，同时，他们也将以首都图书馆文化志愿者的身份为广大市民提供专业的法律信息服务。北京市法宣办常务副主任、北京市司法局局长于泓源、北京市文化局局长陈冬、北京市文化局副局长庞微、北京市文化局法规处副处长贺雪梅、北京市司法局法宣处副处长王超军、北京市志愿服务指导中心副主任王赢，以及首都图书馆党委书记肖维平、副馆长胡启军、副馆长李冠南出席活动。

8月29日 "我的数字生活"2016年数字资源主题展在首都图书馆展出。本次展览分为"我的阅读空间""我的学习空间""我的科研空间""我的艺术空间"和"我的亲子空间"五个区域，通过多媒体展示方式，向读者呈现了首都图书馆已配置的近80种数字资源。展览期间不同区域还推出了读书会、少儿故事会、数字资源讲座等多元文化活动，与读者进行线上线下的双向交流。

8月29日 为纪念汤显祖逝世四百周年，由首都图书馆、北京市古籍保护中心主办的"梦回临川四百年——汤显祖戏曲文献展"在首都图书馆开展。首都图书馆遴选了五十余件馆藏古籍文献和现代出版物，并以中外现当代学者在汤显祖年谱与传记、作品整理与翻译、戏曲研究与表演等领域的斐然成果为回顾重点，介绍了汤显祖的生平经历、"至情"为上的思想观念及主要作品。首都图书馆还特别制作了"一场幽梦同谁近，千古情人独我痴"的专题视频，在展览区内循环播放。

8月30日 由北京伍伦国际拍卖有限公司推出的"日本藏书家滨田德海旧藏的三十六件敦煌遗书展"在首都图书馆开展。展览展出了日本藏书家滨田德海旧藏的36件敦煌遗书，其中3件为6世纪南北朝时期的写经，另外30件为7到9世纪的唐人墨迹。

8月31日 西城区少儿图书馆馆长樊亚玲及3名馆员参加中图学会

在河南省郑州市举办的主题为"阅读与成长"第二届全国图书馆未成年人服务论坛。西城区少儿图书馆"共享阳光残障人读书会"荣获第二届全国图书馆未成年人服务案例一等奖。

8月 石景山区图书馆进行监控安全系统、卫生间和三厅改造，打造舒适和安全的阅读环境。

九月

9月1日 历史文献阅览室恢复开放。阅览室为中式古典装饰风格，总面积由原70平方米扩至300余平方米。读者不仅可以在阅览室内看到《中华再造善本》（宋元编）、《续修四库全书》等一万余册大型影印古籍丛书，还可以通过阅览室内的电脑检索使用"首都图书馆古籍珍善本图像数据库"等30余个古籍及民国文献全文数据库。同时，阅览室还增设了历史文献展厅，可以为广大读者提供文献资源展览展示。

9月9日 首都图书馆选举产生新一届党委、纪委。中共首都图书馆党员大会在A座报告厅举行。大会由党委委员、副馆长李冠南主持。党委书记肖维平代表上届党委向大会作了工作报告。党委委员段瑞林同志代表上届纪委向大会作了纪检工作报告。大会通过无记名投票，选举产生了新一届党委委员和纪委委员。肖维平等7位同志当选为新一届党委委员，李冠南等5位同志当选为新一届纪委委员。市文化局机关党委副书记、纪检书记吴秀泉出席会议。

9月12日 中国图书馆学会公共图书馆分会2016年工作会议在首都图书馆召开，文化部、北京市文化局、中国图书馆学会领导出席会议并致辞。60余位委员代表参加会议，并就公共图书馆分会和专业委员会未来发展和重点工作进行讨论。

9月12日 由秘鲁共和国驻华大使馆主办的"秘鲁记忆：从1890—1950"摄影展于2016年9月12日—18日在首都图书馆举行。

展览由80张图片组成，展现19世纪晚期至20世纪早期秘鲁多元多彩的社会群像。秘鲁共和国总统佩德罗·库琴斯基、交通部长兼第一副总统马尔丁·比兹卡拉以及外交部长里卡多·卢纳、首都图书馆党委书记肖维平等领导参加了开幕式。

9月18日 北京市公共图书馆馆长工作会议在首都图书馆召开，市文化局公共文化事业处、首都图书馆、各区图书馆领导及相关人员60余人参加会议。会议通报了北京市基层图书服务资源整合工作进展情况；传达了市财政对转移支付资金管理方面的政策；部署了"阅读北京 书香盎然——2016年度首都市民阅读系列文化活动"；商议Aleph系统转换工作时间安排表；对数字文化社区服务工作进行了督导。

9月18日 首都图书馆向白俄罗斯国家图书馆寄出捐赠图书93册。

9月21日 第二届全国少年儿童"我的藏书票"设计大赛评审大赛在首都图书馆举行。作为本届活动的承办方，首都图书馆邀请到中国图书馆学会未成年人分会副主任、国家图书馆少年儿童馆馆长王志庚，中小学图书馆委员会理事长李玉先，国家一级美术师、中国著名版画家、水彩画家、藏书票画家、中国美协藏书票研究会副主席杨忠义，张家口美术家协会会员、河北美术家协会会员、中国美术家协会藏书票研究委员会会员侯建，中国美术家协会藏书票研究会常务理事、北京印刷学院讲师牛明明等专家评委，对来自9个省市19家图书馆报送的385幅作品进行了投票和评选。最终共有102幅作品获奖。首都图书馆等16个公共图书馆荣获优秀组织奖。

9月24日 为推动中国与中东欧16国间首都城市协同发展，北京市于9月与保加利亚索非亚市共同举办首届中国—中东欧国家（即"16+1"）首都市长论坛。根据市文化局安排，首都图书馆副馆长陈坚赴保加利亚和斯洛文尼亚进行为期8天的图书馆领域的文化交流活动，并推动"一带一路"项目在以上两个国家的开展。

9月26日 由新疆乌鲁木齐市文化局、首都图书馆联合主办的"丝绸之路冰雪风情摄影展"在首都图书馆开展。展览通过"天山飞雪韵""丝路舞风情""舌尖品西域"3个部分展出了100余幅摄影作品，呈现了丝绸之路上乌鲁木齐市的冰雪风情特色以及沿线地区的历史文化、人文特色、自然风貌等，以此推进北京与乌鲁木齐在文化领域的广泛交流与合作，促进丝绸之路沿线地区人民的相互了解。

9月29日 石景山区图书馆组织全区各街道文教负责人和街道、社区图书馆（室）馆长召开"共享工程石景山支中心培训会"。石景山区文化委主管主任董聪慧、石景山区文化委文化科科长黄杰莅临会议，对街道社区分馆建设提出要求。

9月30日 房山区燕山图书馆分馆——河北省保定市唐县罗庄乡岸上村图书室于9月30日举行揭牌仪式。燕山文卫分局党委书记虎国金，燕山文化活动中心主任张炳霞、副主任曹毅，房山区燕山图书馆馆长李大志、副馆长孙潇磊，河北罗庄乡、岸上村相关领导参加活动。

十月

10月11日 昌平区图书馆雪绒花分馆、昌平图书馆圣学分馆举行揭牌仪式，北七家宏福分馆、回龙观回+分馆同时成立，至此昌平区图书馆分馆数量达24个，遍布20个镇、街道以及北方企业集团。雪绒花分馆以儿童亲子阅读活动为主；圣学分馆是崔村镇大辛峰村村民徐继新创办的公益爱心图书馆，此次纳入昌平图书馆分馆管理，将民办文化服务纳入公共文化服务体系。

10月13日 首都图书馆古籍珍善本图像数据库通过验收正式上线。数据库的上线，以数字化产品的在线阅览代替了部分古籍善本的原件阅览，用网上阅览代替了到馆阅览，为更好地服务读者创造了有利条件。

10月15日 由首都图书馆策划的"我的数字生活——首图数字资

源展览"落下帷幕。本次展览历时一个半月，根据资源不同功能及读者需求将展览空间分为"我的阅读空间""我的学习空间""我的亲子空间""我的科研空间""我的休闲空间"。各个空间内设置了电脑、平板、阅读器、体验屏等多媒体设备供读者使用与体验，并开展多样性的线上线下读者活动。

10月17日 首都图书馆组织了"图书馆特色馆藏目录建设与管理专题培训班"，中层以上干部、党团干部50余人分两批赴江苏省盐城市图书馆、连云港市图书馆参观学习。

10月19日 由乌拉圭驻华大使馆主办的"乌拉圭当代艺术展"在首都图书馆开展。作为"中拉文化交流年"的一项重要文化活动，此次展览是自1988年乌拉圭和中国建立外交关系以来，第一次有将近30名来自不同艺术学科的乌拉圭当代艺术家，在首都展示乌拉圭的形象与内涵。乌拉圭总统塔瓦雷·巴斯克斯、外长鲁道夫·尼恩·诺沃亚、乌拉圭驻华大使费尔南多·卢格里斯、首都图书馆副馆长李冠南等领导参加了开幕式。

10月20日 由日本丸善雄松堂株式会社组织的日本图书馆代表团到访首都图书馆。首都图书馆副馆长陈坚接待了到访嘉宾。陈坚向日本代表团介绍了首都图书馆的相关情况，并对代表团提出的问题进行了详细解答，会面结束后陪同日本代表团参观了首都图书馆。

10月22日 百年学脉系列讲座第三季在首都图书馆开讲。"百年学脉——中华现代学术名著"是首都图书馆、商务印书馆联手开展的系列讲座。讲座甄选"中华现代学术名著丛书"的相关著作，邀请相关领域专家讲述各学科学派名家名作，呈现中国现代学术体系建立及发展过程，展示一代学者的智慧成果。"中华现代学术名著"作为百年学脉系列讲座第三季的首讲，邀请了余冠英先生外孙女婿刘新风为听众讲述余冠英先生的学术旨趣与成就及余先生的最后十年。第三季活动总计举办5场，参与读者近千人。

10月30日　由红旗出版社、中国收藏家协会红色收藏委员会、首都图书馆共同主办的"走向胜利——纪念中国工农红军长征胜利80周年全国美术作品展"在首都图书馆举行开幕仪式。文化部、中国美术家协会、红旗出版社、中国收藏家协会红色收藏委员会、首都图书馆等单位相关领导出席了此次活动。参展艺术家、书画爱好者等近千人在开幕式当天参观了艺术展。

十一月

11月3日　东城区人民政府与北京演艺集团公共文化建设战略合作签约仪式于东城区第一图书馆举行。国家文化部公共文化司司长张永新，中央文化管理干部学院党委书记周庆富，北京市委宣传部常务副部长王海平，北京市文化局副局长王鹏，东城区区委书记张家明，东城区区委副书记、区长李先忠，北京演艺集团党委书记、董事长康伟，北京演艺集团党委副书记、总经理吴然等出席会议。东城区人民政府与北京演艺集团签订《公共文化建设战略合作协议》，东城区文化委与北京京演文化发展有限公司签订《东城区基层文化单位购买基本公共文化服务（试点）》项目合同书。北京演艺集团将针对试点单位（北新桥街道文体中心、东直门街道文体中心、东华门街道文体中心、龙潭街道文体中心）开展"菜单式""订单式"各项规范化与标准化服务，并将逐渐推广到东城区17个街道。

11月10日　石景山区图书馆举办"石景山区廉洁文化主题画展"启动仪式，区委常委、区纪委书记郭鹏、区文化委领导出席仪式并致辞。展览为期两周，图书馆职工担任讲解员，为十四家单位提供参观讲解服务。

11月10日　"百年书香梦，助力副中心"通州区图书馆建馆100周年纪念活动暨国家数字图书馆移动阅读平台通州分站开通启动仪式在通州区图书馆举行。馆庆期间举办了"百年通图，邀您同行""名家领读，同悦书香"、精品馆藏陈列展等系列纪念活动，出版发行了系列书籍、照片集、故事集锦等作品。数字图书馆移动阅读平台定位于公益阅读，集合正式版权的电子图书、期刊，以WAP网站服务形式，集搜书、评书、看书、藏书于一体。

11月18日 台湾著名书法家、明道管理学院中文系主任兼国学研究所所长陈维德教授访问首都图书馆，就在首都图书馆举办《陈维德游艺周甲诗书画展暨明道大学国学研究所暨北京高校师生书法展》一事与首都图书馆党委书记肖维平进行了座谈，之后在肖维平书记的陪同下对展览场地进行了实地考察。

11月22日 首都图书馆组织召开"北京记忆"专题库内容建设论证会。首都图书馆副馆长陈坚，北京史研究会秘书长李建平，原北京市社会科学院历史研究所所长王岗，北京市地方志办主任谭烈飞等专家学者出席论证会。

11月23日 市文化局党组成员、北京京剧院院长李恩杰带队一行5人检查首都图书馆2016年党风廉政建设责任制工作。李恩杰同志听取首都图书馆党风廉政建设工作专题汇报，并与干部职工代表就党风廉政建设责任制具体落实情况进行了座谈。

11月24日 石景山区图书馆为冬奥组委会分馆配送图书2300册。

11月29日 石景山区图书馆举办基层管理员第二期培训。

十二月

12月7日 北京市公共图书馆馆长工作会议在首都图书馆召开，首都图书馆、各区图书馆领导及相关人员60余人参加会议。会议通报了2016年北京市公共图书馆服务体系建设工作，北京市基层图书服务资源整合工作，文化信息资源共享工程，数字文化社区服务工作，

ALEPH500业务系统转换以及红领巾读书活动等重点工作的进展情况；传达了转移支付资金管理方面的相关政策及预算情况；要求各图书馆在2017年积极完善各项业务，为图书馆评估工作进行准备。

12月9日 京津冀图书馆联盟在首都图书馆召开京津冀图书馆合作发展研讨会，首都图书馆、天津图书馆、河北省图书馆代表以及国家图书馆、北京大学、北京市图书馆协会的专家共计40余人出席会议。三地图书馆介绍了"十三五"规划，结合馆情特色就京津冀联盟2017年重点工作给出了规划和意见。

12月9日 北京市青少年"书香北京 阅读有我"活动展示在首都图书馆举行，活动集中展示了2016北京市青少年阅读活动成果。学生用质朴的语言，动人的表演，向在座观众展现了阅读带给自己的改变和力量，同时也表达了对祖国的热爱，对民族精神的敬仰之情。党委书记肖维平、副馆长李冠南出席了此次展演活动。

12月9日 顺义区图书馆举办文化志愿者分队成立启动仪式暨培训活动，20名热心读者成为首批图书馆志愿者正式成员。顺义区图书馆工作人员就志愿服务工作日常规范及相关条例对志愿者们进行详细介绍，各部门负责人与志愿者进行了面对面交流。

12月14日 首都图书馆与北京师范大学政府管理学院图情专业研修班第三期结业暨第四期开学典礼在首都图书馆举办。北京师范大学政府管理学院副院长耿骞、首都图书馆副馆长李冠南出席了本次典礼。两期学员共有100余人参会。

12月20日 首届"海峡两岸图书馆馆长交流季"论坛在福建省晋江市图书馆和厦门图书馆两地召开。北京地方文献中心主任马文大代表首都图书馆参加论坛并做题为"整合地方文献资源，打造'北京记忆'平台"的报告，介绍了近年来"北京记忆"资源数据库的建设情况及未来的建设方向。论坛上，海峡两岸同人交流了实际工作中遇到的困难和今后的建设思路。

12月21日 香港文化事业发展研修班一行24人到访首都图书馆。首都图书馆副馆长陈坚接待到访嘉宾并在会谈中向香港代表团介绍了首都图书馆相关情况，对代表团提出的问题进行了详细解答。会谈结束后，香港代表团在陈坚陪同下参观首都图书馆。

12月23日 石景山区图书馆中部战区警卫营图书分馆正式挂牌成立。挂牌仪式上，石景山区图书馆向部队官兵赠送图书。人民文学出版社编辑部主任陈彦瑾、中国航天员中心科研员黄永虎为战士们作了"一带一路战略文化的意义""长征精神中的苦难辉煌"主题讲座。石景山区已在驻区部队建设10个图书分馆、18个图书流通站，每年更换图书近5000册。

12月24日 门头沟区图书馆联合北京科美乾坤智能技术有限公司在门头沟区政府机关、行政单位、影剧院、部队、医院等公共场所设置10台"微型图书借书机"，并推出北京市首家可与该"微图机"对接使用的微信平台。

12月25日 "首都市民音乐厅——2017新年音乐会"于2016年12月25日在首图剧场举办，北京电视台对本场音乐会进行了现场直播。

12月26日 由首都图书馆主办的"释放从严治党最强音——三大亮点、十二大关键词解读十八届六中全会"主题展览，在首都图书馆展出。

12月31日 房山区图书馆（中心馆）新馆开放接待读者。新馆面积1.6万平方米，阅览座席770个，馆藏图书58万册（件），数字资源总量达39.6TB。新馆秉承"开放自由、智能便捷、个性特色"的建设理念，配备自动借还机、自助办证机与电子图书借阅机等设备，力争给读者带来更加方便、快捷的服务。

2016年"阅读北京·十佳优读空间"——百姓身边的基层图书室推优活动获奖馆有：东城区永外图书馆、西城区大栅栏街道民俗图书馆、朝阳区图书馆团结湖街道分馆、海淀区马连洼街道图书馆、房山区图书馆国学分馆、通州区玉桥街道文化服务中心图书室、顺义区白各庄村图书馆、昌平区回＋创业图书馆、门头沟区东龙门数字文化社区图书室、怀柔区北宅村图书室。

2016年 因撤县改区，延庆县图书馆更名为北京市延庆区图书馆。

2017 年

一月

1月　国家图书馆典藏阅览部解荣、周华琼到门头沟区图书馆就微型图书借还机进行调研，并召开会议，重点咨询微图的微信借还流程、财务支付等相关问题。门头沟区图书馆向国图专家全面介绍了目前使用的微图技术的优点和难点。

1月5日　首都图书馆与北京幸运时间美食餐饮股份有限公司签署的关于房屋租赁续签合同期满，双方依约完成收尾、交接及全部撤场工作。

1月7日　"首图讲坛·乡土课堂"开讲仪式暨新闻发布会在首都图书馆举行。首都图书馆党委书记肖维平总结2016年"乡土课堂"的开展情况。北京市社科联党组副书记荣大力致辞。北京史研究会会长李建平为现场听众揭晓了"乡土课堂"2017年度讲座计划。同时，首都图书馆还邀请了天坛公园神乐署雅乐团为广大市民带来"清音雅乐——清代宫廷音乐"的现场演奏。随后，北京史研究会会长李建平带来的《北京文化中心与"三个文化带"建设》作为新年首讲，拉开了"乡土课堂"2017年度讲座的帷幕。

1月9日　由"阅读之城——市民读书计划"书目评选活动推出的"2016年请读书目"正式发布。该书目由《去年天气旧亭台》《我的应许之地：以色列的荣耀与悲情》《迷人的材料》《乐之本事：古典乐聆赏入门》《想象有一天》等30种图书组成，涵盖了社科、文学、科普、生活、少儿五个类别。同时，根据活动评选结果设计制作的"悦读阅美——2016年请读书目"主题展览，也已在首都图书馆展出。

1月11日　首都图书馆召开2017年度文化志愿服务工作联席会。会上总结了2016年志愿服务总体情况，讨论了2017年工作计划。首都文明办、市残联、市律协、劲松职高、首师大、北信等有关负责同志、资深志愿者代表等近20人参加。

1月11日　2017年"北京市红领巾读书"活动主办单位协调会在首都图书馆召开，北京市关心下一代工作委员会秘书长滕毅、首都文明办未成年人处商亚坤女士、市教委基教处王昱人先生、首都图书馆党委书记肖维平及相关人员参加会议。

1月12日　韩国首尔大学奎章阁韩国学研究院一行5人到访首都图书馆，首都图书馆副馆长陈坚接待了到访嘉宾，历史文献中心主任刘乃英及国际交流中心主任张震宇等相关人员陪同。双方就中国古籍的传统修复方式、保存环境和资料的利用等方面进行交流。会谈结束后，副馆长陈坚陪同参观。

1月19日　首都图书馆召开2016年度工作总结表彰大会。市文化局人事教育处、组织宣传处处长田金贵、机关党委副书记、纪委书记吴秀泉、办公室主任路斌出席会议。会上，党委书记肖维平同志作《2016年度首都图书馆工作总结》报告，副馆长胡启军同志宣读《关于表彰2016年度先进集体和先进个人的决定》，局领导和馆领导向获奖的先进集体和个人颁发荣誉证书。

二月

2月17日　北京市公共图书馆馆长工作会议在首都图书馆召开，市文化局、各区文化委、首都图书馆、各区图书馆领导及相关人员、各区图书馆第三方系统服务商等90余人参加会议。会议对北京市公共图书馆计算机信息服务系统切换工作方案、时间安排、注意事项、技术准备等进行了部署，通报了基层图书资源整合、共享工程、数字电子阅览室等工作的进展情况。

2月21日 台湾好基金会理事谢念华携员就举办"两岸人文名家讲坛"一事到首都图书馆参访。首都图书馆副馆长李冠南带领相关部门同人进行接待，并陪同谢念华一行就场地及设备等进行了实地考察，交流了相关情况，双方均表达了彼此希望加深合作的意向。

2月24日 首都图书馆联合东城区第二图书馆，在左安漪园社区举办第一次法律沙龙活动。活动邀请王汇华律师进行安全知识讲座，主题为"律师教您识别新型诈骗"，30多名中老年市民参加。

2月25日 在中央文化管理干部学院教务处伍昕老师带领下，天津市河西区文化干部45人到首都图书馆开展现场教学活动。邓菊英副馆长接待到访客人，并讲授"公共文化服务空间的构建和运营——以首都图书馆为例"课程内容，信息咨询中心副主任王松霞陪同。

2月25日 由西城区第一图书馆、北京德国文化中心·歌德学院（中国）共同举办的"设计思维——借助网络提升工作效率"工作坊在西城区第一图书馆举行。西城区第一图书馆馆长樊亚玲、歌德学院图书馆馆长任宣丽，以及图书馆员工40余人出席。此次培训由北京德国文化中心·歌德学院邀请哈索·普拉特纳研究院设计思维学院院长乌尔里希·温伯格教授担任主讲。

2月26日 朝阳区图书馆金台书院启动仪式暨金台书院国学讲堂开学典礼在北京国声京剧团剧场举行。书院下设"国学讲堂""文化展厅""百姓生活""世界采风"等多个板块，涵盖"城市乡愁""大使带你看世界""评话图书""乐活时光""健康生活""语言学习"等多项主题内容，活动方式上将逐步实现免费预约制，线上活动与线下活动相结合。

2月27日 福州市图书馆副馆长陈强一行5人到首都图书馆参观学习。首都图书馆副馆长陈坚和副馆长邓菊英接待了到访客人。业务部、地方文献中心、宣传策划中心、采编中心、组织人事部、典藏借阅中心和合作协调中心等部门的主任和员工就首都图书馆部门职能划分、业务报表管理、文献资源征集、活动宣传策划、文献资源建设和新媒体服务等工作开展情况与福州市图书馆进行了交流。

2月27日 首都图书馆举办2017年职工继续教育第一场讲座。邀请南开大学信息资源管理系柯平教授解读《第六次全国县以上公共图书馆评估定级〈评估标准〉》，首都图书馆和各区图书馆290人参加。

2月28日 密云区图书馆举办2017年度内部职工ALEPH系统培训班。培训班为期6天，分两批，由密云区图书馆信息技术部主任徐晨辉主讲。

三月

3月2日 2017年"北京市红领巾读书"活动暨青少年经典导读活动启动仪式在首都图书馆举行。首都精神文明建设委员会办公室未成年人处处长常建军，北京市教育委员会基教一处副处长陈德时，北京市文化局公共文化事业处副处调研员张悦，北京市志愿服务指导中心主任助理、研究培训部部长陈光，北京市文化志愿者服务中心主任陈雁军，首都图书馆党委书记肖维平，首都图书馆党委副书记、纪委书记李冠南，首都图书馆副馆长邓菊英等领导及各区图书馆"红读"活动负责人、各区图书馆文化志愿服务分队负责人和全市中小学生代表以及首都图书馆文化志愿者代表260余人参与活动。

3月2日 北京市公共图书馆文化志愿服务总队正式成立。由首都图书馆及北京市23家区图书馆分队组成，总队成立将组织利用志愿者资源、推动志愿服务专业化发展，助推公共图书馆更好地发挥文化传播职能，促进全民阅读。首都精神文明建设委员会办公室未成年人处处长常建军，北京市教育委员会基教一处副处长陈德时，北京市文化局公共文化事业处副处调研员张悦，北京市志愿服务指导中心主任助理、研究培训部部长陈光，北京市文化志愿者服务中心主任陈雁军，首都图书馆党委书记肖维平，党委副书记、纪委书记李冠南，副馆长邓菊英，北京大学社会科学学部副主任、教授文东茅，国际儿童读物联盟副主席、国际儿童读物联盟中国分会副主席张明舟，清华附小商务中心区实验小学（一校区）执行校长、特级教师李怀源，首都图书馆文化志愿者代表、北京电视台《书香北京》栏目主持人姜华，北京电视台《书香北京》制片人吴玮等嘉宾出席仪式。各区图书馆文化志愿服务分队负责人和全市中小学生代表以及首都图书馆文化志愿者代表共计260余人参与活动。

3月3日 北京市文化局印发《关于做好第六次全国县级以上公共图书馆评估定级工作的通知》，对全市公共图书馆第六次评估定级工作进行部署，成立以市文化局党组成员、副局长庞微为组长，公共文化事业处处长刘贵民、首都图书馆党委书记肖维平为副组长，公共文化事业处副处调研员张悦、首都图书馆副馆长邓菊英、陈坚为成员的北京市公共图书馆评估工作领导小组，统筹组织、指导监督，委托首都图书馆具体实施。

3月6日 《首都图书馆联盟》编辑部在首都图书馆召开2017年度选题策划会，会议由刊物执行副主编、首都图书馆副馆长邓菊英主持。首都图书馆联盟常务副主席兼秘书长倪晓建、北京大学图书馆馆长朱强、中国人民解放军医学图书馆馆长陈锐、中国民族图书馆馆长吴贵彪等编委，《图书情报工作》杂志社主编初景利、北京大学信息管理系主任李广建、国家图书馆业务处副处长孙伯阳等专家，以及首都图书馆副馆长陈坚和相关人员参加会议。

3月9日　沈阳市图书馆副馆长高倪兵一行4人到首都图书馆进行参观考察。陈坚副馆长接待到访客人，宣传策划部主任王海茹、典藏借阅中心副主任田峰、业务部副主任贾蕾参加了座谈。

3月10日　日本东京农业大学学术情报课程教授那须雅熙先生到访首都图书馆，首都图书馆副馆长陈坚接待了到访客人。双方就首都图书馆读者服务、发展计划和与市区公共图书馆合作等方面进行探讨交流。会后，副馆长陈坚陪同参观地方文献、典藏借阅中心、少儿阅读活动中心、少儿综合借阅中心和少儿视听中心等部。

3月13日　湖南图书馆馆长张勇一行8人到首都图书馆进行参观学习。首都图书馆党委书记肖维平、副书记李冠南、副馆长陈坚、胡启军接待了到访客人。

3月16日　由北京市文化局主办，北京交响乐团、朝阳区文化委、首都图书馆承办的2017年"首志愿·关爱——2017年首都市民音乐厅首场音乐会"在首图剧场拉开帷幕。北京交响乐团艺术总监、首席指挥谭利华先生亲自执棒，延续了现场演奏＋教学的模式，为市民在每首曲目演奏之前进行知识普及与讲解。

3月20日　韩国首尔市钟路区政府代表团一行5人在钟路区副区长朴永燮带领下，到首都图书馆进行参观。首都图书馆副馆长陈坚接待了到访客人。

3月20日　北京市公共图书馆计算机信息服务系统切换工作正式启动。此项工作将把原来的"智慧2000"系统切换为"ALEPH500"系统，进一步提升"一卡通"服务水平。首都图书馆与各区级图书馆将围绕技术保障与升级、数据核查汇总、媒体宣传等方面开展工作，积极落实相关文件的内容和要求，互相配合推进各项工作，如期完成系统升级的实施要求，以确保新系统顺利上线。

3月21日　由中华人民共和国文化部外联局和厄瓜多尔共和国驻华大使馆共同主办的"线条与透明——厄瓜多尔绘画展"在首都图书馆

开展。展览展出厄瓜多尔艺术家米盖尔·贝当古的33幅水彩和丙烯绘画。厄瓜多尔驻华大使何塞·博尔哈、中国对外文化集团公司副总经理阎东、中国文化部外联局美大处副处长金梁、首都图书馆党委书记肖维平、副书记李冠南出席本次展览的开幕仪式。

3月22日 由北京市委宣传部、北京市文化局主办，首都图书馆、北京市各区文化委员会、首都图书馆联盟承办的"阅读北京 品味书香——2017年度首都市民阅读系列文化活动"在首都图书馆启动。启动仪式上，首都图书馆党委书记肖维平总结了2016年"阅读北京"的开展情况。北京市副局级巡视员、工会主席马文介绍了2017年"阅读北京"的项目内容。著名作家王蒙先生做了题为《永远的阅读》主题演讲。国家图书馆副馆长、国家典籍博物馆常务副馆长李虹霖，北京市文化局公共文化处副调研员张悦，图书馆报总编袁江，北京读书形象大使、中国财政经济出版社副编审崔岱远，冰心图书奖副主席、北京作家协会儿童文学创委会副主任马光复，以及首都图书馆党委副书记、纪委书记、工会主席李冠南，副馆长陈坚出席活动。仪式由北京电视台主持人姜华主持。

3月24日 由北京市监狱管理局工会主办的"笃行之远"主题书画摄影展在首都图书馆开展。本次展览的全部300余幅书画摄影作品均由首都监狱系统干警职工创作。首都图书馆党委副书记李冠南出席本次展览开幕式。

3月29日 北京市公共图书馆馆长工作会议在首都图书馆召开，首都图书馆、各区图书馆领导及相关人员60余人参加会议。会议通报了北京市公共图书馆计算机信息服务系统切换工作进展情况、"一卡通"网站改版情况、期刊订购工作注意事项、《北京市基层图书馆（室）选配书目》情况；就2017年全市阅读北京活动、红领巾读书活动、换书大集活动以及公共电子阅览室和数字文化社区工作进行了部署；会议还就北京公共图书馆评估定级工作和资金转移支付事宜进行了研讨。

3月30日 由朝阳区文化委员会、北京史研究会主办，朝阳区图书馆承办的朝阳区老工业资源征集与利用研讨会在朝阳区图书馆召开。来自朝阳区文化委员会、北京史研究会、北京市档案局、798管委会、朝阳区产业办、朝阳区档案局、朝阳区规划艺术馆及正阳书局、慧科讯业、首都科学研究决策会、CNKI中国知网的领导、专家、学者等30余人参加研讨会。

3月31日 由首都图书馆、天津图书馆、天津市少年儿童图书馆、河北省图书馆共同主办的京津冀三地"共沐书香，悦享好书"青少年经典导读活动启动仪式在河北省图书馆举行。河北省文化厅公共文化处（非物质遗产处）处长张雪芳、北京市文化局公共文化事业处处长刘贵民、天津市文化广播影视局社文处处长李苗，以及河北省图书馆馆长李勇、副馆长丁若虹，首都图书馆党委书记肖维平，党委副书记、纪委书记李冠南，副馆长陈坚，天津图书馆副馆长刘铁，天津市少年儿童图书馆读者工作部主任石静，以及当地中小学学生代表共200余人出席仪式。

四月

4月5日 北京市公共图书馆计算机信息服务系统顺利完成了由"智慧2000"系统向"ALEPH500"系统的切换工作。首都图书馆与北京市各区级图书馆如期恢复借书、还书、办证服务以及其他相关读者服务功能。

4月8日 丰台区图书馆抽选辖区内4个社区（村）开展全民阅读调查与座谈活动。丰台区图书馆馆员向参与活动的读者发放了《全民阅读调查问卷》，邀请少年儿童、青年、中老年等不同群体读者参与；读者对如何开展阅读、如何通过活动推广阅读提出了意见。

4月10日 "文化部第五期全国地市文化局长培训班"成员一行56

人，到首都图书馆参观考察。首都图书馆副馆长陈坚接待了到访客人，双方就首都图书馆的管理与创新情况进行了交流。业务部副主任贾蔷参加座谈。

4月12日 西城区第一图书馆馆长樊亚玲出席全民阅读促进立法调研座谈会，汇报西城区第一图书馆全民阅读促进工作开展情况。随后，全民阅读促进立法调研组一行20人来到西城区第一图书馆进行实地走访调研。

4月12日 顺义区图书馆馆长史红艳、副馆长李毅及辅导部工作人员一行五人来到高丽营镇，为区爱阅读分馆送去图书1000册、电脑设备10台，并颁发了"顺义区图书馆分馆"的牌匾。

4月14日、7月18日 北京市图书馆协会分别同意陈文、何亦红因领导干部不能兼任社团职务原因辞去协会常务理事的申请。

4月20日—26日 "2017北京文化周"活动在台湾拉开帷幕。副馆长胡启军带领首都图书馆代表团前往台北、台中、高雄三地开展文化交流活动。代表团考察了台北市立图书馆、正修科技大学图书馆和东海大学图书馆"阅读北京"图书专区的运营情况。首都图书馆在以上三家专区举办了《旧京民俗》数字展览，并与台湾多家图书馆就借还书业务、志工服务、馆员互派等方面进行了深入的业务交流与研讨。

4月20日 第四届"书香西城·区直机关读书会"在"甲骨文·悦读空间"举办。西城区领导卢映川、王少峰、杜灵欣、马新明、孙仕柱、沙秀华、吴向阳，以及西城区120多名机关干部参加活动。

4月21日 由平谷区文化委员会主办，平谷区图书馆承办的平谷区第九届大众读书工程暨第七届北京阅读季启动仪式在平谷区文化大厦启动。平谷区委常委、宣传部部长王红艳，平谷区副区长徐素芝，北京市新闻出版广电局及天津市蓟州区文化广播电视局、河北省承德市兴隆县文化体育、旅游局等相关领导出席活动。启动仪式上，与会领导为平谷区第八届大众读书工程优秀组织奖、红领巾读书活动示范单位、"书香家庭"代表、"读书小状元"代表颁奖。由京津冀三地联合打造的阅读成果展以诗朗诵等多形式呈现。

4月22日—23日 "第七届北京换书大集"主题活动在首都图书馆及全市11家公共图书馆同时举办。《北京日报》《北京晚报》、人民网等10家媒体报道。

4月23日 由西城区第二图书馆主办的"海棠树下 为您读诗"——第三届世界读书日主题活动在万寿公园举行。西城区第二图书馆馆长李金龙与万寿公园管理处领导、鲁迅研究基金会嘉宾、央视记者，以及社区群众等300余人参与了此次活动。

4月23日 "世界读书日"来临之际，海淀北部文化中心图书馆牵手北新实验学校小学部，共同举办"阅读北新"启动仪式。北部文化中心图书馆馆长冯锐与北新实验学校谭主任共同为流动服务站揭牌。

4月25日 福建省福州市图书馆副馆长吴峰一行5人到首都图书馆进行为期5天的岗位学习。首都图书馆副馆长陈坚接待到访客人，并安排开展相关学习。

4月25日 通州区图书馆组织开展"发现社区图书室"基层管理员培训班。全区范围内32家基层图书室、公共电子阅览室、数字文化社区的管理员参加了培训。培训邀请原首都图书馆馆长倪晓建、北京大学图书馆资源建设中心主任张美萍、北京畅想之星技术有限公司培训老师朱嘉星到馆授课。通州区图书馆为32家基层图书室捐赠电子书2000册，以丰富、充实基层图书室馆藏资源。

五月

5月12日 北京市公共图书馆评估定级工作专题会议在首都图书馆召开，市文化局、各区文化委员会、首都图书馆、各区图书馆领导及相关人员90余人参加会议。会议对本市公共图书馆参加第六次全国县级以上公共图书馆评估定级工作进行了总体部署，决定于16—19日，由首都图书馆对参加评估的区图书馆进行具体指导。

5月25日 海淀区图书馆组织召开海淀区北部文化中心图书馆二期建设专家研讨会，就新馆二期建设情况进行了深入研讨。研讨会由海淀区图书馆姚光丽馆长主持，北京大学信息管理系张广钦副教授、韩圣龙副教授、图书馆领导班子、大为家具公司、中建乐孚公司、上业科技公司参加本次研讨。

六月

6月1日 由房山区燕山文卫计生委和燕山教委联合主办、房山区燕山文化活动中心图书馆承办的青少年科普分中心启动仪式在燕山文化活动中心门前广场举行。燕山工委宣传部部长于勇、燕山办事处副主任王大利、首都图书馆副馆长胡启军以及燕山文卫计生委、燕山教委、各中小学代表和北京市各区图书馆200余人参加了此次启动仪式，并参观燕山图书馆青少年科普分中心。

6月3日—4日 丰台区图书馆举行主题为"书香丰台·阅读+"的儿童节阅读互动体验活动；600余人报名参加，数十名志愿者协助服务。活动设立了互动海洋馆、互动英语、运动帮、安全教育VR、互动拍照等主题场景，同时举办讲故事、动手做童话、低幼儿绘本阅读分享活动。

6月5日 《北京市东城区推广全民阅读"十三五"时期发展规划》及《2016—2020年北京市东城区图书馆发展规划》专家评审会在东城区第一图书馆召开。首都图书馆原馆长倪晓建、副馆长邓菊英、陈坚，北京邮电大学出版社社长代根兴，西城区第二图书馆馆长李金龙五位评审专家出席会议，东城区文化委副主任魏瑞峰主持会议，东城区第一、第二图书馆领导班子参加会议。东城区第一图书馆馆长肖佐刚向专家汇报了《北京市东城区推广全民阅读"十三五"时期发展规划》

及《2016—2020年北京市东城区图书馆发展规划》。专家依次发言，提出了宝贵意见。

6月11日 北京市平谷区图书馆联合天津市蓟州图书馆、河北省三河市图书馆、河北省承德市兴隆县图书馆共同组建"京津冀公共图书馆区域合作联盟"，启动仪式在平谷区图书馆举行，各成员馆的馆长和代表参加。各成员馆讨论通过了《京津冀公共图书馆区域合作联盟章程》，签署合作协议，宣告京津冀公共图书馆区域合作联盟正式成立。

6月27日 位于高米店滨河街康顺园小区的大兴区24小时城市书房正式启用。该城市书房面积30平方米，藏书近5000册，电子书数据总量达40T，集自助办证、借还书、阅览、电子资源浏览、预约借阅、图书配送、图书漂流、亲子活动八大功能于一体，提供"一站式"阅读服务，无人值守。

七月

7月7日—16日 第三届北京儿童阅读周暨2017中国童书博览会在北京展览馆举行。西城区青少年儿童图书馆首次亮相本届童书博览会，设立展位并举办两场中英文绘本示范讲读的专题讲座，同时现场为小读者免费办理阅览证。

7月20日 北京市评估工作专家组成立，计划于7月24日—8月4日完成网上初评打分，8月7日—17日完成实地评估检查并进行复评打分，9月15日进行研究汇总，完成终评打分，提交"全国公共图书馆评估定级管理服务平台"。9月25日完成北京市区级图书馆评估工作，总结报北京市文化局公共文化事业处。

7月21日 海淀区文化委员会组织图书馆界专家学者在海淀区图书馆召开示范区创建专家研讨会。研讨会由海淀区文化委主任陈静主持，北京大学信息管理系党委书记、教授张久珍、北京大学信息管理系副教授张广钦、首都图书馆副馆长邓菊英、首都图书馆副馆长陈坚、全国中小型公共图书馆联合会会长郭斌等专家参与。研讨会议题包括海淀区公共图书馆总分馆制度的建立与实施、海淀区图书馆特色资源数据库建设方向及特色定位、海淀区图书馆文献资源体系建设与完善。

7月 石景山区第34届"古城之春"艺术节之"书聚石景山 点亮智慧之光"全民阅读系列活动暨北京市"2017年度首都市民阅读系列文化活动"——"心阅书香 共读共享"诵读大赛石景山分赛区诵读活动在石景山区图书馆举行。

八月

8月10日 北京市评估定级专家组到延庆区图书馆进行评估定级实地检查。

九月

9月7日 房山区文化活动中心召开加快推进基层图书馆建设工作会。区文化活动中心相关人员与28个街道、乡镇文体中心主任参加了会议。区文化活动中心副主任朱光就街道、乡镇基层图书馆建设要求及下一步将要采取的措施进行了介绍。区文化活动中心党支部书记、副主任宋守鹏就基层图书馆管理办法、图书馆网络建设、图书馆申请加入北京市公共图书馆"一卡通"服务要具备的条件等内容做了解释说明。

9月28日 "书香怀柔"全民阅读十周年庆典活动暨第十届怀柔区全民阅读活动颁奖仪式拉开帷幕。怀柔区图书馆推出了"书香怀柔——全民阅读10周年成果展",编印《书味香凝》《书有余香》出版物,同时开展了征文、摄影等活动。

9月 首都图书馆举办2017年阅读北京·十佳优读空间——百姓身边的基层图书室推优活动网络投票。14家区级图书馆推荐了23家基层图书馆参选。首都图书馆将参选图书馆服务情况和读者网络投票情况，提交专家评审，最终评选出本年度"十佳优读空间"。

9月 昌平区图书馆回龙观第一分馆正式接待读者，这是回龙观首家地区图书馆。该馆位于融泽家园一号院，内设儿童阅览室。目前馆藏书2万余册，内容涵盖文学、艺术、哲学、政治等各个领域。

十月

10月1日 北京市委书记蔡奇视察首都图书馆。

10月13日 图书馆地方文献工作学术交流暨"北京记忆"新版发布会在首都图书馆举行，这标志着"北京记忆"新版网站正式上线。

10月13日 首都图书馆与和田地区图书馆签署共建协议书，建立首都图书馆和田分馆，通过图书捐赠、数字资源共享、人员培训等方式开展文化援疆。

10月10日—13日 怀柔区图书馆分批举办了2017年基层图书室、共享工程基层服务点管理员培训班。全区14个乡镇、2个街道文化中心主任和284个行政村、33个社区的文化志愿管理员，共340余人参加了此次培训。培训班特邀首都图书馆相关老师进行授课，内容包括乡镇、街道总分馆建设和管理、《公共文化服务保障法》解读等。

10月28日 复建后的左安门角楼作为北京历史文化主题的图书馆向市民免费开放。东城区副区长葛俊凯，人民出版社党委副书记、纪委书记王彤，首都图书馆党委书记肖维平，中国图书馆学会秘书长霍瑞娟，东城区文化委副主任魏瑞峰等领导出席了开馆仪式。文化界知名人士、读书会代表、阅读爱好者、媒体记者100余人，10余家读书社团的代表参加了此次活动。

十一月

11月13日—15日 密云区举办2017年基层图书室、共享工程管理员培训班，各镇街文化中心主任与社区、村图书室共享工程管理员400余人参加培训。培训邀请到首都图书馆、清华大学等专家分别就"图书馆在首都文化建设中的使命担当"等内容进行授课，并向各镇街、社区、村图书室发放十九大学习辅导读物近5000册。

11月 东城区第一图书馆东总布分馆所在的赵家楼社区成功入围2017年"书香社区"，东城区第二图书馆馆长左堃代表赵家楼社区在2017年"书香社区"论坛进行了分享交流。

11月25日 朝阳城市书屋发布及授牌仪式暨郎园·良阅书房揭幕典礼在郎园vintage文创园举办。朝阳区文化委员会主任高春利为宸冰书坊馆、798尤伦斯馆、良阅书房馆、东亿产业园馆授牌。良阅书房馆在同日正式开馆并举办郎园大师课，蒋一谈、顾斌、朵渔等12位诗人与200多位诗歌爱好者现场互动，针对十九大以后新时代阅读与文学思考进行了深入探讨。

十二月

12月15日 首都图书馆接受文化部第一评估组实地评估。

专家组由原广东省文化厅副厅长、巡视员杜佐祥任组长，南京图书馆副馆长许建业任副组长，武汉大学信息管理学院教授黄如花，桂林图书馆馆长钟琼，第二书房创始人李岩以及中国图书馆学会秘书处项目主管郭万里组成。评估定级汇报会由北京市文化局党组成员、副局长庞微主持。北京市文化局公共文化事业处处长刘贵民，首都图书馆党委书记、代馆长肖维平作工作汇报。公共文化事业处副处级调研员张悦等出席。

12月16日 东城区第一图书馆接受文化部评估专家组的检查。专家组由原广东省文化厅副厅长、巡视员杜佐祥，南京图书馆副馆长许建业，武汉大学信息管理学院教授黄如花，广西壮族自治区桂林图书馆馆长钟琼组成。第二书房创始人李岩，中图学会郭万里分别以观察员身份和联系员身份参与了检查。北京市文化局副局长庞微、公共文化事业处处长刘贵民，首都图书馆党委书记肖维平、副馆长陈坚，东城区副区长葛俊凯、区文化委主任王伟东、图书馆理事会理事长甄军、区图书馆党支部书记王芯全程陪同专家组检查。评估专家组检查了图书馆的借阅厅室，查看了相关档案，听取了肖佐刚馆长的自评报告。

12月 第六次全国县级以上公共图书馆评估定级工作完成，首都图书馆和17家区级图书馆全部评为"一级图书馆"。

2017年 北京市图书馆协会按规定完成社会团体法人登记证、组织机构代码证、统计证等年检工作和"三证合一"更换工作。

2017年 "阅读北京·十佳优读空间"——百姓身边的基层图书室推优活动获奖馆有：东城区第一图书馆东总布分馆、西城区新街口街道图书馆、朝阳区来广营地区图书馆、朝阳区宸冰书坊、海淀区苏家坨镇图书馆、丰台区草桥社区文化中心图书馆、石景山区八角街道图书分馆、门头沟区城子街道创意书吧、顺义区东方太阳城分馆、昌平区圣学图书馆。

2018 年

一月

1月1日 《中华人民共和国公共图书馆法》2017年11月4日经十二届全国人大常委会第三十次会议表决通过，正式颁布，2018年1月1日起施行。

1月4日 2018年"北京市红领巾读书"活动主办单位协调会在首都图书馆召开，会议就《2018年"北京市红领巾读书"活动方案（征求意见稿）》进行讨论，并对2018年全市青少年儿童阅读指导工作进行统筹和规划。首都文明办未成年人处处长常建军、北京市文化局公共文化处处长刘贵民、北京市教育委员会基教一处副处长唐勇明、团市委中少部副部长杨海松、北京市志愿服务指导中心综合部部长韩鹭、北京市文化局公共文化处副调研员张悦、北京青少年经典导读志愿服务总队负责人曹郁、首都图书馆党委书记肖维平、首都图书馆副馆长陈坚出席会议。

1月22日 丰台区图书馆召开读者座谈会。丰台区文化委领导、区图书馆领导与十余名读者参加了座谈会。与会读者踊跃发言，围绕如何增进交流、提高服务质量展开讨论。

1月23日 北京市公共图书馆馆长工作会在首都图书馆召开，会议总结2017年全市公共图书馆工作，部署2018年重点工作。北京市文化局公共文化事业处副处长于俊通、首都图书馆、各区图书馆领导及相关人员60余人参加会议。

二月

2月1日 首都图书馆2017年度工作总结表彰会在A座报告厅召开。北京市文化局党组成员、副局长关宇、组宣处副处长缴俊友、公共文化处副处长于俊通出席会议,全馆职工近300人参加会议。

2月5日 九三学社北京市委"九三学社先贤肖像画展"开幕式暨"九三学社北京市委文化迎新风采展示会"在首都图书馆举行。九三学社北京市委主委刘忠范,社市委原主委马大龙,首都图书馆党委副书记李冠南、副馆长陈坚及演职人员共计400余人参加活动。

2月24日 顺义区首家24小时全自助智能型影视文学主题图书馆——"潮白书苑"开始试运营。

三月

3月12日 首都图书馆召开本市公共图书馆"一卡通"专题会议,部署少儿一卡通和图书预约相关工作,60名区图书馆馆长及相关工作人员参会。

3月20日 中宣部文艺局副局长王强、北京市委宣传部副部长赵佳琛等到东城区第二图书馆分馆——角楼图书馆参观调研。东城区第二图书馆馆长左堃介绍了角楼图书馆自开馆以来在老北京特色文化建设方面所做的工作及举办的阅读推广活动。

3月27日 首都图书馆召开本市公共图书馆业务辅导工作会议,通报今年公共图书馆重点工作,交流各馆工作信息,并对业务统计工作进行培训。

3月28日 重庆图书馆王宁远副馆长一行3人到访首都图书馆。双方就文化志愿服务、读者活动开展、双方合作等方面进行交流座谈。首都图书馆党委书记肖维平，党委副书记、纪委书记李冠南陪同调研座谈。

3月29日 北京市公共图书馆文化志愿服务与青少年阅读推广活动启动大会在首都图书馆举行。会上为2017年青少年经典导读"书香少年"和"书香校园"的获得者颁发荣誉证书，启动2018年红领巾读书活动；北京教育学院人文社会科学学院院长吴欣歆做关于"红领巾阅读活动的课程设计"主题讲座。会后举办了2018年"北京市红领巾读书"活动工作会。北京市少先队总辅导员、市少工委副主任杨海松、北京科普发展中心副主任霍利民、北京市教育委员会基教一处中小学阅读工作负责人冯雪、首都精神文明建设委员会未成年人处商亚坤、北京市文化局公共文化处副处长马丙忠等领导以及各区图书馆相关负责人出席会议。

3月29日 北京市少年儿童图书馆加入"一卡通"。4月西城区青少年儿童图书馆、石景山区少年儿童图书馆、丰台区青少年儿童图书馆先后加入"一卡通"。

3月30日 首都图书馆工会召开第五届第五次职工（会员）代表大会。会议对《首都图书馆2017年度民主评议的意见和建议》进行了反馈，审议并通过了《首都图书馆（北京市少年儿童图书馆）员工考勤管理办法》《首都图书馆（北京市少年儿童图书馆）员工考核暂行办法》，听取了关于首都图书馆工会职工代表调整情况及首都图书馆关于进一步规范工会会员会费缴纳标准事宜，就《首都图书馆2018年度员工继续教育计划》征求了意见。职工代表62人参加，馆领导和工会委员列席了会议，党委副书记、纪委书记、工会主席李冠南同志主持会议。

四月

4月16日　由东城区文化委员会牵头组建，联合区内50余家机构共同筹备的东城区阅读推广联盟成立大会在东城区第一图书馆召开。会议表决通过了《东城区阅读推广联盟协会章程（草案）》《东城区阅读推广联盟成员单位名单》《东城区阅读推广联盟组织机构名单》并通过了联盟理事长、秘书长、监事长等职务的认命。

4月18日　北京市公共图书馆"一卡通"开通"图书预约"功能。

4月20日　首都图书馆2018年度职工继续教育讲座开讲。国家图书馆研究院副院长申晓娟做客首都图书馆，主讲题为《公共图书馆法解读》的讲座。首都图书馆及各区图书馆职工300余人参加。

4月23日　东城区2018年"聆听经典 品味书香"诵读会在东城区第一图书馆举行。东城区人大常委会副主任王中华、东城区文化委党委书记张恩东出席活动。东城区阅读推广联盟名誉理事长倪晓健致辞，东城区学校师生、诵读爱好者共500余人参与了朗诵。

4月23日　东城区第二图书馆联手东城区图书馆理事会、北京必胜客有限公司共同打造的"书香东城·智阅必胜"社区智能阅读空间亮相北京必胜客（南锣鼓巷）餐厅。东城区第二图书馆把优质的图书资源和智能阅读设备带到必胜客门店，让更多的社区居民在品尝美食的同时，能够享受阅读的乐趣。

4月23日　由西城区第二图书馆主办的第四届"海棠树下 为你读诗"世界读书日主题活动在万寿公园举行。西城区第二图书馆书记于燕君、副馆长姜楠、宣传辅导部主任王莹、万寿公园管理处的秦书记及周边社区居民共计200余人参与了此次活动。

4月23日　全国首创"互联网＋"新型公共文化服务设施——红楼公共藏书楼开启入藏模式。北京市、西城区相关领导，李四光外孙女邹宗平，载涛之子金从政，沈家本曾孙沈厚铎，新凤霞、吴祖光女儿吴霜，单士元女儿单嘉筠等名人之后参加了入藏仪式。

4月 海淀区图书馆启动预约借阅柜与支付宝预约借书两项服务，届时可实现手机下单借书和送书上门服务。

五月

5月3日 首都图书馆团委举办"五四"青年节暨青年论坛成果展示活动。团市委机关工作部副部长申小敏、市文化局团委书记许博、首都图书馆党委副书记李冠南、副馆长邓菊英、陈坚出席活动并为获奖者颁奖。本次活动选取《借鉴台湾地区图书馆服务，促两岸公共文化共同发展》等三篇调研报告及学术论文进行展示，近百名职工参与活动。

5月4日 "红五月，梦飞扬——2018年首都市民音乐厅开幕音乐会"在首图剧场举行。北京市文化局党组成员、副局长庞微，北京交响乐团团长孟海东，朝阳区区长助理左科华，朝阳区文化委党委书记、主任高春利，首都图书馆党委副书记李冠南出席开幕音乐会。

5月10日 上海市少年儿童图书馆副书记、副馆长卢秋勤一行3人到访首都图书馆。双方就首都图书馆新馆建设，图书馆业务规划、少儿馆功能布局等方面进行交流。党委副书记、纪委书记李冠南，副馆长陈坚陪同调研座谈。

5月7日—8日 首都图书馆举办本市公共图书馆馆长培训班，邀请业界专家讲授公共图书馆法条文解读、图书馆发展态势和业务规划、大数据在图书馆工作中的应用、法人治理结构建设和总分馆建设等内容，80人参加培训。

5月10日 大兴区24小时城市书房（智能图书馆）亮相第十四届中国（深圳）国际文化产业博览交易会，重点展示了24小时城市书房和智能图书馆的建设情况，并推介"悦读大兴"APP"动动手指 图书到家"创新功能。中共中央政治局委员、中宣部部长黄坤明,北京市委常委、宣传部部长杜飞进等领导出席展会并参观大兴区展位。

5月23日 朝阳区图书馆党支部书记韩卫勃、馆长李凯带领图书馆课题组成员一行10人来到北京大学信息管理系,召开"北京市朝阳区公共文化服务体系建设准入机制"课题启动会。北京大学信息管理系王子舟教授、全国中小型公共图书馆联合会郭斌会长、北京市社科院经济研究所杨松副所长、北京大学信息管理系党支部书记张久珍教授等专家出席启动会。朝阳区图书馆与北京大学信息管理系签署"北京市朝阳区公共文化服务体系建设准入机制"课题研究合作协议书。

5月25日—26日 "北京市红领巾读书"活动"习爷爷的教导记心间"红领巾讲故事比赛决赛在首都图书馆落幕,全市16个区共计105名小选手参加了此次决赛。北京市共青团中学和少年工作部部长佟立成、著名儿童文学作家、编审、北京作协儿童文学创委会副主任马光复、北京少年报副主编、《时事魔镜》主编蔡小钢、《东方少年》杂志社社长王庆杰、北京市校外教育协会副秘书长王媛媛、首都图书馆副馆长陈坚出席活动并担任评委,来自红领巾通讯社的25名小记者参与活动并对参赛选手和评委进行了采访。

5月26日 海淀区文化委员会召开海淀区图书馆理事会成立大会。海淀区文化委主任陈静、副主任柳阑、原首都图书馆馆长倪晓健等11名理事会成员出席了本次大会。经提名和举手表决,理事会选举倪晓建先生担任海淀区图书馆理事会理事长,柳阑副主任担任理事会副理事长,姚光丽馆长担任秘书长。

5月28日 大庆油田图书馆张鹏辉馆长一行3人到访首都图书馆。双方就阅读推广服务工作、图书馆业务建设、地方文献的开发利用等方面进行交流。首都图书馆副馆长李念祖陪同参观座谈。

5月 湖南省图书馆贺美华馆长一行7人到访首都图书馆。双方就首都图书馆新馆建设、图书馆业务规划、功能布局、设备配置情况等方面进行交流讨论,并商谈两馆合作事宜。首都图书馆党委书记肖维平,党委副书记、纪委书记李冠南陪同调研座谈。

六月

6月1日 湖州市图书馆刘伟馆长一行8人到访首都图书馆。双方就阅读推广服务工作、图书馆业务功能布局、信息化建设、地方文献的开发利用等方面进行交流。首都图书馆副馆长陈坚陪同调研座谈。

6月8日 首都图书馆召开公共图书馆馆长工作会议,首都图书馆、各区图书馆馆长及相关人员50人参加会议。会议部署了公共图书馆清查受赠境外图书工作;发放《关于做好2017—2018年数字文化社区、文化共享工程、公共电子阅览室运行维护工作的通知》;并就各区总分馆建设街道(乡镇)分馆和基层服务点的相关工作进行了商议研讨。

6月16日 宛平记忆图书馆在宛平城地区正式成立,成为全市首家实现与首都图书馆联网的社区级图书室。宛平记忆图书馆打造了多功能生活阅读空间,让游客与城内群众在古城内一品书香文化,感受卢沟文化新内涵。

6月20日—22日 由北京市图书馆协会、河北省图书馆学会、《藏书报》、天津市图书馆学会共同主办的"京津冀地方文献资源建设发展论坛"在石家庄市召开。会议共收到来自京津冀地区图书馆界,地方文献、古籍研究者论文共45篇。

6月21日—7月3日 全市公共图书馆新员工培训班在首都图书馆举行。从公共图书馆事业发展到基础业务工作,共计培训8门课程,66人参加培训。

6月24日—25日 "'土库曼斯坦——伟大丝绸之路的心脏'装饰与实用艺术及博物馆珍品展"在首都图书馆第二展厅开幕。展览由中华人民共和国文化和旅游部、土库曼斯坦文化部、土库曼斯坦驻华使馆共同主办，首都图书馆承办。

6月27日 首都图书馆党委召开2018年度意识形态工作专题会。会上传达了局党组2018年第11次会议精神，学习了《习近平总书记在全国网络安全和信息化工作会议上的重要讲话》，宣传策划中心、采编中心、国际交流中心、数字图书馆管理中心、文化活动中心就本部门在意识形态领域的工作情况进行了大会交流。会议由党委副书记、纪委书记李冠南同志主持，馆领导、党委委员、纪委委员、中层干部、党支部书记及支委近60人参加会议。

七月

7月2日 东城区第一图书馆与北京新华书店王府井书店合作开办的王府井书店分馆正式开馆接待读者。王府井书店分馆由东城区政府、北京发行集团主办，由东城区文化委员会、王府井新华书店、东城区图书馆理事会、东城区阅读推广联盟共同承办。

7月12日 石景山区召开创建国家公共文化服务体系示范区动员部署会。文化部公共文化司副司长白雪华，北京市文化局副局长庞微，中共石景山区委副书记、代区长陈之常等领导出席会议。会议对石景山区创建首都公共文化服务示范区工作进行了总结，并具体部署了国家公共文化服务体系示范区创建任务；区政府与示范区创建工作领导小组成员单位签订了责任书。

7月13日 由北京市文化局主办、朝阳区文化委员会、首都图书馆、中央歌剧院承办的首都市民音乐厅特别制作——"经典歌剧选段音乐会"在首图剧场举行，音乐会集结了一批优秀艺术家共同演绎经典曲目。

7月13日—22日 第四届中国童书博览会在北京展览馆举行，西城区青少年儿童图书馆以"科技与阅读"为主旨再次亮相。VR虚拟现实阅读体验区、北京市"一卡通"读者证免费办理，以及特色绘本阅读推广活动吸引了上百名小读者热情参与。

7月20日 燕山图书馆在燕山文化活动中心开展"图书馆文明诚信服务"培训。图书馆全体员工以及街道、社区图书室的管理人员参加了此次培训。

7月26日 中国首都图书馆"阅读北京"图书空间在莫斯科博戈柳博夫艺术图书馆揭幕，首都图书馆北京地方文献中心副主任孟云剑作为北京市文化代表团成员出席揭幕仪式。仪式上，首都图书馆与博戈柳博夫艺术图书馆签署了合作备忘录。由首都图书馆北京地方文献中心策划制作的《北京公园开放记》展览在博戈柳博夫艺术图书馆同时展出。

7月27日 首都图书馆副馆长胡启军与俄罗斯国家图书馆馆长Alexander I. Visly 签署合作协议。

八月

8月1日 首都图书馆北京地方文献中心接收北京市规划国土委移交的文献资料。资料包括《城市绿心起步区详细规划设计方案》《剧院建筑设计方案》《图书馆建筑设计方案》《博物馆建筑设计方案》各4套，每套40册。资料为非正式出版物且内容涉密，仅作为北京地方文献中心书库基藏，暂不对外借阅。

8月6日 中国地方志指导小组办公室副主任邱新立一行5人到访首都图书馆，双方就首都图书馆新馆建设工作，图书馆业务规划、功能布局、地方文献资料收集利用等方面进行交流座谈。首都图书馆副馆长陈坚陪同调研。

8月8日 首都图书馆领导班子成员及相关部门主任到延庆区图书馆进行专题调研，并考察了旧县镇文体中心、百里乡居图书室和永宁镇图书馆。延庆区文化委员会叶东主任、祁明东副主任和延庆图书馆栾彩明馆长、帅丽宁副馆长、朱爱平副馆长参加座谈。

8月13日—14日 台北市立图书馆副馆长王淑满、推广课辅导员郑翔参访首都图书馆，并进行业务交流座谈。

8月15日 房山区文化活动中心梦想剧场召开房山区文化馆图书馆总分馆制暨文化活动中心理事会启动仪式。市文化局副局长李芳芳、房山区副区长齐文东、市文化艺术活动中心副书记许博、首都图书馆副馆长陈坚、房山区人大教科文卫体委员会主任委员杜国栓、房山区政协教文卫体委主任刘清生以及房山区创建公共文化示范区领导小组成员单位领导出席。区文化委员会党组书记、主任冀显江作动员部署。与会领导为各位理事颁发了聘书，正式启动总分馆制建设和第一届理事会。副区长齐文东讲话。

8月17日—23日 由江苏省文化厅主办、首都图书馆协办的"新金陵画派运河沿岸艺术交流展"在首都图书馆第二展厅举行。展览以"诗画金陵·文化运河"为主题，展出傅抱石、宋玉麟等艺术家的作品50余幅。首都图书馆党委书记肖维平出席展览开幕仪式。

8月17日 北京市全民阅读立法调研组和市新闻出版广电局公共服务处谭素云副处长一行9人来到昌平区图书馆进行全民阅读立法调研座谈。昌平区文化委副主任李爱武、区团委副书记赵静、区教委政府督查综合科科长谷长治、回龙观中心小学校长怡久文、昌平区图书馆主要领导及基层图书馆、读书会代表共13人参加座谈。

8月20日—27日 首都图书馆组织文化志愿者赴新疆和田地区开展"书香智远，志爱无疆"文化支援志愿公益活动。文化志愿者一行38人先后到访和田地区图书馆、和田市图书馆、墨玉县图书馆、洛浦县图书馆、和田县图书馆。此次公益活动为和田地区图书馆捐赠多种类图书、期刊31072册；进行图书加工、排架等累计12570册次；举办读者活动10场、服务读者近2000人次；举办面向和田地区图书馆员工培训10场，参与培训馆员近800人次；累计服务时长达2304小时。同时，首都图书馆与和田地区图书馆就数据库建设项目进行研讨并制定初步合作方案。

8月24日 首都图书馆副馆长陈坚、北京地方文献中心主任马文大参加在马来西亚举行的IFLA年会，并在会上发言，向国际同人介绍首都图书馆，并应新加坡图书管理局邀请在新加坡进行工作参访。

九月

9月7日 北京市全民阅读立法调研组来到平谷区图书馆对平谷区全民阅读工作及立法需求进行调研指导。调研组由北京市新闻出版广电局政策法规处调研员顾海东带队，成员包括市新闻出版广电局公共服务处和全民阅读立法项目执行机构4位领导。平谷区文化委员会主任崔苙、区教委、北京第二实验小学平谷分校、区图书馆及基层图书馆相关领导参加调研。

9月12日 首都图书馆积极落实《优化提升回龙观天通苑地区公共服务和基础设施三年行动计划（2018—2020年）》，参与"回天有我"系列活动，为5个街镇配送图书2.5万册。

9月17日—24日 "京籍渊薮　甲子回眸——首都图书馆北京地方文献中心成立六十周年纪念展"在首都图书馆开展。展品甄选自北京地方文献中心专藏，涵盖方志、舆图、拓片、照片、戏单等文献种类。

9月19日—21日 由首都图书馆与中国图书馆学会学术研究委员会地方文献研究专业委员会联合主办的国际"城市记忆"学术研讨会，在首都图书馆召开。会议邀请了来自新加坡、美国、韩国等国家的国际专家学者，国内各省市图书馆及台湾地区图书馆同人，以及国内外关于城市记忆、口述历史、地方文献各领域的嘉宾，就"'城市记忆'在不同文化背景下的建设与发展"和"口述历史与城市记忆"主题展开交流和讨论。北京市文化局副局长李芳芳、新加坡国家图书馆馆长伍慧贤、中国图书馆学会地方文献研究专业委员会副主任雷树德、首都图书馆党委书记肖维平等领导出席并致辞。

9月10日—11日 首都图书馆举办本市公共图书馆馆长第2期培训班,针对公共图书馆相关法律知识和数字图书馆推广工程进行培训。业务交流围绕虚拟读者卡建设标准、少儿"一卡通"问题、街道(乡镇)图书馆建设、分馆建设等进行。

9月15日 首都图书馆参与"回天有我"系列活动,为回龙观镇北店嘉园社区居民捐赠图书1000册;现场办理"一卡通"借书证;配送共享工程数字资源阅读机方便居民获取海量的电子文献资源;举办"童沐书香"讲故事及"北京城故事"等讲座5场,丰富回龙观、天通苑地区的居民文化生活。

9月19日 江苏省徐州市泉山区副区长李燕一行3人到访首都图书馆。副馆长李念祖接待到访客人。双方就首都图书馆新馆建设工作、图书馆业务规划、功能布局、地方文献资料收集利用等方面进行交流座谈。

9月28日 "初心逐梦颂改革 砥砺谱写新华章"——怀柔区庆祝改革开放40周年诵读活动暨"书香怀柔"第十一届全民阅读活动颁奖典礼在怀柔区图书馆报告厅举办。怀柔区人大常委会副主任邴秀海、怀柔区人民政府副区长焦宝军、北京市新闻出版广电局公共服务处副处长谭素云等领导,以及"书香怀柔"全民阅读活动各成员单位的主管领导,各乡镇、街道主管文化工作的领导与全区300余名观众观看了演出。

9月 地方文献学术研讨会在首都图书馆召开。会议由首都图书馆主办,邀请了国家图书馆、19家省级图书馆、11家市级图书馆、13家区县级图书馆、11所高校、11家其他机构的地方文献工作者,北京史研究会、博物馆、方志馆等友好单位的专家、学者,共同探讨新技术、新视角下的地方文献工作，交流地方文献工作的实践与经验。议题包括"区域文化发展下的地方文献"和"地方文献资源建设与服务"。

十月

10月9日　京津冀图书馆联盟文化帮扶对接会在河北省图书馆召开。首都图书馆与河北省张北县图书馆、阳原县图书馆签署文化帮扶协议，在国家贫困县建立张北分馆和阳原分馆，捐赠图书4000余册，办理20张读者卡共享"一卡通"数字资源，赠送"首都图书馆动漫在线"1400集动漫片，为青少年开展经典导读活动，并邀请6名工作人员来京培训基础业务。

10月15日　由平谷区文化委员会主办，平谷区图书馆承办的"书香平谷·悦听阅美"盲人数字阅读推广工程启动仪式在平谷区文化大厦举行。中国盲文图书馆、平谷区残联、盲协等有关单位领导，以及视障读者100余人参加活动。启动仪式上，平谷区图书馆首批下发50台智能听书机，同时推出为本区范围内的盲人读者提供在线办证和听书机免费快递借还服务。

10月18日　首都图书馆理论学习中心组采取"走出去"的方式前往门头沟区雁翅镇、妙峰山镇、龙泉镇基层图书室进行调研。携手门头沟区图书馆在助力扶贫攻坚、美丽乡村建设，丰富村民文化生活方面开展专题学习调研，听情况，出实招，谋发展。首都图书馆党政领导班子成员参加调研，门头沟区图书馆馆长陈乐宝等陪同调研。

10月28日　北京市第六届"我的藏书票"设计大赛评审会在首都图书馆举行，对来自全市15个区16家图书馆报送的156幅作品进行投票和评选。北京教育科学研究院基础教研原艺术室主任祝庆武，中国戏曲学院副教授迟雪峰，北京教育学院丰台分院美术教研员高英，首师大附属丽泽中学教科研主任孙晨，中国美术家协会藏书票研究会常务理事、北京印刷学院讲师牛明明担任评审专家。

十一月

11月5日 由西城区第一图书馆主办的"影像见证四十年——纪念改革开放40周年摄影展"在图书馆一层大厅开展。近100幅摄影作品用镜头光影展现了祖国改革开放以来各行各业走过的光辉历程。

11月14日 第五届"阅读之城——市民读书计划"终评会在首都图书馆召开；共有25家图书馆承办并参与活动推广、读者投票、图书推介等工作。"城市荐读书目"收到有效投票数共计185133条；"图书认领"上交书评139篇；专家评审团最终筛选出"年度请读书目"30本；向读者推荐党政类重要图书《习近平的七年知青岁月》等6种。

11月15日 西城区第一图书馆副馆长潘兵及德语中心工作人员闫菲应德国文化中心·歌德学院（中国）邀请，与歌德学院进行为期两天的合作伙伴年度交流，就"三十年、三十问、三十小时"为主题对以往工作进行了回顾总结，并对未来工作方向展开了思考和讨论。

11月16日 "丝路大V北京行"代表团到首都图书馆参访。北京市文化局公共文化事业处副处长马丙忠介绍北京公共文化服务体系建设情况，首都图书馆副馆长陈坚介绍北京市综合性大型公共图书馆发展和日常服务情况，首都图书馆地方文献中心郭玮介绍北京记忆数据库等相关情况。听取介绍后，参访团实地考察首都图书馆。

11月18日 由北京市妇联、北京市教育委员会主办，北京市家庭教育研究会、首都图书馆承办的首期"新蕊计划"家庭·家教·家风讲坛在北京开讲。北京市妇联现场授予首都图书馆"北京市家庭文明建设示范基地"。北京市妇联副主席马红萍，首都图书馆副馆长陈坚，北京市妇联家庭儿童部部长尤筠，北京市家庭教育研究会秘书长、《父母必读》杂志主编恽梅，以及来自家庭建设领域的专家学者、从业人员，关注家庭建设的家长等200余人出席并参加活动。

11月20日 芬兰赫尔辛基市文化和休闲部执行部长托米·莱蒂奥率该部高级顾问塞拉·马切丽、该部凯撒文化中心主任卡蒂娅·索马莱宁·佩德罗萨等一行六人参访首都图书馆，商谈未来相互合作事宜。首都图书馆党委书记肖维平接待来访并向参访团来宾介绍首都图书馆近年业务发展情况。参访团参观首都图书馆公共服务空间设施并观看2019年初将赴芬兰演出的"欢乐春节"节目预演。

11月22日 朝阳区图书馆举办"书香朝阳"公共阅读发展智库成立暨《北京市朝阳区图书馆馆藏石刻拓片汇编》新书发布会。石刻专家、北京史研究专家等多位专家及朝阳区图书馆多家合作单位代表出席了发布会。朝阳区文化委主任向智库专家颁发聘书并向相关单位赠书。北京史研究会常务理事、北京学研究基地主任、教授张宝秀作"大运河文化带与朝阳区历史文化遗产保护"主题讲座。

11月28日 2018年首都市民系列文化活动——"阅读北京"年度盛典在首都图书馆举办。盛典对2018年"阅读北京"五项系列活动进行成果展示和表彰颁奖，发布《重读八十年代》等36本2018年阅读之城请读书目和东城区第一图书馆王府井书店分馆等十佳优读空间名单，为"北京市红领巾读书"活动第十九届"读书小状元"和全市诵读大赛获奖者颁奖，向读者推介2018年度最美书评结集《含英咀华》。盛典邀请与会嘉宾与图书馆工作者、广大市民和读者共读诗书、分享阅读故事。中共北京市委宣传部副部长王野霏、北京市文化和旅游局党组书记陈冬、北京市文化和旅游局副局长李芳芳、北京电视台党委副书记、常务副台长韦小玉、北京市文化局公共文化事业处处长刘贵民、中共市委宣传部文化处副调研员唐执科等领导出席活动。

11月29日 日本国立国会图书馆副馆长坂田和光等一行五人参访首都图书馆。首都图书馆副馆长陈坚接待来访并向参访团来宾介绍了首都图书馆的近年基础业务发展、少儿图书馆建设以及读者服务等情况，双方就此进行座谈，希望以后能够加强业内合作，并以文化的交流促进两个城市人民相互了解。

十二月

12月4日 中共北京市委常委、宣传部部长杜飞进、副市长张家明、市委副秘书长张铁军、市司法局党委书记苗林、市文化和旅游局副局长庞微等领导在首都图书馆观看《百名摄影师聚焦中国改革开放四十年》精选图片展。首都图书馆已完成画册电子化，12月5日起在北京市各公共图书馆开启线上发布、线下展览模式，并借助京津冀图书馆联盟的平台，于12月10日在天津市、河北省内的多家图书馆进行线上线下联合巡展。

12月5日 第四季度北京市公共图书馆馆长工作例会在首都图书馆召开，北京市文化和旅游局、首都图书馆、各区图书馆领导及相关人员60余人参加会议。会议安排了"百名摄影师聚焦中国改革开放四十年""悦读阅美——2018年请读书目主题展"、数字图书馆推广工程以及数字资源使用宣传等4项巡展工作，对2019年图书馆工作进行务虚研讨。顺义、海淀、昌平区图书馆就区域总分馆建设工作交流了成果经验。

12月10日 延庆区图书馆对成人外借处和科技书库进行自助借阅升级改造，包括对设备安装调试、图书粘贴电子标签、数据转换、加贴分库标、覆膜等进一步加工。

12月11日 东城区图书馆理事会召开工作会议，13名理事、区文化委和图书馆相关人员参加会议。会议提请理事会通过了《关于修改〈东城区图书馆章程〉的建议》，审议通过了《东城区图书馆章程（修改稿）》；听取并审议了东城区第一、第二图书馆2018年工作报告，听取了第一届理事会工作报告；通过了《关于建立东城区图书馆理事会专家委员会的建议》。理事会就2019年理事会工作计划及推进东城区阅读推广联盟工作相关事宜进行了讨论。

12月19日 北京市"公共文化服务社会化"现场推进会在门头沟区召开。市委常委、宣传部长杜飞进出席会议并讲话，市文化和旅游局党组书记陈冬主持会议，区委书记张力兵出席会议。门头沟、东城、西城等六个区和首都图书馆分别就公共文化服务社会化建设工作进行交流发言，市文化和旅游局局长宋宇汇报了全市公共文化服务社会化总体情况。区领导张金玲、庆兆珅参加会议。与会领导还到门头沟区城子街道文化中心进行了实地参观。

12月20日—22日 北京市图书馆协会主办"2018图书馆空间再造与功能重组研讨会"。

12月21日 "在实践育人中成长"朝阳区社会大课堂十周年展示表彰活动在蟹岛举办。首都图书馆作社会大课堂活动成果展示，并荣获"资源单位突出贡献奖"。

2018年"阅读北京·十佳优读空间"——百姓身边的基层图书室推优活动获奖馆有：东城区第一图书馆王府井书店分馆、东城区第二图书馆分馆——角楼图书馆、西城区白纸坊街道图书馆——坊间书阁、朝阳区城市书屋·良阅书房馆、海淀区田村路街道图书馆、丰台区宛平记忆图书馆、石景山区八宝山街道图书分馆、石景山区郎园PARK良阅书房、顺义区图书馆双丰街道分馆、昌平区回龙观第一分馆。

2019 年

一月

1月4日 2019年"北京市红领巾读书"活动主办单位协调会在首都图书馆召开。会议听取2018年红领巾读书活动举办情况汇报，各主办单位就《2019年"北京市红领巾读书"活动方案（征求意见稿）》进行讨论。团市委中少部部长佟立成、首都精神文明办未成年人处副处长李阳、北京市文化和旅游局公共服务处副处长于俊通、北京市教育委员会基教一处干事冯雪、北京市科学技术协会科普部沙莎、首都图书馆副馆长陈坚出席会议。

1月22日 由东城区文明办、教工委、教委、文化和旅游局、团区委、少工委主办，东城区图书馆承办的"拥抱新时代 争做好少年"2018年红领巾读书活动汇报展演在北京第一师范学校附属小学举行，共有200多名师生参加。

1月24日 门头沟区文化和旅游局于东辛房社区文化中心向图书馆文化馆街道、乡镇分馆授牌。门头沟区图书馆馆长陈乐宝为城子、大峪、王平、潭柘寺、东辛房、龙泉共6个街道、乡镇图书馆分馆颁牌，标志着门头沟区总分馆体系建设已初步完成。门头沟区副区长庆兆坤出席仪式。

1月24日 大兴区图书馆将《四妯娌种瓜》《定河畔的姑妞草》

《七十二连营》等民间故事改编成绘本，由中国妇女出版社编辑出版。绘本选取内容均由永定河文化故事流传而来，集彩图、文字、注音于一体，适合不同年龄段的小朋友和家长一起阅读。

二月

2月1日 首都图书馆与塔林中央图书馆签署合作备忘录，并在爱沙尼亚塔林中央图书馆启动"阅读北京"项目。首都图书馆向塔林中央图书馆捐赠首批图书200册，内容包括中国经典名著、当代中国系列丛书、优秀儿童读物等。在双方座谈中，首都图书馆党委书记肖维平介绍首都图书馆的特色服务以及在数字资源建设等方面取得的成果；塔林中央图书馆介绍本馆在图书馆营销、为难民服务等方面的案例。双方在人才互访、学术交流等方面达成多项合作意向。

2月3日 首都图书馆与赫尔辛基城市图书馆签署合作协议，并在赫尔辛基新中央图书馆启动"阅读北京"项目。首都图书馆党委书记肖维平与赫尔辛基新中央图书馆馆长卡特丽·万提娜（Ms. Katri Vänttinen）作为双方代表签署合作协议。签约仪式上，首都图书馆向赫尔辛基新中央图书馆捐赠首批图书400册，内容包括中国古代经典名著、当代中国系列丛书、优秀儿童读物等。双方将通过举办展览、讲座、图书交流、研讨会或其他各种文化活动，进一步促进两国文化联系和交流。

2月12日—14日、19日—21日 平谷区图书馆利用寒假举办"冰心的一生"小讲解员培训班。培训班首批招收4—6年级小志愿者30人，专业老师根据展陈内容编写讲解词，分6次课程对小志愿者们的仪表仪态、语音语速等进行培训。首批优秀志愿小讲解员利用节假日在"冰心奖"陈列室进行志愿讲解服务。

2月26日 石景山区图书馆理事会召开一届二次会议，馆长吴私报告图书馆2018年工作、2019年工作计划以及项目资金情况。会议对理事会章程进行修改，增选4名社会理事。

2月27日 海淀区图书馆开展2019年海淀区街道、乡镇图书馆管理员业务培训，根据北京市"1+3"公共文化政策及海淀区公共图书馆总分馆制建设工作要求，对各街道、乡镇图书馆图书转库、通借通还等业务进行指导。本次培训共34人参加。

三月

3月1日 北京市发展和改革委员会印发《北京市发展和改革委员会关于城市副中心图书馆建设项目前期工作函》〔京发改（前期）[2019]5号〕，对图书馆建设项目的主要建设内容、前期工作内容等相关事项予以明确。

3月2日 西城区第一图书馆召开2018年度文化志愿服务工作总结表彰会。西城区志愿服务联合会、首都图书馆文化志愿服务中心相关负责人，以及图书馆各志愿服务项目的志愿者代表共同到场参与。

3月5日 通州区图书馆名列第五批"全国学雷锋活动示范点"和"岗位学雷锋标兵"名单，被命名为"全国学雷锋活动示范点"。

3月9日 北京市委书记蔡奇同志主持召开城市绿心剧院、图书馆、博物馆项目有关情况专题会议。会议听取了三大公共建筑设计和功能汇报，对前期工作予以充分肯定。市领导陈吉宁、崔述强、王宁、隋振江出席会议。市文旅局党委书记陈冬，首都图书馆党委副书记李冠南，斯诺赫塔建筑事务所罗伯特和龚成参加会议。

3月18日 北京市公共图书馆馆长工作会议在首都图书馆召开，北京市文化和旅游局公共服务处马丙忠副处长、首都图书馆领导及相关部门主任、各区图书馆馆长及相关负责人等60余人参加会议。会议总结了2018年全市公共图书馆业务工作，对2019年重点工作进行了部署，并就"一卡通"建设工作、"阅读北京——2019年首都市民阅读系列文化活动"以及各区图书馆工作进行了交流与探讨。

3月20日 北京市文化和旅游局党委书记陈冬同志主持召开城市绿心剧院、图书馆项目功能设计汇报会。会议听取了3月9日市委书记专题会议后的设计方案优化情况，提出要加强艺术文献馆功能设计，突出北京元素。首都图书馆党委副书记李冠南，斯诺赫塔建筑事务所罗伯特和龚成参加会议。

3月21日 北京市委常委、教工委书记王宁同志主持召开城市绿心剧院、图书馆项目功能设计汇报会。王宁同志对3月9日市委书记专题会议后在功能、空间、安全、柱网情况、地下餐厅、顶棚挑檐等方面的优化方案予以充分肯定，提出要打造专业化、小型化、多样化的多媒体阅览空间，并建议增加扶梯分担读者流线。

3月26日 首都图书馆理事会成立大会暨第一届理事会第一次会议在首都图书馆召开，标志着首都图书馆正式启动法人治理结构改革试点工作。北京市文化和旅游局副局长李芳芳出席会议，为理事会理事颁发聘书并发表讲话。北京市文化和旅游局公共服务处处长刘贵民主持会议。首都图书馆第一届理事会第一次会议提名并通过了第一届理事会理事长、执行理事和监事的人选名单，原则通过了《首都图书馆章程》《首都图书馆理事会议事规则》等。

3月26日 石景山区图书馆召开创建国家公共文化服务体系示范区和总分馆建设专题工作会。会上启动2019年街道社区图书流转配送服务；启动街道社区图书分馆（室）文化工作辅导项目；开展文化志愿者总分支队"图书漂流"系列活动，打造活动品牌；开展"菜单式"文化活动服务，让街道、社区根据群众文化需求进行点单，由总馆统一配送文化活动下基层。石景山区图书馆、文化馆、非遗中心，街道文教科长、文化站长、图书分馆管理员、第三方运营团队负责人，区文化和旅游局文化科科长参加会议。

四月

4月8日 通州区基层文化组织员培训班在通州区图书馆开班。本次培训共分为3期，邀请文化与旅游部公共文化服务专家委员会委员、中国古籍保护协会副会长倪晓建，北京大学教授、博士生导师李国新等专家，向通州区各街道（乡镇）、社区（村）基层文化组织员讲授"街道乡镇图书馆在首都文化建设中的使命与担当"等主题课程。来自各街镇的257名基层文化员参加本次培训。

4月10日 由西城区文化和旅游局主办，西城区第二图书馆承办的第十八届法源寺丁香诗会暨第十五届丁香笔会，在北京法源寺举办。社区朗诵团与著名朗诵家们共同朗诵爱国诗篇，书画艺术家与各社区书画小组成员交流绘画技巧。北京人民广播电台主持人米夏和北京文化学者李金龙担任主持，西城区领导、诗人、朗诵家及各界群众共300余人参与。

4月12日 2019年京津冀公共图书馆区域合作联盟工作会在平谷区图书馆召开。平谷区图书馆馆长王宇当选新一届联盟委员会主任。委员会对共同举办第四届京津冀诵读邀请赛、"智能伴读·阅听悦美"系列阅读推广活动、第一期京津冀业务交流培训班等事宜达成共识。天津市蓟州区图书馆馆长王继增、河北省三河市图书馆李燕峰、河北省承德市兴隆县图书馆馆长张晶参加会议。

4月17日 海淀区基层图书馆主管部门领导座谈会在海淀区图书馆举行。会上各街道、乡镇主管领导分享基层图书馆工作经验，介绍各自具有区域特色的阅读活动及文化服务，同时对总分馆制建设的管理制度、人员保障、图书更新及配送等问题进行讨论。座谈会由海淀区图书馆馆长姚光丽主持，苏家坨、北下关等10个街道、乡镇图书馆主管部门领导出席，海淀区图书馆相关工作人员参加。

4月17日—26日 首都图书馆举办对口帮扶地区图书馆业务培训

班，新疆和田地区、河北张家口地区24人参加培训。培训班针对各图书馆业务需求，安排文献采访与编目、数字资源利用、地方文献工作、阅读推广活动等课程；深入通州区图书馆、大兴区图书馆、顺义区图书馆参观交流；走进双丰街道图书馆、24小时城市书房等特色阅读空间；参与"阅读北京——2019年度首都市民阅读系列文化活动"启动仪式、"语阅读书香"手语培训活动。

4月19日 西城区妇联主席李高霞向西城区第一图书馆文献借阅一部授予"全国巾帼文明岗"牌匾，赞扬文献借阅一部女性馆员们默默奉献、勤勉努力的工作态度。西城区妇联、区文化和旅游局、区图书馆领导及文献借阅一部工作人员参加了此次授牌仪式。

4月20日—21日 顺义区第四届"游花海 品书香"阅读马拉松活动在北京国际鲜花港举行。活动以"阅读＋行走"为主题，根据最佳游园路线设计8个点位，并布置阅读心愿区、换书大集区、帐篷阅览区、穿越朗读区等相应阅读展台。活动由顺义区委宣传部、区文化和旅游局、区文联主办，顺义区图书馆、区青少年阅读协会、区新华书店承办，体现了顺义区文化事业和旅游产业的融合发展。

4月23日 西城区首家人脸识别24小时无人值守城市书房——"天宁24小时城市书房"正式对公众开放。

4月23日 西城区第二图书馆在万寿公园海棠书斋前举办第五届"海棠树下 为您读诗"世界读书日主题活动。阿紫朗诵艺术团团长黄晓丽、儒家礼乐文化学者于晓鹏和大栅栏朗诵团与社区群众200余人一起，诵读诗文、演奏筝篌、演唱歌曲。

4月—12月 延庆区图书馆开展"传承红色经典 争做时代新人"红领巾读书活动，参与人次达15354人次，获得市级奖项46项。

五月

5月8日—6月13日 首都图书馆连续举办五期街道（乡镇）图书馆管理员业务培训班。

5月15日 首都图书馆团委举办纪念五四运动100周年暨第十届青年论坛成果展示活动。中国图书馆学会秘书长霍瑞娟、北京市文化和旅游局机关党委书记李辉、北京市直机关团工委郭弘波、北京市文化和旅游局团委书记许博、首都图书馆领导班子成员及全市公共图书馆青年代表出席，全市公共图书馆160余名团员参加活动。全体团员重温入团誓词，选取《中外文化交流视野下的公共图书馆业务建设》等四篇调研报告及学术论文进行分享。

5月17日 石景山区图书馆举办志愿者总分支队成立暨石景山区图书馆文化志愿者"图书漂流"系列活动启动仪式，馆长吴私向10支街道图书分馆文化志愿服务支队授旗。

5月23日 京津冀图书馆联盟工作会议在天津图书馆召开。天津市文旅局公共服务处处长李苗、首都图书馆副馆长陈坚、天津图书馆馆长李培、副馆长刘铁、刘群，天津市少年儿童图书馆馆长马忠庚、副馆长李力，河北省图书馆典阅部主任杨文静等参加会议。会议审议通过《京津冀图书馆联盟章程（草案）》；总结了文化帮扶河北省贫困县图书馆工作经验成果；商讨联合举办第三届京津冀"守望青春，我与图书馆的故事"交流展示活动。6月17日颁布《积极图书馆联盟章程》。

5月24日—25日 "北京市红领巾读书"活动"祖国，我要对你说"红领巾讲故事比赛决赛在首都图书馆落幕，全市16个区共计105名小选手参加了此次决赛。著名儿童文学作家、编审、北京作协儿童文学创委会副主任马光复、中国传媒大学戏剧影视学院副教授陈旸、北京现代音乐学院播音系主任伊楠、北京市校外教育协会副会长兼副秘书长王媛媛、首都精神文明建设委员会办公室未成年人处商亚坤出席活动并担任评委。

5月30日 第十四届（2019）"北京阳光少年"活动启动仪式暨"童系梦想冬奥之音——别样课堂在首图"开讲活动在首都图书馆举行。北京冬奥组委新闻宣传部教育和公众参与处处长王军，北京校外教育协会会长、北京天文馆副馆长景海荣，北京校外教育协会副会长、国家博物馆宣传教育部主任胡健，北京校外教育协会副会长兼副秘书长王媛媛，首都图书馆党委书记肖维平，首都图书馆副馆长陈坚，北京奥运火炬手协会常务副理事长、中央电视台新影集团副总编贺贝奇，北京奥运火炬手协会副理事长李麟，北京奥运火炬手协会执行秘书长吴东，北京奥运火炬手协会副秘书长刘力宏，奥运书画家姚景林等相关领导、嘉宾以及精诚实验小学的师生代表共200余人参加了本次活动。2008年北京奥运会的火炬手周晨光到场进行讲座。

六月

6月8日 以"我和我的祖国"为主题的"妈妈导读师"中国亲子阅读大赛第15季赛在首都图书馆举办，来自全国各地的18个家庭参加了本季度决赛。中国广播电视香港记者站站长潘翔鸣，中国新闻出版传媒集团总经理李忠，首都图书馆党委书记、代馆长肖维平，中国版协科技委常务副主任吴宝安，"中国妈妈导读师"、中央广播电视总台播音指导李瑞英，"中国妈妈导读师"、多项国际大奖及中国播音主持金话筒奖得主小雨姐姐，儿童文学作家杨红樱及画家九儿等担任本次活动评委。

6月13日 首都图书馆于5月8日—6月13日连续举办了五期街道（乡镇）图书馆管理员业务培训班，来自全市16个区的458位基层图书管理员参加培训。培训采取专题授课与座谈交流相结合的形式，围绕基层图书馆业务实际设置了"北京市基层图书馆发展现状""基层图书馆流通服务系统操作""基层图书馆阅读推广活动"和"盲人阅读器的使用"等课程,东城区建国门街道图书馆等19个图书馆开展了业务交流。

6月14日—15日 由首都图书馆承办的"北京市红领巾读书"活动"科普在身边"科普剧比赛决赛在通州区图书馆落幕,全市16个区共计20个代表队参加了此次决赛。北京市文化和旅游局原副巡视员、文化部"文化创新奖"评审卢铁栋,北京工业大学应用数理学院副教授、高级实验师、硕士生导师、首都科普剧团科学顾问及编创组成员周洪直,中国传媒大学艺术学部戏剧影视学院副教授、文学博士、硕士生导师、中国传媒大学戏剧戏曲研究所副所长丁明拥,中国传媒大学艺术学部戏剧影视学院表演系副教授、硕士生导师、表演系表演教研室主任、中国戏剧家协会及中国电影表演艺术学会会员孙德元,北京现代音乐学院播音系主任伊楠出席活动并担任评委。

6月16日 昌平区首届朗诵艺术大赛决赛在昌平区图书馆举行。本次大赛由昌平区文化和旅游局、共青团昌平区委员会、昌平区文学艺术界联合会主办,区图书馆、朗诵艺术协会承办。近700名选手参赛,共72名选手进入决赛。

6月24日 大兴区图书馆对辖区内27家街道、乡镇级分馆管理员进行集中培训。主要内容包括"一卡通"系统操作、文献资源管理、读者服务及档案管理、月度报表及信息报送,以及自助设备的使用及维护五大方面。

6月—9月 北京市图书馆协会联合河北省图书馆学会、天津市图书馆学会共同主办"京津冀少年儿童图书馆、中小学图书馆学术暨工作研讨会征文活动"。最终评选出一等奖21名,二等奖36名,三等奖41名。

七月

7月5日 顺义区文化和旅游局召开镇街图书馆分馆"一卡通"建设工作推进会。区文化和旅游局王辉副局长主持会议，全区25家镇街主管领导和科室负责人、区图书馆相关人员50余人参加会议。

7月15日 "纪念建国70周年"少儿朗诵比赛决赛在西城区第一图书馆举办。以"我和我的祖国"主题，决赛在西城区第一图书馆、街道馆、阅读空间及周边学校广泛宣传与征集作品。决赛邀请了北京市青少年读书活动朗诵比赛评委宫孟和、北京市西城区戏剧家协会理事张惟坤、儿童情商口才培训师程坤担任评委。

7月17日 门头沟区图书馆举办总分馆专职图书管理员培训。培训以"现代图书馆建设与服务"为主题，向门头沟区50余名专职图书管理员讲授图书业务发展、图书馆建设方向、图书馆基础服务方式、如何提升服务意识等内容。

7月18日—25日 新疆和田地区图书馆馆长储鑫，和田地委党校高级讲师、和田地区阅读推广人宋秋，和田师专图书馆书记陈新元等一行27人到访首都图书馆，参加为期八天的北京文化援建对口交流暨首图·和田图书馆"京和书香 文化援建"主题志愿活动。首都图书馆根据和田地区文化需求和现今状况，有针对性地安排了志愿服务项目的学习体验、特色图书馆参观交流等活动。

7月20日 首都图书馆与大兴区委宣传部签署合作协议，双方将共同建设南海子历史文献特藏、创建南海子特色阅读空间，并继续通过开展讲座、展览、馆藏资源借阅、实地参观等活动进行南海子历史文化的社会化普及工作。

7月26日 首都图书馆联合大兴区委宣传部共同举办的首图讲坛·南海子历史文化讲座暨"古苑宸迹"特展圆满结束。自6月15日—7月26日整个活动期间，讲座共六期，直接惠及读者2000余人；展览观看人次达12万余人。正式发布了"古苑宸迹"南海子历史文化溯源线上展览。

八月

8月1日—2日 北京市扶贫协作和支援合作文化交流中心组织、首都图书馆党委书记肖维平同志带队18名文化志愿者，赴河北省承德市丰宁满族自治县开展文化扶贫交流活动。首都图书馆向丰宁县图书馆捐赠社科、教育、历史等多类图书8286册；为当地近500名学生、家长组织开展了品阅书香、童沐书香、古诗词唱诵、心阅书香等文化志愿服务活动项目。

8月5日—7日 首都图书馆党委副书记、纪委书记李冠南同志赴内蒙古乌兰浩特参加第三届北京对口地区旅游合作促进平台大会，调研了乌兰浩特图书馆基本建设情况，并捐赠图书997册。

8月7日 "阅读北京"微信小程序正式上线。小程序集合了五大活动版块的资源和内容，实现了手机便捷参与诵读大赛、投票、分享等功能。

8月16日 第六届"阅读之城"图书推荐活动正式发布"城市荐读书目"，共200种图书，分为文学、社科、科普、生活、少儿五类，旨在为读者推荐优质新书，并通过新媒体推送和图书认领线上活动吸引读者参与阅读。该书目下发至各区图书馆同步开始推广，市民可以线上投票选出自己喜欢的图书，同时可以线上申请认领图书，阅读后提交书评。

8月 由中国民族图书馆、北京市民族古籍整理出版规划小组办公室、顺义区图书馆共同主办的"中国民族典籍文化展"在顺义图书馆开展。展览分为"前言""汉文古籍""少数民族文字古籍""民族文字古籍保护专家"四大部分。

九月

9月11日 英国国家图书馆亚非部主任梦露夏等一行2人到首都图书馆参访，党委书记、代馆长肖维平会见了到访客人并进行座谈，双方就有关世界文化遗产保护等内容进行了交流。

9月12日 在国家图书馆建馆110周年之际，中共中央总书记、国家主席、中央军委主席习近平给国图8位老专家回信，向国图人致以诚挚问候，对国家图书馆积极作用予以充分肯定，对图书馆事业未来发展提出殷切期望。首都图书馆和北京市图书馆协会联合发出通知，号召各区图书馆、基层图书馆和协会会员单位，认真组织学习、深刻领会习近平总书记回信的重大意义和精神实质，切实贯彻落实到图书馆事业发展的方方面面。

9月18日 "我和我的祖国"第四届京津冀诵读邀请赛在平谷区图书馆举办。比赛由平谷区文化和旅游局主办，平谷区图书馆承办，天津市蓟州区图书馆、河北省三河市图书馆、河北省承德市兴隆县图书馆共同协办。累计2万余人参与各区域分赛场选拔，来自京津冀三地共17个参赛作品参加总决赛。

9月23日 "首图动漫在线"——《幸福四合院之京味儿趣玩4》26集动画片，被国家广播电视总局评定为"2019年度第二季度优秀国产电视动画片"。

9月25日 由新街口街道办事处、西城区第一、第二图书馆、天合朗诵艺术团联合举办的"重阳诗会——壮丽70年 奋进新时代"主题活动在西城区银龄老年公寓举行。诗会以"庆祝新中国70岁生日、敬老、爱老"为主题，由天合朗诵艺术团的团员们为老人们朗诵经典诗歌作品。

十月

10月1日 国庆节当天，首都图书馆举行"十一"升旗仪式，并在A座二层文化艺术展厅、B座二层"阅读之城——悦读阅美2018年请读书目"空间，对"庆祝中华人民共和国成立70周年大会"阅兵式和群众游行进行实时转播，百余位读者在此收看了电视转播。

10月5日 延庆区图书馆开展"长城脚下有书声，声临其境讲故事大赛——庆祝新中国成立70周年主题活动"。10月8日首都图书馆党委书记肖维平代表首都图书馆，与法国里昂市立图书馆签署了长期合作备忘录。此次是继2013年与该图书馆签署合作备忘录之后的续签。

10月12日 中共北京市委党校图书馆副馆长于书平一行4人到访首都图书馆。北京地方文献中心主任马文大接待了到访客人，并展示介绍了"北京记忆"网站。双方就数据库建设加工、文献采访、参考咨询等方面的工作情况和经验进行了沟通交流。

10月15日 首都图书馆根据与法国里昂市立图书馆签署的合作备忘录中互换文献的相关条款，将采购的100册交流文献邮寄到法国；根据与斯洛文尼亚卢布尔雅那大学签署的合作备忘录中互换文献的相关条款，将采购的100册交流文献邮寄到斯洛文尼亚。

10月16日 上海图书馆（上海科学技术情报研究所）党委书记楼巍一行7人到访首都图书馆。党委书记、代馆长肖维平，党委副书记、纪委书记李冠南会见了到访客人。双方就党建工作、人力资源建设编制、新馆建设、阅读推广活动开展等方面进行交流，并商谈两馆合作事宜。

10月16日 由中共北京市委宣传部、北京市文化和旅游局主办，首都图书馆及各区图书馆承办的"阅读北京——我和我的祖国"全市诵读大赛决赛在首都图书馆举行。北京电视台主持人吴冰现场主持，教育部语言文字应用研究所教授王晖、中央人民广播电台播音指导黎江、北京语言学会朗诵研究会副会长杜敏、北京电视台主持人孔洁、首都图书馆副馆长陈坚担任大赛评委，首都图书馆纪委委员、社会教育中心主任潘淼担任大赛监督员本次诵读大赛覆盖来自各行各业、不同年龄的2000余名选手，产生1000余部诵读作品，其中优秀原创诵读作品占近3成。大赛还通过"阅读北京"小程序、朗读亭线上联动收到诵读作品两万余篇。

10月18日 石景山区图书馆理事会召开一届四次会议，听取图书馆2019年工作报告及下阶段重点工作，研究制定《石景山区图书馆理事会例会制度》等。

10月19日 "首都市民音乐厅·瞿希贤百年诞辰合唱作品纪念音乐会"在首都图书馆成功举办，中央音乐学院合唱团表演了12首由瞿希贤创作的合唱作品，中央音乐学院图书馆文献特藏部主任郭娜对每首曲目进行了精彩讲解。音乐会前特别策划的"留言集赞抢音乐会门票"线上活动，吸引读者广泛参与。演出当天，到场观众达700余人。

10月21日 朝阳区图书馆采编部馆员与首都图书馆联编中心调研人员召开业务研讨会。双方通过上机实操、案例分析与座谈形式，就联编环境下的采访与编目业务问题进行梳理，并商讨解决方案。

10月23日 由北京日报报业集团主办，北京日报·艺绽、京报传媒承办的首届"北京品牌计划·文化品牌新势力"评选活动在国家大剧院举办。首都图书馆获选"北京品牌计划·文化品牌新势力"30强文化品牌。

10月28日 来自古巴、埃及、加纳、巴基斯坦等10个发展中国家的旅游官员汉语文化研修班成员一行25人到东城区第一图书馆交流考察。研修班学员们观看展示东城区文旅资源的宣传片《故宫以东》。区文化和旅游局党组书记、局长李雪敏参与并发言。

10月28日 怀柔籍作家火华携夫人向怀柔区图书馆捐赠《火华忆名人》图书60册，并在捐赠仪式上讲述了创作的心路历程。图书捐赠仪式由怀柔区文化和旅游局局长夏占利主持，来自怀柔区文化和旅游局、融媒体中心、政协等单位的领导干部，部分骨干文艺工作者及图书馆职工代表参加。

10月下旬—11月上旬　怀柔区图书馆举办2019年街道（乡镇）分馆管理员培训班及公共数字文化工程管理员培训班。培训内容包括ALEPH500系统的具体使用方法、图书分类排架的基本规则与技巧、公共数字文化工程相关知识、北京市街道（乡镇）总分馆建设情况，以及年底全区数字文化工程基层服务点检查考核工作重点及安排。

10月30日　斯洛文尼亚共和国驻华大使阿琳卡·苏哈多妮可（Alenka Suhadolnik）女士率斯洛文尼亚卢布尔雅那大学代表团到首都图书馆进行业务访问和交流，北京市文旅局党组成员、副局长曹鹏程接待到访客人，北京市文旅局对外交流与合作处杨格、首都图书馆党委书记肖维平、党委副书记李冠南陪同接待。

十一月

11月4日　第六届"阅读之城——市民读书计划"终评会在首都图书馆召开，中国当代文学研究会会长白烨、原北京燕山出版社总编辑赵珩、中央民族大学教授蒙曼、著名学者及评论家解玺璋、首都图书馆副馆长陈坚以及来自社科、文学、科普、少儿、生活、图书馆、媒体领域的专家评委共15人出席会议。经过终评专家评审团的讨论和评选，《北上》等30种图书最终入选2019年请读书目。

11月5日　西城区第一图书馆邀请北京美学会秘书长、首都师范大学教授史红到馆讲解"事业单位人员的礼仪规范与审美素养"。培训内容包括"图书馆礼仪素养的重要性""作为图书馆馆员应该具备的礼仪素养"及"礼仪养成途径"等内容。

11月8日　由首都图书馆、顺义区图书馆联合北京工业大学耿丹学院图书馆共同打造的首都图书馆、顺义区图书馆耿丹学院分馆正式开馆，北京高校网络图书馆管理委员会主任、首都师范大学图书馆馆长石长地，北京市文化旅游局公共服务处副处长马丙忠，首都图书馆党委书记肖维平，耿丹学院党委书记王燕琪等领导出席活动。

11月12日 朝阳区图书馆邀请朝阳区红十字会培训中心王凯老师到馆开展应急救护知识与技能培训。图书馆职工，物业、合作单位人员以及朝阳区文化和旅游局机关人员参加培训。

11月12日 房山区燕山图书馆党支部举办红色图书阅读交流会。各支部党员交流阅读红色图书心得，观赏纪录片《开国大典》。燕山文卫计生委党委书记赵长永，燕山文卫计生委副主任、燕山文化活动中心主任张炳霞，以及燕山文卫计生委党委所属各支部书记、委员和党员30余人参与活动。

11月14日 "海淀阅读星行动"之"70年70人70本书阅读故事汇"收官活动——情境朗诵会在海淀区图书馆（北馆）举办，区文化主管部门领导、"阅读星"代表、热心读者、媒体记者等200余人参与了本次活动。

11月16日 丰台区文化和旅游局在宛平地区举办"永定河阅读漂流计划"启动仪式，永定河沿线丰台、房山、大兴、门头沟、石景山、延庆6区图书馆在现场共同发起永定河流域"阅读+漂流+分享"倡议。

11月18日—29日 密云区图书馆分4期组织镇街分馆馆长、基层图书室管理员集训。培训每期2天，共计400余人参加。首都图书馆党委书记肖维平，副馆长陈坚、李念祖，东城区第一图书馆馆长肖佐刚，以及绘本阅读推广人周秀怡等轮流授课。

11月19日—27日 平谷区图书馆采取线上线下相结合形式举办2019年"一卡通"公共图书馆管理员业务培训。全区共计322名基层图书管理员分6批次参加。

11月22日 由中共北京市委宣传部、北京市文化和旅游局主办，北京市公共图书馆、北京电视台生活频道联合承办的2019年"首都市民系列文化活动——阅读北京"年度盛典在首都图书馆举办。北京市文化和旅游局一级巡视员史安平，北京广播电视台党组副书记、副台长韦小玉，首都图书馆理事会理事长王鹏，北京人民广播电台总编辑、中国有声阅读委员会会长王秋，北京市文化和旅游局二级调研员刘约章、北京教育学院人文与社会科学学院院长吴欣歆、北京市少先队总辅导员杨海松、北京广播电视台生活节目中心主任赵彤，首都图书馆党委书记肖维平，党委副书记、纪委书记李冠南，副馆长陈坚、副馆长李念祖、副馆长胡启军出席活动。本次盛典旨在对2019年"阅读北京"五大版块活动进行成果展示和表彰颁奖。

11月26日 "北京市红领巾读书"活动——"小小科幻家"少年科幻创作征文活动终评评审会在首都图书馆举行，中国科学技术协会副部长刘芳，中国科学技术出版社科幻编辑部副主任、中国科普作家协会科幻创作研究基地常务副主任兼秘书长王卫英，北京市作家协会会员、中国科普作家协会会员苏学军，中国科学技术出版社人文科学编辑部副主任鞠强担任比赛评委，首都图书馆副馆长邓菊英出席评审会。会上汇报了"小小科幻家"少年科幻创作征文活动的具体情况，讨论了本次科幻创作征文活动评审中出现的问题，并由各位评审专家对下届科幻创作征文活动及其延伸活动提出了建议。

11月27日 法国里昂市立图书馆中文部负责人雷橄榄（Olivier Bialais）到首都图书馆进行业务访问和交流，首都图书馆副馆长陈坚接待到访客人，介绍了首都图书馆公共文化建设工作，并就相关业务达成合作意向。

十二月

12月1日—7日 由首都图书馆副馆长胡启军带队的文化交流团一

行3人，赴哈萨克斯坦阿拉木图市、乌兹别克斯坦塔什干市进行文化交流访问就首都图书馆与哈萨克斯坦、乌兹别克斯坦两个国家的多家图书馆在文化交流、业务合作等方面进行了深入探讨，并达成了合作意向。

12月8日 延庆区图书馆通过线上线下开展"心阅·书香——你选书 我买单"活动。线下活动由延庆区图书馆与延庆区新华书店共同举办，50名读者参与，选书736册；延庆区图书馆于官方网站和微信公众号发布"2019年全民阅读推荐书目单"，共有76名读者选书1228册；延庆区图书馆设置"我想看的书——读者荐书墙"。

12月2日 2020年"北京市红领巾读书"活动推荐书目推介会在首都图书馆召开，北京作协儿童文学创委会副主任、冰心图书奖副主席马光复，北京市教育委员会冯雪、首都精神文明建设委员会办公室商亚坤、东方少年杂志社王庆杰、北京市科学技术协会副部长刘芳、北京燕山出版社编辑室主任李瑞芳、北京市西城区青少年儿童图书馆馆长郑彩萍、首都图书馆副馆长陈坚出席了会议。各位专家对各自的推荐书目、推荐理由进行详细的阐述和交流。

12月9日 北京市文史研究馆图书捐赠仪式在北京地方文献中心举行，北京市政府参事室副主任、北京市文史馆副馆长陈维，北京市文史馆文史研究中心主任赵书月、北京市文史馆文史研究中心编辑蒋颖洁、首都图书馆副馆长陈坚出席仪式。陈维代表北京市文史馆向首都图书馆捐赠了《北京文史》（2011—2019）共35册，专辑23种共72册。北京地方文献中心主任马文大、副主任孟云剑参加了活动。

12月12日 2019年第四季度北京市公共图书馆馆长工作会议在首都图书馆召开。首都图书馆党委书记肖维平，副馆长陈坚、副馆长邓菊英、副馆长李念祖、副馆长胡启军以及各区图书馆馆长、相关负责人等60余人参加会议。会上总结"一卡通"推进情况，对2020年的工作进行了部署等。

12月15日 西城区青少年儿童图书馆举办首届"少儿阅读盛典"。盛典以"阅读伴成长，书香润华年"为主题，推出"阅读的力量"和"西少风采"两大版块、十余项节目。中国著名儿童教育家、讲故事专家孙敬修先生的弟子蔡志隆现场讲座并表演。

12月15日 首届京津冀"讲中国故事，展冬奥风采——我是文化小使者"英文展示大赛展演活动在石景山区图书馆举办，三地4000余名中小学生争当冬奥文化小使者，文化助力冬奥会。

12月19日 "书香大兴"2019年大兴区全民阅读盛典举行。盛典表彰2019年度"书香大兴"阅读榜样——最美读书人、最美领读者、最美阅读空间及全民阅读示范单位，并通过阅读节目展演、视频展示等方式回顾和总结大兴区2019年全民阅读工作。

12月31日 由中国动漫集团与首都图书馆联合主办的"红色经典"连环画艺术展在首都图书馆举行开幕仪式。北京市文化和旅游局公共服务处处长刘贵民、中国动漫集团有限公司总经理杨守民、北京电影学院动漫学院院长李剑平、北京教育学院人文与社会科学学院院长吴欣歆、中国美协漫画专业委员会秘书长王立军，首都图书馆党委书记肖维平等20余位文化教育界、连环画艺术界及阅读推广领域的领导嘉宾、专家学者出席活动，首都图书馆副馆长李念祖主持仪式。北京教育学院人文与社会科学学院院长吴欣歆等九位文化教育及连环画研究领域的专家受聘成为首都图书馆"少儿阅读专家顾问团"成员。开幕仪式当天，首都图书馆少儿教育文献（连环画）阅览区正式向读者开放。

2019年 "阅读北京·十佳优读空间"——百姓身边的基层图书室推优活动获奖馆有：西城区红楼公共藏书楼、朝阳城市书屋·春风习习馆、朝阳区香河园街道图书馆、海淀区永红社区图书室、丰台区宛平地区晓阅时光阅读空间、石景山区鲁谷街道图书分馆、房山区文化馆图书馆佛子庄乡分馆、平谷区图书馆夏各庄镇分馆、密云区古北口镇北甸子村图书室。

2020 年

一月

1月1日 顺义区图书馆正式启动搬迁工作，老馆同时闭馆。工作人员按计划完成新馆规划、装修、设备调试、图书回溯、剔旧、打包处理、固定资产清查、档案数字化加工等工作。

1月4日 由首都图书馆、北京市社科联、北京史研究会共同主办的"首图讲坛·乡土课堂"2020年度开讲仪式暨新闻发布会在首都图书馆举行，北京史研究会会长李建平以《穿越古今·漫步中轴——走读中轴线路与看点》为题作为新年首讲，200余位读者参与了活动。首都图书馆副馆长陈坚等出席仪式。

1月15日 房山区燕山文卫计生委党委"党建引领建团队 精准服务惠民生"党建总品牌正式入驻燕山地区党建品牌培育发展中心，燕山图书馆正式推出"党员e网书栈 服务社区居民"党建子品牌。

1月16日 石景山区图书馆召开总分馆制、志愿者总分支队工作培训会，全区各街道图书馆总分馆制负责人、图书分馆志愿服务支队工作人员、社会化运营团队负责人参加培训，针对基层文化辅导工作进行深入交流。

1月24日 北京市公共图书馆即日起实行闭馆，暂停到馆读者服务和展览、讲座等各项活动。闭馆期间，免除外借文献逾期费用。公共图书馆积极推送形式多样的线上阅读活动，推出190个公共文化数字资源库，组织线上诵读活动等，丰富首都市民居家文化生活。自5月1日起，公共图书馆陆续恢复开放，采取预约、限制人数等方式服务。

二月

2月1日 房山区文化活动中心利用数字资源优势在官方微信小程序中开设"空中艺术学堂"栏目，内容以艺术普及课程及房山文化节目为主，每天推出至少2种类型的视频资源。

2月5日 北京市图书馆协会发布《北京市公共图书馆抗击疫情倡议书》，号召成员单位积极参与抗击疫情活动，呼吁全市各级各类公共图书馆积极响应疫情防控工作，集合行业优势，共同战疫。

2月10日 首图讲坛推出《听红楼，谁是梦中人》《南海子——西山永定河文化带上的璀璨明珠》《走进科学巨擘郭守敬》等22场音视频形式讲座，丰富读者的线上生活。

2月14日—17日 西城区图书馆领导班子带队向友好合作单位复兴医院赠送期刊1500册，向友好合作单位广外医院赠刊800余册，为隔离留观的医务人员们提供精准式文化服务，满足他们在留院隔离期间的精神文化需求。

2月18日 首都图书馆响应"驰援武汉、共克时艰——全国图书馆界捐赠疫情防控急需物资行动"，向武汉地区图书馆捐赠防护物资仪式在第一展厅举行。两批防护用品分别于2月17日、18日发往武汉，包含医用口罩500个、空气消毒专用电动喷雾器1台、84消毒液20升、次氯酸消毒液30升、"九行"专用消毒片1000片、一次性手套（食品级PVC）6000只。

2月26日 北京市文化和旅游局党组成员、副局长庞微，公共服务处处长刘贵民到首都图书馆检查督导新冠肺炎疫情防控工作。

2月27日 北京市委宣传部常务副部长赵卫东带队到首都图书馆督导检查防疫工作情况。首都图书馆党委书记肖维平介绍首都图书馆疫情防控工作，并一同检查。

2月27日 首都图书馆党委组织党员同志为支持新型冠状病毒肺炎疫情防控工作捐款。全馆195名党员积极参加此次捐款活动，共捐款43366元。

2月27日 北京地方文献中心发起"非凡忆疫——北京记忆"首都图书馆抗击新型冠状病毒肺炎疫情文献资料征集活动。面向全市征集在抗击新型冠状病毒肺炎疫情过程中产生的所有文献资料，包括文件、各类出版物、实物资料、形象资料、数字资料及其他相关文献资料。

三月

3月11日 首都图书馆"亲子共读"栏目上线，推出《神奇的婴幼儿故事会》，专门为0—36个月小读者开展讲故事服务。

3月13日 首都图书馆开启本年度职工继续教育网络培训模式。先后推送上海图书馆学会"公益云讲堂"系列培训、文化和旅游部全国公共文化发展中心2020年度第一次网络培训等培训资源，并倡导各部门结合自身业务需求开展自组培训。

3月25日 按照朝阳区文化和旅游局部署，朝阳区图书馆将450册图书、200册期刊等送入集中医学观察点，满足留观人员的精神文化需求。疫情期间，朝阳区图书馆累计为集中医学观察点配送图书、期刊5次，共计1500册次。

3月29日 首都图书馆读者预约系统完成上线试运行，于4月30日前完成系统的最终测试上线工作。

四月

4月6日 东城区第一图书馆联合东城区阅读推广联盟启动"阅读新时代 书香赞荣光——复工复产 纪念全民战'疫'"摄影作品征集活动。

4月8日 十八里店医院护士王甜向朝阳区图书馆捐赠朝阳区中国国际展览中心新馆转运专班的1件防护服，其上写满了转运专班工作人员的签名，这是朝阳区"抗疫记忆"专藏的第一件实物藏品。

4月10日 东城区第一图书馆党支部联合东城区第一文化馆党支部走访交道口街道交东、府学、大兴、菊儿、鼓楼苑、南锣、福祥7个社区，以"春日温暖文化共享"为主题，为每一个社区送上了书香东城全民阅读卡、实体读物、线上文化资源，以及春日祝福。

4月10日 西城区图书馆举办第十九届法源寺丁香诗会线上朗诵活动。朗诵艺术家殷之光、虹云、刘纪宏等与社区朗诵团共同表演了十余个朗诵节目，讴歌了医护人员的无私奉献精神，和中国共产党领导下的中华儿女以人民利益为重的勇于担当精神。活动由北京人民广播电台主持人米夏和文化学者李金龙共同主持。

4月23日 北京市图书馆协会官方微信公众号"北京市图书馆协会"正式上线，主要内容是图书馆界学术资讯与动态信息。截至2020年底，共发文190篇。

4月23日—5月11日 北京市东城区第二图书馆联合北京市门头沟区图书馆、天津市河西区图书馆、天津市和平区图书馆、天津市红桥区图书馆、河北省秦皇岛市图书馆，以及河北省邢台市图书馆，举办"京津冀——书香战'疫'"阅读活动，线上征集反映疫情期间居家阅读的电子作品。活动历时半个月，得到了京津冀三地读者的积极响应，共收到读者照片、朗诵音视频、读后感及读书笔记等作品200余件。

4月23日 西城区图书馆联合海棠书斋在万寿公园内共同举办"海

棠树下 为您读诗"世界读书日主题活动。活动邀请到中国社会科学院美学研究室副研究员何博超博士、音乐教育工作者梁露,以及国际青少年肖邦钢琴大赛秘书长张哲3位老师,围绕春天和复活的主题,以诗歌和音乐相结合的形式,谈论复苏、振作,以及生命的意义。活动受疫情影响,第一次采取线上网络直播方式举行,共计72万人次观看,不仅登上搜悦直播平台的热搜头条,还得到斗鱼直播平台的顶栏推荐。

4月23日 "书香中国 全面小康"2020年度4·23世界读书日主题活动丰台区分会场,在丰台区融媒体中心以实时直播形式推出。活动由中国出版协会、丰台区文化和旅游局、区融媒体中心联合主办,区图书馆、北京书友之家文化交流有限公司承办。各直播平台观看总人次28.6万。

4月23日 世界读书日之际,门头沟区图书馆联合晟坤合书店共同开展了"疫情下的读书人"主题沙龙活动。活动中,区图书馆馆长陈乐宝与大家共同探讨如何围绕本区6大文化开展阅读推广活动,让广大读者通过阅读,知家乡、爱家乡,在行动上自觉践行门头沟"五个一"精神,传承门头沟红色爱国主义情怀。

4月23日 第25个世界读书日,2020年"您看书,我买单"暨4·23世界读书日延庆区全民阅读线上论坛活动正式启动。活动由延庆区委宣传部、区文化和旅游局主办,区图书馆承办,芒果24h文创书店协办,通过"北京延庆"微信公众号等线上平台播出。来自社会各界13名代表结合"您看书,我买单"以及延庆区全民阅读情况,一同分享、讨论,为推动延庆区全民阅读工作开展,大力推进"书香延庆"建设提出了诸多建议。

4月27日 北京市文化和旅游局党组书记、局长陈冬主持召开城市副中心北京城市图书馆新建项目功能设计和机构设置、人员编制专题会。会上成立了北京市文化和旅游局北京城市图书馆建设项目领导小组。

4月27日 顺义区图书馆在收到区委常委、宣传部部长贺亚兰对图书馆编辑出版的二次文献《书海拾贝》的批示后，立即召开专题座谈会。会议传达了批示精神，贺部长在批示中肯定和表扬了《书海拾贝》办刊成绩，指出该刊物内容丰富，既有中央精神，又有区内分馆动态，既有大宣传大文化，又有小文章小情怀，希望图书馆继续坚持传播正能量，为"书香顺义"建设贡献力量。与会人员就《书海拾贝》发展方向及如何使刊物向更深层次发展进行了研讨。

4月28日 石景山区图书馆被文化和旅游部公共服务司确定为文化和旅游公共服务机构功能融合试点单位。

4月30日 北京市文化和旅游局党组书记、局长陈冬，党组成员、副局长庞微，党组成员、市纪委监委驻局纪检监察组组长贾利亚和公共服务处处长刘贵民到首都图书馆对"五一"开馆工作进行现场指导。

4月30日 首都图书馆自闭馆以来，利用新媒体平台"两微一抖"向读者推送优质阅读内容，开展"首图讲坛""云"上开讲、名家诵读、首都图书馆数字资源、图书荐读、少儿阅读活动等优质资源的多场线上活动。其中微信订阅号发布微信推文275篇，阅读人数共计24万，阅读量共计30万；微博更新295次，阅读量共计252.3万次；抖音发布25条视频，观看量共计26万；官方新媒体阅读总量308.3万次，解答线上读者提问1712次。首都图书馆"心阅书香"助盲有声志愿服务项目已开展诵读线上活动和培训5次，共计1502人次参与。"亲子共读"故事录制160个，微信推送26次、讲述46个故事，阅读次数达12711人次；"为爱发声"征集34位故事人提供了44个音频故事和10个视频故事。

4月—12月 延庆区图书馆开展"品传统悟新知学先锋促成长"红领巾读书活动。来自全区20所学校推选了269人参与活动，共收作品119篇；获得市级奖项33人，优秀指导教师11名，优秀辅导员3人，延庆区图书馆荣获优秀组织奖。

五月

5月1日 首都图书馆正式恢复开馆。

5月2日 北京市委宣传部副部长、北京市电影局局长王杰群带队到首都图书馆检查恢复开放情况。

5月11日 首都图书馆正式启动助"疫"书香文化志愿服务系列项目，并于志愿者招募启动之前成立了应急突发情况处置小组，制定了《首都图书馆文化志愿者疫情期间志愿服务管理办法》（试行）、《首都图书馆文化志愿服务中心疫情防控期间志愿服务应急预案》，做好志愿者到馆服务前的健康监测等工作准备。

5月13日 延庆区图书馆召开第一届理事会成立大会。第一届理事会的11名理事成员分别由区文化和旅游局代表、区图书馆代表、普通读者、文化名人、街道乡镇代表、图书销售单位代表，以及阅读推广机构代表构成。

5月15日 首都图书馆完成首都图书馆联盟注销手续。

5月22日 首都图书馆依托"互阅书香"图书捐赠与交换文化志愿服务项目，先后向湖北省图书馆、湖北省武汉市图书馆、湖北省十堰市图书馆、湖北省襄阳市图书馆、新疆和田地区图书馆、河北阳原县图书馆、河北正定县图书馆等12家图书馆的援建点定向专题捐赠《新型冠状病毒感染防护》读本近200册。

5月27日 "遇见一家书店"征文专家座谈会在东城区第一图书馆举行，北京市委宣传部副部长王野霏主持，人民文学出版社社长臧永青等9位专家参会。征文活动由北京市委宣传部主办，北京广播电视台承办，东城区第一图书馆协办，共计收到500余篇稿件，均由东城区第一图书馆整理。

5月30日 全新青少年京韵系列讲座"春明学堂"第一季"跟着课本游北京"在首都图书馆直播间、快手、新浪微博、哔哩哔哩、西瓜视频各大平台同步上线，首讲"历史的见证者——天安门"直播吸引了32万人次点击观看并参与留言互动。

5月　延庆区图书馆总分馆体系建成，完成域内全覆盖。18个街道（乡镇）流转中心转型为区图书馆分馆，加入北京市一卡通服务体系，实现通借通还。

六月

6月4日　第二季度北京市公共图书馆馆长工作会议在首都图书馆召开。北京市文化和旅游局公共服务处副处长马丙忠，首都图书馆党委书记肖维平，首都图书馆副馆长陈坚、副馆长胡启军、副馆长李念祖、各区图书馆（少儿馆）馆长和相关负责人等共计60余人参加了会议。会议对2020年上半年各图书馆在疫情防控、线上服务、资源建设等方面工作进行了梳理，对"一卡通"建设工作和"阅读北京——2020年首都市民阅读系列文化活动"进行了说明，各图书馆结合实际情况进行了工作交流。

6月9日　北京工艺美术博物馆"遥祝武汉 匠心奉献"活动作品及文献捐赠仪式在首都图书馆举行。北京市文化和旅游局副局长庞微、北京工美集团有限责任公司副总经理方健、北京工艺美术博物馆馆长杨燕波、馆长助理焦韵凝、中国工艺美术大师崔奇铭，北京市工艺美术师、北京绢人制作技艺传承人马燕平，首都图书馆党委书记肖维平、副馆长陈坚出席仪式。仪式上，北京工艺美术博物馆将其"遥祝武汉 匠心奉献"活动中的书画作品、医护人员形象绢人、工艺美术大师祝福视频98段、活动倡议书等文献捐赠给北京地方文献中心，丰富了首都图书馆"非凡抗疫，北京记忆"文献征集活动。

6月10日　中国地图出版集团副总经理石忠献、发行公司总经理程船、地图文化出版分社社长卜庆华、发行公司副总经理张书龙、地图主题书店经理刘秋杉一行5人到首都图书馆参访，党委书记肖维平，副馆长李念祖会见了到访客人并进行座谈。双方就有关特色阅读空间合作建设等内容进行了交流和实地参观。

6月13日 北京市文化和旅游局党组书记、局长陈冬带队到首都图书馆督查指导疫情变化形势下防控工作。

6月13日 首都图书馆联合中国图书馆学会、中国日报社、中国画报出版社等多家单位举办"百名摄影师聚焦COVID-19图片巡展"启动仪式，全国部分公共图书馆和高校图书馆的线上线下联展由此开启。由首都图书馆制作的电子展在首都图书馆官网和"北京记忆"网站同期上线。

6月22日 北京市委宣传部、首都文明办等10部门联合公布的2019年首都学雷锋志愿服务"五个100"先进典型名单中，石景山区图书馆"图书漂流"活动荣获最佳志愿服务项目。

6月24日 朝阳区图书馆召开专业技术人员岗位晋升竞聘大会。20名符合竞聘条件的专业技术人员分别从自身的工作业绩、竞聘优势、存在不足、改进方向，以及未来工作计划等方面进行述职。大会现场进行了民主测评。朝阳区文化和旅游局党委委员、副局长马骏参会并提出指导意见。

6月29日 北京市文化和旅游局召开庆祝建党99周年暨迎"七一"表彰大会，首都图书馆刘真海等14名同志被评为优秀共产党员，韩滨等6名同志被评为优秀党务工作者，典藏借阅中心等5个党支部被评为先进党支部。

七月

7月14日—16日 海淀区图书馆举办基层分馆管理员培训。培训为期3天，在严守疫情防控要求下，分6批次开展，参训人员总计58人。

7月14日 怀柔摄影家协会向怀柔区图书馆捐赠《文旅怀柔——行在怀柔文旅融合》影集仪式在图书馆举行。赠书仪式由区文化和旅游局副局长田正科同志主持，区文旅局局长夏占利出席，区融媒体中心、区摄影家协会等单位的领导干部参加。

7月31日 第二届"昌平区朗诵艺术节暨大赛"正式开赛。大赛由昌平区文化和旅游局、共青团北京市昌平区委员会、区文学艺术界联合会共同主办，区图书馆、区朗诵艺术协会联合承办。来自北京、河北、天津、山东的参赛者们积极报名参赛，并提交许多抗疫题材原创作品。

八月

8月1日 门头沟区退役军人事务局、区文化和旅游局到驻区某部队联合开展"书香进军营"文化拥军活动。门头沟区图书馆为部队官兵送去涵盖哲学、文学、军事、教育等类别近200册图书，重点推介军旅题材新书《当个好兵》。

8月15日 顺义区图书馆推出"顺图文化云"有线电视云平台服务。该服务以歌华有线电视为依托，区内市民只需打开电视，按遥控器"0"键，在首页菜单选择"顺图文化云"进入，就能免费浏览区图书馆的文化资源。

九月

9月1日 古北口镇联合密云区图书馆诵读培训基地，在北甸子村举办了以"牢记嘱托·接续奋斗"为主题的诵读活动，深情追忆密云水库建设的光辉历史，真切表达人民对密云水库的眷恋之情。

9月5日 石景山区区委书记常卫到石景山区图书馆督导检查全国文明城区创建工作，对图书馆环境秩序、宣传布设、基础设施建设等进行实地检查。

9月9日 丰台区图书馆长辛店镇分馆（辛阅驿站）新馆举行揭牌仪式。丰台区委组织部杜建波副部长、区委宣传部鲁爱国副部长、区文化和旅游局胡丽副局长、区委党校管洪波校长，以及长辛店镇穆志军书记、夏远峰镇长等相关领导参加仪式。

9月14日 平谷区图书馆为北京第二实验小学平谷分校建立人工智能阅读体验馆，送去"智伴机器人"数字阅读设备35台，同时启动"智能伴读·阅听悦美"——"智伴机器人"进校园合作计划。

9月16日 平谷区图书馆面向辖区部队举办"传承红色基因·铸造时代楷模"文化进军营线上知识竞赛，共有100余名官兵参与。

9月21日 阅读北京——2020年"为爱发声"诵读大赛决赛在首都图书馆举行。决赛由北京广播电台米夏主持，邀请了中国广播电视社会组织联合会党委委员、有声阅读委员会会长王秋，北京人民广播电台播音指导、语言艺术教育专家杜敏，北京语言大学副教授、人文社会科学学部党委副书记卜晨光，播音指导、演播艺术家白钢及首都图书馆副馆长陈坚担任评委。

9月24日 由首都图书馆、浙江图书馆共同主办的"运河上的京杭对话 共建共享新未来——2020京杭大运河文献展"在首都图书馆B座第二展厅举行开幕仪式。首都图书馆党委书记肖维平，浙江图书馆党委副书记徐洁，浙江图书馆地方文献部主任贾峰、古籍部主任张群、北京市通州区图书馆馆长杨兰英等出席了开幕仪式并观展。

9月29日 由首都图书馆联合中国日报社、中国画报出版社、中国图书馆学会等多家单位共同举办的"百名摄影师聚焦脱贫攻坚"画册首发暨全国图片巡展开幕式在首都图书馆报告厅举行。第十三届全国政协常委、中国日报社总编辑周树春，中国外文局局长杜占元，中华全国新闻工作者协会党组书记刘正荣，中国图书馆学会副理事长刘小琴，北京市扶贫协作和支援合作工作领导小组办公室党组书记、主任马新明，中国画报出版社社长兼总编辑于九涛，中国摄影家协会主席李舸，首都图书馆党委书记肖维平等领导出席仪式并观展。

9月30日　位于石景山区文化中心的"书香石景山24小时阅读空间"正式开放。该阅读空间采取无人值守的智能化服务方式，3000余册图书和20余个阅览座席，为市民群众提供24小时不间断的自主借阅和学习环境。

9月30日　大兴区图书馆"兴舍"城市服务驿站打造的24小时城市书房建成使用。

十月

10月4日　2020中国童书博览会在西城区天宁一号科技创新园开幕，西城区青少年儿童图书馆再次受邀参会。本次童博会以"守护童阅心世界"为主题，以"让中国的孩子读最好的童书，让世界的孩子读中国最好的童书"为理念。西少图作为唯一一家受邀参会的图书馆，推出了"超级展位打卡"、"全方位宣传"、心得感悟分享、趣味知识问答，以及垃圾分类推广等主题系列活动。

10月12日—13日　北京市公共图书馆业务培训班在海淀区举办，全市公共图书馆馆长等79人参加培训。培训班邀请北京大学信息管理系教授刘兹恒、上海图书馆副馆长周德明、南开大学商学院信息资源管理系教授柯平、北京联合大学应用文理学院院长、北京学研究所所长张宝秀等知名专家，围绕"公共图书馆信息资源建设的若干问题""公共图书馆业务规范""公共图书馆'十四五'规划编制""北京市推进全国文化中心建设的'一核一城三带两区'总体框架"等主题授课。馆长们认真学习，并就相关问题与授课专家进行了交流。

10月13日　2020年阅读北京·十佳优读空间——百姓身边的基层图书室推优活动评审完毕，最终推选出东城区北新桥街道图书馆、西城区图书馆大栅栏街道分馆益民书屋、朝阳城市书屋·建投书局馆、石景山区金顶街街道图书分馆、海淀区温泉镇图书馆、门头沟区图书馆大峪街道分馆、房山区燕山迎风街道图书馆、顺义区图书馆旺泉街道分馆、怀柔区喇叭沟门乡帽山村图书室，以及平谷区图书馆平谷镇分馆，共10家优秀基层阅读空间。

10月16日 首都图书馆召开第一届理事会第三次会议，王鹏、肖维平、李冠南、陈坚、刘秀晨、杨松、吴欣歆、杨兰英、田峰共9位理事参加会议，首都图书馆副馆长胡启军列席会议。会议听取和讨论了执行理事肖维平所做的工作报告《首都图书馆2020年工作总结和近期工作计划》，审议通过了《首都图书馆2019年度报告》和《首都图书馆2021年项目预算（草案）》。

10月16日 海淀区图书馆联合北京蔚蓝公益基金会赴河北省易县图书馆开展对口援建工作。海淀区图书馆在前期充分调研易县图书馆图书需求的基础上，经过多方争取，共筹集援建图书5000余册，总价值20万元。

10月22日 由北京市委宣传部、北京市文联共同主办，北京摄影家协会承办、首都图书馆协办的"京城之脊·一脉绵延"北京中轴线申遗主题摄影展览在首都图书馆开幕。

十一月

11月2日 第八届北京市惠民文化消费季活动"茶与爱·茶和天下"全球影像展（北京站）启动仪式在东城区第一文化馆风尚美术馆举办。活动由北京市惠民文化消费季组委会主办，北京市世界语协会、东城区第一文化馆、东城区第一图书馆，以及浙江农林大学汉语国际推广茶文化传播基地共同承办。茅盾文学奖获得者王旭烽在东一图做题为"茶叙外交"的讲座。

11月6日 西城区图书馆与北京开放大学合作意向书签约仪式在西图举行。北京开放大学副校长邵和平，社会教育部直属党支部书记任文召，社会教育部主任张钧、副主任殷丙山，西城区图书馆馆长樊亚玲、副馆长安欣等出席签约仪式。

11月7日 由海淀区图书馆、文化馆、青少年读书会共同举办的"海纳百川 笃行致远"青少年系列活动之"伟大民族、自强不息"青少年诵读比赛在区文化馆小剧场举行。比赛主要面向海淀区广大青少年开展，共有34名选手参赛。小说作家、剧作家、中国作家协会会员、海淀区文联副主席叶宏奇，中共北京市海淀区委宣传部公共文明建设指导科科长陈礼宁等担任评委。

11月9日 北京大运河文化节系列活动——"古琴·运河文化展"在通州区图书馆正式开展。展览由中共北京市通州区委宣传部与通州区文化和旅游局主办，北京古琴文化研究会与浙江省非遗古琴艺术专业委员会协办，北京盘古御琴文化发展有限公司与通州琴耕书苑共同承办。启动仪式上，北京古琴文化研究会常务副会长韩杰代表承办单位向通图赠送古琴典籍《太古遗音》和《五知斋琴谱》各一函。

11月11日—13日 平谷区图书馆在文化大厦小剧场举办2020年基层图书管理员业务培训。全区18个街道、乡镇分馆及社区、村图书室图书管理员共计300余人参加培训。

11月12日—13日 密云区图书馆组织镇街文化中心主任、部门工作人员和村（社区）基层图书室管理员参加集中培训。培训为期2天，邀请首都图书馆领导、专家现场授课，共计430余人参加。区文化和旅游局党组成员、副局长郭成德出席开班仪式。

11月16日 西城区图书馆召开党员大会，正式成立中共北京市西城区图书馆支部委员会，选举于燕君同志担任支委会书记，于文超、安欣、张楠、魏天凤4名同志担任委员。大会是在依据《中共北京市西城区委机构编制委员会关于成立北京市西城区图书馆和北京市西城区阅读推广中心的批复》〔西编发（2019）8号〕文件精神，整合西城区第一图书馆、第二图书馆成立西城区图书馆背景下，根据《中国共产党章程》《中国共产党基层党组织选举工作条例》和党支部工作条例等有关规定，以及《中共北京市西城区文化和旅游局机关委员会关于同意成立中共北京市西城区图书馆支部委员会的批复》文件精神召开的。

11月16日 在颐和园和香山之间往返的"三山五园"历史文化主题列车正式在北京地铁西郊线开始为期1个月的运行。车内装饰着《静宜园二十八景图》《圆明园四十景图》《雍正十二月行乐图》等清代绘画，乘客们扫描车厢内的二维码，可以阅读由海淀区图书馆提供的"三山五园"相关电子书籍。

11月18日 由北京市文化和旅游局、北京市商务局，以及北京市委网信办指导的"夜赏北京文化之美暨2020首届'北京网红打卡地'榜单发布会"在石景山的首创郎园Park·兰境艺术中心举办。

11月22日 由大兴区文化和旅游局主办、区图书馆承办的第六届"蓓蕾之星"大兴区"共沐书香"经典诵读演绎大赛展演活动，在大兴区图书馆举办。本届大赛更加突出家庭共读、亲子互动阅读和"小手拉大手"阅读理念，并以家庭为单位评选最佳口才、最佳风采、最佳创意等奖项。

11月26日 密云区图书馆理事会成立大会暨第一届理事会第一次会议在图书馆召开。密云区文化和旅游局领导、密图理事会成员出席，区文旅局公共服务和宣传科科长马凤德主持。会议审议通过了《密云区图书馆理事会章程》草案，选举密图馆长尉红英为第一届理事会理事长、马凤德为常务副理事长。

11月28日 石景山区图书馆第二届京津冀"讲中国故事 展冬奥风采——我是文化小使者"英文展示大赛圆满收官。本次大赛由北京市石景山区、天津市南开区文化和旅游局，以及河北省唐山市文化广电和旅游局共同主办，北京市石景山区、天津市南开区、河北省唐山市图书馆承办。活动共计吸引京津冀三地4000余名中小学生参与。

十二月

12月1日　西安市文旅局副局长余亚军、公共服务处处长田立宪、西安图书馆馆长胥文哲一行12人到访首都图书馆。首都图书馆副馆长陈坚、副馆长邓菊英、副馆长李念祖接待了到访客人，并进行座谈交流。双方就现代公共图书馆功能设置、现代城市图书馆新馆建设布局要求、城市图书馆运行模式、现代公共图书馆内部布局等内容进行了交流。

12月3日　延庆区图书馆开始对全区18个街道、乡镇图书馆分馆和392个社区、村图书室进行巡回培训，共有340人次参加。

12月8日　由东城区文化和旅游局与故宫出版社联合举办的"'历史传承与文化自信'讲座暨《单霁翔带你走进故宫》新书发布会"在东城区第一图书馆一层剧场举行。故宫出版社总编辑刘辉向东一图赠送了新书。活动由区文旅局局长李雪敏主持，区委宣传部部长赵海英到会祝贺。故宫博物院原常务副院长、故宫出版社社长王亚民，故宫出版社常务副总编宋小军等领导出席。

12月10日　由北京市人民政府新闻办公室主办，中央广播电视总台国际在线承办的2020"丝路大V打卡最新北京"活动中的"丝路大V参访团"到访东城区角楼图书馆。

12月13日　房山区文化活动中心图书服务部在中心内启航剧场召开2020年度公共图书馆志愿者培训会暨年度优秀志愿者表彰会。会议总结了2020年图书馆志愿服务工作情况，进一步明确了图书馆志愿工作岗位要求与服务礼仪，并为2020年优秀文化志愿者颁发了荣誉证书和奖品。

12月14日—16日　北京市图书馆协会与首都图书馆共同承办了以

"提升创新能力实现高质量发展"为主题的新时代公共图书馆服务与建设创新研讨会。上海社会科学院信息研究所王世伟研究员、南开大学商学院信息资源管理系柯平教授,以及清华大学图书馆王有强馆长做专家报告,来自山东、湖北、广东、内蒙古等地的8位公共图书馆馆员及同方知网代表做创新案例分享,6位省级公共图书馆馆长做案例点评。研讨会受到全国各地图书馆工作者和关心支持图书馆事业发展的各界人士的广泛关注与好评,线上观看量近1.5万次。

12月14日 话剧《上甘岭》创作演出座谈会在东城区第一图书馆报告厅举行。北京市文化和旅游局、东城区文化和旅游局相关领导,中国话剧艺术协会主要领导,《上甘岭》主创团队,业内专家,以及新闻媒体工作者等20余人出席。

12月15日 由首都图书馆主办、东城区第一图书馆协办的"北京中轴线历史文化主题展"在首都图书馆开展。东城区文联党组书记、主席张志勇,首都图书馆党委书记肖维平、东城区第一图书馆馆长肖佐刚、北京印刷学院图书馆馆长彭俊玲、中国印刷博物馆藏品管理部主任赵春英出席活动。现场举办了"对话中轴线"文化沙龙活动,北京史研究会会长李建平、北京市文史研究馆馆员王岗、中国书店出版社总编辑马建农向观众讲述了北京中轴线的历史、文化及申遗等内容。

12月16日 顺义区图书馆全面完成馆藏档案的规范化、数字化。自7月顺义区图书馆聘请专业第三方公司将建馆以来包括各项业务档案、基建档案、科技档案及实物档案等的所有馆藏档案进行规范化、数字化整理加工,总计整理1867卷、1808件,数字化录入17070页,数据正确率达到100%,符合国家标准。

12月16日 延庆区图书馆为武警某支队官兵送去涵盖军事、哲学、文学等不同类别的图书3000册,旨在丰富官兵阅读资源,加强基层部队图书点建设。

12月18日 "2020年BALIS原文传递服务总结培训大会"在北

京理工大学举行，首都图书馆副馆长邓菊英作为嘉宾参加大会并致辞。本年度克服疫情影响，BALIS文献传递服务平台首都图书馆账户处理文献传递的需求量不降反升，接收数量为2895条，比去年增长了40.8%；首都图书馆账户处理需求量位居第五。

12月20日　北京市文旅局公共服务处处长刘贵民同志到首都图书馆检查近期新冠疫情防控工作。首都图书馆党委书记肖维平同志就全面开馆以来各项疫情防控措施的开展情况做了汇报。

12月21日　东城区第一图书馆"阅想书店"合作分馆开馆仪式在化工出版社书店举办。该馆为东一图在实体书店内开设的第3家分馆。第十届人大常委会副委员长、中国关心下一代工作委员会主任顾秀莲，市区关工委、区文化和旅游局、中国出版集团、化工出版社、东城区图书馆相关领导，以及读者代表等30余人出席。

12月23日　北京市文化和旅游局党组书记、局长陈冬同志出席了"首都图书馆干部任免职会议"。会上，局人事处处长田金贵同志宣读了局党组《关于任命王志庚同志为首都图书馆馆长、党委副书记的决定》《关于免去李冠南同志首都图书馆党委副书记、纪检书记职务的决定》。李冠南同志、肖维平同志、王志庚同志分别发言。

12月23日　北京市文化和旅游局党组成员、副局长庞微同志带队一行7人来到首都图书馆，对首都图书馆2020年全面从严治党（党建）工作进行检查。首都图书馆党委书记肖维平，馆长、党委副书记王志庚，副馆长邓菊英、副馆长胡启军、副馆长李念祖等同志参加了检查工作会议。

12月24日　北京市文化和旅游局办公室主任路斌带队来到首都图书馆，开展2020年度保密安全工作检查，对首都图书馆保密设备和载体管理方面进行现场检查。首都图书馆党委书记肖维平就近年来开展保密工作、落实保密安全责任及结合实际开展特色性工作等情况做了汇报。

12月24日 北京市朝阳区委宣传部副部长杨岳凌率领爱国主义教育基地考评组一行,到首都图书馆开展爱国主义教育基地命名考评工作,党委书记肖维平,馆长、党委副书记王志庚接待到访人员。经过前期申报及走访调研等程序,首都图书馆被列为新一批区级爱国主义教育基地候选单位。

12月24日 房山区文化活动中心图书服务部在中心A座一层大厅举办为期半个月的2020年"书香飘京城,阅读颂小康"全民阅读工作成果展览。

12月25日 首都图书馆正式开通"二维码读者证"。同时制定了《北京市公共图书馆"二维码读者证"生成规则》,作为全市公共图书馆"二维码读者证"的统一编码规范标准。

12月25日 大兴区图书馆工会举办2020年职工技能大赛。书库找书、图书排架和图书打捆3个项目分别决出优胜者。大赛充分调动了全体职工的积极性和主动性,展现了图书馆人的新风采。

12月26日 延庆区图书馆召开第一届理事会第二次会议。

12月27日 "阅读北京——2020年度首都市民阅读系列文化活动"圆满收官。本年度以"与书香为伴·与经典同行"为主题,持续开展全市诵读大赛、十佳优读空间——百姓身边的基层图书室"推优活动、"阅读之城——市民读书计划"图书推荐活动、"阅读伴我成长"主题活动、"最美书评"征集评选活动等五大活动,结集出版了"最美书评"获奖作品集《书意心影》。同时升级优化网站和小程序,依托北京市公共图书馆四级服务网络,联合中国新闻出版传媒集团、快手、喜马拉雅、京港地铁、掌阅精选等多家单位推出了170余场线上线下联动的阅读活动,发布深度报道、微信、微博等主题文章300余篇,全年微博话题阅读量达1660万,双微平台文章阅读量346.8万,活动直播观看量达850.4万,相关音视频播放量累计253.6万,活动参与和关注人次达1260.6万。

12月29日 "坚守·奋进"——2020年诵读活动暨"书香怀柔"第十三届全民阅读活动颁奖典礼在怀柔区图书馆报告厅举行。典礼通过3个篇章的演出歌颂英雄事迹，弘扬奋斗精神，抒发了怀柔人对建设"百年科学城"目标的决心与期待，并为"书香怀柔"第十三届全民阅读活动系列比赛的获奖选手、单位颁奖。区委宣传部常务副部长樊晓娟、首都图书馆副馆长邓菊英、区文化和旅游局局长夏占利及副局长田正科出席。

12月30日 2020年东城区街道图书馆工作会议于区第一图书馆三层报告厅召开。会议对2019年、2020年东城区街道图书馆及数字文化社区工作进行了总结，并介绍了2021年重点工作。区第一、第二图书馆馆长与主要领导，17个街道主管文化工作领导，以及街道图书馆工作负责人参加了会议。

2020年 首都图书馆指导各区图书馆完成市政府民生实事第24项任务。将100个街道（乡镇）图书馆全部建设成为北京市公共图书馆"一卡通"服务体系成员馆，并纳入各区图书馆总分馆体系和各区图书服务资源配送体系。首都图书馆向街道（乡镇）图书馆输送优质数字资源，共享18个数据库，补充、丰富街道（乡镇）图书馆数字资源的品种和数量，提升其数字文化服务的能力和品质。组织街道（乡镇）图书馆参与"阅读北京"争做百姓身边的"十佳优读空间"系列活动，对街道（乡镇）图书馆管理员开展全员业务培训，提升其业务管理水平和服务品质，更好满足基层群众文化需求。

2020年 "阅读北京·十佳优读空间"——百姓身边的基层图书室推优活动获奖馆有：东城区北新桥街道图书馆、西城区图书馆大栅栏街道分馆益民书屋、朝阳城市书屋·建投书局馆、石景山区金顶街街道图书分馆、海淀区温泉镇图书馆、门头沟区图书馆大峪街道分馆、房山区燕山迎风街道图书馆、顺义区图书馆旺泉街道分馆、怀柔区喇叭沟门乡帽山村图书室、平谷区图书馆平谷镇分馆。

2021 年

一月

1月1日 首都图书馆联合中国动漫集团在首都图书馆举办"连环画世界里的中国共产党"展览,首次展出了首都图书馆馆藏连环画资源。

1月2日 "首图讲坛·乡土课堂"2021年度开讲仪式暨新闻发布会隆重举行,以新年首讲"北京城市的脊梁与灵魂——聊聊咱北京中轴线"拉开讲座帷幕。

1月4日 东城区第一图书馆正式推出官方微信小程序"东图小站",功能包括入馆预约,浏览活动信息、数字资源与分馆情况等;同时正式开通"二维码读者证"服务。

1月13日 东城区第一图书馆举办"2021与好书相遇——人民文学出版社新年新书大放送"线上直播活动,中国出版协会常务理事长邬书林、中国作家协会副主席李敬泽、中国出版传媒有限公司总经理李岩等做客直播间,著名作家梁晓声、周大新、李洱分享他们2021年新作,莫言等著名作家通过视频介绍新书。

1月14日 中国国家图书馆馆长、党委副书记饶权一行到首都图书馆进行调研,北京市文化和旅游局局长、党组书记陈冬,副局长庞微,首都图书馆馆长、党委副书记王志庚等同志参加调研活动。饶权考察了首都图书馆的场馆建设、读者服务、特色展览、古籍保护、特藏资源开发等工作，听取了北京城市图书馆建设进展情况的专题汇报，并与北京市文化和旅游局领导、首都图书馆班子成员进行了座谈。座谈中，双方就深化公共图书馆的创新发展、推动首都文化建设高质量发展进行了深入务实的研讨，并就缔结更加密切的合作关系达成共识。

1月14日 北京市文化和旅游局副局长庞微、局公共文化事业处处长刘贵民一行到首都图书馆对疫情防控工作进行检查指导。

1月15日 2021年"北京市红领巾读书"活动主办单位协调会在首都图书馆召开。首都图书馆馆长、党委副书记王志庚，党委书记、副馆长肖维平出席了会议。

1月15日 大兴区图书馆新版网站完成调试工作，正式上线运行。

1月21日 "顺图小程序"正式上线，在线提供海量数字资源服务，同时向读者推出精彩活动、主题书单、积分商城及学习打卡等在线服务与功能。

1月25日 密云区创建首都公共文化服务体系示范区工作推进会及专题培训会在区图书馆召开，区文化和旅游局领导、图书馆相关工作负责人、各镇街文化服务中心主任及工作人员参会。

二月

2月1日 北京市文化和旅游局党组成员、副局长庞微带队，检查通州区图书馆疫情防控和安全生产工作，指导和督促各项责任落实。

2月1日 大兴区图书馆依托"悦读大兴"APP推出图书在线预约配送服务。

2月11日 北京市文化和旅游局党组书记、局长陈冬同志带队到首都图书馆，检查春节期间开馆安排和读者服务准备情况。陈冬局长传达了蔡奇书记在市领导假日工作调度会上的讲话精神，就首都图书馆春节期间开放情况及新冠疫情防控工作进行了重点检查。

2月18日　北京市副市长王红带队到副中心图书馆和剧院项目建设工地进行检查。市文化和旅游局党组书记、局长陈冬汇报了图书馆的功能设计、服务创新与开馆筹备情况，项目代建方北投集团、施工方中铁建工集团负责人就项目建设情况进行了随行汇报。首都图书馆馆长、党委副书记王志庚及北投集团、中铁建工集团等相关负责同志陪同。

2月25日　顺义区图书馆"智慧图书馆平台"正式上线，图书馆官方网站同步完成改版，实现图书馆线上线下服务的全网络、全终端、全资源深度融合。

三月

3月2日　全市24小时自助图书馆工作专题会在首都图书馆召开。首都图书馆馆长王志庚、副馆长邓菊英参加会议，与朝阳区、通州区、石景山区、大兴区、房山区图书馆，对24小时自助图书馆运行现状、文献配备、设备及图书消杀、服务创新等进行全面梳理和沟通交流，为进一步提升服务效能，提高市民使用方便性及满意度，从优化点位布局、提升配书质量、拓展服务功能和系统升级改造等方面进行研讨和规划。

3月11日　中国国际贸易促进委员会北京市分会副主任、北京国际经济贸易学会会长马长军一行7人到首都图书馆，对位于首都图书馆B座四层的北京国际经济贸易资料中心进行调研。馆长、党委副书记王志庚，党委书记、副馆长肖维平，副馆长李念祖接待了到访客人，并进行座谈。

3月18日　顺义区图书馆新馆正式开放运行，开馆首周吸引万余名读者到馆。新馆总建筑面积20106平方米，阅览座席1100个，具有

2000—3000人次的日接待能力，藏书总量达到175万余册，综合运用现代科技手段服务读者。

3月25日 海淀区图书馆打造的北京地铁西郊线"开往新中国的列车"，正式开始在香山站与巴沟站之间往返运行。乘客通过扫描车厢内二维码，可以阅读由海淀区图书馆提供的党史类电子书籍，了解海淀区红色文旅资源。

3月26日 首都图书馆大兴机场分馆开馆筹备专题会在首都图书馆召开，馆长、党委副书记王志庚主持，党委书记、副馆长肖维平，副馆长邓菊英、陈坚、李念祖参加会议。会议听取了分馆近期工作进展以及推进中存在困难等情况的相关汇报，就下一步工作安排进行了充分研究讨论，并部署相关工作。

3月26日 国家图书馆出版社社长魏崇一行到首都图书馆访问座谈，首都图书馆馆长、党委副书记王志庚和副馆长陈坚接待了到访客人。双方就聚焦古都文化、中轴线申遗梳理出版相关典籍，积极推进古籍资源、红色文献数据库等特色数据库合作，围绕《中华传统文化百部经典》《永乐大典》等重点出版成果开展活动等事宜展开探讨。

3月29日 学苑出版社社长洪文雄、副总编辑战葆红一行到首都图书馆访问，馆长、党委副书记王志庚，副馆长陈坚接待了到访客人。洪社长介绍了由学苑出版社出版的优秀读物《中国濒危珍稀植物绘谱》。双方初步达成了未来合作意向。

3月31日 太原市图书馆党支部书记赵晋明一行3人到首都图书馆访问，考察支部建设、图书馆创新服务、红色文化建设、文旅融合发展等方面工作，馆长、党委副书记王志庚，党委书记、副馆长肖维平，接待了到访客人。

3月31日 北京广播电视台"花儿向阳、童心向党——庆祝中国共产党成立100周年少儿文艺晚会"节目组到首都图书馆洽谈合作事宜，副馆长陈坚接待了来访客人。

四月

4月1日 首都图书馆召开党史学习教育动员会,党委书记、副馆长肖维平同志带领与会人员学习习近平总书记在党史学习教育动员大会上的重要讲话。

4月7日 2021年度西城区中小学校图书馆教师继续教育培训正式开班,西城区青少年儿童图书馆党支部书记、副馆长张春霞与《北京晚报》阅读和成长周刊高级编辑李峥嵘出席开班仪式。

4月10日 首都图书馆与中国言实出版社联合主办的"永恒的赞歌——'百年百部红旗谱'中的共产党人"系列讲座首场活动暨《百年百部红旗谱》新书分享会,在首都图书馆举行。副馆长陈坚介绍了本次系列讲座的内容与特点。中国言实出版社社长、一级作家、编审王昕朋,中国作家协会全委会委员、河北省作家协会主席、鲁迅文学奖得主关仁山,中国作协会员、鲁迅文学奖得主黄传会、王宏甲、衣向东,中国作协会员陶纯、项小米、罗元生出席现场并发言。

4月12日 由首都图书馆联合北京市图书馆协会举办的"大爱北京——聚焦北京扶贫支援"画册首发式暨精选图片全国巡展开幕式在首都图书馆A座文化艺术展厅举行。北京市扶贫支援办智力支援处处长周健、北京市文化和旅游局公共服务处处长刘贵民、中国摄影家协会顾问王文澜、中国文艺志愿者协会顾问解海龙、中国日报聚焦项目总监陆中秋,首都图书馆馆长、党委副书记王志庚,党委书记、副馆长肖维平,副馆长陈坚、北京市图书馆协会副理事长李诚及入选作品作者代表、北京市图书馆协会理事单位代表等50余人出席活动。

4月12日 北京市公共图书馆馆长工作会议在首都图书馆召开。北京市文化和旅游局公共服务处处长刘贵民,首都图书馆馆长、党委副书记王志庚,党委书记、副馆长肖维平,副馆长邓菊英、陈坚、李念祖及相关部门主任、各区图书馆馆长等70人参加会议。会议传达了

2021年北京市文化和旅游局长工作会议精神，汇报了2020年全市公共图书馆业务工作和2021年工作思路。各图书馆馆长现场开展工作交流，并就"一卡通"、24小时自助图书馆、数字资源调研、古籍普查、"阅读北京"与"红领巾读书"活动、统计与安全等专项工作进行了研讨。

4月13日 首都图书馆召开2021年度读者服务工作座谈会，教师、学生、公司职员、视障人士、老年人、退休军人等来自不同职业、不同群体、不同年龄段的9名读者代表到场参加。读者代表们在肯定图书馆工作的同时，重点围绕拓宽服务宣传渠道、馆藏建设、文献保护、读者服务、新技术应用和阅读推广等方面提出了看法和建议。

4月13日 顺义区第六届"游花海 品书香"阅读文化活动暨2021"耿丹校园读书月"启动仪式在耿丹大学举办，顺义区图书馆馆长史红艳为顺图耿丹学院分馆党建书房"红色资料馆"揭牌。

4月14日 "北京市红领巾读书"活动之青少年经典导读活动空间启动仪式暨图书馆阅读课·2021年第一课在首都图书馆耿丹分馆北京市青少年经典导读活动空间举行。首都图书馆党委书记、副馆长肖维平在仪式上致辞，首都图书馆专家志愿者、北京市骨干教师、北京学校周燕老师为牛栏山第一小学学生开启图书馆阅读课·2021年第一课——红色经典作品《红岩》导读课程，现场共有100多名小学生参加。

4月15日 内蒙古自治区呼伦贝尔市文化旅游广电局党组成员、副局长张本磊一行16人到首都图书馆参观交流，赠送《蒙古高原的历史风云》等书籍。首都图书馆副馆长邓菊英接待了到访客人，并回赠《京华旧影》。双方就图书馆事业发展、总分馆制改革建设等方面进行了业务交流。

4月16日 石景山区图书馆馆长吴私参加由门头沟区图书馆与内蒙古自治区呼伦贝尔市图书馆共同召开，以"文化边疆行发挥的意义所在"为主题的文化合作发展研讨会。会后，呼伦贝尔图书馆与会人员到石景山区图书馆进行参观交流。

4月20日 按照《东城区文化和旅游局所属公益类事业单位改革实施方案的通知》，北京市东城区第一图书馆与北京市东城区第二图书馆，整合组建北京市东城区图书馆。

4月20日 由北京市西城区图书馆、天津市河东区图书馆、河北省唐山市图书馆联合主办，北京市古代钱币展览馆，西城区德胜街道工委、办事处承办的"初心如磐 砥砺未来"庆祝建党100周年"诗书画印"京津冀巡展在西城区德胜门角楼正式启动。

4月20日 北京市密云区与青海省玉树藏族自治州玉树市，联合北京出版集团北京少年儿童出版社，通过现场连线直播方式，举办"童心向党·同声诵读"读书活动。作为承办单位的密云区图书馆，向玉树市第二完全小学转赠了密云爱心人士捐出的图书500册。

4月21日 "阅读北京——2021年度首都市民阅读系列文化活动"发布会在首都图书馆举办。此次发布会由北京广播电视台主持人春妮主持，以"颂读百年路、展阅新征程"为主题，以"品书香""庆百年""迎冬奥"为主线，全国政协常委、副秘书长、中国民主促进会中央委员会副主席朱永新，北京市文化和旅游局党组成员、副局长刘斌与"老中青"读者代表共同启动2021年度"阅读北京"，北京冬奥组委新闻宣传部教育和公共参与处处长孙斌为首都图书馆新成立的"北京市青少年冬奥教育基地"授牌。

4月21日 "颂读百年路 展阅新征程"2021年房山区"书香中国·北京阅读季"全民阅读活动启动仪式暨群众诗歌朗诵会，在区文化活动中心下沉广场举行。

4月22日 "书香怀柔"第十四届全民阅读活动启动仪式暨世界读书日诵读活动在糖果儿书屋举办，区委宣传部副部长、新闻出版局局长樊晓娟，区关工委副主任、秘书长胡克稳及区文化和旅游局副局长田正科出席。

4月23日 东城区图书馆作为"世界读书日——到图书馆去，全国旧书换文创活动"分会场，在火神庙外借处、左安门借阅处、角楼图书馆同时开展活动，北京电视台等多家媒体予以报道。

4月23日 东城区党史学习教育活动"领读计划"在东城区图书馆分馆——角楼图书馆正式启动，区委常委、宣传部部长赵海英出席启动仪式。本活动由区委党史学习教育领导小组办公室主办，东城区图书馆承办，以"书香致远 红色领航"为主题，贯穿全年。

4月23日 朝阳区图书馆推出"阅读行走之朝阳群众带您探寻朝阳'百年红色印记'"直播活动，带领读者依次探访宸冰书坊、马骏烈士墓、长青生命纪念园、四九一电台旧址、郎园·良阅城市书房及CBD党群服务中心（白领驿站），推荐经典红色文学作品。

4月23日 由丰台区图书馆与本区北宫镇政府联合承办的"颂读百年路 展阅新征程"丰台区世界读书日阅读推广启动仪式，在北宫镇综合文化中心举行，仪式上发布2021年"书香丰台"全民阅读活动内容，推荐建党百年优秀图书书目以及"4·23"世界读书日期间阅读推广活动。

4月23日 房山区燕山图书馆开展地方文献征集活动，征集反映燕山地区政治、经济、文化、教育、历史、地理、风土人情、人物传记、物产资源及名胜古迹等重要内容的文献资源。

4月23日 "颂读百年路·展阅新征程"——"书香大兴"2021年全民悦读汇正式启动，著名作家周大新担任"书香大兴"2021年全民阅读形象大使，馆内外多个分会场连续3天开展多场系列活动。

4月28日 由国家图书馆《中华传统文化百部经典》编纂工作办公室主办，首都图书馆、国家图书馆出版社联合承办的"激活经典，熔古铸今——《中华传统文化百部经典》编纂出版成果展暨专家系列讲座"活动在首都图书馆拉开序幕。中国《史记》研究会会长、中央社会主义学院教授张大可，《中华传统文化百部经典》编纂工作办公室主任张洁，国家图书馆出版社社长魏崇、副社长葛艳聪，首都图书馆馆长、党委副书记王志庚，副馆长陈坚等出席开幕式。首场讲座特邀张大可教授为现场读者带来《怎样读〈史记〉》，从读懂读透的角度出发，深度剖析阅读《史记》的意义及阅读方法。

4月29日 由北京市朝阳区文化和旅游局、中央歌剧院、首都图书馆共同举办的"2021年首都市民音乐厅启动仪式暨交响合唱音乐会《黄河大合唱》"在首图剧场上演。

五月

5月7日 由北京市朝阳区文化和旅游局、中央歌剧院、首都图书馆共同举办的"2021年首都市民音乐厅歌剧《费加罗婚礼》音乐会版"在首图剧场上演。

5月14日 由北京市朝阳区文化和旅游局、北京交响乐团、首都图书馆共同举办的"2021年首都市民音乐厅北京交响乐团室内乐演出"在首图剧场上演。

5月15日 丰台区图书馆召开丰图第一届理事会成立大会及理事会第一次会议，区委宣传部副部长王福强，区文化和旅游局党组书记史文彬、局长樊维出席。成立大会宣布理事名单并为其颁发聘书，理事会第一次会议选举理事长、副理事长、秘书长及监事，审议并通过《丰台区图书馆章程》及配套制度。

5月17日 "未来的图书馆 未来的你和我"第十二届青年论坛成果展示活动在首都图书馆B座第一展厅举行。活动共征集来自首都图书馆、全市9个区馆、4所高校馆的62篇论文方案，最终评选出优秀论文方案8篇。活动当天还邀请首都图书馆业务部、城市图书馆建设小组做了主题分享。首都图书馆馆长、党委副书记王志庚，党委书记、副馆长肖维平，副馆长邓菊英、副馆长陈坚、副馆长胡启军、副馆长李念祖、东城区图书馆副馆长胡宁等同志出席活动并为获奖者颁奖。

5月17日 北京市公共文化服务保障立法调研座谈会在东城区图书馆（交道口馆）召开，北京市人大常委会法制办、教科文卫办，市司法局，市文化和旅游局一行到东城区开展《北京市公共文化服务保障条例》立法调研，实地考察了角楼图书馆等公共文化设施，区文化和旅游局局长向旭东陪同。

5月19日 由北京市归国华侨联合会主办，西城区图书馆联合西城区归国华侨联合会、西城归国留学联谊会承办的"侨心向党 我与祖（籍）国"庆祝中国共产党成立100周年图片摄影展开幕式于西城区图书馆举行。

5月20日 中央广播电视总台云听副总编辑张显峰、市场总监郭文森一行到首都图书馆访问，馆长、党委副书记王志庚，副馆长邓菊英接待了到访客人。张显峰同志介绍了云听目前正在建设的声音博物院项目及云听客户端的线上运营情况，双方就城市图书馆的北京声音馆项目进行了初步探讨。

5月20日 怀柔区图书馆"童心绘怀柔"特色资源库上线，该资源库涵盖"绘怀柔""绘作品""绘活动""绘阅读""绘互动""绘数据""绘搜索"，共7个模块。

5月21日 首都图书馆理论学习中心组一行10人赴北京工业大学逸夫图书馆，开展"我为群众办实事"调研学习，北工大图书馆党总支书记王燕霞、馆长刘增华等接待了调研。双方就支部对接共建、诵读活动合作、展览资源共享、平台共建等党建工作与业务内容进行了深入务实的交流。

5月25日 大兴区图书馆地方文献工作室收到大兴本土作家贾德益先生捐赠的《贾氏》第六部，内容涵盖大兴地名的由来、京南建设、大兴火车站及国际机场建设等珍贵史料。

5月26日 中宣部副部长张建春同志一行来到首都图书馆调研工作，参观首都图书馆古籍善本书库和古籍修复室，了解了首都图书馆珍贵古籍的保存、修复和开发利用等情况，观看"红楼梦影——《红楼梦》人物图绘暨文献展"，并听取北京城市图书馆建设情况的汇报。首都图书馆馆长、党委副书记王志庚，副馆长邓菊英、陈坚等参加了接待。

5月26日　西城区图书馆在广艺＋广内市民文化中心举办2021年基层业务培训，全区各街道、社区基层图书馆（室）业务骨干共计50余人到场参训。

5月27日　石景山区图书馆馆长吴私、副馆长李亚红赴天津参加"2021京津冀公共图书馆高质量、智慧化发展研讨会"，此次研讨会由中新友好图书馆、石景山区图书馆、秦皇岛图书馆共同主办，来自京津冀三地的相关专家学者和业内代表100余人参会，探讨图书馆智慧化建设新路径，分享探索实践和经验。

5月28日　大兴区图书馆开展"和你在一起 温暖共成长"公益文化帮扶活动，通过本区驻地帮扶干部，向新疆和田地区和田县罕艾日克镇少年儿童捐赠包括图书、书包、文具盒等在内的"文化大礼包"300份。

5月31日　"培根铸魂 启智润心 童书经典中的党史——庆祝中国共产党成立100周年主题童书展"开幕仪式在首都图书馆B座第一展厅举行。现场包括100多名小学生读者。开幕式后当代著名作家、原文化部部长、中国作家协会名誉主席、"人民艺术家"王蒙讲授题为"文学典籍中的党史百年"的党史公开课，首都图书馆理论学习中心组成员、党员职工及百余名读者现场聆听。

5月31日　由北京冬奥组委新闻宣传部捐赠的2022年冬奥会和冬残奥会教育图书在首都图书馆少儿借阅区域展示专架上架流通，丰富了冬奥教育基地内容，为青少年了解奥林匹克知识和冰雪运动项目提供了载体。

六月

6月1日 由首都图书馆和北京燕山出版社合力打造的"春明簃"阅读空间在首都图书馆A座开放试营业，同日在现场举行了"舌尖上的字体"作品展开幕仪式。首都图书馆王志庚馆长、作品展展览承办方中央美院设计学院、北京印捷文化空间代表分别致辞，中国书店出版社名誉总编辑马建农做了名为"北京饮食文化特色"的主题讲座。

6月1日 首都图书馆第10次馆长办公会议通过，8月1日关停10台服务数量低的24小时自助图书馆，责成合作协调中心会同相关部门妥善处理后续工作。8月17日，自助机关停工作完成，行政部开始拆除雨棚吊运机器入库。

6月1日 国务院副总理孙春兰到东城区图书馆分馆——角楼图书馆与孩子们共庆"六一"儿童节。

6月1日 石景山区图书馆被评为石景山区2020年度"无障碍环境建设达标点位"。

6月1日 房山区文化活动中心图书服务部石文化特色馆藏专区，正式开放接待读者。

6月2日 西城区青少年儿童图书馆特邀北京冬奥组委新闻宣传部教育和公众参与处副处长赵冬玲，到馆为西城区中小学图书馆教师进行奥运基础知识宣讲。

6月4日 由北京市朝阳区文化和旅游局、北京交响乐团、首都图书馆共同举办的"2021年首都市民音乐厅《乐动端午 安康喜乐》演出"在首图剧场上演。

6月4日 河南省少年儿童图书馆崔喜梅馆长一行3人到首都图书馆，参观"童书经典中的党史——庆祝中国共产党成立100周年主题童书展"并赠送《童眼看非遗——少儿美术作品巡展》一书。馆长、党委副书记王志庚接待了到访客人。

6月6日 第六季《中国诗词大会》新书首发式在东城区图书馆举办。

6月8日 副中心图书馆项目实现钢结构封顶，项目承建方中铁建工集团在施工现场主持举办了钢结构封顶仪式，北京市文化和旅游局党组成员、副局长庞微出席仪式并讲话。首都图书馆馆长、党委副书记王志庚，党委书记、副馆长肖维平，副馆长邓菊英、副馆长胡启军、代建单位与承建单位等相关负责同志及北京电视台、北京日报、北京城市副中心报等媒体参加仪式。

6月11日 首都图书馆副馆长邓菊英一行赴河北省张家口市图书馆，参加2021年度京津冀图书馆联盟工作会议。河北省文化和旅游厅公共服务处处长任海峰颁发感谢状，代表河北省厅对首都图书馆向河北省张北县、阳原县图书馆给予的支持与帮助表示感谢。会议对《京津冀图书馆联盟"十四五"发展规划》和《2021年下半年重点工作》进行了讨论，签订了《京津冀图书馆红色文献数据库建设框架协议》和《雄安新区图书馆发展支持计划框架协议》。

6月14日 2021年京津冀公共图书馆区域合作联盟工作会在平谷区图书馆召开，北京市平谷区图书馆、天津市蓟州区图书馆、河北省三河市图书馆馆长及相关领导参会。会议总结联盟2021年上半年工作，商讨下半年即将开展的活动，并对2021年"京津冀公共图书馆区域合作联盟阅读品牌LOGO设计大赛"参赛作品进行评审。

6月17日 2021出版发行界、图书馆界阅读推广论坛在长春市举行，东城区图书馆"故宫以东·书香之旅"案例入选"2021出版发行界、图书馆界阅读推广论坛典型案例"。

6月18日 由北京市朝阳区文化和旅游局、北京交响乐团、首都图书馆共同举办的"2021年首都市民音乐厅——庆祝中国共产党成立100周年系列音乐会'妈妈教我一支歌'"在首图剧场上演。

6月19日—25日 由首都图书馆和中国唱片集团共同主办的"百

年红色经典音乐之旅"主题活动在首都图书馆成功举办，活动以红色经典音乐为切入点，通过主题展览配合讲座的形式呈现。

6月21日 首都图书馆开展"永远跟党走"歌曲传唱活动，唱响《没有共产党就没有新中国》，抒发"忆党史感党恩 永远跟党走"的炽烈情怀。党委书记、副馆长肖维平，党委副书记、馆长王志庚及部分在馆领导、在职党员、驻馆单位代表、读者代表等120余人参加了活动。

6月22日 由北京市门头沟区文化和旅游局、区图书馆，内蒙古自治区呼和浩特市图书馆，武川县文化和旅游局及县图书馆共同举办的"京蒙文化共建 携手共同发展"系列活动在北京小龙门村和瀚书院启动。

6月25日 由首都图书馆和北京燕山出版社合力打造的"春明筱"阅读空间正式开馆运营。

6月25日 "书香怀柔"第十四届全民阅读活动"永远跟党走"庆祝中国共产党成立100周年知识竞赛决赛在怀柔区文化馆小剧场举行，区委宣传部常务副部长、新闻出版局局长樊晓娟等领导出席。

6月28日 首都图书馆与大兴国际机场合作共建的"首都图书馆大兴机场分馆"开馆试运营。分馆包括独立空间的阅览空间和开放式借阅空间，纳入北京市公共图书馆"一卡通"服务体系。

6月28日 丰台区图书馆大红门新馆正式开馆运营，副区长张婕，区政府办公室副主任陈晓茵，区文化和旅游局书记史文彬、局长樊维及相关委办局领导出席开馆仪式。新馆建筑面积9543平方米，阅览座席430个，藏书量36万册，实现集"藏、借、阅、现代化技术"于一体。

6月28日 怀柔区文化和旅游局党组成员、副局长田正科带领怀柔区图书馆党支部班子成员走访慰问怀图党支部党龄超过50年的两位退休老党员——周文瑞和高富艳，为他们颁发"光荣在党50年"纪念章并向他们致以崇高敬意。

6月29日 根据《朝阳区关于在"我为群众办实事"实践活动中实

施"朝我说"专项行动的方案》要求，并结合工作实际，朝阳区图书馆在劲松馆未成年借阅区设立连环画专架并开放借阅。

6月29日 由北京市朝阳区图书馆联合上海、天津、河北多地公共阅读服务机构共同策划的"百年赤子心"主题阅读展在朝图开展，展览服务党史教育、献礼中国共产党成立100周年，后续在天津市河北区图书馆、河北省石家庄市图书馆及上海市建投书局巡展。

七月

7月1日 首都图书馆党委组织全体党员职工观看习近平总书记在庆祝中国共产党成立100周年大会上发表的重要讲话。首都图书馆A座二层共享大厅、B座二层"阅读北京"和数字文化社区样板间、春明簃阅读空间、大兴机场分馆等公共区域为广大读者同步播放了大会实况。

7月2日 北京电视台全景式访谈节目"春妮的周末时光"走进首都图书馆"童书经典中的党史"主题童书展录制专场节目。首都图书馆馆长、党委副书记王志庚，著名作家、中国电影家协会儿童电影工作委员会会长、原中国作家协会儿童文学委员会副主任张之路，儿童文学作家、鲁迅文学院副院长李东华与主持人春妮一起重温童书经典、致敬党的百年华诞。

7月2日 书评人、作家绿茶，北京交通广播主持人吴勇，作家崔岱远来到首都图书馆春明簃，与首都图书馆馆长、党委副书记王志庚，党委书记、副馆长肖维平，北京燕山出版社社长夏艳进行座谈，就今后春明簃开展的活动进行了策划。

7月2日 由北京市朝阳区文化和旅游局、中央歌剧院、首都图书馆共同举办的"2021年首都市民音乐厅红色记忆歌唱音乐会"在首都图书馆A座报告厅上演。

7月5日　北京市文化和旅游局党组书记、局长陈冬到北京大兴国际机场指导首都图书馆大兴机场分馆开馆工作。

7月6日　武汉图书馆党委书记、馆长李静霞等一行13人到首都图书馆调研，馆长、党委副书记王志庚，副馆长胡启军接待了到访客人并进行座谈。双方就图书馆新馆规划与建设、地方文献资源建设与服务、城市书房创新性发展等方面的先进经验和服务举措等内容进行了交流。

7月8日　首都图书馆馆长、党委副书记王志庚在国际交流中心工作人员陪同下应邀参加斯洛文尼亚驻华使馆招待会，庆祝斯洛文尼亚共和国国庆日暨斯洛文尼亚担任2021年下半年欧盟理事会轮值主席国。首都图书馆于2017年在斯洛文尼亚卢布尔雅那大学东亚图书馆建立"阅读北京"图书专区，双方在巩固图书专区建设的同时，以此为基础开展文化展览、学术交流、人员访问等方面的广泛合作与联系。

7月15日　大兴区图书馆24小时城市书房可视化数据分析平台正式上线并投入使用。该平台的主要功能是对天气及日期、进出馆人数、馆藏数、借阅排行、文献分类、馆内通知及新书推荐等信息进行大数据分析与实时显示。

7月16日　由北京市朝阳区文化和旅游局、中国广播民族乐团、首都图书馆共同举办的"2021年首都市民音乐厅《百年崛起》大型民族交响史诗音乐会"在首图剧场上演。

7月19日　石景山区图书馆"快乐阅读直通车"到区文化中心，参加由北京市文化和旅游局、北京文化艺术活动中心与石景山区联合举办的"北京2022年冬奥会倒计时200天——欢乐冬奥行系列群众文化活动"，现场开展亲子绘画和手工活动。

7月21日　北京市市委书记蔡奇到丰台区就大红门地区规划建设调查研究，其间到访区政务服务中心，察看丰台区图书馆大红门新馆运营情况。

7月26日 西城区图书馆全体馆员合唱的红色经典歌曲《不忘初心》视频作品，在北京市总工会开展的"颂歌献给党"百万职工经典歌曲传唱活动中被评为"优秀作品"，并于"北京工人"新闻客户端展播。

7月27日 北京市图书馆协会第六届第二次会员代表大会在首都图书馆召开，会员代表近50人参加会议。大会听取并通过了协会上半年的总结及下半年的工作计划，投票选举刘增华同志为协会监事，审议通过了协会LOGO设计方案，并对业内的热点问题进行交流研讨。

7月27日 西城区图书馆信息技术训练营（夏季营）正式开营，为外来务工子弟开展信息技术培训，北京华奥学校的40名学生参训。

7月28日 首都图书馆大兴机场分馆正式开馆。首都图书馆副馆长李念祖、北京大兴国际机场航站楼管理部副总经理陈雪，通过直播镜头介绍了首都图书馆大兴机场分馆的特色馆藏和服务，北京读书形象大使、作家崔岱远和北京交通广播主持人吴勇带来分馆首场阅读活动——《四合院活物记》新书分享会。

7月28日 2021中国童书博览会在北京展览馆正式开幕，西城区青少年儿童图书馆连续第五年受邀参会。

7月31日 "走进冬奥世界，培养运动习惯——《冬奥奇缘：遇见冰雪赛场和中国榜样》新书分享会"在首都图书馆举办，国际象棋世界冠军、首都体育学院副院长谢军，短道速滑25次世界冠军、中国冰上运动学院院长王春露，接力出版社总编辑白冰，首都图书馆副馆长陈坚出席活动。

八月

8月1日 海淀区图书馆大数据智能分析平台上线，实现对区内各级公共图书馆服务数据的实时监控分析，并与Aleph操作系统全过程衔接。

8月3日　文化和旅游部科技教育司发布了《2021年度国家文化和旅游科技创新工程项目储备库拟入库名单》，"首都图书馆大兴机场分馆读者服务项目"入选"自由推荐项目"中的一类项目。

8月5日　北京市文化和旅游局党组成员、副局长、一级巡视员庞微同志带队到首都图书馆检查指导疫情防控工作。

8月17日—19日　国际图联（IFLA）2021年世界图书馆和信息大会在线举行。首都图书馆领导班子及业务骨干们在首都图书馆B座第一展厅观看大会直播。

8月20日　大兴区图书馆24小时城市书房监控中心正式上线运行，这是全国首家24小时城市书房监控中心。

8月25日　北京作家协会副秘书长王虓等一行3人到平谷区图书馆调研"北京作家书屋"发展现状，平谷区作家协会名誉主席柴福善、区委宣传部文化科科长张斌、区文化和旅游局副局长徐玲等相关领导参加调研。

8月31日　首都图书馆"培根铸魂 启智润心 童书经典中的党史——庆祝中国共产党成立100周年主题童书展"圆满落幕。在疫情防控要求下，共接待观众1.7万余人次，举办配套活动40余场次。

8月31日　首都图书馆副馆长邓菊英、副馆长陈坚等11人参加京津冀图书馆联盟线上工作推进会议，首都图书馆介绍"阅读冬奥 共迎未来"京津冀百万少年儿童冬奥知识竞赛活动方案，9月1日三地图书馆正式启动网络答题。会议审议通过《京津冀图书馆联盟"十四五"发展规划》；研究成立"雄安新区图书馆建设支持计划专家委员会"；商定河北省图书馆牵头推进京津冀"红色文献数据库建设"项目；研究首都图书馆、天津图书馆和河北省图书馆联合开展数字资源调研，推进三地联采共享工作；计划10月在石家庄市举办"新技术新理念下的图书馆创意传播"学术研讨会暨2021年度京津冀图书馆联盟馆员论坛。

九月

9月1日 顺义区图书馆启动"百家书房"项目，邀请读者以家庭为单位参与，办理家庭借阅证。

9月5日 东城区图书馆举办第七届"曹灿杯"朗诵展示活动线上颁奖典礼——"致敬百年路，颂赞新征程"，活动自启动以来，历时半年，来自全国27个省、自治区、直辖市的300余个地区的近200万青少年参与。

9月14日 新疆维吾尔自治区和田地区图书馆一行15人，就书香社会建设、全民阅读工作开展情况等到大兴区进行调研交流，首都图书馆、大兴区文化和旅游局及区图书馆有关工作负责人，大兴区驻和田对口帮扶干部相关同志参与交流。

9月14日—18日 顺义区文化和旅游局启动由局领导带队，公共服务科、区文化馆、区图书馆联合开展的镇街综合文化中心及总分馆制建设检查工作，对25家镇街综合文化中心进行督查检查。

9月14日 平谷区图书馆接受区档案馆捐赠的《百岁老人百岁经·百岁老人话党恩》图书350册。

9月16日 西城区图书馆完成无障碍设施标准化建设改造升级工作。

9月17日 北京市纪委市监委第一监督检查室、驻市文化和旅游局纪检监察组联合调研城市副中心剧院、副中心图书馆项目。首都图书馆副馆长胡启军从手续办理、细化设计、信息化、招投标配合等方面介绍了工作进展和业务规划情况，并重点汇报了首都图书馆在工程建设过程中的党风廉政建设情况。

9月18日 昌平区古玩艺术品收藏家协会举办的古玩杂项展在区图书馆开展，现场共展出陶瓷、木器、玉器、铜器等古玩杂项展品200余件。

9月21日 由北京市朝阳区文化和旅游局、中国广播民族乐团、首都图书馆共同举办的"2021年首都市民音乐厅大兴机场专场音乐会"在北京大兴国际机场二层混流区音乐花园上演。

9月22日—23日 由书香中国·北京阅读季领导小组指导，北京市委宣传部主办的第十一届书香中国·北京阅读季"领读者"培训在东城区图书馆（交道口馆）举办，各街道文化工作者、公共图书馆与特色阅读空间"领读者"，共百余人参加。

9月24日 由北京市文联、北京摄影家协会主办，首都图书馆协办的《"对话·建设者"北京冬奥主题摄影展》在首都图书馆A座文化艺术展厅开展。

9月26日 由北京市朝阳区文化和旅游局、中央歌剧院、首都图书馆共同举办的"2021年首都市民音乐厅纪念德沃夏克诞辰180周年交响音乐会"在首图剧场上演。

9月27日 由首都图书馆、阿里巴巴公益团队、福建省担当者行动教育基金会共同发起的"为你读见未来"公益阅读活动，在河北省张家口市宣化区赵川镇中心小学、赵川镇小村小学、李家堡小学举办。首都图书馆为学生们带去优质读物和助学物资，并邀请"阅读北京"图书馆阅读课分享人给学生们带来冬奥、名著为主题的课程。

9月28日 由北京市大兴区委宣传部、大兴区文化和旅游局主办，首都图书馆协办的"永定安澜·泽润大兴——大兴永定河历史文化展"在首都图书馆B座第一展厅开展。

9月30日 由北京市朝阳区文化和旅游局、中国广播民族乐团、首都图书馆共同举办的"2021年首都市民音乐厅炫动国乐——中国广播民族乐团民乐金曲音乐会"在首都图书馆A座报告厅上演。

十月

10月1日 通州区图书馆组织全区专、兼职图书管理员开展业务培训，共计600余人参加。

10月8日　由北京市朝阳区文化和旅游局、中国广播民族乐团、首都图书馆共同举办的"2021年首都市民音乐厅：国乐雅韵——民乐金曲音乐会"在首都图书馆A座报告厅上演。

10月13日　由北京市文联、北京摄影家协会、天津河北山西内蒙摄影家协会等单位主办，首都图书馆协办的"第三十三届中国华北摄影艺术展览"在首都图书馆A座文化艺术展厅开展。

10月18日　新疆生产建设兵团第十四师昆玉市图书馆馆长赵丽一行2人到首都图书馆调研，副馆长李念祖接待了到访客人。双方就图书馆的发展情况、数字资源建设与服务、数字资源共建共享等方面进行了交流。

10月19日　西城区青少年儿童图书馆在馆内举办2021年度"北京儿童文学研究中心"专家研讨会。研讨会以"北京儿童文学研究中心"发展方向为议题，中国作协会员、北京师范大学文学院教授、博士生导师张国龙，北京作协副秘书长王虓，《东方少年》杂志社编辑部主任、副编审崔塑，以及西少图领导参会。

10月20日—23日　由中国图书馆学会阅读推广委员会主办，苏州市图书馆学会、北京市东城区图书馆、江苏省太仓市图书馆承办的2021年科普阅读推广专题研讨会，在太仓市图书馆召开。

10月27日　由北京市委宣传部、北京市文联、北京摄影家协会主办，首都图书馆协办的"蝶变·回天摄影展览"在首都图书馆开展。

10月29日　北京鲁迅博物馆常务副馆长黄乔生、鲁迅书店总经理王钧一行2人到首都图书馆参访，首都图书馆党委书记、副馆长肖维平接待了到访客人。双方就春明簃书店、文创、展览等内容进行了交流。

10月29日　由北京市朝阳区文化和旅游局、中央歌剧院、首都图书馆共同举办的"2021年首都市民音乐厅：爱之声音乐会"在首都图书馆A座报告厅上演。

10月29日 通州区图书馆完成本区新设立的5个街道（杨庄街道、文景街道、临河里街道、潞邑街道、九棵树街道）的分馆建设，并实现对外开放，确保公共图书馆"一卡通"服务覆盖本区全部22个街道（乡镇）。

十一月

11月2日 北京市文化和旅游局局长陈冬出席"首都图书馆干部任免职会议"，副局长庞微主持会议。会上，局人事处处长田金贵宣读了局党组《关于任命毛雅君同志为首都图书馆馆长、党委副书记的决定》。首都图书馆党政班子成员、中层干部、党工团委员及部分职工代表参加了会议。

11月10日 延庆区图书馆召开第一届理事会第三次会议。

11月18日 首都图书馆馆长、党委副书记毛雅君，副馆长李念祖一行5人赴首都体育学院调研，与首都体育学院副院长谢军、北京市中小学生奥林匹克教育工作小组办公室主任左伟，围绕"北京2022年冬奥会和冬残奥会"主题，对建设奥林匹克教育博物馆数字孪生馆、冬奥主题分馆等工作进行了交流。

11月27日 由中共北京市委宣传部、北京市文化和旅游局主办，首都图书馆、北京市图书馆协会、北京市各区图书馆联合承办的2021年"阅读北京"年度特辑——阅读分享会在首都图书馆举办。活动对2021年"阅读北京"四大版块活动进行了成果展示和表彰。

11月 大兴区采育镇文化活动中心、礼贤镇礼贤家园文化活动中心及北京科兴中维生物技术有限公司，3家新建24小时城市书房对公众开放。

十二月

12月6日 由北京市朝阳区文化和旅游局、北京交响乐团、首都图书馆共同举办的"2021年首都市民音乐厅：乐享时光 魅力冬季"在首都图书馆A座报告厅上演。

12月8日 中共北京市委办公厅秘书五处处长周玲等一行2人到首都图书馆参访，首都图书馆馆长、党委副书记毛雅君会见了到访客人并进行座谈，双方就有关决策咨询服务等内容进行了交流。

12月9日 2021年"阅读之城——图书推荐活动终评会"在首都图书馆举办。由学者、作家、图书评论专家、图书馆专家等13人组成的终评评审团现场评选出30种"年度请读书目"。首都图书馆副馆长邓菊英主持终评会。

12月9日—10日 在疫情防控常态化下，首都图书馆采取线上直播方式举办业务培训。培训由首都图书馆馆长、党委副书记毛雅君做动员，副馆长邓菊英主持，邀请北京大学信息管理系主任张久珍、国家图书馆研究馆员张曙光、东莞图书馆馆长李东来、东城区图书馆馆长肖佐刚围绕公共图书馆数字服务、立法决策服务、阅读推广工作、社会化参与服务等主题授课。全市公共图书馆馆长、业务人员及基层图书管理员2000余人报名参加，总观看量达到1万余次，在线投票显示满意度达99%以上。

12月9日 由房山区燕山文卫健康委副主任、燕山文化活动中心主任张炳霞带队，燕山文卫健康委一行9人，到石景山区图书馆参观交流。

12月10日 由北京市朝阳区文化和旅游局、北京交响乐团、首都图书馆共同举办的"2021年首都市民音乐厅'岁月留声'交响音乐会"在首图剧场上演。

12月12日 由北京市朝阳区文化和旅游局、中国广播艺术团、首都图书馆共同举办的"2021年首都市民音乐厅——'冰雪情 冬奥梦'

王玉三弦作品独奏音乐会"在首都图书馆A座报告厅上演。

12月14日 北京市文物保护协会与东城区图书馆联合举办的"北京老城保护学术论坛"分享会于东图（交道口馆）召开，邀请到6位北京史地考古专家学者，共同研讨北京老城保护工作。

12月14日 顺义区本土作家图书捐赠仪式在顺图新馆报告厅举办，区作家协会会长王艳霞及18名作家参加。

12月16日 在"最美冬奥城 一起向未来"冬奥知识宣传普及系列文化活动启动仪式上，石景山区图书馆馆长吴私代表冬奥主题图书馆接受京张冬奥文旅走廊延线图书馆捐赠的图书。

12月16日 2022年北京冬奥会开幕倒计时50天之际，2021—2022延庆区"最美冬奥城 一起向未来"冬奥知识宣传普及系列文化活动启动仪式在区图书馆举行。区委宣传部副部长赵超宣布活动启动，区文化和旅游局党组副书记张静致辞，延图馆长张娟发布系列活动内容。京张冬奥文旅走廊延线图书馆向石景山区图书馆冬奥主题馆捐赠近百册图书。

12月16日 延庆区图书馆组织"最美冬奥城 一起向未来"冬奥知识宣传普及系列文化活动，采取"线上+线下"的方式，包括四大板块十余项活动，包括冬奥知识展览、冬奥书信展演、冬奥系列讲座、冬奥互动体验等活动。

12月17日 首都图书馆与新西兰惠灵顿城市图书馆举行视频战略合作签署仪式。双方在文化交流、学术交往、业务研讨等多个领域达成深度战略合作，未来将积极推动图书馆领域的各项合作，推动双方图书馆业务的发展，实现文化交流、资源共享。首都图书馆馆长、党委副书记毛雅君等出席线上仪式。

12月17日 由北京市朝阳区文化和旅游局、中国广播艺术团、首都图书馆共同举办的"2021年首都市民音乐厅：'国乐绽放'新年音乐会"在首图剧场上演。首都市民音乐厅项目2021年共推出16场演出（馆内15场次，大兴机场分馆1场次），现场观看4862人次，线上观看量达284万人次。

12月22日 全国人大图书馆副馆长陈时恩一行7人到访首都图书馆参观调研，首都图书馆馆长、党委副书记毛雅君，副馆长陈坚接待了到访客人。双方重点围绕古籍管理、智慧图书馆建设、新技术应用、参考咨询服务等工作展开座谈。

12月23日 2021年Balis原文传递服务年终总结培训大会在线上（腾讯会议）召开。首都图书馆副馆长陈坚作为特邀嘉宾发言。

12月23日 由通州区文化和旅游局主办，区图书馆承办的"牵手冬奥 冰雪追梦——北京2022冬奥巡礼"展览在通图开幕，通图运用全景数字展览技术将展览内容上传至官方微信公众号等平台进行线上展出，并特将展览送进军营，助力部队开展文化建设。

12月24日 由北京市摄影家协会，昌平区委宣传部、区委直属机关工委、区文联、区文化和旅游局、区融媒体中心主办，区摄影家协会承办的2021"昌平故事"优秀摄影作品展于区图书馆开展。

12月28日 "阅读北京——首都市民阅读系列文化活动"荣获第十一届书香中国·北京阅读季"2021年全民阅读优秀项目"，中共北京市委宣传部副部长、北京市新闻出版局局长王野霏为"2021年全民阅读优秀项目"颁奖，首都图书馆馆长、党委副书记毛雅君代表"阅读北京"项目组参加仪式并领奖。

12月28日 国家图书馆以线上线下相结合的方式，组织召开第十六届全国省、自治区、直辖市、较大城市图书馆馆长联席会议，交流"十四五"时期公共图书馆事业高质量转型发展思路。首都图书馆领导班子全程参加了线上会议。

12月28日 由《中国日报》、中国图书馆学会、首都图书馆共同主办的"百名摄影师聚焦新时代"摄影展在首都图书馆A座文化艺术展厅开展。

12月29日 东城区文化活动中心主体大楼竣工，东城区图书馆（幸福大街馆）完成全部图书上架工作。

12月29日 延庆区图书馆召开第一届理事会第四次会议。

12月31日 通州区图书馆完成《中国大运河历史文献集成》古籍数字化工作，共扫描录入32册、16290页内容，版面字数约989万字，图片1072张。

12月31日 怀柔区图书馆完成馆内无障碍设施改造。

2021年 "阅读北京·十佳优读空间"——百姓身边的基层图书室推优活动获奖馆有：朝阳城市书屋·京旺家园阅读空间、海淀区清河街道图书馆、海淀区四季青镇图书馆、石景山区苹果园街道图书分馆、房山区图书馆拱辰街道分馆、通州区漷县镇图书馆、顺义区图书馆光明街道分馆、怀柔区喇叭沟门满族乡星空书院、化学工业出版社有限公司阅想书店（东城区第一图书馆合作分馆）、平谷区图书馆三行拾光分馆。

2022年

一月

1月1日 首都图书馆新版APP正式上线。读者通过新版APP可下载精品图书、听书等资源，享受首都图书馆馆藏信息查询与在线阅读服务。

1月1日 "首图讲坛·乡土课堂"2022年度开讲仪式暨新闻发布会在首都图书馆举行，北京市社会科学界联合会、北京市哲学社会科学规划办公室科普工作部主任邵红霞，北京史研究会会长孙冬虎，北京史研究会名誉会长李建平，首都图书馆馆长、党委副书记毛雅君等领导出席。

1月1日 平谷区图书馆开展系列活动，在线举办"读书迎元旦，领取开年第一份成绩单"趣味知识答题活动、"写给新的一年"现当代文学作品中的元旦线上展览、"书香漫浸·气韵华章"新年好书展等，在馆内举办"阅读+"新年主题绘本阅读活动、走进"七彩阳光"康复中心，为自闭症儿童送去绘本故事课《年》等活动。

1月3日 丰台区图书馆微信公众号发布"2021年度榜单图书推荐"，阅读量1749人次。

1月4日 为传播冬奥文化、推广冰雪运动，首都图书馆推出线上数字冬奥主题专栏和线下"冰雪冬奥"数字阅读体验展。线上数字冬奥主题专栏汇集图书、期刊、图片、音频、视频等多种资源类型冬奥主题数字资源。线下"冰雪冬奥"数字阅读体验展位，整体设计以冰雪元素贯穿，将音视频、文献、照片、文物、数字互动体验设备相结合，展示冬奥相关图书、期刊、音视频及相关数字资源。

1月5日 由首都图书馆和首都体育学院共同建立、北京首家面向公众开放的奥运主题图书馆"奥运书屋"——首都图书馆体育分馆正式揭牌开馆。北京市文化和旅游局党组成员、副局长、一级巡视员庞微，首都体育学院副校长陈作松，北京冬奥组委新闻宣传部教育和公众参与处处长孙斌，北京市文化和旅游局公共服务处处长刘贵民，北京市教育委员会体卫艺处副处长陈晓莉，首都图书馆馆长、党委副书记毛雅君，副馆长李念祖等领导出席揭牌活动。北京交通大学附属中学近50名师生共同见证揭牌过程，并在奥运书屋举办"读书迎冬奥"活动。

1月5日 延庆区图书馆开展2021年度考核工作及2022年制度修订工作。

1月7日 朝阳区图书馆布置的道旗、吊旗、围栏、海报、吉祥物雕塑、奥运知识展墙、玻璃墙纸等奥运元素标识，经北京市冬奥组委审核批准完工投入使用。

1月9日 顺义区图书馆"法韵书香"律师咨询活动重新启动。

1月10日 首都图书馆与北京鲁迅博物馆战略合作框架协议签署暨《〈阿Q正传〉笺注》图书捐赠仪式在首都图书馆举行。北京鲁迅博物馆常务副馆长黄乔生，首都图书馆馆长、党委副书记毛雅君，党委书记、副馆长肖维平，副馆长陈坚及北京市西城区图书馆管理协会会长郭斌，首都医科大学（顺义校区）图书馆党支部书记、副馆长张志强，北京崇贤馆世纪文化传媒有限公司董事长李克、副总经理付建邦等出席仪式。仪式上，毛雅君、黄乔生代表双方签署了战略合作框架协议，黄乔生和北京崇贤馆世纪文化传媒有限公司向首都图书馆捐赠了《〈阿Q正传〉笺注》一书。

1月12日 朝阳区图书馆落实区委组织部"心关爱冬奥、冬残奥会服务保障人员"暖心措施，于北京冬奥会期间开展"双奥书屋"建设工作:制作服务手册、宣传海报，为每个涉奥酒店专班配备图书、刊物、在线听书、电子期刊等数字资源，安排党员带队跟车配送。根据涉奥酒店实际需求和防疫要求，五天时间完成第一批25家酒店专班图书的配送任务，合计共完成36家涉奥酒店专班图书配送工作，共计配送图书、期刊10800余册。

1月12日 大兴区图书馆启用新系统和设备，读者可通过"刷脸"进入图书馆。

1月13日 大兴区图书馆为黄村镇温馨家园的残疾读者配送各类图书，以及春联、"福字"等新春礼包。

1月中旬 房山区文化活动中心（房山区图书馆）面向少年儿童开展"燃情冰雪，逐梦冬奥"绘画作品征集活动，最终评选出30幅获奖作品。获奖作品于2月25日在房山区图书馆展出。

1月17日—2月6日 西城区图书馆开展第五届新春文化线上嘉年华系列活动，共举办新春活动11场。

1月18日 通州区图书馆全国智慧图书馆体系建设项目——大运河历史文献集成数字化二期结项。

1月18日 通州区图书馆进行系统资产梳理及隐患排查整改，制定《数字资源应急预案》《网站信息安全预案》及《读者自助设备服务应急预案》。

1月18日 平谷区图书馆馆长刘凤革带队一行10人参观顺义区图书馆新馆。

1月18日 平谷区图书馆以"冬奥有我"为主题，举办"普及冬奥知识 迎接2022"主题宣传活动、"我的冬奥梦"中俄儿童写作暨绘画竞赛活动、"书香冬奥"系列书评及系列主题朗读活动、"一起向未来、挥毫贺新春"主题送福到家文化志愿服务活动等。活动共发放宣传材料100余份、推荐图书30余册、收到征文145篇、绘画30余幅，累计举办活动12场次，参与读者1100人次。

1月19日 大兴区文化和旅游局四级调研员侯志以"四不两直"方式对大兴区图书馆进行突击督导，区图书馆馆长孙海波陪同检查。

1月20日 海淀区图书馆派遣人员进入冬奥保障闭环酒店，参加为期2个月的北京冬奥会、冬残奥会服务保障工作。

1月20日 通州区富力金禧小区、怡然世家小区、京铁潞源小区、缇香郡小区、张家湾公园5个地点的文化空间开通读者自助服务，服务内容包括自助办证、自助图书借还和通借通还。

1月20日 由中国日报社、中国图书馆学会、首都图书馆共同主办的"百名摄影师聚焦新时代"图片展进驻怀柔区图书馆，同时开放微信线上观展渠道。

1月21日 顺义区图书馆为首都机场希尔顿酒店设立图书配送点，扩大图书馆服务外延，助力北京冬奥。

1月23日 平谷区图书馆举办"共读经典·我是领读人"志愿服务领读者培训成果展示活动，成人组全体学员、老师及图书馆相关领导参加活动。成人组共35名志愿者通过36期培训，全部结业。

1月24日 根据市疫情防控要求，丰台区图书馆暂停对外开放。

1月24日—2月24日 燕山图书馆举办"瑞虎迎春"新春楹联展，通过春联的起源与发展、御笔赐福、圣府藏珍、五体临摹、集字春联、名联趣话六个单元梳理春联发展的脉络，展现中华传统春联珍品，让优秀传统文化惠及广大读者。

1月24日 通州区图书馆开展线下展览"牵手冬奥冰雪追梦"2022北京冬奥巡礼展览，线下参与人数约2000人。

1月24日 北京冬奥会来临之际，门头沟区图书馆联合京津冀蒙地区图书馆，共同举办"讲中国故事，展冬奥风采——我是文化小使者"英文展示大赛。

1月25日 丰台区图书馆组织来自昱耆文化志愿团、首都经济贸易大学等的40多名文化志愿者完成《我和冬奥一起来》舞蹈录制工作。

1月25日—2月4日 丰台区图书馆组成助力防疫工作小组驰援丰台街道、义街道、新村街道9个社区18个点位，6批次47人次参与协助一线社区干部开展核酸检测。

1月26日 2022年"北京市红领巾读书"活动主办单位协调会在线上召开。北京市中学和少年工作部副部长王海燕、北京市科学技术协会科普部沙莎、北京市文化和旅游局公共服务处刘思琪、首都图书馆副馆长陈坚出席。会上听取了2021年红领巾读书活动举办情况的汇报，并就《2022年"北京市红领巾读书"活动方案（征求意见稿）》进行讨论。

1月26日 北京市文化和旅游局二级巡视员常林一行来到首都图书馆检查春节期间安全运行和疫情防控工作。

1月26日 由俄罗斯新西伯利亚国立技术大学孔子学院、新西伯利亚州高尔基儿童图书馆、首都图书馆共同主办的"童心绘冬奥"——俄中青少年写作绘画作品展开幕式在俄罗斯社科院西伯利亚分院公共科学技术图书馆举办。中国驻叶卡捷琳堡总领馆总领事崔少纯，北京市文化和旅游局党组成员、副局长、一级巡视员庞微，国际儿童读物联盟（IBBY）主席张明舟，俄罗斯新西伯利亚州文化部部长雅罗斯拉夫彩娃，新西伯利亚国立技术大学副校长涅克拉索夫，俄罗斯社科院西伯利亚分院公共科学技术图书馆馆长立祖诺娃，新西伯利亚州高尔基儿童图书馆馆长果斯吉娜，新西伯利亚国立技术大学国际关系与区域学教研室副教授、孔子学院院长赫理普诺夫，首都图书馆馆长、党委副书记毛雅君等以视频会议方式出席开幕式。

1月27日 北京科兴中维生物技术有限公司代表向大兴区图书馆赠送锦旗，对2021年24小时城市书房项目进驻科兴园区提升企业文化服务表达感谢。

1月28日　延庆区图书馆安排春节期间下乡检查工作。

1月29日　平谷区图书馆开展"送书进部队 共建鱼水情"送书进军营活动，分别为辖区内的甘营部队和马昌营93734部队送去书刊200册。

1月31日　北京市文化和旅游局党组书记、局长陈冬带队来到首都图书馆，慰问节日期间坚守工作一线的干部职工，并就春节期间图书馆开放情况及新冠疫情防控工作进行重点检查。

1月　石景山区图书馆分别派遣纪庆学、张志刚、张杨3名干部职工，于北京冬奥会期间参与冬奥会服务保障工作。

1月　大兴区图书馆启动"书香敲门 幸福到家"志愿服务活动，为老年人、残疾人、军烈属等特殊群体送书上门。

1月　怀柔区图书馆被北京市怀柔区文化和旅游局工会联合会评为第五届办公技能大赛优秀组织单位。

二月

2月1日—15日　平谷区图书馆以"福满京城 春贺神州"为主题，举办"畅读经典 欢度新年"古籍里的中国年主题活动、"虎岁妙趣阅新春·喜气盈门过大年"主题活动、"网络书香·阅见美好"数字阅读推广活动、"且听书语 共品书香"听书打卡活动、"猜灯谜 张灯结彩闹元宵"线上活动、"春光万道 虎威千山"虎文化主题展等，累计举办活动共84场次，参与读者15500人次。

2月4日　朝阳区图书馆推出"福满京城 春贺神州 阅读行走阅潮流——'阅'度新春，'读'享冬奥"春节全民阅读活动，朝阳城市书屋在除夕夜给市民读者拜大年。

2月4日　大兴区图书馆推出"书香春节"系列春节主题线上文化活动，参与人数超过2万人次。

2月8日—18日　丰台区图书馆对各街镇分馆进行2022年度街镇图书分馆含部分社区（村）阅读活动需求调研，内容涉及各街镇分馆开展阅读活动的基本情况、需求、意见和建议，最终形成调研报告。

2月9日　丰台区图书馆即日起恢复有序开放，持续采取限流措施，实施预约制入馆。

2月9日　延庆区图书馆布置2022年重点任务工作，制定《免费开放资金使用方案》。

2月11日　通州区图书馆建立潞邑街道办事处流动送书点。

2月11日　大兴区图书馆对亦庄镇、荣华街道、瀛海镇等多家24小时城市书房、镇街分馆的疫情防控情况进行检查，督促公共阅读空间做好扫码、登记、消毒等工作。

2月12日—13日　由北京演艺集团出品的儿童音乐剧《冰墩墩雪容融之冰雪梦》在首都图书馆上演。北京冬奥组委文化活动部部长陈宁、北京演艺集团党组副书记王珏，首都图书馆党委书记、副馆长肖维平等出席活动。

2月15日　通州区图书馆建立于家务乡大耕垡村流动送书点。

2月16日　顺义区图书馆副馆长王哲参加北京市文化和旅游局在北京市海外文化交流中心会议室召开的《北京市公共文化服务保障条例（草案征求意见稿）》征求意见座谈会。

2月21日　国际儿童读物联盟（IBBY）主席张明舟、生命树文化促进中心副理事长王峰等一行3人到首都图书馆参访，首都图书馆馆长、党委副书记毛雅君接待并与之座谈，双方就国际儿童文化交流活动、国际儿童图书馆等内容进行交流。

2月22日　北京工业大学图书馆馆长刘增华一行3人到首都图书馆调研交流，首都图书馆馆长、党委副书记毛雅君，党委书记、副馆长肖维平，副馆长陈坚接待并与之座谈。双方就进一步加强馆际间业务合作与资源共享进行交流，在馆舍建设、疫情防控等方面交换经验和做法。

2月22日　海淀区集成电路设计园图书馆深化设计会在海淀区文化和旅游局召开，区文旅局局长陈静、区财政局副局长刘小秋，区科信局相关代表参会。

2月23日　首都图书馆馆长、党委副书记毛雅君，副馆长李念祖等一行8人赴北京世纪超星公司进行"图书馆数字资源服务与智慧图书馆工作"业务交流，双方就北京城市副中心"城市会客厅"功能、智慧图书馆发展思路与图书馆管理服务平台技术发展进行交流。

2月23日　西城区图书馆信息技术训练营2022（春季营）启动招生，该项目由西城区图书馆与西城区团委、同方知网（北京）技术有限公司共同开发，免费为社区居民进行信息技术培训。

2月25日　怀柔区图书馆工会召开2022年第一次民主日活动，区文化和旅游局副局长田正科出席，图书馆职工代表参加。

2月28日　东城区图书馆党支部与中山公园机关党支部开展共建活动。中山公园党委书记、园长郭立萍，副园长张强，机关党支部书记周明及支部委员等出席支部共建签约座谈会。签约仪式后，图书馆党员和积极分子一行参观来今雨轩。

2月28日　大兴区图书馆领导班子实地考察新馆建设情况，现场规划格局建设，以及门禁、安全检测、自助办证、自助借还、人脸识别系统等软件系统建设。

2月　丰台区图书馆郝伟、李杰两位同志代表丰台区文化和旅游局支援封控酒店隔离管控工作。

三月

3月初　大兴区图书馆对瀛海镇、北臧村、黄村镇及兴丰街道等分馆管理员，就ALEPH系统的使用、报表填报、业务数据统计、物流图书配送和接收等问题开展业务培训。

3月2日 首都图书馆馆长、党委副书记毛雅君，副馆长李念祖等一行7人赴同方知网（北京）技术有限公司开展业务交流。双方就CNKI知识管理和知识服务总体技术架构、世界知识大数据建设与知识创新服务实践、公共知识服务的产品与技术服务体系建设方案等内容进行交流。

3月3日 石景山区图书馆与天津、河北、内蒙古四地七家图书馆协同开展2022年"家书情长添彩冬奥"原创书信诵读展演活动。石景山区图书馆馆长吴私推荐优秀绘画作品。活动通过现场展演和视频形式，展出活动所征集的书信、绘画、音视频和文创设计作品，表达京津冀蒙四地孩子们支持冬奥的热情。

3月3日 通州区图书馆组织开展线上"声"动人心·燃情冬残奥京津冀线上朗读大赛。

3月4日 首都图书馆召开2022年北京市公共图书馆馆长工作会议，北京市文化和旅游局党组成员、副局长、一级巡视员庞微，公共服务处处长刘贵民，首都图书馆领导及各区图书馆（少儿馆）领导等共计30余人到现场参会。各区图书馆在本馆设立分会场，组织相关工作负责人与业务骨干通过视频连线参会。

3月4日 西城区图书馆面向西城区各街道、社区基层图书馆（室）业务骨干开展线上基础业务培训。

3月4日 门头沟区图书馆联合东辛房小学，开展"践行核心价值观 小图书馆员在行动"学雷锋主题活动。10余名学生参观学习了图书的分类、排架、借阅等图书馆工作流程，并对部分区域的图书进行排架整理。

3月5日 顺义区图书馆在报告厅召开2021年度优秀志愿者表彰会。

3月9日 西城区青少年儿童图书馆党支部召开"批评和自我批评"组织生活会，机关党委宣传委员刘洋到会指导。

3月9日　延庆区图书馆增加地方文献和冬奥书籍馆藏，制定《信息化建设方案》《特色库建设方案》。

3月10日　通州区图书馆建立张家湾镇姚辛庄流动送书点。

3月11日　北京市副市长王红同志带队调研副中心图书馆项目建设情况，北京市文旅局党组成员、副局长刘斌，首都图书馆馆长、党委副书记毛雅君和北投集团、中铁建工集团等相关负责同志陪同视察。王红副市长一行调研了地下展厅、立体书库、非遗文献馆、古籍文献馆、少儿馆等区域，了解了相关工程进度，并听取了首都图书馆关于图书馆功能设计、特色服务创新、智慧图书馆建设等情况的汇报。

3月11日　东城区图书馆第二届理事会召开第三次会议。由东城区文化和旅游局副局长俞浩接替理事会副理事长职务，并增补东城区图书馆党支部纪检委员见世君为内部理事。会议听取了东城区图书馆2021年工作总结、2022年工作计划及财政预算，研讨幸福大街新馆开馆工作和第七次全国公共图书馆评估定级工作。

3月11日　朝阳区图书馆党支部召开2021年度组织生活会，支部书记韩卫勃代表支部领导班子向全体党员做对照检查发言。区文化和旅游局党委委员、副局长王令，组织人事科陈家瓶出席并指导会议。

3月13日　由怀柔区委宣传部和怀柔区文化和旅游局主办的"主播说好书"栏目第一期在怀柔电视台新闻栏目和"怀柔融媒"微信公众号全面上线。节目由怀柔融媒体中心和区图书馆共同打造，力邀客座嘉宾与主播互动，为广大市民进行阅读精准引导。

3月15日　房山区文化活动中心副主任朱光一行6人到燕山新民书屋参观交流。

3月16日　平谷区图书馆开展"书香平谷·文化创城"送书下乡活动，为平谷区济望幼儿园师生送去图书1500册，为骏隆养老公寓送去适合老年读者阅读的图书1000余册。

3月18日　海淀区人民政府副区长徐振涛到海淀区图书馆听取集成

电路设计园图书馆设计方案，并提出相关要求。

3月21日 朝阳区图书馆完成地铁22号线施工占地前期准备工作。

3月24日 通州区文化和旅游局公共服务科领导到通州区图书馆实地检查疫情防控工作。

3月28日 北京市文化和旅游局公共服务处到通州区图书馆实地检查疫情防控工作。

3月28日 由昌平区文化和旅游局主办，区融媒体中心、区图书馆承办，区朗诵艺术协会协办的2022年昌平区"雅韵仲春 思怀生命"清明朗诵诗会在区融媒体中心演播厅举办。

3月29日 由东城区文化和旅游局、区文学艺术界联合会主办，区图书馆、区文化馆、区书画协会承办的"福虎丹青"书画展览初评评审会在区图书馆（交道口馆）举办。

3月29日 西城区青少年儿童图书馆开展疫情防控专项演练，馆长樊亚玲主持，副馆长安欣、姜楠现场指挥，全体职工及物业人员共60余人参与。

3月29日 房山区燕山图书馆与武警执勤第十支队十二中队签署图书室合作共建协议，为部队图书室配送图书2000册。

3月30日 "北京市红领巾读书"活动动员会在线上召开，首都图书馆副馆长陈坚、各区图书馆主管"红读"活动的馆长和负责人参加会议。陈坚对活动进行动员和部署，并提出相关要求；各区馆领导汇报本区相关工作的年度规划。

3月 房山区文化活动中心（房山区图书馆）"阅读启智 梦想起航"少儿亲子故事会活动被房山区志愿服务联合会评为2021年度房山区优秀志愿服务项目。

3月 大兴区图书馆全民阅读品牌"S.D文化空间"取得商标注册证书。

四月

4月1日—6月30日 朝阳区图书馆完成集体用户、基层图书馆、城市书屋图书配送，共计更新7家、4390册次；完成9家城市书屋协议更新、续签。

4月2日 北京市委书记蔡奇带队调研副中心图书馆项目，副市长隋振江，市政协副主席、党组副书记王宁，北京市文化和旅游局党组成员、副局长、一级巡视员庞微，首都图书馆党委书记、副馆长肖维平及北投集团、中铁建工集团等相关负责同志陪同调研。蔡奇检查了项目工程建设情况，强调要在艺术主题馆中突出音乐鉴赏功能。

4月2日 北京市图书馆协会理事会理事长、首都图书馆党委书记、副馆长肖维平，协会常务副理事长兼秘书长、首都图书馆副馆长陈坚，协会副理事长、东城区第一图书馆馆长肖佐刚，协会监事会监事长、西城区图书馆馆长樊亚玲等一行赴首都图书馆大兴机场分馆参观。首都图书馆副馆长胡启军、副馆长李念祖同行参观。

4月2日 中国图书馆学会专家到丰台区图书馆大红门新馆调研。

4月2日、9日、16日、23日、30日 顺义区图书馆流动图书车进入顺义国际鲜花港开展阅读服务，为现场游客举办亲子阅读活动。

4月2日 大兴区文化和旅游局四级调研员侯志以"四不两直"形式对区图书馆进行突击检查，区图书馆馆长孙海波陪同检查。

4月2日 由密云区委宣传部、区委网信办、区新时代文明实践中心、区文化和旅游局主办，区图书馆和石城镇中心小学共同承办的"忆满京城·情思华夏"2022年密云区清明节主题活动在区图书馆举办。活动通过线上诵读直播的形式缅怀革命先烈，在线观看人数达3.5万人。

4月4日—7日 平谷区图书馆以"忆满京城·情思华夏"为主题，组织开展"致敬英雄，共悼逝者"在线接力活动、第七届清明诵诗会、"我心中的抗疫英雄"绘画等活动共4场次，征集各类作品700余份，活动总点击量、点赞数、评论数达20余万次。

4月5日 大兴区图书馆与大兴人民广播电台联合创办的广播栏目《阅读在大兴》开播。

4月6日 密云区图书馆各开放区域采取75%限流措施，严格落实防疫消杀制度。

4月8日 首都图书馆收到北京冬奥组委新闻宣传部发来的感谢信："贵单位以高度的责任感和使命感，开展了丰富的奥林匹克教育活动，积极推广奥林匹克和残奥教育材料，为传播奥林匹克精神，实现带动3亿人参与冰雪运动的宏伟目标做出了积极贡献。"

4月8日 由西城区教委、区文化和旅游局、区少工委、区青少年儿童图书馆等单位联合主办的2022年西城区中小学生"鲁迅奖章"暨红领巾读书活动，以线上会议的形式正式启动。

4月12日 北京市残疾人服务示范中心领导到丰台区图书馆调研。

4月15日 通州区图书馆接收北京运河研究专家、文物专家、通州十大文化名人之一周庆良生前全部藏书资料，并对手稿、印章进行分类整理。其中藏书共计840余册，手稿100余万字，印章150余枚。

4月15日 通州区图书馆在通州区文化和旅游局公共服务科带领下，联合通州区文化馆，到潞源街道、通运街道、永乐店镇文化中心进行巡检。

4月18日 东城区文化和旅游局及东城区图书馆领导到丰台区图书馆参观调研，双方就大红门馆信息化建设情况进行交流。

4月20日 首都图书馆召开2022年全面从严治党（党建）暨经费预算下达工作会，馆领导班子、党委委员、纪委委员、中层干部、工会委员、团委委员、党团支部委员代表及全馆涉及人、财、物、招投标岗位人员代表共40余人参加会议，并观看警示教育片《惩前毖后》。

4月21日 2022年"阅读北京"首都市民阅读系列文化活动发布会在首都图书馆报告厅和直播间举办，北京市文化和旅游局二级巡视员常林，著名历史学家阎崇年，中国教育图书进出口有限公司总经理王建新，北京大兴国际机场副总经理郝玲，北京冬奥组委新闻宣传部教育和公众参与处处长孙斌，首都图书馆馆长、党委副书记毛雅君，副馆长陈坚、副馆长胡启军、副馆长李念组出席。阎崇年现场做主题为"北京文脉传承"的讲座。

4月21日 "书香怀柔"第十四届全民阅读活动颁奖典礼暨2022年怀柔区全民阅读活动启动仪式通过线上直播的方式举办。活动以迎接、宣传党的二十大为主线，组织开展征文、摄影、"领读者"及"书香家庭"评选等，同时推出短视频征集、"主播说好书"、云端诵读会、"怀柔讲坛"等新项目。

4月22日 2022年东城区世界读书日主题活动暨《故宫与文化遗产》新书发布会在东城区图书馆（交道口馆）举办，原文化部副部长、故宫博物院第五任院长、中华诗词学会名誉会长郑欣淼，中国文物学会会长、故宫博物院第六任院长、北京东城文化发展研究院院长单霁翔，中国出版集团有限公司副总经理、党组成员陈永刚，中国大百科全书出版社总经理刘祚臣、副总编辑蒋丽君，以及东城区领导赵海英出席，区相关机关单位代表、实体书店代表、社区居民以及阅读爱好者们共同参加。

4月22日 朝阳区图书馆线上举办"4·23"世界读书日·朝阳阅读季暨朝阳区全民阅读活动启动仪式，现场发布《2022年朝阳区全民阅读工作方案》和《阅动朝阳12小时》宣传片，并首次将全民阅读与音乐会活动相结合，举办"阅读音乐会：人间四月天 当春乃发'声'——四季音乐诗会"活动。

4月22日—23日 房山区文化活动中心（房山区图书馆）在中心广场东侧开展房山区第十二届换书大集，共有600余人参与，交换图书1000余册。

4月23日 西城区图书馆举办第八届世界读书日"海棠树下为您读

诗"活动。该活动为西城区推进"书香西城"建设创办的社区公共文化阅读推广品牌活动之一。

4月23日 朝阳区图书馆利用线上平台开展"阅读行走直播秀"系列活动，展示阅读服务新场景、新力量、新承载、新举措，以点带面展示朝阳区"阅读之城"建设成果。

4月23日 丰台区图书馆发布"悦享新时代 书香润丰台——2022年书香丰台全民阅读推广活动"计划，推荐优秀书目，举办"南中轴历史文化专题讲座"，拉开全年阅读活动序幕。

4月23日 丰台区图书馆在北京市残疾人服务示范中心举办分享会、观影活动，并面向特殊群体提供阅读关爱服务，提供智能听书机供视障朋友免费体验。

4月23日 丰台区图书馆在北京世界花卉大观园举办首届"妙笔生花"阅读节，开展"小书坊"家庭亲子阅读、绘本图书展销、知名作家与阅读机构互动活动等。

4月23日 顺义区图书馆主办的第七届"游花海 品书香"阅读文化活动在顺义国际鲜花港举行。

4月23日 昌平图书馆联合天通苑分馆在天通苑文化艺术中心举办第十二届"北京阅读季"宣传活动。

4月23日 "书香大兴"2022年全民悦读汇正式启动，会上发布"书香大兴"全民阅读工作"五新"计划，同时对2021年"书香大兴"最美领读者、最美阅读空间和阅读推广示范单位进行了表彰。

4月23日 密云区与青海省玉树藏族自治州玉树市第二完全小学等多家单位联合举办"童心向党 同声诵读"云读书活动暨密云区第十二届书香中国·北京阅读季启动式，进一步推进书香社会建设和对口支援工作。活动采用线上直播方式，播放量和阅读量共计12万人次。

4月24日 中央广播电视总台《新闻联播》节目播出《建书香中国 铸精神伟力——习近平总书记致首届全民阅读大会举办的贺信引发热

烈反响》报道，其中顺义区图书馆馆长李毅接受采访。

4月25日—6月30日 朝阳区图书馆持续组织人员支援基层抗疫一线，累计出动职工325人次。

4月26日—6月6日 根据市、区疫情防控要求，朝阳区图书馆（劲松馆、小庄馆）暂时闭馆。其间，图书馆划分工作小组，实现服务不打烊。

4月27日 为配合属地疫情防控要求，通州区图书馆实行闭馆，暂停到馆读者服务和线下活动。

4月28日 根据首都疫情防控要求，东城区图书馆暂停对外开放。

4月29日 根据首都疫情防控要求，西城区图书馆暂时实行闭馆。

4月29日 根据首都疫情防控要求，丰台区图书馆临时闭馆，全体工作人员下沉社区，承担疫情防控驰援任务。

4月29日 海淀区图书馆自习室、多媒体阅览室因疫情暂时关闭。

4月29日 大兴区文化和旅游局四级调研员侯志对区图书馆进行节前安全检查，重点检查疫情防控、节前廉政以及公车使用等相关工作。

4月30日 海淀区图书馆因疫情整体闭馆，暂停借阅及网借服务。第一批次下沉队伍支援甘家口封控区。

4月30日 根据市、区疫情防控需要，房山区文化活动中心（房山区图书馆）实行暂时闭馆。

4月30日—5月29日 依照市疫情防控工作要求，房山区燕山图书馆暂时闭馆。

4月30日 为做好疫情防控工作，大兴区图书馆采取紧急闭馆措施。

4月 石景山区图书馆派遣28名工作人员参与社区下沉防疫工作，派遣馆长吴私，李争、刘敏、谢霜霜、孙毅、王璐共6名干部职工参与隔离酒店服务保障工作。

五月

5月1日　西城区图书馆全体馆员响应疫情防控志愿服务号召，下沉社区支援核酸检测。

5月1日　海淀区图书馆支援甘家口西钓社区，参与社区大数据排查工作。

5月1日　根据市、区疫情防控需要，顺义区图书馆暂停对外开放，暂停到馆读者服务和所有线下活动。

5月3日　西城区青少年儿童图书馆组建支援队伍，下沉一线支援社区疫情防控和核酸检测重点工作。

5月3日　丰台区图书馆陈征参与抽调工作，支援花乡街道泊寓院儿隔离点管控任务。

5月3日　根据北京市文化和旅游局《关于暂停开放全市等级景区室内场所及图书馆、文化馆（文化中心）、美术馆等公共文化场所的通知》要求，怀柔区图书馆、24小时自助借还图书馆暂时关闭。

5月4日　顺义区图书馆"潮白讲坛·百姓课堂"启动线上直播，每周一期邀请知名作家、学者分享创作经验、读书心得，围绕百姓关注的文学、读书、养生及艺术鉴赏等话题开展讲座活动。

5月11日　海淀区图书馆持续支援四季青镇巨山村核酸检测工作及卡口值守工作。

5月17日—18日　应《关于进一步加强社区（村）疫情防控工作的通知》要求，由东城区图书馆领导班子带队、共40名同志组成的社区支援工作组，分批到岗。

5月19日　通州区图书馆辅导部配合区文化和旅游局，联合区文化馆，对全区公共文化馆室进行暗访，重点检查关停情况。

5月19日　平谷区图书馆为辖区内的东高村32139部队55分队送去图书200册。

5月25日 朝阳区图书馆修订完成《北京市朝阳区图书馆关于做好新型冠状病毒肺炎疫情防控工作的方案》，设立疫情防控工作领导小组。

5月25日—28日 顺义区图书馆52人支援南彩镇后俸伯村、河北村疫情防控工作。

5月25日 延庆区图书馆集中加工冬奥、长城主题图书。

5月28日 西城区图书馆线上开展"2022年图书馆员信息素养业务能力提升行动"，内容包括馆员信息素养业务能力提升专题讲座、信息素养能力评测等。

5月29日 按照市、区新冠疫情防控部门最新要求，顺义区图书馆恢复有序开放。

5月30日 西城区图书馆对南北馆两个官方微信公众平台号进行合并，将"西城区第二图书馆"订阅号迁移至"北京市西城区图书馆"订阅号。

5月30日 朝阳区图书馆筹备开馆及恢复开放有关工作，制定《朝阳区图书馆筹备开馆及恢复开放工作实施方案》。

5月30日 根据市疫情防控工作要求，房山区文化活动中心（房山区图书馆）有序开馆。

5月31日 顺义区文化和旅游局党组书记、局长李莉，文联主席王辉，工会主席杭志强带队到顺义区图书馆检查疫情防控情况。

5月 丰台区图书馆全体工作人员分52批、631人次，驰援东高地、石榴庄、丰台街道部分社区，开展核酸检测及卡点任务。

5月 大兴区图书馆馆员积极响应疫情防控志愿服务号召，下沉社区参与核酸检测支援工作。

5月 怀柔区图书馆启动应对疫情工作预案，确保线上服务不打烊，大力推进"云上"服务；同时组织全体党员和职工下沉一线，参与疫情防控志愿服务。

六月

6月1日 通州区文化和旅游局党组成员、副局长马俊艳到区图书馆调研开馆准备工作。

6月1日 通州区图书馆组织开展2022年工作人员公共知识专题培训。

6月2日 根据市、区新冠疫情防控精神要求，通州区图书馆适度开馆。

6月3日 朝阳区图书馆线上举办"和满京城 奋进九州"——2022年朝阳区"我们的节日"端午节主题文化活动。重点推出四季音乐诗会片段赏析、社会主义核心价值观·中国好家风之曾国藩家书、端阳龙舟竞渡文化展等活动，线上累计参与1000余人次。

6月6日 海淀区图书馆恢复开馆服务。

6月7日 根据市疫情常态化防控要求，朝阳区图书馆（劲松馆、小庄馆）有序恢复开放服务。

6月7日 通州区图书馆根据市疫情常态化防控要求，按照限流75%开放。

6月8日 西城区图书馆4名读者画作入选中国图书馆学会阅读推广委员会举办的2021年"读绘经典"图像阅读与创作活动展览，2名读者作品被收藏。

6月8日 因疫情闭馆39天后，大兴区图书馆恢复开馆。

6月9日 西城区图书馆有序恢复开放，后广平胡同26号馆址开放一层服务台、三层外借部；教子胡同8号馆址开放一层服务台、报刊、二层外借部。

6月10日 通州区图书馆中心机房存储服务器完成上架安装、软件调试及数字资源等的数据迁移工作。

6月中旬 南方航空公司工会图书室工作人员来到大兴区图书馆，

就书房建设、管理及服务等情况进行交流调研。

6月20日 中宣部印刷发行局、财政部科教和文化司、文化和旅游部公共服务司、北京市财政局及文化和旅游局相关领导走访石景山区图书馆华夏银行分馆、石景山区图书馆瞭仓分馆和石景山区图书馆总馆，调研了石景山区图书馆总分馆制建设现状、运营模式及资金保障等情况，对区图书馆充分利用社会力量创设特色阅读空间和夯实图书馆总分馆制建设表示肯定。

6月20日 怀柔区图书馆开展消防安全检查及培训工作。

6月23日 东城区图书馆内设机构部门主任选拔任用工作动员会在交道口馆一层剧场召开。区文化和旅游局副局长俞浩出席，图书馆领导班子成员及全体馆员90余人参会。

6月24日 朝阳区图书馆发布朝阳区阅读推广人才"百千万"计划之讲读人、领读人培训计划。

6月27日—30日 西城区图书馆面向本区各街道、社区基层图书馆（室）业务骨干，以视频讲座形式开展线上业务培训。

6月28日 根据市疫情常态化防控要求，丰台区图书馆按75%限流，逐步有序开放服务。

6月28日 大兴区图书馆召开评估工作部署会，为第七次全国县级以上公共图书馆评估定级各项工作做准备。

6月29日 北京市文化和旅游局印发《北京市文化和旅游局关于做好北京市区级公共图书馆第七次评估定级工作的通知》，部署评估定级工作，成立领导小组，统筹组织、指导监督，委托首都图书馆组织实施。

6月30日 2022年海淀区全民阅读活动开幕。

6月30日 怀柔区图书馆建立怀柔区科学城管委会送书服务点，配送图书500册。

6月30日 怀柔区图书馆建立怀柔区政协文化教育界别委员工作站送书服务点。

七月

7月4日 海淀区图书馆召开第七次全国公共图书馆评估达标工作启动会议。

7月8日 顺义区政协"悦读书屋"启动仪式在顺义区文化中心图书馆举办，顺义区图书馆被授予"悦读书屋"牌匾。

7月12日 北京市文化和旅游局在首都图书馆举办北京市第十三次党代会精神宣讲报告会暨专题党课，局党组书记、局长杨烁做宣讲报告《深入学习贯彻市第十三次党代会精神，团结一致，担当作为，奋力推动新时代首都文化旅游高质量发展》，局党组成员、副局长、一级巡视员庞微主持会议。首都图书馆党委书记、副馆长肖维平，党委副书记、馆长毛雅君及各支部党员共135人参加报告会。

7月15日 由北京市文化和旅游局主办，朝阳区文化和旅游局、中国广播艺术团、首都图书馆共同承办的2022"首都市民音乐厅"之"水磨行腔——中国广播民族乐团昆曲音乐会"在首都图书馆上演。

7月28日 中央党史和文献研究院信息资料馆馆长崔友平、副馆长张忠耀一行9人到首都图书馆参观调研。首都图书馆馆长、党委副书记毛雅君及副馆长李念祖接待。双方重点围绕北京地方文献资源建设、古籍文献的保存与利用、为党政机关服务和信息咨询服务、数字图书馆建设与资源服务等工作展开座谈，并参观古籍书库、数字文化样板间及北京地方文献阅览室等馆内区域。

7月29日 "八一"建军节前夕，首都图书馆理论学习中心组（扩大）到北京新文化运动纪念馆（北大红楼）开展集体学习。首都图书馆党委书记、副馆长肖维平，党委副书记、馆长毛雅君，党委委员、纪委书记、副馆长胡启军，党委委员、副馆长李念祖及党委委员、复员转业军人等参加活动。

八月

8月1日 乌拉圭东岸共和国驻华大使费尔南多·卢格里斯一行到访首都图书馆，北京市文化和旅游局党组成员、一级巡视员、副局长庞微，北京市文化和旅游局对外交流与合作处（港澳台事务办公室）处长魏戎，首都图书馆馆长、党委副书记毛雅君及副馆长陈坚会见来访客人并接受赠书。

8月3日 新疆和田地区图书馆馆长储鑫一行26人，到首都图书馆开展"京和书香"读书交流活动。北京市文化和旅游局区域合作处副处长郑欣，首都图书馆馆长、党委副书记毛雅君，党委书记、副馆长肖维平，副馆长胡启军，北京市志愿服务指导中心队伍建设部负责人杨威等出席活动。双方就进一步深化支援合作、助力"京和书香"工作发展进行研讨。

8月4日 北京市公共图书馆第七次评估定级工作部署会在首都图书馆召开。北京市文化和旅游局党组成员、副局长、一级巡视员庞微，公共服务处一级主任科员刘思琪线上出席会议。首都图书馆馆长、党委副书记毛雅君，党委书记、副馆长肖维平，副馆长陈坚及相关部门主任、各区图书馆（少儿馆）领导等共计40余人现场参会。与会各参评馆就本次评估定级工作中等级必备条件与标准，以及评估档案提交过程中遇到的问题等进行交流研讨。

8月4日 首都图书馆副馆长李念祖带队赴中国唱片集团有限公司参观调研，考察中国唱片集团展厅、音乐文献资料库及杜比全景声音乐制作室等区域，观看中唱老唱片保护工程宣传短片，了解"中唱音乐在线"数据库的基本情况及其在Hi-res音乐领域的发展前景。

8月4日 新疆和田地区图书馆馆长一行26人在首都图书馆文化志愿服务中心工作人员陪同下，到顺义区图书馆开展"京和书香"读书会交流活动。

8月5日 由北京市文化和旅游局主办，朝阳区文化和旅游局、中国广播民族乐团、首都图书馆共同承办的2022"首都市民音乐厅"之"玫瑰玫瑰我爱你——七夕大型民族交响音乐会"在首都图书馆上演。

8月5日 中宣部印刷发行局副局长、一级巡视员董伊薇，办公室（农家书屋工作处）副主任徐雪，四级调研员陈凯，北京市委宣传部印刷发行处处长李琨，工作人员刘天一，北京市文化和旅游局党组成员、副局长、一级巡视员庞微，公共服务处处长刘贵民，一级主任科员刘思琪，首都图书馆党委书记、副馆长肖维平到顺义区调研图书馆总分馆制及农家书屋建设情况，调研马坡镇马卷村农家（益民）书屋、宏城花园社区综合文化活动室和顺义区图书馆。顺义区副区长李向英、区委宣传部副部长刘金燕、区文化和旅游局局长李莉及区图书馆馆长李毅陪同调研。

8月12日 由首都图书馆、生命树文化促进中心、北京长安投资公益基金会联合主办的"走出大山看世界——'阅读与人生'公益座谈"活动在首都图书馆举办。著名作家、北京大学教授、国际安徒生奖获奖者曹文轩，国际儿童读物联盟主席、生命树文化促进中心创始人张明舟，北京长安投资公益基金会理事长王辉及首都图书馆副馆长李念祖出席，来自安徽省六安市10所乡村小学的师生们现场参加活动。

8月12日 由北京市文化和旅游局主办，朝阳区文化和旅游局、北京交响乐团、首都图书馆共同承办的2022"首都市民音乐厅"之"夏日清风——室内乐音乐会"在首都图书馆上演。

8月15日 首都图书馆面向各区图书馆开展专题培训，对评估材料组卷及上传方法进行辅导。

8月18日 斯洛文尼亚驻华大使苏岚女士及随员Katja Kolsek女士到访首都图书馆，首都图书馆馆长、党委副书记毛雅君会见客人，并就双方未来合作方向展开会谈。会谈结束后，大使一行参观B座剧场、专题阅览室以及春明簃阅读空间。

8月19日 北京市文化和旅游局党组成员、副局长、一级巡视员庞微率首都图书馆理论学习中心组、北京城市图书馆建设统筹组一行11人到中国国家版本馆参观调研，中国国家版本馆馆长刘成勇、副馆长王志庚、副馆长王宁等接待。

8月19日 由北京市文化和旅游局主办，朝阳区文化和旅游局、中国广播民族乐团、首都图书馆共同承办的2022"首都市民音乐厅"之"情动山河——中国广播民族乐团室内乐音乐会"在首都图书馆上演。

8月19日 门头沟区文化和旅游局、门头沟区公共文化中心到区消防救援支队举办"喜迎二十大，阅读新时代"主题党日活动暨图书捐赠仪式。门头沟区公共文化中心副书记陈乐宝分别向3个基层队站赠书，并与消防支队领导进行座谈。

8月25日 首都图书馆馆长、党委副书记毛雅君，副馆长李念祖率北京城市图书馆建设统筹组部分人员赴阿里云智能北京分公司调研，该公司副总经理王倩等接待。调研组听取阿里云团队关于智慧图书馆建设方案的汇报，表示首都图书馆愿与全球领先的智能科技公司加强合作、共同探索，建立切实满足市民需求的新型服务业态。

8月26日 由北京市文化和旅游局主办，朝阳区文化和旅游局、北京交响乐团、首都图书馆共同承办的2022"首都市民音乐厅"之"青春舞曲——室内乐音乐会"在首都图书馆上演。

8月26日 海淀区人民政府代理区长李俊杰审议通过海淀区集成电路设计园图书馆设计方案。

8月28日 由昌平区文化和旅游局、共青团北京市昌平区委员会、昌平区文学艺术界联合会主办，昌平区图书馆、昌平区朗诵艺术协会、昌平区融媒体中心、昌平区泰康研修院共同承办的"熔古铸今向未来 赓续文脉启新程"第四届北京市昌平区朗诵艺术节决赛及颁奖盛典，在泰康研修院图书馆举行。区各委办局相关领导到场观看比赛并为获奖选手颁奖。

8月30日 首都图书馆正式推出"阅享京彩"网借服务平台，为全市读者提供图书快递服务。

九月

9月6日 中国雄安集团公共服务公司副总经理胡文瑾、北京大学图书馆副馆长童云海一行11人到首都图书馆调研，副馆长陈坚接待到访客人。双方就文献保藏、资源规划、展藏结合及特色建筑设计等问题进行交流。

9月9日 由北京市文化和旅游局主办，朝阳区文化和旅游局、北京交响乐团、首都图书馆共同承办的2022"首都市民音乐厅"之"中秋团圆乐——室内乐音乐会"在首都图书馆上演。

9月27日 首都图书馆携手北京联合出版有限责任公司、中国音网举办的"唱片里的中国——首都图书馆藏黑胶珍品展"在首都图书馆开幕，首次大规模展出珍品黑胶唱片馆藏。首都图书馆党委书记、副馆长肖维平主持活动。北京市委宣传部一级巡视员王野霏，北京市委宣传部出版处一级调研员张瑞江，北京市文化和旅游局二级巡视员常林，知名音乐学家、非物质文化遗产保护专家田青，中国历史博物馆原党委书记、中国民族文化艺术基金会名誉理事长谷长江，北京联合出版公司董事长赵红仕，华韵文化科技有限公司（中国音网）总经理熊志远及首都图书馆馆长、党委副书记毛雅君等出席开幕式。

9月28日 由北京市文联、北京摄影家协会主办，首都图书馆协办的"'瞰鉴北京'第四届北京摄影艺术展"在首都图书馆开展。开幕式由北京摄影家协会秘书长张尚军主持。北京市文联主席陈平，党组书记、常务副主席陈宁，党组成员、副主席、一级巡视员吕钦，北京摄影家协会主席叶用才，副主席王越及文艺界知名人士出席活动。

9月30日 北京市文化和旅游局党组成员、副局长、一级巡视员庞微，党组成员、副局长齐慧超来到首都图书馆检查、指导工作，参观"唱片里的中国——首都图书馆藏黑胶珍品展"。首都图书馆馆长、党委副书记毛雅君，党委书记、副馆长肖维平，副馆长陈坚，副馆长胡启军及副馆长李念祖陪同参观。

十月

10月1日—10日　门头沟区图书馆策划主办"中国制造　筑梦未来——大国重器背后的创新科技展"，从"国防与原子能""航空航天探测""远洋深海探测""交通设备与工程""资源勘探""医药卫生""农业与生物工程""微电子与计算机""新型材料"九大领域介绍中国重大科技成果，探寻国之重器科技创新背后的中国力量。

10月9日　由北京市文化和旅游局主办，朝阳区文化和旅游局、中国广播民族乐团、首都图书馆共同承办的2022"首都市民音乐厅"之"大河九曲——大型民族交响音乐会"在首都图书馆上演。

10月10日　中国商务出版社图书捐赠仪式在首都图书馆举行。首都图书馆馆长、党委副书记毛雅君代表首都图书馆接收捐赠图书，并为中国商务出版社颁发捐赠证书。首都图书馆副馆长李念祖主持仪式。中国国际贸易学会副会长、秘书长边振瑚，北京市贸促会副主任唐海蛟、中国商务出版社社长李学新及北京国际经济贸易学会会长马长军等出席仪式。

10月27日　北京市社科院文化所研究员、课题首席专家沈望舒带队"北京城市副中心文化建设研究"课题组一行5人到首都图书馆调研，首都图书馆馆长、党委副书记毛雅君接待。双方就北京城市图书馆项目的服务设想与理想方案、未来的工作亮点与创新点、副中心文化共建等问题开展座谈。

10月27日　中共中央党校图书和文化馆副馆长周虹一行14人到首

都图书馆调研，首都图书馆副馆长陈坚接待。双方就民国时期文献的存藏情况、编目加工、平台展示、修复、保护与开发等问题开展交流。

10月—11月　延庆区图书馆下乡检查酒店、民宿防疫工作。

10月—12月　石景山区图书馆全员参与社区下沉任务，10名干部职工参与隔离酒店、8小时工作专班等防控任务。

10月—12月　为进一步巩固和推进第四批国家公共文化服务体系示范区创建成果，石景山区图书馆结合文旅融合、总分馆制、法人治理等重点工作，筹备示范区复审档案整理，并参加由石景山区文化和旅游局组织召开的档案材料培训会。

十一月

11月1日　由东城区文化和旅游局、东城区文学艺术界联合会主办，东城区图书馆、东城区文化馆、东城区书画协会及东城区旅游推广中心承办的"玉兔呈祥"书画展评审会于东城区图书馆举办，东城区文化和旅游局党组书记胡国伟出席并指导作品评选工作。

11月1日—30日　朝阳区图书馆于劲松馆举办"共产党人的阅读故事——朝阳区图书馆'献礼党的二十大'主题展览"。本次展览作为2022年"书香朝阳"全民阅读系列活动之一，精选200余幅历史图片，展现优秀共产党人的阅读世界。

11月2日—3日　首都图书馆结合本市图书馆实际工作情况，采取线上直播方式举办2022年北京市公共图书馆业务培训班，首都图书馆副馆长陈坚、副馆长李念祖主持。培训特邀南开大学信息资源管理系教授柯平，北京大学首都发展研究院院长、教授李国平，上海图书馆副馆长刘炜，北京市海淀区图书馆馆长姚光丽及东城区图书馆书记左堃授课。全市公共图书馆馆长、业务人员以及基层图书管理员1900余人报名参加，总观看量达1.3万余次。

11月3日 北京师范大学教授于丹一行3人参观东城区角楼图书馆并签名赠书。

11月7日 为配合新馆残障阅览室开放运行,东城区图书馆南馆采编部首次采购拨交盲文图书701册。

11月8日 东城区角楼图书馆因疫情防控需要,暂停线下活动。

11月9日 首都图书馆以"11·9"消防安全周为契机,以"抓消防安全,保高质量发展"为主题,开展消防安全知识培训和"出真水,灭真火"消防演练,首都图书馆百余名职工参加。

11月9日 北京市文化旅游局领导到通州区图书馆督导疫情防控工作。

11月11日 东城区图书馆(交道口馆)暂停线下读者服务。临时闭馆期间,免除外借书刊逾期费用,并正常开展线上读者服务。

11月11日 东城区图书馆参与社区疫情防控工作,馆长肖佐刚带队支援和平里兴化社区管控区。

11月12日 由东城区文化和旅游局三级调研员薛冰带队,东城区图书馆副馆长高磊、参考咨询部主任师毅、馆员蔡宇辰和徐建宁组成的支援小组投入到社区疫情防控工作中。

11月14日 东城区角楼图书馆因疫情防控要求闭馆,暂停一切线下读者服务。

11月15日 通州区图书馆《中国大运河历史文献集成》古籍数字化第三期(第51册至第68册)数字文本转化完成。

11月16日 北京市文化和旅游局文化市场综合执法大队到通州区图书馆检查疫情防控工作。

11月19日 由西城区教育委员会、西城区文化和旅游局、西城区团教工委、西城区青少年儿童图书馆联合举办的2022年"激辩青春"西城区中学生线上辩论赛开赛。为期2天的赛事共计20支队伍线上参赛。

11月19日　海淀区图书馆受疫情影响闭馆。

11月20日　怀柔区图书馆按照首都疫情防控要求，暂停到馆读者服务。闭馆期间，免除各类外借文献逾期费用，并正常提供线上读者服务。

11月21日　怀柔区图书馆按照全区疫情防控工作统一部署，全体工作人员参与泉河街道金台园社区疫情防控值守工作，工作涉及支援核酸检测、人员流调及社区24小时值守等。

11月24日　通州区图书馆暂时闭馆，暂停到馆读者服务。

11月26日　西城区青少年儿童图书馆志愿服务分队首次采用线上会议的形式召开2022年度志愿服务总结表彰会。会议由西城区青少年儿童图书馆志愿服务分队负责人南娟主持，北京市志愿服务联合会特聘专家霍金华、首都图书馆文化志愿服务中心副主任杨芳怀、西城区青少年儿童图书馆副馆长安欣及205位西少图文化志愿者参会。

十二月

12月5日　丰台区图书馆自2021年12月19日0时—2022年12月5日零时，共收到投诉工单77件，回退10件，接办67件，响应率100%。

12月8日　通州区图书馆按照75%限流有序恢复开放。

12月8日　怀柔区图书馆14:00起有序恢复开放。

12月20日　《"阅读北京"2022阅读盛典特辑》节目于线上播出，展示2022年"阅读北京"四大版块活动，总结、梳理活动开展7年以来的成果，共计315.5万人次观看。

12月27日　东城区图书馆（交道口馆）、东城区角楼图书馆有序恢复开馆。

12月27日　通州区图书馆建立通州区"三庙一塔"景区流动送书点。

12 月 28 日　读者进入西城区图书馆不再进行核酸检测阴性证明和健康码查验，仅接受体温检测、出示预约码并扫码登记即可入馆。

12 月　海淀区图书馆因疫情原因全月闭馆，闭馆期间，利用微信公众号线上平台开展服务。

2022 年"阅读北京·十佳优读空间"——百姓身边的基层图书室推优活动获奖馆有：西城区广艺家市民文化中心图书馆、石景山区老山街道图书分馆、海淀区西三旗街道图书馆、通州区图书馆潞城镇分馆、顺义区图书馆牛栏山镇分馆、怀柔区图书馆杨宋镇分馆、密云区图书馆河南寨镇分馆、东城区图书馆语文书店分馆、朝阳城市书屋·熹阅堂馆、大兴区 S·D 文化空间。

北京市公共图书馆
分类大事记
(2012—2022)

市级以上领导察访

2012年1月31日 北京市委书记刘淇到首都图书馆调研,参观"北京精神"大型主题展。

2012年11月15日 新闻出版总署印刷发行管理司司长王岩镔一行3人到大兴区考察调研益民书屋建设工作。

2012年11月16日 中宣部出版局副局长张拥军等领导到怀柔区桥梓镇北宅村益民书屋调研卫星数字益民书屋使用情况。

2012年11月20日 北京市人大常委会副主任吴世雄一行到首都图书馆视察本市全国文化中心建设与公共文化建设进展情况。

2012年12月3日 中共中央政治局委员、北京市委书记郭金龙到首都图书馆调研。

2013年3月5日 北京市委常委陈刚作为志愿者到首都图书馆参加"3·5"北京志愿服务活动。

2013年7月10日 中国新闻出版报总编马国仓,北京记者站站长王坤宁,北京市新闻出版局出版物发行管理处处长王亦君,副处长邓勇、腾秋义等领导到怀柔区"篱苑书屋"调研。

2014年4月19日 中共中央政治局委员、北京市委书记郭金龙,市委副书记、市长王安顺等市委市政府有关同志一行8人到首都图书馆参加文化志愿服务。

2014年6月18日 文化部全国公共文化发展中心副主任李建军、

全国公共文化发展中心培训保障部部长刘刚等一行，对怀柔区"数字文化社区"管理信息系统建设情况进行调研。

2014年7月4日 北京市政协主席吉林率队到首都图书馆就公共文化服务进行调研。

2015年3月19日 北京市文化局党组书记、局长陈冬，副局长庞微等一行5人，到石景山区图书馆调研，了解益民书屋建设情况。

2015年4月4日 北京市文化局副局长庞微、市文化局公共文化处处长黄海燕到通州区图书馆调研公共文化服务体系建设情况。

2015年5月7日 北京市人民政府外事办公室副主任高志勇一行就推广"新中装"一事访问首都图书馆。

2015年5月21日 中国中共党史学会党领导文化建设史研究专业委员会会长龙新民带队一行14人，到首都图书馆考察参观。

2015年9月24日 住建部领导在海淀区规划局领导陪同下，到海淀区图书馆检查无障碍设施建设情况。

2015年10月14日 参加"2015年人大系统信息资源共建共享研讨会"的全国人大、北京市人大常委会相关领导及各省、自治区、直辖市与会人员近100人，到首都图书馆考察参观。

2015年10月23日 北京市人大代表、市人大常委会教科文卫体办公室相关领导在市文化局副局长吕先富、副局长李新平的陪同下前往首都图书馆视察。

2016年4月15日 北京市人大内务司法委员会相关领导及代表一行20人，到首都图书馆开展"七五"普法规划调研座谈活动。

2016年8月4日 北京市文化局机关党委副书记、纪委书记吴秀泉一行到首都图书馆督导"两学一做"学习教育工作。

2016年11月23日 北京市文化局党组成员、北京京剧院院长李恩杰带队一行5人检查首都图书馆2016年党风廉政建设责任制工作。

2017年4月12日 全民阅读促进立法调研组一行20人到西城区第

一图书馆实地走访调研。

2017年10月1日　北京市委书记蔡奇视察首都图书馆。

2018年3月20日　中宣部文艺局副局长王强、北京市委宣传部副部长赵佳琛等到东城区第二图书馆分馆——角楼图书馆参观调研。

2018年8月17日　北京市全民阅读立法调研组和市新闻出版广电局公共服务处副处长谭素云一行9人到昌平区图书馆进行全民阅读立法调研座谈。

2018年9月7日　北京市全民阅读立法调研组到平谷区图书馆调研指导。

2018年12月4日　中共北京市委常委、宣传部部长杜飞进，副市长张家明，市委副秘书长张铁军，市司法局党委书记苗林，市文化和旅游局副局长庞微等领导在首都图书馆观看《百名摄影师聚焦中国改革开放四十年》精选图片展。

2020年2月26日　北京市文化和旅游局党组成员、副局长庞微，公共服务处处长刘贵民到首都图书馆检查督导新冠肺炎疫情防控工作。

2020年2月27日　北京市委宣传部常务副部长赵卫东带队到首都图书馆督导检查防疫工作情况。

2020年4月30日　北京市文化和旅游局党组书记、局长陈冬，党组成员、副局长庞微，党组成员、市纪委监委驻局纪检监察组组长贾利亚和公共服务处处长刘贵民到首都图书馆对"五一"开馆工作进行现场指导。

2020年5月2日　北京市委宣传部副部长、北京市电影局局长王杰群带队到首都图书馆检查恢复开放情况。

2020年6月13日　北京市文化和旅游局党组书记、局长陈冬带队到首都图书馆督查指导疫情变化形势下的防控工作。

2020年12月23日　北京市文化和旅游局党组书记、局长陈冬出席首都图书馆干部任免职会议。

2020年12月23日 北京市文化和旅游局党组成员、副局长庞微带队一行7人，对首都图书馆2020年全面从严治党（党建）工作进行检查。

2020年12月24日 北京市文化和旅游局办公室主任路斌带队，到首都图书馆开展2020年度保密安全工作检查。

2021年1月14日 北京市文化和旅游局副局长庞微、局公共文化服务处处长刘贵民一行到首都图书馆对疫情防控工作进行检查指导。

2021年2月1日 北京市文化和旅游局党组成员、副局长庞微带队，检查通州区图书馆疫情防控和安全生产工作。

2021年2月11日 北京市文化和旅游局党组书记、局长陈冬带队到首都图书馆检查春节期间开馆安排和读者服务准备情况。

2021年2月18日 北京市副市长王红带队到副中心图书馆项目建设工地进行检查。

2021年5月26日 中宣部副部长张建春一行到首都图书馆调研，听取北京城市图书馆建设情况汇报。

2021年6月1日 国务院副总理孙春兰到东城区图书馆分馆——角楼图书馆与孩子们共庆"六一"儿童节。

2021年7月21日 北京市市委书记蔡奇到丰台区就大红门地区规划建设调查研究，其间到访区政务服务中心，察看丰台区图书馆大红门新馆运营情况。

2021年12月8日 中共北京市委办公厅秘书五处处长周玲等一行2人到首都图书馆参访。

2022年1月26日 北京市文化和旅游局二级巡视员常林一行到首都图书馆检查春节期间安全运行和疫情防控工作。

2022年1月31日 北京市文化和旅游局党组书记、局长陈冬带队到首都图书馆，慰问节日期间坚守工作一线的干部职工，并就春节期间图书馆开放情况及新冠疫情防控工作进行重点检查。

2022年6月20日 中宣部印刷发行局、财政部科教和文化司、文化和旅游部公共服务司、北京市财政局及文化和旅游局相关领导调研石景山区图书馆总分馆制建设现状、运营模式及资金保障等情况。

2022年7月12日 北京市文化和旅游局在首都图书馆举办北京市第十三次党代会精神宣讲报告会暨专题党课，局党组书记、局长杨烁做宣讲报告《深入学习贯彻市第十三次党代会精神，团结一致，担当作为，奋力推动新时代首都文化旅游高质量发展》，局党组成员、副局长、一级巡视员庞微主持会议。

2022年8月5日 中宣部印刷发行局副局长、一级巡视员董伊薇，办公室（农家书屋工作处）副主任徐雪，四级调研员陈凯，北京市委宣传部印刷发行处处长李琨，工作人员刘天一，北京市文化和旅游局党组成员、副局长、一级巡视员庞微等到顺义区调研图书馆总分馆制及农家书屋建设情况。

2022年9月30日 北京市文化和旅游局党组成员、副局长、一级巡视员庞微，党组成员、副局长齐慧超到首都图书馆检查、指导工作。

公共图书馆评估定级工作

2013年5月8日—6月21日　北京市文化局发布《北京市文化局关于北京市公共图书馆开展评估定级工作的通知》，对区县级图书馆第五次评估定级工作进行部署；成立评估工作领导小组，确定由首都图书馆成立专家评估组；专家评估组对全市区县级图书馆进行评估检查。

2013年5月—7月　北京市公共图书馆参加第五次全国县级以上公共图书馆评估定级，首都图书馆和15个区图书馆、2个县图书馆全部被评为"一级图书馆"。

2013年7月8日　受文化部委托，由陕西省图书馆馆长谢林任组长、湖北省图书馆馆长汤旭岩任副组长的专家组到首都图书馆进行公共图书馆评估定级暨重点文化工程督导。专家评估组对首都图书馆开展各项考核督导工作。首都图书馆获评"一级图书馆"。

2017年3月3日　北京市文化局印发《关于做好第六次全国县级以上公共图书馆评估定级工作的通知》，对全市公共图书馆第六次评估定级工作进行部署；成立北京市公共图书馆评估工作领导小组，统筹组织、指导监督，委托首都图书馆具体实施。

2017年5月12日　北京市公共图书馆评估定级工作专题会议在首都图书馆召开，对本市公共图书馆参加第六次全国县级以上公共图书馆评估定级工作进行总体部署，决定于5月16日—19日，由首都图书馆对参加评估的区图书馆进行具体指导。

2017年7月20日 北京市评估工作专家组成立;7月24日—8月4日完成网上初评打分,8月7日—17日完成实地评估检查并进行复评打分,9月15日进行研究汇总,完成终评打分,提交"全国公共图书馆评估定级管理服务平台";9月25日完成北京市区级图书馆评估工作,总结报北京市文化局公共文化事业处。

2017年12月15日 首都图书馆接受文化部第一评估专家组实地评估。

2017年12月16日 东城区第一图书馆接受文化部评估专家组的检查。

2017年12月 第六次全国县级以上公共图书馆评估定级工作完成,首都图书馆和17家区级图书馆全部被评为"一级图书馆"。

2022年6月29日 北京市文化和旅游局印发《北京市文化和旅游局关于做好北京市区级公共图书馆第七次评估定级工作的通知》,部署评估定级工作,成立领导小组,统筹组织、指导监督,委托首都图书馆组织实施。

2022年8月4日 北京市公共图书馆第七次评估定级工作部署会议在首都图书馆召开。

2022年8月15日 首都图书馆面向各区图书馆开展专题培训,对评估材料组卷及上传方法进行辅导。

重要会议及培训

一、北京市公共图书馆会议及培训

2012年6月20日—21日　北京市公共图书馆馆长工作会议在昌平区召开。

2012年12月　由北京市文化局主办、首都图书馆承办的北京市公共图书馆培训班于昌平落幕。

2013年6月　北京市公共图书馆2012年入馆员工岗位培训班举办2期，共70人参训。

2013年8月5日—8日　新加入通还服务图书馆培训班举办4天，60人参训。

2013年8月20日—22日　图书馆文献标引工作培训班举办3天，70余人参训。

2013年9月3日—4日　北京市公共图书馆馆长工作会议召开。

2013年9月6日、13日　数字资源服务与利用培训班举办2天，50余人参训。

2013年12月16日—17日　北京市公共图书馆馆长工作会议召开。

2014年6月17日　北京市公共图书馆馆长工作会议召开。

2014年7月8日　由中国图书馆学会、歌德学院主办，首都图书馆、北京市图书馆协会承办，德国汉堡图书馆布瑞特·易卜生女士"阅读从看图开始"主题讲座在首都图书馆举行，本市各级各类图书馆200余人参加。

2014年8月12日—21日　2013—2014年度区县图书馆新入馆人员基础专业知识培训班举办1期，讲授7门课程，62人参训。

2014年12月12日—13日　北京市公共图书馆馆长工作会议召开。

2015年3月26日　北京市区县图书馆馆长工作会议在首都图书馆召开。

2015年8月6日　北京市公共图书馆馆长工作会议在首都图书馆召开。

2015年9月14日—24日　首都图书馆合作协调中心与数字图书馆管理中心联合举办Aleph系统操作培训。

2016年4月　北京市图书馆协会参与组织Aleph 500图书馆集成管理系统培训，各区县图书馆业务骨干和系统管理员共100余人参训。

2016年4月—8月　首都图书馆面向基层图书馆管理员举办业务培训班10期。

2016年8月19日　由首都图书馆联合东城区、西城区、朝阳区、海淀区图书馆举办的北京市基层图书馆管理员培训班圆满结束。

2016年9月18日　北京市公共图书馆馆长工作会议在首都图书馆召开。

2016年12月7日　北京市公共图书馆馆长工作会议在首都图书馆召开。

2017年2月17日　北京市公共图书馆馆长工作会议在首都图书馆召开。

2017年3月29日　北京市公共图书馆馆长工作会议在首都图书馆召开。

2018年1月23日　北京市公共图书馆馆长工作会议在首都图书馆召开。

2018年3月27日 首都图书馆召开本市公共图书馆业务辅导工作会议。

2018年5月7日—8日 首都图书馆举办本市公共图书馆馆长培训班。

2018年6月8日 北京市公共图书馆馆长工作会议在首都图书馆召开。

2018年6月21日—7月3日 全市公共图书馆新员工培训班在首都图书馆举行。

2018年9月10日—11日 首都图书馆举办本市公共图书馆馆长第2期培训班。

2018年12月5日 第四季度北京市公共图书馆馆长工作例会在首都图书馆召开。

2018年12月19日 北京市公共文化服务社会化现场推进会在门头沟区召开。

2019年3月18日 北京市公共图书馆馆长工作会议在首都图书馆召开。

2019年5月8日—6月13日 首都图书馆连续举办5期街道（乡镇）图书馆管理员业务培训班。

2019年12月12日 第四季度北京市公共图书馆馆长工作会议在首都图书馆召开。

2020年6月4日 第二季度北京市公共图书馆馆长工作会议在首都图书馆召开。

2020年10月12日—13日 北京市公共图书馆业务培训班在海淀区举办，全市公共图书馆馆长等参加培训。

2021年4月12日 北京市公共图书馆馆长工作会议在首都图书馆召开。

2021年12月9日—10日 在疫情防控常态化下，首都图书馆采取线上直播方式举办业务培训。

2022年3月4日　2022年北京市公共图书馆馆长工作会议在首都图书馆召开。

2022年11月2日—3日　首都图书馆采取线上直播方式举办2022年北京市公共图书馆业务培训班。

二、首都图书馆／区级图书馆举办全国性会议或培训

2012年11月8日　由朝阳区图书馆主办、悠贝亲子图书馆协办的"社会力量参与全民阅读推广的现状与未来"中国图书馆学会2012年年会朝阳区图书馆分会场学术会议，在上海浦东新区世博展览馆正式开幕。

2013年11月8日　由朝阳区图书馆主办、悠贝亲子图书馆协办的"社会力量参与全民阅读推广的现状与未来"2013年中国图书馆年会学术会议第29分会场在上海浦东新区世博展览馆举办。

2014年10月10日—12日　中国图书馆年会——中国图书馆学会年会·中国图书馆展览会在北京东城区举行。

2015年7月5日　由中国国土经济学会、中国自然辩证法研究会、中国未来研究会、中国生产力研究会、中国技术经济研究会、国家发展改革委员会、中国民生研究会、孙冶方经济科学基金会、知识产权出版社和首都图书馆联合举办的于光远学术思想研讨会在首都图书馆举行。

2016年5月28日—29日　由北京市东城区文化委员会、中华炎黄文化研究会科举文化专业委员会、故宫博物院故宫学研究所、孔庙和国子监博物馆等单位共同主办，东城区第一图书馆承办的第十三届科举制与科举学国际学术研讨会在北京召开。

2016年6月6日　由西城区第一图书馆、北京德国文化中心·歌德

学院（中国）、西城区图书馆管理协会共同举办的中、德"图书馆的可持续性发展"学术研讨会在西城区第一图书馆举办。

2016年9月12日 中国图书馆学会公共图书馆分会2016年工作会议在首都图书馆召开。

2018年9月19日—21日 由首都图书馆与中国图书馆学会学术研究委员会地方文献研究专业委员会联合主办的国际"城市记忆"学术研讨会、地方文献学术研讨会在首都图书馆召开。

2020年12月14日—16日 "提升创新能力 实现高质量发展"新时代公共图书馆服务与建设创新研讨会在首都图书馆举行。

2021年10月20日—23日 由中国图书馆学会阅读推广委员会主办，苏州市图书馆学会、北京市东城区图书馆、江苏省太仓市图书馆承办的2021年科普阅读推广专题研讨会，在太仓市图书馆召开。

重点工程建设

一、共享工程/数字文化社区工程

2012年2月23日 北京市"数字文化社区"工程建设在潘家园数字文化社区启动。

2012年6月 西城区宣武图书馆正式启动北京市"数字文化社区"工程建设，区内首批建设单位的"数字文化社区"正式对外开放。

2012年7月 北京市文化局牵头首都图书馆、房山区文化委员会共同购置设备，援建北京市首个农村数字文化社区——洪寺数字文化社区。

2013年1月16日 共享工程石景山支中心2012年基层工作会议召开。

2013年3月 顺义区依托文化共享工程的服务网络与设施以及文化共享工程、国家数字图书馆的数字资源，推进乡镇文化站、街道（社区）文化中心（文化活动室）建设，开始在全区建设145个公共电子阅览室。

2013年4月2日 西城区第一图书馆与文化部共享工程中心合作，首次将"心声音频馆"文化资源服务系统引进公共图书馆。

2013年9月11日 2013年"数字文化社区"建设动员会在东城区文化委员会办公楼召开，针对2013年区内计划建设36家"数字文化社区"工作进行布置。

2013年11月18日 西城区陶然亭街道龙泉社区图书分馆暨"数字文化社区"揭牌仪式在龙泉社区中心举行。

2013年12月 怀柔区分中心完成2013年文化共享工程年终检查考评工作。

2013年 首都图书馆在全市建成300个数字文化社区，并且搭建完成高清交互电视应用平台、无线应用平台，集中采购适用于电视平台使用的电子图书、电子期刊及视频资源。

2014年2月13日 在怀柔区文化委员会副主任王冠蘅带领下，由区图书馆工作人员组成的检查组对新建的11个"数字文化社区"进行初步检查验收。

2014年2月21日 石景山区图书馆召开"2014年石景山区图书馆数字文化社区工作会"。

2014年 文化共享工程北京分中心启动北京市公共电子阅览室技术平台建设，完成相关应用软硬环境的搭建，300余个公共电子阅览室终端软件的安装部署等；搭建国家公共文化数字支撑平台，完成支撑平台的硬件采购及部署工作，承接"文化共享工程地方特色资源项目申报及评审系统"的研发工作；持续建设数字资源。

2015年7月22日 怀柔区图书馆举办2015年公共电子阅览室、数字文化社区管理员培训班。

2015年11月4日—11月6日 昌平区图书馆举办益民书屋、共享工程管理员培训班。

2015年11月4日 怀柔区检查考核小组对各镇乡、街道文化共享工程工作进行考评。

2015年11月6日 东城区第一图书馆举办东城区全国文化信息资源共享工程专题培训。

2016年9月29日 石景山区图书馆组织全区各街道文教负责人和街道、社区图书馆（室）馆长召开共享工程石景山支中心培训会。

2017年4月25日 通州区图书馆组织开展"发现社区图书室"基层管理员培训班，全区范围内32家基层图书室、公共电子阅览室、数字文化社区的管理员参加培训。

2017年10月10日—13日 怀柔区图书馆分批举办了2017年基层图书室、共享工程基层服务点管理员培训班。

2017年11月13日—15日 密云区图书馆举办2017年基层图书室、共享工程管理员培训班。

2018年6月8日 首都图书馆于公共图书馆馆长工作会议上发放《关于做好2017—2018年数字文化社区、文化共享工程、公共电子阅览室运行维护工作的通知》。

2019年10月下旬—11月上旬，怀柔区图书馆举办2019年街道（乡镇）分馆管理员培训班及公共数字文化工程管理员培训班。

二、古籍保护工程

2013年1月22日 北京古籍保护中心专家组到东城区图书馆开展古籍普查工作，结合实物从软、硬件两方面提出意见。

2013年 首都图书馆继续推进北京市古籍保护中心各项工作，全市共有23家古籍藏书单位开展普查登记工作，共普查完成6万余种、61万余册，数据已上传至全国古籍普查平台。在《第四批国家珍贵古籍名录》中，共有4家市属古籍藏书单位的32部珍贵古籍入选，其中首都图书馆入选20部。首都图书馆共为昌平、顺义等8家区县图书馆代存古籍4000余册，共组织5人次参加国家级培训，并举办全市培训班1次，50余人参加。北京市古籍保护中心网站全新改版，建成"首都图书馆珍善本古籍数据库"，并出版一批影印古籍文献。

2014年5月28日—30日 由首都图书馆与北京市古籍保护中心共同举办的"双椠藏心曲——吴晓铃先生诞辰一百周年纪念展览"在首

都图书馆展出。29日，首都图书馆携手中国社科院文学研究所共同举办"双楄藏心曲——吴晓铃先生诞辰一百周年纪念座谈会"。

2016年8月29日 为纪念汤显祖逝世四百周年，由首都图书馆、北京市古籍保护中心联合主办的"梦回临川四百年——汤显祖戏曲文献展"在首都图书馆开展。

2016年9月1日 首都图书馆历史文献阅览室恢复开放。

2016年10月13日 首都图书馆古籍珍善本图像数据库通过验收正式上线。

2019年8月 由中国民族图书馆、北京市民族古籍整理出版规划小组办公室、顺义区图书馆共同主办的"中国民族典籍文化展"在顺义图书馆开展。

2021年12月31日 通州区图书馆完成《中国大运河历史文献集成》古籍数字化工作。

2022年1月18日 通州区图书馆全国智慧图书馆体系建设项目——《中国大运河历史文献集成》数字化二期结项。

2022年11月15日 通州区图书馆《中国大运河历史文献集成》古籍数字化第三期（第51册至第68册）数字文本转化完成。

三、地方文献保护

2016年11月22日 首都图书馆组织召开"北京记忆"专题库内容建设论证会。

2016年12月20日 首届"海峡两岸图书馆馆长交流季"论坛在福建省晋江市图书馆和厦门图书馆两地召开，首都图书馆北京地方文献中心主任马文大代表首都图书馆参加并做题为"整合地方文献资源打造'北京记忆'平台"的报告。

2017年10月13日 图书馆地方文献工作学术交流暨"北京记忆"

新版发布会在首都图书馆举行，这标志着"北京记忆"新版网站正式上线。

2018年8月1日 首都图书馆北京地方文献中心接收北京市规划国土委移交的文献资料。

2018年9月17日—24日 "京籍渊薮 甲子回眸——首都图书馆北京地方文献中心成立六十周年纪念展"在首都图书馆开展。

2018年9月19日—21日 由首都图书馆与中国图书馆学会学术研究委员会地方文献研究专业委员会联合主办的国际"城市记忆"学术研讨会、地方文献学术研讨会在首都图书馆召开。

2020年2月27日 首都图书馆北京地方文献中心发起"非凡忆疫——北京记忆"首都图书馆抗击新型冠状病毒肺炎疫情文献资料征集活动。

2020年6月9日 北京工艺美术博物馆将其"遥祝武汉 匠心奉献"活动中的书画作品、医护人员形象绢人、工艺美术大师祝福视频98段、活动倡议书等文献捐赠给首都图书馆北京地方文献中心。

业务与服务创新

一、首都图书馆／全市性业务发展与服务创新

2012年7月 北京市公共图书馆开通移动图书馆服务，东城区第一图书馆、第二图书馆和西城区宣武图书馆首批启动移动服务项目。

2012年9月28日 首都图书馆"掌上图书馆"服务在新馆报告厅正式发布。

2012年9月28日 首都图书馆全新检索服务——"北京市公共图书馆e搜索（js.bjgxgc.cn）"正式上线。

2012年 北京市公共图书馆在东城、西城、朝阳、海淀等区推广24小时自助图书馆建设项目。

2012年 截至年底，北京市已有70余家公共图书馆实现通借通还。

2013年11月 首都图书馆官方微信开通，通过微信、微博、豆瓣等新媒体和网络专栏向读者发布各类动态信息。

2013年 北京市交通枢纽、大型住宅区、商业区、文化休闲场所及行政机关集中区域实现布置155台24小时街区自助图书馆。

2013年 首都图书馆正式启动图书馆业务管理系统更换工作，Aleph 500系统成为首都图书馆新的图书馆业务管理系统。

2013年 《北京市公共图书馆计算机信息服务网络"一卡通"服务手册》完成调整修改。

2014年 北京市城市街区155台24小时自助图书馆实现运行服务，分别安置在东城区等5个区县的交通枢纽、大型住宅区、文化休闲场所及行政机关集中区域。首都图书馆调拨4万余册图书建立专属库，委托专业物流公司进行物流配送，并制定《北京市城市街区24小时自助图书馆物流配送管理办法》。

2014年 首都图书馆数字资源移动客户端——"首图读览天下"与"首图移动知网"正式上线。

2015年5月28日 北京市公共图书馆开启原文传递服务，"一卡通"读者可免费获取北京部分高校的文献资源。

2015年7月—12月 北京市公共图书馆启动基层图书服务资源整合工作。

2016年7月20日 首都图书馆与北京市贸促会合作建立"北京国际经济贸易资料中心"，这是全国首家由贸促机构和省级图书馆共建的专业类公共资料中心。

2016年7月—8月 首都图书馆委托中科明德人力资源服务有限公司，通过实地走访并填写调查问卷等方式，对全市基层图书馆（室）进行摸底和梳理。

2016年8月12日 北京市文化局印发《北京市基层图书服务资源整合实施方案》。

2016年12月28日 北京市文化局印发《北京市基层图书服务资源整合实施管理办法》。

2017年3月20日—4月4日 北京市公共图书馆计算机信息服务系统完成Aleph 500系统切换工作。

2018年3月12日 首都图书馆召开本市公共图书馆"一卡通"专题会议，部署少儿"一卡通"和图书预约相关工作。

2018年3月29日 北京市少年儿童图书馆加入"一卡通"。

2018年4月18日 北京市公共图书馆"一卡通"开通预约服务功

能。

2018年9月12日　首都图书馆参与"回天有我"系列活动，为5个街镇配送图书2.5万册。

2018年9月15日　首都图书馆参与"回天有我"系列活动，为回龙观镇北店嘉园社区居民捐赠图书1000册；现场办理"一卡通"借书证；配送共享工程数字资源阅读机；举办讲座5场。

2019年11月8日　首都图书馆、顺义区图书馆耿丹学院分馆正式开馆。

2020年1月24日　为抗击新型冠状病毒肺炎疫情，北京市公共图书馆实行闭馆，闭馆期间免除外借文献逾期费用。

2020年3月29日　首都图书馆读者预约系统完成上线试运行，于4月30日前完成系统的最终测试上线工作。

2020年5月1日　北京市公共图书馆陆续恢复开放，实行预约、限流进馆政策。

2020年12月25日　首都图书馆正式开通"二维码读者证"，同时制定《北京市公共图书馆"二维码读者证"生成规则》。

2020年　首都图书馆指导各区图书馆完成市政府民生实事第24项任务，将100个街道（乡镇）图书馆全部建设成为北京市公共图书馆"一卡通"服务体系成员馆，并纳入各区图书馆总分馆体系和各区图书服务资源配送体系。

2021年3月2日　全市24小时自助图书馆工作专题会在首都图书馆召开。

2021年6月25日　首都图书馆"春明簃"阅读空间正式开放运行。

2021年7月1日　北京市各级公共图书馆组织党员职工观看习近平总书记在庆祝中国共产党成立100周年大会上发表的重要讲话，并在公共区域为读者同步播放大会实况。

2021年7月28日　首都图书馆大兴机场分馆正式开馆。

2022年1月1日 首都图书馆新版APP正式上线。

2022年1月5日 由首都图书馆和首都体育学院共同建立、北京首家面向公众开放的奥运主题图书馆"奥运书屋"——首都图书馆体育分馆正式揭牌开馆。

2022年8月30日 首都图书馆正式推出"阅享京彩"网借服务平台，为全市读者提供图书快递服务。

二、区级图书馆业务与服务创新

2012年3月10日 怀柔区图书馆开通图书通借通还服务。

2012年3月13日 大兴区图书馆开通图书通还服务。

2012年4月23日 房山区图书馆文博分馆开馆。

2012年4月23日 贾岛纪念馆、图书馆开馆仪式在房山区贾公祠举办。

2012年10月8日 西城区图书馆在北京市区县级公共图书馆中率先完成自助借还书系统全馆覆盖。

2012年12月18日 海淀区图书馆中关村768创意产业园图书流动站正式揭牌服务读者。

2012年 朝阳区图书馆完成全区总量110台24小时自助图书馆的建设任务，实现了43个街乡100%全覆盖。

2013年5月31日 东城区图书馆东总布胡同分馆开馆运营。

2013年7月2日 通州区张家湾镇张家湾村清真寺流动送书点举行揭牌仪式，通州区图书馆在区内宗教场所中建立的首家流动送书点投入使用。

2014年1月2日 "社会力量参与朝外地区图书馆运营"合作签约仪式在朝外地区文化服务中心举行，朝阳区图书馆、朝外地区文化服务中心与悠贝亲子图书馆三方签署合作协议。

2014年3月8日 通州区图书馆微信（公众平台）订阅号正式上线。

2014年3月28日 海淀区图书馆在区内卓展购物中心建立的第一个商业图书流动站举行启动仪式。

2014年4月19日 石景山区少年儿童图书馆在京原路7号·社区青年汇旗舰店建立的分馆正式开馆。

2014年4月23日 "北京砖读空间"在西城区万松老人塔免费对读者开放，这是北京市首次将文物保护单位打造成公共阅读空间。

2014年4月25日 西城区第一图书馆公众号（订阅号）正式开通。

2014年6月30日 通州区图书馆微信公众号正式开通。

2014年6月 怀柔区图书馆开通微信公众平台。

2014年9月24日 西城区第一图书馆推出"云图书馆"手机阅读服务，并在馆内设置3台二维码数字书刊触摸屏。

2014年10月1日 东城区第一图书馆与悠贝亲子图书馆合作运营的东总布分馆正式开馆。

2014年11月5日 石景山区图书馆24小时自助图书馆、电子书借阅机正式投入使用。

2014年11月15日 海淀区青龙桥街道建成以24小时流动图书馆为中心的街道文化广场和街道图书阅览中心。

2014年11月27日 西城区第一图书馆参与创建的京城首家"酒店阅读空间"在什刹海畔的皮影文化酒店正式成立。

2015年2月16日 由西城区旅游和文化委员会联手打造的文化旅游公益项目——西城区"都市旅游阅读空间"正式启动。

2015年3月27日 东城区8台城市街区24小时自助图书机开通服务。

2015年4月17日 东城区数字图书馆"书香东城"全民阅读平台开启，免费发放30万张阅读卡，10万种大众类数字图书。

2015年4月 西城区青少年儿童图书馆先后为菜市口百货公司、京彩瓷博物馆、北京120急救中心、西城区体育局离退休老干部处及区妇联等7家机关、企事业设立图书基层服务点。

2015年6月11日 石景山区24小时微型图书馆在区政府大楼内正式投入使用。

2015年7月23日 房山区燕山图书馆"党员E网书栈"党建创新品牌建设工作已达到标准，入驻党建创新品牌基地。

2015年10月1日 西城区青少年儿童图书馆开通网站手机版。

2015年11月 平谷区图书馆加大数字图书馆建设力度，建设微信公众平台，更新数字图书馆门户，完成两项特色馆藏文献数字化加工。

2016年4月22日 西城区"阅读推广+"联盟组织成立暨第一届代表大会举行，特色阅读空间"西华书房"同时亮相。

2016年4月22日 朝阳区首个"城市书房"于朝阳区西坝河东里开放。

2016年10月11日 昌平区图书馆雪绒花分馆、圣学分馆揭牌，民办文化服务纳入公共文化服务体系，北七家宏福分馆、回龙观回+读书分馆同时成立。

2016年11月3日 东城区人民政府与北京演艺集团公共文化建设战略合作签约仪式于东城区第一图书馆举行，北京演艺集团针对试点单位（北新桥街道文体中心、东直门街道文体中心、东华门街道文体中心、龙潭街道文体中心）开展"菜单式""订单式"各项规范化与标准化服务。

2016年11月10日 "百年书香梦，助力副中心"通州区图书馆建馆100周年纪念活动暨国家数字图书馆移动阅读平台通州分站开通启动仪式在通州区图书馆举行。

2016年12月24日 门头沟区图书馆联合北京科美乾坤智能技术有限公司在门头沟区政府机关、行政单位、影剧院、部队、医院等公共场所设置10台"微型图书借书机"，并推出可与该"微图机"对接使用的微信平台。

2017年6月27日 大兴区24小时城市书房在高米店街道正式开放，北京市公共图书馆开启"一站式"无人值守阅读服务。

2017年9月 昌平区图书馆回龙观第一分馆正式接待读者，这是回龙观首家地区图书馆。

2017年10月28日 北京历史文化主题图书馆——东城区角楼图书馆向市民开放。

2017年11月25日 朝阳城市书屋发布及授牌仪式暨郎园·良阅书房揭幕典礼在郎园vintage文创园举办。朝阳区文化委员会主任高春利为宸冰书坊馆、798尤伦斯馆、良阅书房馆、东亿产业园馆授牌。

2018年2月24日 顺义区首家24小时全自助智能型影视文学主题图书馆——"潮白书苑"开始试运营。

2018年4月 海淀区图书馆联合支付宝芝麻信用推出"免押金、线上借、送到家"服务。

2018年4月16日 东城区阅读推广联盟成立。

2018年4月23日 东城区第二图书馆联手东城区图书馆理事会、北京必胜客有限公司共同打造的"书香东城·智阅必胜"社区智能阅读空间亮相北京必胜客（南锣鼓巷）餐厅。

2018年4月23日 全国首创互联网+新型公共文化服务设施——西城区红楼公共藏书楼开启入藏模式。

2018年4月 海淀区图书馆启动预约借阅柜与支付宝预约借书两项服务。

2018年6月16日 宛平记忆图书馆在丰台区宛平城地区正式成立。

2018年7月2日 东城区第一图书馆与书店合作开办的第一家分馆——王府井书店分馆开馆接待读者。

2019年4月23日 西城区首家人脸识别24小时无人值守城市书房——"天宁24小时城市书房"正式对公众开放。

2020年2月1日 房山区文化活动中心在官方微信小程序中开设

"空中艺术学堂"栏目。

2020年3月30日　房山区燕山文化活动中心"惠生活·志愿者微课堂"于"文化燕山"微信公众号平台上正式上线。

2020年8月15日　顺义区图书馆推出"顺图文化云"歌华有线电视云平台服务。

2020年9月9日　丰台区图书馆长辛店镇分馆（辛阅驿站）新馆举行揭牌仪式。

2020年9月14日　平谷区图书馆为北京第二实验小学平谷分校建立人工智能阅读体验馆。

2020年9月30日　位于石景山区文化中心的"书香石景山24小时阅读空间"正式开放。

2020年9月30日　大兴区图书馆"兴舍"城市服务驿站打造的24小时城市书房建成使用。

2020年11月16日　海淀区图书馆参与打造的"三山五园"历史文化主题列车，正式开始在北京地铁西郊线颐和园站和香山站间往返运行。

2020年12月21日　东城区第一图书馆阅想书店合作分馆开馆仪式在化学工业出版社书店举办。

2021年1月4日　东城区第一图书馆正式推出官方微信小程序"东图小站"，同时正式开通"二维码读者证"服务。

2021年1月15日　大兴区图书馆新版网站正式上线运行。

2021年1月21日　顺义区图书馆"顺图小程序"正式上线。

2021年2月1日　大兴区图书馆依托"悦读大兴"APP推出图书在线预约配送服务。

2021年2月25日　顺义区图书馆"智慧图书馆平台"正式上线，顺图官方网站同步完成改版。

2021年3月25日　海淀区图书馆参与打造的北京地铁西郊线"开

往新中国的列车",正式开始在香山站与巴沟站之间往返运行。

2021年5月20日 怀柔区图书馆"童心绘怀柔"特色资源库上线。

2021年7月15日 大兴区图书馆24小时城市书房可视化数据分析平台正式上线并投入使用。

2021年8月1日 海淀区图书馆大数据智能分析平台上线。

2021年8月20日 大兴区图书馆24小时城市书房监控中心正式上线运行。

2021年10月29日 通州区图书馆完成本区新设立的5个街道的分馆建设,确保公共图书馆"一卡通"服务覆盖本区全部22个街道(乡镇)。

2021年11月 大兴区采育镇文化活动中心、礼贤镇礼贤家园文化活动中心及北京科兴中维生物技术有限公司,3家新建24小时城市书房对公众开放。

2022年1月12日 大兴区图书馆启用新系统和设备,读者可通过"刷脸"进入图书馆。

2022年1月20日 通州区富力金禧小区、怡然世家小区、京铁潞源小区、缇香郡小区、张家湾公园5个地点的文化空间开通读者自助服务。

2022年3月13日 由怀柔区委宣传部与区文化和旅游局主办,怀柔区融媒体中心和区图书馆共同打造的《主播说好书》栏目第一期,在怀柔电视台新闻栏目和"怀柔融媒"微信公众号全面上线。

2022年3月 大兴区图书馆全民阅读品牌"S.D文化空间"取得商标注册证书。

2022年4月2日、9日、16日、23日、30日 顺义区图书馆流动图书车进入顺义国际鲜花港开展阅读服务,为现场游客举办亲子阅读活动。

2022年4月5日 大兴区图书馆与大兴人民广播电台联合创办的广播栏目《阅读在大兴》开播。

协会与联盟

一、北京市图书馆协会发展进程

2012年7月25日 北京市图书馆协会11家成员单位参与北京市国有文化资产监督管理办公室举办的"大爱无疆——北京文化企业抗击7·21特大自然灾害救灾捐赠仪式",向受灾地区百姓捐款6万元。

2012年11月12日 由北京市图书馆协会和首都图书馆联合举办的学术交流会在首都图书馆举行。

2013年6月 北京市图书馆协会与北京市档案学会联合举办了"政府信息公开查询工作学术交流会"。

2013年10月16日 首都图书馆百年华诞之际,北京市图书馆协会组织280名会员参加"城市与图书馆学术论坛"。

2013年12月18日 北京市图书馆协会第五次会员代表大会在首都图书馆召开。首都图书馆馆长倪晓建当选为理事长,副馆长邓菊英当选为常务副理事长兼秘书长。

2014年10月10日—12日 北京市文化局、北京市图书馆协会推出"文化的港湾——首都图书馆事业发展纪实"主题展览,2000余名市民参观。

2014年10月12日 北京市图书馆协会、首都图书馆联盟承办"图书馆公共服务体系的实践与探索——政府、馆员、志愿者及理事会制度"等主题论坛，吸引中国图书馆年会百余名参会代表参加。

2014年12月　北京市图书馆协会承接"海淀区图书馆新馆建设研究"课题，从新馆功能定位、技术应用、标识系统、开办项目等多方面为海淀区图书馆新馆建设提供智力支持。

2015年6月13日—20日　北京市图书馆协会与北京市古籍保护中心联合承办"我与中华"摄影大赛及优秀摄影作品展，并在石景山区图书馆等6家单位巡展。

2015年9月9日　北京市图书馆协会对《北京市图书馆条例》的适应性进行评估，并提出修改建议。

2016年4月　北京市图书馆协会参与组织Aleph 500图书馆集成管理系统培训，各区县图书馆业务骨干和系统管理员共100余人参训。

2016年6月　中国图书馆学会培训班120人到首都图书馆参观交流，北京市图书馆协会参与接待。

2017年4月14日、7月18日　北京市图书馆协会分别同意陈文、何亦红因领导干部不能兼任社团职务原因辞去协会常务理事的申请。

2017年　北京市图书馆协会按规定完成社会团体法人登记证、组织机构代码证、统计证等年检工作和"三证合一"更换工作。

2018年6月20日—22日　由北京市图书馆协会、河北省图书馆学会、《藏书报》、天津市图书馆学会共同主办的"京津冀地方文献资源建设发展论坛"在石家庄市召开。

2018年12月20日—22日　北京市图书馆协会主办"2018图书馆空间再造与功能重组研讨会"。

2019年6月—9月　北京市图书馆协会联合河北省图书馆学会、天津市图书馆学会共同主办"京津冀少年儿童图书馆、中小学图书馆学术暨工作研讨会征文活动"。

2019年9月12日　首都图书馆和北京市图书馆协会联合发通知，号召各区图书馆、基层图书馆及协会会员单位，深入学习、贯彻落实习近平总书记给国图 8 位老专家的回信精神。

2019 年 10 月 22 日　北京市图书馆协会第六届会员代表大会在首都图书馆召开，经选举，首都图书馆党委书记肖维平当选为第六届理事会理事长，首都图书馆副馆长陈坚当选为常务副理事长兼秘书长。

2020 年 2 月 5 日　北京市图书馆协会发布《北京市公共图书馆抗击疫情倡议书》。

2020 年 4 月 23 日　北京市图书馆协会官方微信公众号"北京市图书馆协会"正式上线。

2021 年 7 月 27 日　北京市图书馆协会第六届第二次会员代表大会在首都图书馆召开。

2022 年 4 月 2 日　北京市图书馆协会理事长、首都图书馆党委书记、副馆长肖维平，协会常务副理事长兼秘书长、首都图书馆副馆长陈坚等一行赴首都图书馆大兴机场分馆参观。

二、首都图书馆联盟从建立到注销历程

2012 年 3 月 12 日　北京行政区域内的国家图书馆、党校、科研、高校、医院、部队、中小学系统图书馆和北京市公共图书馆，共 114 家图书馆，自愿联合建立"首都图书馆联盟"。

2012 年 9 月 3 日　由首都图书馆联盟主办的第一届"首都读者周"系列活动正式举行。

2012 年 12 月 8 日　由首都图书馆联盟、首都图书馆及中国传媒大学播音主持艺术学院联合主办的，第十四届齐越朗诵艺术节暨第八届全国大学生朗诵大赛优秀作品展演在首都图书馆举行。

2012 年 12 月 20 日　由首都图书馆联盟、西城区文化委员会主办，西城区宣武图书馆、西城区宣南文化研究会承办，西城区广外街道社区百姓摄影家协会协办的首届"读书的艺术"摄影大展在首都图书馆

开幕。

2013年1月16日　由首都图书馆联盟、西城区文化委员会主办，西城区第二图书馆、西城区宣南文化研究会承办，西城区广外街道社区百姓摄影家协会协办的"读书的艺术"百姓摄影展在中国盲文图书馆开幕。

2013年9月26日　首都图书馆联盟联席会议召开，16家联盟副主席单位的领导及相关人员参会。

2013年　首都图书馆联盟于年底实现全市100个通借通还网点建设目标。联盟为保障"一卡通"通借通还服务质量，重新编撰修改《北京市公共图书馆计算机信息服务网络"一卡通"服务手册》，进一步深化首都图书馆和国家图书馆的合作。

2017年3月6日　《首都图书馆联盟》编辑部在首都图书馆召开2017年度选题策划会。

2020年5月15日　首都图书馆联盟完成注销手续。

三、京津冀图书馆联盟发展进程

2015年11月19日　首都图书馆、天津图书馆、河北省图书馆在石家庄签署合作协议，成立京津冀图书馆联盟。

2016年1月22日　由北京市文化局、河北省文化厅指导，首都图书馆、河北省图书馆与中国文化新闻促进会联合主办的"创新京津冀公共图书馆协同发展新模式"座谈会在固安幸福图书馆召开。

2016年12月9日　京津冀图书馆合作发展研讨会在首都图书馆召开。

2017年3月31日　京津冀"共沐书香，悦享好书"青少年经典导读活动启动仪式在河北省图书馆举行。

2018年6月20日—22日　由北京市图书馆协会、河北省图书馆学会、《藏书报》、天津市图书馆学会共同主办的"京津冀地方文献资源建设发展论坛"在石家庄市召开。

2018年10月9日　京津冀图书馆联盟文化帮扶对接会在河北省图书馆召开，首都图书馆与河北省张北县图书馆、阳原县图书馆签署帮扶协议。

2019年4月17日—26日　首都图书馆举办对口帮扶地区图书馆业务培训班，新疆和田地区、河北张家口地区24人参加培训。

2019年5月23日　京津冀图书馆联盟工作会议在天津图书馆召开，通过《京津冀图书馆联盟章程（草案）》。

2019年6月—9月　北京市图书馆协会联合河北省图书馆学会、天津市图书馆学会共同主办"京津冀少年儿童图书馆、中小学图书馆学术暨工作研讨会征文活动"。

2021年6月11日　2021年度京津冀图书馆联盟工作会议在河北省张家口市图书馆召开。

2021年8月31日　京津冀图书馆联盟召开线上工作推进会议，审议通过《京津冀图书馆联盟十四五发展规划》。

四、区级图书馆区域联盟合作情况

2016年1月29日　由北京市朝阳区与天津市宝坻区联袂打造的"朝阳·宝坻书法美术摄影艺术联展"在朝阳区图书馆新馆开幕，这是朝阳区首次举办的京津冀地区艺术联展。

2016年9月30日　房山区燕山图书馆分馆——河北省保定市唐县罗庄乡岸上村图书室举行揭牌仪式。

2017年6月11日　由北京市平谷区图书馆、天津市蓟州图书馆、河北省三河市图书馆和承德市兴隆县图书馆共同组建的京津冀公共图书馆区域合作联盟成立。

2019年4月12日 2019年京津冀公共图书馆区域合作联盟工作会在平谷区图书馆召开。

2019年9月18日 "我和我的祖国"第四届京津冀诵读邀请赛在平谷区图书馆举办。

2019年12月15日 首届京津冀"讲中国故事，展冬奥风采——我是文化小使者"英文展示大赛展演活动在石景山区图书馆举办。

2020年4月23日—5月11日 北京市东城区第二图书馆联合京津冀地区图书馆，举办"京津冀——书香战'疫'"阅读活动。

2020年10月16日 海淀区图书馆联合北京蔚蓝公益基金会赴河北省易县图书馆开展对口援建工作。

2020年11月28日 石景山区图书馆第二届京津冀"讲中国故事 展冬奥风采——我是文化小使者"英文展示大赛圆满收官。

2021年4月20日 由北京市西城区图书馆、天津市河东区图书馆、河北省唐山市图书馆联合主办的"初心如磐 砥砺未来"庆祝建党100周年"诗书画印"京津冀巡展在西城区德胜门角楼正式启动。

2021年5月27日 石景山区图书馆馆长吴私、副馆长李亚红赴天津参加"2021京津冀公共图书馆高质量、智慧化发展研讨会"。

2021年6月14日 2021年京津冀公共图书馆区域合作联盟工作会在平谷区图书馆召开。

2021年12月16日 2021—2022延庆区"最美冬奥城 一起向未来"冬奥知识宣传普及系列文化活动启动仪式在延庆区图书馆举行，京张冬奥文旅走廊沿线图书馆向石景山区图书馆冬奥主题馆捐赠近百册图书。

2022年1月24日 门头沟区图书馆联合京津冀蒙地区图书馆，共同举办"讲中国故事，展冬奥风采——我是文化小使者"英文展示大赛。

2022年3月3日 石景山区图书馆与天津、河北、内蒙古四地七家图书馆协同开展2022年"家书情长添彩冬奥"原创书信诵读展演活动。

2022年3月3日 通州区图书馆组织开展线上"声"动人心·燃情冬残奥京津冀线上朗读大赛。

全民阅读活动

一、全市性阅读活动

2012年4月21日　由首都图书馆联盟主办，首都图书馆、国家图书馆、北京市区县图书馆联合承办的"北京换书大集"正式启动。

2013年4月19日—20日　第三届"北京换书大集"在首都图书馆举行，设立12家分会场，吸引商务印书馆等机构参与。

2013年　朝阳区图书馆"图书交换大集"全年共举办4期，参加活动人数达1.4万人次，交换图书万余册。

2014年4月22日　由北京市文化局、首都图书馆联盟联手打造的"阅读之城——市民读书计划"主题活动在首都图书馆正式启动。

2014年5月23日—24日　第四届"北京换书大集"活动以首都图书馆为主会场举行，全市区县图书馆以及中国科学院国家科学图书馆、对外经贸大学图书馆等设有分会场。

2015年4月17日—18日　第五届"北京换书大集"在首都图书馆举办，中国科学院文献情报中心、北京大学图书馆等14家图书馆作为分会场参与活动。

2015年4月23日　世界读书日当天，读者在首都图书馆和全市区县图书馆外借的图书自动延长1个借阅周期。

2015年5月29日　北京市全民阅读大型公益活动"阅读之城——

市民读书计划"在首都图书馆启动。

2015年11月17日 第二届"阅读之城——市民读书计划"评选出"2015年度请读书目"30种。

2016年3月9日 2016年"北京市红领巾读书"活动主办单位协调会在首都图书馆召开。

2016年4月22日—23日 第六届"北京换书大集"在首都图书馆举行，18家首都图书馆联盟成员馆作为分会场参与活动。

2016年6月3日 2016年"北京市红领巾读书"活动动员会在首都图书馆召开。

2016年 "阅读北京·十佳优读空间"——百姓身边的基层图书室推优活动获奖馆有：东城区永外图书馆、西城区大栅栏街道民俗图书馆、朝阳区图书馆团结湖街道分馆、海淀区马连洼街道图书馆、房山区图书馆国学分馆、通州区玉桥街道文化服务中心图书室、顺义区白各庄村图书馆、昌平区回+创业图书馆、门头沟区东龙门数字文化社区图书室、怀柔区北宅村图书室。

2017年1月9日 由"阅读之城——市民读书计划"书目评选活动推出的"2016年请读书目"正式发布。

2017年1月11日 2017年"北京市红领巾读书"活动主办单位协调会在首都图书馆召开。

2017年3月2日 2017年"北京市红领巾读书"活动暨青少年经典导读活动启动仪式在首都图书馆举行。

2017年3月22日 "阅读北京 品味书香——2017年度首都市民阅读系列文化活动"在首都图书馆启动。

2017年4月22日—23日 第七届"北京换书大集"活动在首都图书馆及15家分会场同时举办。

2017年 "阅读北京·十佳优读空间"——百姓身边的基层图书室推优活动获奖馆有：东城区第一图书馆东总布分馆、西城区新街口街道图书馆、朝阳区来广营地区图书馆、朝阳区宸冰书坊、海淀区苏家坨镇图书馆、丰台区草桥社区文化中心图书馆、石景山区八角街道图书分馆、门头沟区城子街道创意书吧、顺义区东方太阳城分馆、昌平区圣学图书馆。

2018年1月4日　2018年"北京市红领巾读书"活动主办单位协调会在首都图书馆召开。

2018年3月29日　北京市公共图书馆文化志愿服务与青少年阅读推广活动启动大会在首都图书馆举行，启动2018年红领巾读书活动。

2018年5月25日—26日　"北京市红领巾读书"活动"习爷爷的教导记心间"红领巾讲故事比赛决赛在首都图书馆举办。

2018年10月28日　北京市第六届"我的藏书票"设计大赛评审会在首都图书馆举办。

2018年11月14日　第五届"阅读之城——市民读书计划"终评会在首都图书馆召开。

2018年11月28日　2018年首都市民系列文化活动——"阅读北京"年度盛典在首都图书馆举行。

2018年"阅读北京·十佳优读空间"——百姓身边的基层图书室推优活动获奖馆有：东城区第一图书馆王府井书店分馆、东城区第二图书馆分馆——角楼图书馆、西城区白纸坊街道图书馆——坊间书阁、朝阳区城市书屋·良阅书房馆、海淀区田村路街道图书馆、丰台区宛平记忆图书馆、石景山区八宝山街道图书分馆、石景山区郎园PARK良阅书房、顺义区图书馆双丰街道分馆、昌平区回龙观第一分馆。

2019年1月4日　2019年"北京市红领巾读书"活动主办单位协调会在首都图书馆召开。

2019年5月24日—25日　"北京市红领巾读书"活动"祖国，我要对你说"红领巾讲故事比赛决赛在首都图书馆举办。

2019年6月14日—15日　由首都图书馆承办的"北京市红领巾读

书"活动"科普在身边"科普剧比赛决赛在通州区图书馆举办。

2019年8月7日 "阅读北京"微信小程序正式上线。

2019年8月16日 第六届"阅读之城"图书推荐活动正式发布"城市荐读书目",供市民线上投票。

2019年10月16日 "阅读北京——我和我的祖国"全市诵读大赛决赛在首都图书馆举行。

2019年11月4日 第六届"阅读之城——市民读书计划"终评会在首都图书馆召开。

2019年11月22日 2019年首都市民系列文化活动——"阅读北京"年度盛典在首都图书馆举行。

2019年11月26日 "北京市红领巾读书"活动——"小小科幻家"少年科幻创作征文活动终评评审会在首都图书馆举行。

2019年12月2日 2020年"北京市红领巾读书"活动推荐书目推介会在首都图书馆召开。

2019年"阅读北京·十佳优读空间"——百姓身边的基层图书室推优活动获奖馆有：西城区红楼公共藏书楼、朝阳城市书屋·春风习习馆、朝阳区香河园街道图书馆、海淀区永红社区图书室、丰台区宛平地区晓阅时光阅读空间、石景山区鲁谷街道图书分馆、房山区文化馆图书馆佛子庄乡分馆、平谷区图书馆夏各庄镇分馆、密云区古北口镇北甸子村图书室。

2020年9月21日 阅读北京——2020年"为爱发声"诵读大赛决赛在首都图书馆举行。

2020年12月27日 "阅读北京——2020年度首都市民阅读系列文化活动"圆满收官。

2020年"阅读北京·十佳优读空间"——百姓身边的基层图书室推优活动获奖馆有：东城区北新桥街道图书馆、西城区图书馆大栅栏街道分馆益民书屋、朝阳城市书屋·建投书局馆、石景山区金顶街街道图书分馆、海淀区温泉镇图书馆、门头沟区图书馆大峪街道分馆、房山区燕山迎风街道图书馆、顺义区图书馆旺泉街道分馆、怀柔区喇叭沟门乡帽山村图书室、平谷区图书馆平谷镇分馆。

2021年1月15日 2021年"北京市红领巾读书"活动主办单位协调会在首都图书馆召开。

2021年4月14日 "北京市红领巾读书"活动之青少年经典导读活动空间启动仪式暨图书馆阅读课·2021年第一课在首都图书馆耿丹分馆举行。

2021年4月21日 "阅读北京——2021年度首都市民阅读系列文化活动"发布会在首都图书馆举行。

2021年11月27日 2021年"阅读北京"年度特辑——阅读分享会在首都图书馆举办。

2021年12月9日 2021年"阅读之城——图书推荐活动终评会"在首都图书馆举办。

2021年"阅读北京·十佳优读空间"——百姓身边的基层图书室推优活动获奖馆有：朝阳城市书屋·京旺家园阅读空间、海淀区清河街道图书馆、海淀区四季青镇图书馆、石景山区苹果园街道图书分馆、房山区图书馆拱辰街道分馆、通州区漷县镇图书馆、顺义区图书馆光明街道分馆、怀柔区喇叭沟门满族乡星空书院、化学工业出版社有限公司阅想书店（东城区第一图书馆合作分馆）、平谷区图书馆三行拾光分馆。

2022年1月26日 2022年"北京市红领巾读书"活动主办单位协调会在线上召开。

2022年3月30日 "北京市红领巾读书"活动动员会在线上召开。

2022年4月21日 2022年"阅读北京"首都市民阅读系列文化活动发布会在首都图书馆报告厅和直播间举办。

2022年12月20日 《"阅读北京"2022阅读盛典特辑》节目于线

上播出。

2022年"阅读北京·十佳优读空间"——百姓身边的基层图书室推优活动获奖馆有：西城区广艺家市民文化中心图书馆、石景山区老山街道图书分馆、海淀区西三旗街道图书馆、通州区图书馆潞城镇分馆、顺义区图书馆牛栏山镇分馆、怀柔区图书馆杨宋镇分馆、密云区图书馆河南寨镇分馆、东城区图书馆语文书店分馆、朝阳城市书屋·熹阅堂馆、大兴区S.D文化空间。

二、首都图书馆品牌阅读活动历年开展与发展情况

2012年1月7日 首都图书馆举办以"弘扬北京精神，传承北京文化"为主题的"首图讲坛·乡土课堂2012年新闻发布会"。

2013年1月12日 首都图书馆举行"乡土课堂"十周年纪念仪式暨2013年讲座计划新闻发布会。

2013年9月14日 中国社会科学院与首都图书馆联合推出社科类讲座品牌"首图讲坛·社科讲堂"。

2014年3月28日 由北京市司法局、市文化局与首都图书馆联合打造的"北京司法大讲堂"启动仪式暨"市民普法讲堂"首场讲座在首都图书馆举行。

2014年4月23日 "首图讲坛 红点直播——讲座直播间"正式开通，这是国内图书馆第一次通过网络实现讲座音频直播。

2016年1月2日 "乡土课堂"2016年度开讲仪式暨新闻发布会在首都图书馆举行。

2017年1月7日 "首图讲坛·乡土课堂"开讲仪式暨新闻发布会在首都图书馆举行。

2020年1月4日 "首图讲坛·乡土课堂"2020年度开讲仪式暨新闻发布会在首都图书馆举行。

2020年4月30日 首都图书馆自1月24日以来，利用新媒体平台"两微一抖"向读者推送优质阅读内容，开展"首图讲坛"、"云"上开讲、名家诵读、首都图书馆数字资源、图书荐读、少儿阅读活动等优质资源的多场线上活动。

2021年1月2日 "首图讲坛·乡土课堂"2021年度开讲仪式暨新闻发布会在首都图书馆举行。

2021年4月28日 "激活经典，熔古铸今——《中华传统文化百部经典》编纂出版成果展暨专家系列讲座"活动在首都图书馆启动。

2022年1月1日 "首图讲坛·乡土课堂"2022年度开讲仪式暨新闻发布会在首都图书馆举行。

文化志愿服务与特殊群体服务

一、北京市公共图书馆文化志愿服务总队及支队历年志愿服务开展情况

2015年2月15日　首都图书馆"心阅书香"志愿服务项目推出以"心手相牵 共度春节"为主题的"心阅美文——欢乐融融过大年"春节特别档活动。

2015年10月30日　首都图书馆召开2015年文化志愿者工作联席会议。

2015年12月15日　"图书交换"志愿服务项目在北京第二监狱开展了"暖风行动"主题活动,为北京市第二监狱捐赠图书1550册,援建第四家爱心图书室。

2016年3月5日　首都图书馆文化志愿者网站(http://stzyz.clcn.net.cn/)正式上线。

2016年3月10日　首都图书馆"图书交换"志愿服务项目组到北京市未成年犯管教所,举办"首图志愿服务在行动"主题活动,捐赠1164册图书,建立第五家爱心图书室。

2016年3月29日　首都图书馆召开2015年文化志愿服务总结表彰会暨2016年文化志愿服务推进会。

2016年3月31日　应北京市援疆和田指挥部邀请,首都图书馆副

馆长邓菊英、共享工程中心主任陈建新、数字图书馆管理中心副主任谢鹏带队前往新疆和田市，就和田市图书馆新馆建设项目开展业务指导。

2016年8月26日 "弘扬志愿奉献精神，推进法治文化建设——全国律师咨询日暨法律主题馆专家顾问团成立仪式"在首都图书馆举行。

2016年12月9日 顺义区图书馆举办文化志愿者分队成立启动仪式暨培训活动。

2016年12月23日 石景山区图书馆中部战区警卫营图书分馆正式挂牌成立。

2017年1月11日 首都图书馆召开2017年度文化志愿服务工作联席会。

2017年3月2日 北京市公共图书馆文化志愿服务总队成立。

2017年10月13日 首都图书馆与和田地区图书馆签署共建协议书，建立首都图书馆和田分馆，通过图书捐赠、数字资源共享、人员培训等开展文化援疆。

2018年8月20日—27日 首都图书馆组织文化志愿者赴新疆和田地区开展"书香'智'远，'志'爱无疆"文化支援志愿公益活动。

2019年3月2日 西城区第一图书馆召开2018年度文化志愿服务工作总结表彰会。

2019年4月17日—26日 首都图书馆举办对口帮扶地区图书馆业务培训班，新疆和田地区、河北张家口地区24人参加培训。

2019年5月17日 石景山区图书馆举办志愿者总分支队成立暨石景山区图书馆文化志愿者"图书漂流"系列活动启动仪式。

2019年7月18日—25日 新疆和田地区图书馆馆长储鑫等一行27人到访首都图书馆，参加为期8天的北京文化援建对口交流暨首图·和田图书馆"京和书香 文化援建"主题志愿活动。

2019年8月1日—2日 北京市扶贫协作和支援合作文化交流中心组织，首都图书馆党委书记、代馆长肖维平带队18名文化志愿者，赴河北省承德市丰宁满族自治县开展文化扶贫交流活动。

2020年1月16日 石景山区图书馆召开总分馆制、志愿者总分支队工作培训会。

2020年5月11日 首都图书馆正式启动"助'疫'书香"文化志愿服务系列项目。

2020年5月22日 首都图书馆依托"互阅书香"图书捐赠与交换文化志愿服务项目，先后向12家图书馆的援建点定向专题捐赠《新型冠状病毒感染防护》读本近200册。

2020年12月13日 房山区文化活动中心图书服务部在中心内召开2020年度公共图书馆志愿者培训会暨年度优秀志愿者表彰会。

2022年1月23日 平谷区图书馆举办"共读经典·我是领读人"志愿服务领读者培训成果展示活动。

2022年1月25日 丰台区图书馆组织来自昱耆文化志愿团、首都经济贸易大学等的40多名文化志愿者完成《我和冬奥一起来》舞蹈录制工作。

2022年3月5日 顺义区图书馆召开2021年度优秀志愿者表彰会。

2022年3月 房山区文化活动中心（房山区图书馆）"阅读启智 梦想起航"少儿亲子故事会活动被房山区志愿服务联合会评为2021年度房山区优秀志愿服务项目。

2022年11月26日 西城区青少年儿童图书馆志愿服务分队首次采用线上腾讯会议的形式召开2022年度志愿服务总结表彰会。

二、首都图书馆／区级图书馆为特殊群体服务情况

2012年1月10日 文化部社会文化司、全国文化信息资源建设管理中心以及北京市文化局共同主办的"文化年货带回家"服务农民工主题活动在朝阳区闽龙陶瓷总部基地举行。全国文化信息资源建设管

理中心、首都图书馆及朝阳区图书馆向闽龙陶瓷的农民工代表赠送文化共享工程视频光盘及图书。

2012年5月12日 "五个一"文化助残系列活动赠书仪式暨文化助残讲座在首都图书馆举行。

2012年10月15日 中国盲文图书馆朝阳区支馆揭牌仪式在朝阳区图书馆举行。

2013年4月2日 西城区第一图书馆与文化部共享工程中心合作，首次将"心声音频馆"文化资源服务系统引进公共图书馆，服务视障人士。

2013年7月26日 石景山区图书馆特邀中共北京市委党史研究室副主任陆兵前往66469部队进行专题讲座，同时为军营送去图书千余册。

2013年12月2日 首都图书馆康复文献阅览室经装修重新开放。全新的康复阅览室面积扩充至220平方米，可为残疾读者、老年读者提供文献信息资源服务。阅览室内配备盲文点显器、有声地图、盲文打印机、电子手持放大器、大字阅读器及电动轮椅等专业设备。

2013年12月3日 中国盲文图书馆与西城区第一图书馆签订支馆协议，"中国盲文图书馆北京市西城区支馆"正式挂牌。

2014年6月30日 西城区第一图书馆应邀参加"全国盲人阅读推广工作经验交流会暨盲人有声读物捐赠仪式"。

2014年12月3日 中国盲文图书馆北京通州区支馆揭牌仪式在通州区图书馆举行。

2014年12月30日 东城区第二图书馆北京边检总站分馆举行开馆仪式。

2015年7月28日 由石景山区文明办精神文明建设委员会办公室、区文化委员会及区双拥办双拥优抚安置办公室共同主办，区图书馆联合驻区部队承办的"铭记历史 共创未来"——石景山区纪念抗战胜利

70周年军民共建知识竞赛在石景山区图书馆举行。

2015年12月2日 由北京市残疾人文化体育指导中心主办的"北京市残疾人文化组织成立30周年成果展"在首都图书馆举办。

2015年 昌平区图书馆"送书下乡"100次、25600册，其中部队51次、15300册，农村29次、5800册，养老机构5次、1500册。

2016年12月23日 石景山区图书馆中部战区警卫营图书分馆正式挂牌成立。

2018年10月15日 由平谷区文化委员会主办，平谷区图书馆承办的"书香平谷·悦听阅美"盲人数字阅读推广工程启动仪式在平谷区文化大厦举行。

2020年8月1日 门头沟区图书馆到驻区某部队参加"书香进军营"文化拥军活动，为部队送书200册并做新书推介。

2020年9月16日 平谷区图书馆面向辖区部队举办"传承红色基因·铸造时代楷模"文化进军营线上知识竞赛。

2020年12月16日 延庆区图书馆为武警某支队官兵送书3000册。

2021年12月23日 通州区图书馆将"牵手冬奥 冰雪追梦——北京2022冬奥巡礼"展览送进军营。

2022年1月13日 大兴区图书馆为黄村镇温馨家园的残疾读者配送各类图书，以及春联、福字等新春礼包。

2022年1月29日 平谷区图书馆开展"送书进部队 共建鱼水情"送书进军营活动，分别为辖区内的甘营部队和马昌营93734部队送去书刊200册。

2022年1月 大兴区图书馆启动"书香敲门 幸福到家"志愿服务活动，为老年人、残疾人、军烈属等特殊群体送书上门。

2022年3月16日 平谷区图书馆开展"书香平谷·文化创城"送书下乡活动，为平谷区济望幼儿园师生送去图书1500册，为骏隆养老公寓送去适合老年读者阅读的图书1000余册。

2022年3月29日　房山区燕山图书馆与武警执勤第十支队十二中队签署图书室合作共建协议，为部队图书室配送图书2000册。

2022年4月23日　丰台区图书馆在北京市残疾人服务示范中心举办分享会、观影活动，并为特殊群体提供阅读关爱服务。

2022年5月19日　平谷区图书馆为辖区内的东高村32139部队55分队送去图书200册。

2022年8月19日　门头沟区文化和旅游局、门头沟区公共文化中心到区消防救援支队举办"喜迎二十大，阅读新时代"主题党日活动暨图书捐赠仪式。

2022年11月7日　为配合新馆残障阅览室开馆运行，东城区图书馆南馆采编部首次采购拨交盲文图书701册。

馆舍发展及组织机构改革

一、馆舍发展及机构变动情况

2012年1月 房山区燕山图书馆新馆建成并投入使用。

2012年3月7日 崇文区图书馆更名为"东城区第二图书馆"。

2012年7月12日 房山区燕山图书馆迁入燕山文化中心五层开馆服务。

2012年9月28日 首都图书馆举行二期开馆仪式。

2012年10月8日 西城区图书馆重装开放。

2012年11月16日 密云区图书馆新馆开馆。

2013年6月1日 北京市西城区图书馆更名为"北京市西城区第一图书馆"。

2013年10月9日 通州区图书馆新馆建成开馆。

2013年10月16日 首都图书馆举行建馆100周年纪念大会，首都图书馆少年儿童图书馆改建后正式开放服务。

2013年12月1日 北京市东城区图书馆更名为"北京市东城区第一图书馆"。

2013年12月26日 朝阳区图书馆新馆开馆。

2014年12月15日 房山区文化活动中心成立，加挂"北京市房山区图书馆"牌子。

2016年2月21日　房山区在整合房山区图书馆、文化馆、电影放映中心服务职能的基础上设立北京市房山区文化活动中心，整合后原房山区图书馆为房山区文化活动中心图书服务部。

2016年7月10日　海淀区图书馆北部新馆试运营。

2016年12月31日　房山区图书馆（中心馆）新馆开放接待读者。

2016年　因撤县改区，北京市延庆县图书馆更名为"北京市延庆区图书馆"。

2019年3月1日　北京市发展和改革委员会印发《北京市发展和改革委员会关于城市副中心图书馆建设项目前期工作函》〔京发改（前期）[2019]5号〕。

2019年3月9日　北京市委书记蔡奇主持召开城市绿心剧院、图书馆、博物馆项目有关情况专题会议。

2019年3月20日　北京市文化和旅游局党委书记陈冬同志主持召开城市绿心剧院、图书馆项目功能设计汇报会。

2019年3月21日　北京市委常委、教工委书记王宁同志主持召开城市绿心剧院、图书馆项目功能设计汇报会。

2019年3月　北京市西城区第一图书馆与北京市西城区第二图书馆，整合组建北京市西城区图书馆。

2020年1月1日　顺义区图书馆启动搬迁，老馆同时闭馆。

2020年4月27日　北京市文化和旅游局成立北京城市图书馆建设项目领导小组。

2021年3月18日　顺义区图书馆新馆正式开放运行。

2021年4月20日　北京市东城区第一图书馆与北京市东城区第二图书馆，整合组建北京市东城区图书馆。

2021年6月8日　副中心图书馆项目实现钢结构封顶，北京市文化和旅游局党组成员、副局长庞微出席仪式并讲话。

2021年6月28日　丰台区图书馆大红门新馆正式开馆运营。

2021年9月17日　北京市纪委市监委第一监督检查室、驻市文化和旅游局纪检监察组联合调研城市副中心剧院、副中心图书馆项目。

2021年12月29日　东城区文化活动中心主体大楼竣工，东城区图书馆（幸福大街馆）完成全部图书上架工作。

2022年2月28日　大兴区图书馆领导班子实地考察新馆建设情况。

2022年3月11日　北京市副市长王红带队调研副中心图书馆项目建设情况，北京市文化和旅游局党组成员、副局长刘斌等陪同视察。

2022年4月2日　北京市委书记蔡奇带队调研副中心图书馆项目，副市长隋振江，市政协副主席、党组副书记王宁，北京市文化和旅游局党组成员、副局长、一级巡视员庞微等陪同调研。

二、总分馆制建设与法人治理结构改革

2015年7月3日　东城区图书馆理事会成立。

2017年9月27日　北京市文化局、北京市新闻出版广电局、北京市体育局、北京市发展和改革委员会、北京市财政局联合发布《推进文化馆图书馆总分馆制实施方案》，北京市公共图书馆构建总分馆制服务体系。

2018年5月26日　海淀区图书馆理事会成立。

2018年8月15日　房山区文化活动中心理事会成立。

2018年12月11日　东城区图书馆理事会召开工作会议。

2019年2月26日　石景山区图书馆理事会召开第一届理事会第二次会议。

2019年3月26日　首都图书馆理事会成立。

2019年10月18日　石景山区图书馆理事会召开第一届理事会第四次会议。

2020年5月13日　延庆区图书馆理事会成立。

2020年10月16日 首都图书馆召开第一届理事会第三次会议。
2020年11月26日 密云区图书馆理事会成立。
2020年12月26日 延庆区图书馆召开第一届理事会第二次会议。
2021年5月15日 丰台区图书馆理事会成立。
2021年11月10日 延庆区图书馆召开第一届理事会第三次会议。
2021年12月29日 延庆区图书馆召开第一届理事会第四次会议。
2022年3月11日 东城区图书馆召开第二届理事会第三次会议。

附 录

首都图书馆及北京市区级图书馆简介

首都图书馆

首都图书馆是北京市属大型公共图书馆，为社会大众提供文献借阅、信息咨询、讲座论坛、展览交流、文化休闲等全方位、多层次的文化信息服务，是北京市重要的知识信息枢纽和精神文明建设基地。

首都图书馆的历史可追溯至1913年，由鲁迅先生亲自参与倡建的京师图书分馆、京师通俗图书馆和中央公园图书阅览三馆几经合并演变而成。2012年9月，首都图书馆二期（B座）正式对外开放，遵循"大开放、大服务"的服务理念，成为全国开放度最高、融合度最好的公共图书馆之一。

首都图书馆古今中外文献并汇，学科门类齐全，文献载体多样，尤以古籍善本、北京地方文献、近代书报、音像资料、外文书刊最富特色。首都图书馆采取借阅合一、开放式、自助式、智能化的服务方式，在空间布局和服务功能上，实现了传统阅读与数字阅读的无缝衔接，阅读学习与文化休闲的有机结合，以最佳的融合度让读者更好地使用图书馆。

首都图书馆以创新精神加强文化服务建设，以品牌带发展，开展了多项在全国图书馆界具有首创性的工作，打造了"北京记忆""首图讲坛""少儿动漫在线""首图动漫在线""'阅读北京'首都市民阅读系列文化活动"等十余个知名文化品牌。

作为北京市公共图书馆中心馆,首都图书馆在夯实基础业务、做强品牌服务的同时,着力推进全市图书馆服务体系建设,通过"北京市公共图书馆计算机信息服务网络"("一卡通"),有效发挥着中心图书馆的引领辐射作用和为城市经济社会发展的智力支撑作用,致力于成为首都先进文化的辐射源、学习型城市的策源地、市民学习休闲的目的地和文化之都的重要标志。

地址:北京市朝阳区东三环南路 88 号

电话:010-67358114

官网:https://www.clcn.net.cn/

首都图书馆微信公众号:

东城区图书馆

东城区图书馆始建于1956年，是区政府兴办的综合性公共图书馆，是收集、整理文献，并向社会公众提供文献服务的公益性文化教育机构，荣获"全国文化先进集体""全国精神文明先进单位""北京市校外教育先进集体""全民阅读推广示范基地""全国人文社科普及基地""国家一级图书馆"等荣誉称号。

东城区图书馆以读者为中心，依托文献信息资源，致力于将"读者第一，服务至上"的理念落实到吸引读者、方便读者，满足读者文献需求、文化需求的具体行动之中，追求文献利用率的最大化、读者满意度的最大化，实现图书馆社会文化价值的最大化，并以落实崇文争先、书香东城为己任，建设全国一流的、具有现代化管理水平的地市级公共图书馆服务体系。

东城区图书馆现有两处馆址，北馆位于东城区交道口东大街85号，南馆位于东城区幸福大街30号院，文献总藏量100余万册，年到馆人数80余万人次，组织各类读者活动800余场次。

地址（北馆）：北京市东城区交道口东大街85号

地址（南馆）：北京市东城区幸福大街30号院

电话：010-64051155

官网：http://www.bjdclib.com/

东城区图书馆微信公众号：

西城区图书馆

北京市西城区图书馆是西城区政府兴办的综合性公共图书馆、一级图书馆，现有两处馆址，分别位于西城区后广平胡同26号（北馆）和北京市西城区教子胡同8号（南馆），馆藏文献总量157万册（件）。馆内设有旅游资料室、音乐资料室、古籍阅览室、地方文献室、中瑞可持续发展信息中心、德语信息与德语自学中心、视障人阅览室和"宣南文化"8个特色厅室，根据地区特色建有《什刹海文化专题文献数据库》《西城名人故居专题数据库》《西城胡同专题数据库》《西城非物质遗产数据库》4个专题数据库，《西城区图书馆古籍数据库》《"走遍中国"旅游资源专题数据库》《西图讲坛》3个特色资源库，总容量15.85TB。年举办读者活动累计近1300场，年接待读者78万人次。

多年来，图书馆始终以"读者第一，服务至上"为宗旨，坚持"社会化、开放式"的办馆方针，为读者提供多层次的服务形式，先后获得了全国巾帼文明岗、全国文明单位、全民阅读示范基地、全国盲人阅读推广优秀单位、书香中国·第四节北京阅读季最美阅读空间、北京市三八红旗集体、首都文明单位标兵、北京市敬老爱老为老服务示范单位、五星级文化助盲志愿服务团队等多项荣誉。

地址（北馆）：北京市西城区后广平胡同26号

地址（南馆）：北京市西城区教子胡同8号

电话（北馆）：010-66561158 或 010-66561159 转 106

电话（南馆）：010-83550826 或 010-63556602

官网：http://www.xcdl.com.cn

西城区图书馆微信公众号：

西城区青少年儿童图书馆

西城区青少年儿童图书馆是西城区人民政府投资建设的现代化大型公共文化设施，1998年5月30日向社会开放以来，针对读者的心理特点、阅读需求以及文献特征，设置了借阅合一的低幼阅览室、综合阅览室、报刊阅览室、电子阅览室、青青草文学社作家文库、多功能报告厅等多个开放厅室。提供纸本图书、报纸刊物、电子图书借阅服务，是北京市公共图书馆联合服务网络的成员馆，实现通借通还自助服务。

西城区青少年儿童图书馆作为国家一级图书馆，秉承"服务第一，读者至上"的服务宗旨，肩负着青少年课外教育基地的责任，建立了多个学校、幼儿园服务网点，充分发挥资源优势和社会教育功能，为广大未成年人搭建了一个传授知识、弘扬文化、激发智慧的公共平台。2003年12月被评为北京市爱国主义教育基地。2018年12月被中国图书馆学会评为全民阅读示范基地。

地址：北京市西城区西直门内大街69号

电话：010-62269708

官网：http://www.xslib.net

西城区青少年儿童图书馆微信公众号：

朝阳区图书馆

朝阳区图书馆是国家一级图书馆，先后获得国家级爱国拥军模范单位、全国精神文明先进单位、全国全民阅读先进单位等荣誉近30项。该馆成立于1958年，目前"一馆两址"同时开放（劲松馆、小庄馆），面积近2万平方米；藏书347万余册；年均接待读者不低于150万人次，流通图书不少于150万册次，借阅服务效能在北京名列前茅。作为文旅部试点单位，2018年12月完成法人治理结构改革，组建朝阳区图书馆理事会、监事会，成立专家委员会和书香朝阳全民阅读发展智库，完成在全国具有代表性、前瞻性的研究课题《北京市朝阳区公共文化服务体系建设准入机制研究》，区域文化特色出版物《北京市朝阳区图书馆馆藏石刻拓片汇编》荣获全国古籍出版社2018年度百佳图书二等奖，国东贞石——朝阳区石刻拓片展等成果。

朝阳区图书馆构建"四网一体"公共阅读服务体系，深度实施总分馆管理模式，实现3+1总分馆模式传统图书馆服务网络升级；打造"书香朝阳"全民阅读活动特色品牌项目，年举办各种活动不少于500场；首家尝试并持续发展社会力量参与公共图书馆运营项目，打造有温度、有质感、有主题的"朝阳城市书屋"。目前已建成40家。城市书屋被中宣部列为创新案例。

地址（劲松馆）：北京市朝阳区广渠路66号院3号楼

地址（小庄馆）：北京市朝阳区朝外金台里17号

电话（劲松馆）：010-87754760

电话（小庄馆）：010-85992780

官网：http://www.cylib.cn/

朝阳区图书馆微信公众号：

丰台区图书馆

北京市丰台区图书馆始建于 1978 年，1989 年迁入丰台文化中心大楼，2021 年 6 月启用大红门新馆。丰台区图书馆面积 1.2 万平方米、文献总藏量 106.1 万册（件）、阅览座席 720 个。

丰台区图书馆为丰台区文化和旅游局所属公益一类事业单位，是丰台区区属综合性公共图书馆，主要职责是制定丰台区图书文献资源建设规划方案，收集和管理、维护本地区地方文献及特藏文献资源，建设特色馆藏体系；为党政机关、驻地区机关学校、企事业单位、部队、各分馆和社区（村）图书室、公益性图书馆（室）提供文献信息服务、技术支持、阅读活动推广等业务指导；为公民提供图书、报刊、电子文献等阅读服务；完善总分馆网络化服务体系和配送体系；利用数字技术、信息技术、人工智能技术为读者提供方便快捷的阅读服务。

丰台区图书馆以全面推进丰台文化、丰台精神、丰台品牌、丰台形象体系建设为要求，突出文化引领地位，发挥文化传播优势，激发文化创新活力，以高度的文化自信、凝聚的文化共识、勇创的奋斗精神，力求为群众打造充满活力、内涵彰显的公共图书馆。

地址（北大地馆）：北京市丰台区西四环南路 64 号

地址（大红门馆）：北京市丰台区南苑路 7 号

电话（北大地馆）：010-63825079 转 8204

电话（大红门馆）：010-87017358

官网：https://www.ftlib.cn/

丰台区图书馆微信公众号：

石景山区图书馆

石景山区图书馆为国家一级图书馆，是石景山区全民阅读的主阵地。总建筑面积 1.2 万平方米，一馆两址，分为总馆和少儿馆。现有馆藏文献 100 余万册，数字资源 50TB，阅览座位 800 余个，每周开放 63 小时，错时开放时长达到 52%，年举办阅读活动 700 余场，年接待读者百万人次，借阅图书百万册次。此外，图书馆还荣获全国文化系统先进集体、全国文旅系统先进单位、全国文明单位、全民阅读示范基地等多项荣誉称号，连续两年获得"全民阅读优秀组织"和"全民阅读先进单位"。少儿馆绘本馆连续几年被评为"最美绘本馆""十佳绘本馆""年度影响力绘本馆"等荣誉称号。

石景山区图书馆在全区 9 个街道、华夏银行、北京银保建国酒店等地建立 12 个分馆，在 60 个社区建立基层服务点，形成了"1+12+60"的三级总分馆制体系。近年来，石景山区图书馆在北京市率先参与了建立法人治理结构、文旅融合等改革试点工作。通过理事会对读者服务、全民阅读事业等进行探讨谋划，采取文化和旅游空间双进入、功能双融合的工作路径，努力实现文旅场所服务功能的交叉融合。

地址（总馆）：北京市石景山区八角南路 2 号

地址（少儿馆）：北京市石景山区古城南路 11 号

电话：010-6887 8259

官网：https://www.sjstsg.net/

石景山区图书馆微信公众号：

海淀区图书馆

海淀区图书馆的前身是1917年京师学务局在海淀西大街建立的西郊阅书报处，1979年8月18日正式成立，现有南、北两个馆址，馆舍总面积3.5万平方米，全年365天为读者提供免费借阅服务。2009—2017年连续三次被国家文化和旅游部评为一级图书馆。

海淀区图书馆收藏纸质文献200余万册，电子书刊20万册，音视频资源5万集，数字资源总量超过116.5TB。图书馆下设流通部、少儿部、报刊阅览部、特色文献部、自习室、多媒体阅览室等多个对外服务部门，在全区范围内建成"2+29+37"的三级总分馆服务体系（2个总馆、29个街镇分馆及37个社区服务点），全部实现图书的异地借还服务。2018年在全市率先推出的无假日、无接触、无边界、免押金的"信用借阅"服务，得到读者的广泛关注和赞誉。

多年来，海淀区图书馆以传承经典文化，开展阅读推广活动为己任，打造"海图讲坛""书海扬帆"等多个活动品牌。全年举办各类文化讲座、走读研学、非遗体验、志愿服务等形式多样、内容丰富的活动2000余场。

地址（南馆）：北京市海淀区中关村丹棱街16号海兴大厦C座
　　　　　　1—4层
地址（北馆）：北京市海淀区温泉路47号海淀北部文化中心A座
电话（南馆）：010-82605290
电话（北馆）：010-62451159
官网：http://www.hdlib.net/
海淀区图书馆微信公众号：

门头沟区图书馆

门头沟区图书馆是区属综合公共图书馆，馆藏书籍70万册，期刊600余种，声像资料2021种，古籍1700余册。2011年7月拆迁至东辛房市场街8号，服务面积1200平方米，设读者外借部、辅导部、采编部、办证处，开展"一卡通"读者借阅服务。

门头沟区图书馆—镇街图书馆（室）—村（社区）图书室三级服务网络建设在稳步推进，"益民书屋"222个，实现了行政村全覆盖，区图书馆定期对其进行业务培训及阅读指导。每年下乡达100余次，配送图书3万余册，把广大农村急需的科学文化知识送到农民的家门口，解决广大农民看书难的问题。文化信息共享工程实现了村村通，并开展了报告会、讲座、读书征文、图片展览等形式多样的读书活动。长期举办全民读书活动，红领巾读书活动、门头沟阅读季系列活动已成为文化品牌。

地址：北京市门头沟区东辛房市场街8号

网址：http://www.mtglib.com/

电话：010-69843316 或 010-69844284

门头沟区图书馆微信公众号：

房山区图书馆

房山区图书馆坐落于房山区长阳镇,前身是1983年成立的房山县图书馆,1987年更名为房山区图书馆。2015年7月,图书馆、文化馆、电影院三家单位整合成立房山区文化活动中心,保留房山区图书馆牌子。2016年迁入现址,为地(市)级一级图书馆。

房山区图书馆现有中心馆和城关馆两个馆址。中心馆2016年落成,同年12月31日试运行接待读者。馆舍面积1.6万平方米,阅读座席770个,馆藏图书58万册(件),数字资源总量达39.6TB。秉承"开放自由、智能便捷、个性特色"的建设理念,配备自动借还机、自助办证机、电子图书借阅机等设备,给读者提供方便、快捷的服务。开设政府信息查询中心、康复文献阅览室、少儿借阅区、中文图书借阅区、电子阅览区、自习区、报刊阅览室等服务窗口。

城关馆位于房山区城关街道,馆舍面积3362平方米,阅览座席238个。馆藏文献总量71万册(件)。提供个人外借、少儿阅览、电子阅览、报刊阅览、集体借阅服务。2017年经大规模装修改造,调整了阅览区域设置,配备了电子图书借阅机、触摸屏读报机等现代化阅读设备,以崭新的面貌接待广大读者。

地址(中心馆):北京市房山区长阳镇昊天北大街8号

地址(城关馆):北京市房山区城关东街15号

电话(中心馆):010-60381966—8067

电话(城关馆):010-69313103

官网:http://www.fscac.org/

房山区图书馆微信公众号:

房山区燕山图书馆

房山区燕山图书馆始建于1979年，现址于2012年建成使用，隶属于燕山文化活动中心，主要对外服务部门位于五、六层。下设成人借阅室、少儿借阅室、电子阅览室、期刊阅览室、少儿科普分中心和办证室。

燕山图书馆全年365天开馆，开架借阅。纸质文献逐年增加，并注重电子书、数据库和图书借阅机等数字资源的建设和使用，不断提高文献信息保障能力。依托总分馆建设，延伸服务，现有街道图书室4个，社区图书室31个，图书配送服务点51个。深入社区、学校、单位、军队、农村……配送图书、设备，加强基层业务指导。

燕山图书馆以"一卡通"服务、"阅读北京"系列活动和"红读"系列活动等惠民服务为重点，贯彻落实《公共图书馆法》，坚持开展全民阅读推广，打造服务品牌。举办元宵节系列文化活动，世界读书日系列阅读活动，诵读大赛，庆祝七一和十一展览等活动丰富市民阅读生活。通过"青苗悦读汇"少儿阅读活动、"小小图书管理员"志愿活动和青少年科普分中心打造青少年特色服务品牌。与学校、社区、单位等联合开展各种讲座、展览、报告会等阅读活动。

地址：北京市房山区燕山迎风岗南路东一巷2号

电话：010-80343925

官网：http://yslib.superlib.libsou.com/

房山区燕山图书馆微信公众号：

通州区图书馆

通州区图书馆是区属公共图书馆，隶属于通州区文化和旅游局，其前身可追溯到1916年成立的京兆通县通俗图书馆及1929年成立的河北省通县县立通俗图书馆，是国家文旅部命名的地市级一级公共图书馆。馆舍面积1.7万平方米，免费向社会公众提供文献借阅、讲座论坛、展览交流、信息咨询、青少年活动、文化休闲等文化信息服务，承担着通州区公共图书馆总分馆建设任务。

通州区图书馆是通州区公共文化体系的重要组成部分，是北京市公共图书馆"一卡通"网络服务的成员馆、中国盲文图书馆北京市通州区支馆，先后荣获全国学雷锋活动示范点、首都文明单位、北京市科普基地、通州区文明诚信示范窗口、北京市通州区市民终身学习示范基地、新时代文明实践基地、通州区中小学生社会大课堂示范基地、青少年思想教育基地等荣誉。

通州区图书馆遵循"大开放、大服务"的服务理念，认真落实《中华人民共和国公共图书馆法》，以读者为中心，凭借藏、借、阅、咨一体化的开放布局，营造温馨舒适的阅读氛围，引领全民阅读，培树书香运河讲堂等多个阅读活动品牌，开展志愿服务，推进运河文献资源中心建设，弘扬运河文化，讲好通州故事，全力打造读者满意的图书馆。

地址：北京市通州区通胡大街76-1号

电话：010-56946717

官网：http://www.tztsg.com/

通州区图书馆微信公众号：

顺义区图书馆

顺义区图书馆成立于1958年，位于北京市顺义区石园大街10号，顺义区文化中心院内，面积2万余平方米，馆藏文献180余万册（件），订阅报刊1400余种，阅览座席1000余个，本地数字资源53TB，共享资源290TB，各类资源数据库23个。

顺义区图书馆始终以"读者第一、服务至上"为宗旨，采取借阅合一、开放、自助、智能化的服务方式，为读者提供书刊外借、自习阅览、互联网服务、资料查阅、地方文献查阅、数字资源查阅、政府信息公开查阅、公益讲座、展览、阅读推广、亲子阅读、法律咨询、志愿服务、校外教育、特殊群体服务等多种形式的"菜单式"服务项目，以及课题服务、专题咨询、情报服务、馆际互借、新书荐购、图书预约、送书上门、基层图书室建设、专题培训、参观交流、文创产品开发、科研项目等多种形式的"订单式"服务项目。

在全区建立"一卡通"分馆27家、基层图书室683家（含益民书屋530家）、共享工程服务点428家、公共电子阅览室152家。积极组织开展"书香顺义"全民阅读活动，在服务方式上注重把借阅服务与读书活动相结合，为全区的经济建设服务，社会效益日见显著。

地址：北京市顺义区石园大街10号院

电话：010-69447267

官网：www.bjsylib.com.cn

顺义区图书馆微信公众号：

昌平区图书馆

昌平区图书馆是区属综合性公共图书馆，是昌平区文化事业的重要组成部分。昌平区图书馆前身为昌平文化馆图书组，成立于1949年9月。1979年1月，图书馆单独建制，成立昌平县图书馆。1999年10月，昌平撤县设区，昌平县图书馆升格为昌平区图书馆。2004年12月18日，图书馆迁至昌平区府学路10号。新馆建筑面积1万余平方米，设有按照少儿心理特点设计、充分体现人性化的少儿借阅室；能容纳200人的自习室；可同时容纳120人上网的电子阅览室，以及可完成视频会议、学术讨论、影片播放、小型演出和教学等活动需要的报告厅。昌平区图书馆现设采访编目部、图书外借部、少儿阅览部、网络信息部、报刊阅览部、办证咨询部、基层辅导部、电子阅览室、办公室和财务部10个部（室），现有职工48人，馆藏总量85万册（件），有效持证读者近4万人；全年免费向社会开放，为读者提供文献借阅、信息咨询、电子阅览、报刊阅览、自习等服务。

地址：北京市昌平区府学路10号

电话：010-69742610

官网：http://www.cpqtsg.com/

昌平区图书馆微信公众号：

大兴区图书馆

大兴区图书馆是本区内的综合性公共图书馆，是文化和旅游部评定的一级图书馆，是大兴区文献信息收藏和服务中心、全国文化信息资源共享工程支中心、北京市青少年学生校外活动基地。

大兴区图书馆全年365天开放，实行免费服务，周开放时间达64.5小时。馆内设有办证处、多媒体信息服务中心、流通服务中心、阅览服务中心、少儿阅读服务中心等5个对外服务窗口，为读者提供丰富的文献信息服务。配套的报告厅可开展讲座和各类培训等活动。

大兴区图书馆馆藏图书109.03万册；视听文献、微缩制品超过2.02万件；拥有包括大兴历史文化资源数据库、超星汇雅数据库、中国精品文化期刊文献库、维普考试资源系统数据库、万方中小学数字图书馆等17个专题数据库，馆藏数字资源本地存储量超过28TB。

全年开展公益培训、文化讲座、亲子阅读、展览展示、阅读宣传等多种形式的读者活动。引导广大群众利用图书馆，充分发挥图书馆的社会教育职能。按照"总馆—分馆"模式，建成包括1个总馆、28个分馆、438个社区（村）图书室、134个企事业单位图书室、25个24小时城市书房的全覆盖阅读服务网络，向全区群众提供便捷、专业的公益阅读服务。

地址：北京市大兴区黄村西大街11号

电话：010-69290350（总机）

官网：www.dxlib.com.cn

大兴区图书馆微信公众号：

怀柔区图书馆

怀柔区图书馆是怀柔区的综合性公共图书馆，初创于 1934 年，馆址几经变迁，2008 年 3 月 18 日迁入现址，建筑面积 7345 平方米。全馆共设有办证咨询部、图书外借部、报刊阅览部、电子阅览部等 14 个部门。馆藏文献 94.9 万册（件）。全年 365 天"零门槛"向市民开放，每天开放 12 小时。常年组织开展"书香怀柔"全民阅读活动和"红领巾"读书系列活动。

怀柔区图书馆主要职能是：书报刊借阅、资料查询、政府信息公开查询、开展各类读书活动，指导基层图书馆（室）、文化信息资源共享工程服务点、数字文化社区开展读者服务等。

2009 年、2013 年、2017 年，连续三次被文旅部评为地市级一级图书馆。2012 年，被中国图书馆学会授予"全民阅读"先进单位；2014 年，被中国图书馆学会授予"全民阅读示范基地"。2015 年至今是首都精神文明单位，是区内多家学校的校外实践基地。

地址：北京市怀柔区富乐大街 8 号

电话：010-89688206

官网：http://www.hrlib.com.cn

怀柔区图书馆微信公众号：

平谷区图书馆

平谷区图书馆始建于 1978 年，是区属综合性公共图书馆，是平谷区精神文明建设的重要窗口，获得北京市校外教育先进集体等荣誉称号，被文旅部评为"国家一级图书馆"。

平谷区图书馆建筑面积 8100 平方米，设有 18 个借阅室，阅览座席 700 余个。馆藏文献 80 余万册，形成系统、完整的综合性藏书体系，建有全国唯一的"冰心奖儿童图书馆""冰心奖陈列室"。自建、外购数据库及电子图书等数字资源总量达 43TB。

平谷区图书馆坚持"读者第一，服务至上"的方针，为读者提供主动式、开放式免费服务，365 天开馆，平均每周开馆 82 小时。采用多种形式宣传书刊，开展馆际互借、流动送书、信息咨询等服务，建设 24 小时自助图书馆、图书漂流柜。建成街道、乡镇"一卡通"分馆 18 个和社区、村基层图书室 314 个，年外借图书 30 余万册。通过讲座、培训、展览等多种形式深入开展社会教育、阅读推广活动年 500 余场次。建设网站、微信、"文化平谷"电视云平台等数字平台，为广大读者提供海量信息资源。利用报纸、电视、网络等媒介，结合"服务宣传周""世界读书日"等宣传日，大力宣传推广图书馆服务。

地址：北京市平谷区府前西街一号

电话：010-89999515

官网：https://www.pgtsg.com/

平谷区图书馆微信公众号：

密云区图书馆

北京市密云区图书馆位于密云区四眼井胡同6号，为公益性事业单位，全年免费对外开放，建筑面积7500平方米，年接待读者20万余人，日均接待读者550余人次。2021年持证读者达4.8万个、馆藏图书107万余册、外借文献83万余册、电子文献3万余种、报刊文献621种、数字资源总量30TB。全年配送图书45次、配合21家镇街级分馆图书流转38次、举办线上读者活动27场、线下读者活动72场、参与人次达35万余人次。

作为国家一级图书馆、北京市爱国主义教育基地、北京市社会科学普及基地、新时代文明实践基地及优秀无障碍图书馆，密云区图书馆肩负着推广全民阅读、传播文化、传承文明的职责，为旅游经济发展提供了文化支撑。以文旅融合为契机，依托区内丰富的旅游资源，积极推进"书香景区""书香民宿""书香酒店""书香农庄"建设，用文化助推旅游发展。

密云区图书馆坚持稳步推进、融合发展的思路，结合"诵读密云"文化金名片建设构想，启动"十百千"工程，走进景区、民宿、酒店、农庄，开展群众性诵读活动，创造出具有创新性特色的多元生态书香阅读空间，多次被国家级、市级、区级媒体宣传报道。密云区图书馆在对"书香景区""书香民宿""书香酒店""书香农庄"的建设中便于游客以书为媒，在旅游场所与阅读的融合中，增加书香气息和文化含量。

地址：北京市密云区四眼井胡同6号

电话：010-69043403

密云区图书馆微信公众号：

延庆区图书馆

延庆区图书馆成立于1975年，是延庆唯一一座区级公益性的公共图书馆。馆址几经变迁，于2008年7月迁址到延庆区妫水北街16号，是延庆文化中心的一部分。延庆区图书馆建筑面积5598平方米，馆藏文献62.8万册（件）。内设机构有办公室、采编部、阅读推广部、外借部、技术部、集体部、阅览部、地方文献查询室、自习室。2016年延庆撤县改区，延庆县图书馆正式更名为北京市延庆区图书馆。

延庆区图书馆每年组织诵读、绘本故事会、"4·23"世界读书日、书香北京系列评选、妫川文化大讲堂等多项阅读推广主题活动，并积极参加首都图书馆组织的红领巾读书活动、大型展览活动、换书大集、业务培训等活动。自2015年起，延庆区图书馆整合区域内基层图书服务资源，建立了18个乡镇（街道）图书流转中心，392个基层图书室，配备终端流通设备及电子书借阅机，形成了市、区、乡、村四级管理长效机制，提高了基层图书服务效能，取得了良好的社会效果。截至2021年共有18个乡镇建成图书馆分馆。

地址：北京市延庆区妫水北街16号

电话：010-69104546

官网：http://www.yqlib.com/

延庆区图书馆微信公众号：

2012年—2022年
北京市公共图书馆新馆建设情况

启用时间	名 称	地 址	简 介
2012年1月	房山区燕山图书馆新馆	房山区燕山迎风岗南路东一巷2号	位于燕山文化活动中心5层，馆舍面积2800平方米，新增图书20000余册、报纸500余种
2012年9月28日	首都图书馆（二期）新馆	朝阳区东三环南路88号	总建筑面积达9.4万平方米，可容纳文献1000余万册（件），具有2万人次的日接待能力，可容纳近3000个阅览座席
2012年11月16日	密云区图书馆新馆	密云区四眼井胡同6号	建筑面积7500平方米，藏书58万册，设有6个职能部门与11个对外服务窗口
2013年10月9日	通州区图书馆新馆	通州区通胡大街76-1	面积17513平方米，馆藏图书近70万册，年订期刊1365种，报纸178种，阅览座位约1000个，日接待读者3000人次
2013年12月26日	朝阳区图书馆（劲松馆）新馆	朝阳区广渠路66号院3号楼	建筑面积14600平方米，配置读者自助服务系统，开设24小时自助借阅服务区与盲人借阅区
2016年7月10日	海淀区图书馆北部新馆	海淀区温泉路47号海淀北部文化中心A座	藏书80万册，座位1200个，馆舍通透格局，采用自助借还系统
2016年12月31日	房山区图书馆（中心馆）新馆	房山区长阳镇昊天北大街8号	馆舍面积1.6万平方米，阅读坐席770个，馆藏图书58万册（件），数字资源总量达39.6TB

附录

续表

启用时间	名　称	地　　址	简　介
2021年3月18日	顺义区图书馆新馆	顺义区石园大街10号院	总建筑面积20106平方米，阅览座席1000个，日接待能力2000—3000人次，藏书总量达到150万余册
2021年6月28日	丰台区图书馆（大红门）新馆	丰台区南苑路7号	建筑面积9543平方米，阅览座席430个，藏书量36万册，集"藏、借、阅、现代化技术"于一体

2012年—2022年北京市公共图书馆获得荣誉一览表

2012年北京市公共图书馆获得荣誉

馆 名	奖项名称	获奖者	颁奖机构
首都图书馆	北京市委宣传系统思想政治工作先进单位	首都图书馆	中共北京市委宣传部
	北京市党员电教示范站点	首都图书馆党委	中共北京市委组织部
	2012年元旦、春节烟花爆竹安全管理工作先进集体	首都图书馆	北京市人民政府烟花爆竹安全管理工作领导小组、北京市人力资源和社会保障局
	2012年度全国人文社会科学普及基地	首都图书馆	全国社会科学普及工作经验交流会组委会
	"北京市红领巾读书"活动优秀组织奖	首都图书馆	中国共产主义青年团北京市委员会、中国少年先锋队北京市工作委员会、北京市教育委员会、首都精神文明建设委员会办公室、北京市文化局、北京市科学技术学会

续表

馆 名	奖项名称	获奖者	颁奖机构
首都图书馆	"北京市红领巾读书"活动爱心快递图书捐赠优秀组织奖	首都图书馆	中国共产主义青年团北京市委员会、中国少年先锋队北京市工作委员会，北京市教育委员会、首都精神文明建设委员会办公室、北京市文化局、北京市科学技术学会
	2012年度北京市校外教育协会优秀组织奖	首都图书馆	北京市校外教育协会
	2012年中国图书馆学会年会征文组织奖	北京市图书馆协会	中国图书馆学会
	"首图讲坛"被授予2012年首都市民学习品牌	首都图书馆	北京市建设学习型城市工作领导小组
	集体三等功	保卫部	北京市公安局
	北京市模范职工小家	采编中心工会小组	北京市总工会
	《首都图书馆古籍善本书目》被评选为"全国优秀古籍图书二等奖"	历史文献中心	新闻出版总署
	"书香宣讲团"被评为北京市宣传系统"十佳宣讲团"	首都图书馆	中共北京市委宣传部
	全国教科文卫体系统模范职工之友	肖维平	中国教科文卫体工会全国委员会
	北京市宣传系统百姓优秀宣讲员	付平怡、李园实、宋秈、孙慧明	中共北京市委宣传部

续表

馆 名	奖项名称	获奖者	颁奖机构
首都图书馆	北京市宣传系统百姓宣讲员	王静斯、刘洁婷	中共北京市委宣传部
	2011年度北京系列科普讲座组织工作先进个人	王海茹	北京市社会科学界联合会
	2012年度北京市科学技术普及工作先进个人	王海茹	北京市科学技术委员会、中共北京市委宣传部
	个人嘉奖	杨国涌	北京市公安局
	"北京市红领巾读书"活动优秀辅导员	邓菊英、王梅、潘淼、孔令波	中国共产主义青年团北京市委员会、中国少年先锋队北京市工作委员会、北京市教育委员会办公室、首都精神文明建设委员会办公室、北京市文化局、北京市科学技术协会
	2011年度文化信息工作先进个人	王琪	文化部办公厅
	"岗位建功促成才活动"优秀个人	李园实	共青团北京市文化局团委
	2012年度"会员论坛之星"	张晓梅	中国图书馆学会
	论文《浅谈北京市全民阅读活动业务档案与统计整理工作》获一等奖	于景琪、刘佳	中国图书馆学会
	论文《微博时代北京地方文献工作的新设想》获一等奖	任国华	中国图书馆学会

333

续表

馆 名	奖项名称	获奖者	颁奖机构
首都图书馆	论文《图书馆读者投诉处理的标准化管理》获一等奖	刘佳琳	中国图书馆学会
	论文《从中国图书馆员职业道德准则看图书馆职业精神的培育》获二等奖	芦硕	中国图书馆学会
	论文"书香暖童心，阅读促成长"别样课堂在首图——浅谈首都图书馆开展北京市中小学生校外教育实践活动》荣获第四届北京校外教育理论与实践研究案例二等奖	左娜	北京市校外教育协会
	论文《点亮童年阅读的别样大课堂——首都图书馆开展北京市中小学生社会大课堂实践活动》荣获第四届北京校外教育理论与实践研究案例三等奖	左娜	北京市校外教育协会
	论文《从活动实例看图书馆少儿阅读活动中的合作与分享》获2012年全国少年儿童青年馆员论坛征文活动二等奖	王梅	中国图书馆学会
	论文《浅析图书馆为媒介推行儿童阅读指导计划的优势》获2012年全国少年儿童青年馆员论坛征文活动二等奖	潘淼	中国图书馆学会
	论文《信息社会环境下首都图书馆服务浅析》获三等奖	朱宝琦	中国图书馆学会

续表

馆 名	奖项名称	获奖者	颁奖机构
首都图书馆	论文《浅析图书馆"古籍附属信息"之价值及保护策略》获三等奖	张利	中国图书馆学会
	论文《图书馆引入基于DMI的文献检索技术的构想》获三等奖	王静斯	中国图书馆学会
	论文《国民阅读需求与图书馆公共服务理念浅论》获2012媒体与阅读年会征文优秀奖	张晓梅	中国图书馆学会阅读推广委员会、《图书馆报》
东城区第一图书馆	"书海听涛"首都市民学习品牌	东城区第一图书馆	北京市建设学习型城市工作领导小组
	全民阅读示范基地	东城区第一图书馆	中国图书馆学会
	全国人文社会科学普及基地	东城区第一图书馆	全国社会科学普及工作经验交流会组委会
	北京市科普基地	东城区第一图书馆	北京市科学技术委员会、北京市科学技术协会
	《官兵在图书馆里读书》获首届北京阅读季"悦·读"读书风景摄影展银奖	崔月强	北京阅读季办公室
西城区图书馆	爱国卫生先进单位	西城区图书馆	北京市西城区爱国卫生运动委员会
	北京市图书馆"全民阅读"活动组织奖	西城区图书馆	北京市文化局

续表

馆 名	奖项名称	获奖者	颁奖机构
西城区图书馆	《官兵在图书馆里读书忙》获首届"读书的艺术"百姓摄影大赛优秀奖	崔月强	首届"读书的艺术"百姓摄影大赛组委会
西城区青少年儿童图书馆	北京市图书馆"全民阅读"活动组织奖	西城区青少年儿童图书馆	北京市文化局
	第七届"北京阳光少年"活动优秀组织奖	西城区青少年儿童图书馆	北京校外教育协会、北京市青少年校外教育工作联席会议办公室
崇文区图书馆	2009—2011年度民建北京市委优秀会员	信敬东	中国民主建国会北京市委员会
	东城区政协2012年度优秀社情民意信息工作者	信敬东	中国人民政治协商会议北京市东城区委员会
	2012年度北京市社区科普益民计划优秀社区科普宣传员	马可	北京市科学技术协会、北京市财政局
宣武区图书馆	北京市创先争优优秀共产党员	宣武区图书馆	中国共产党北京市委
	"树形象 展风采 创佳绩 喜迎十八大"2012年北京市读书益民工程知识竞赛一等奖	宣武区图书馆	北京市读书益民工程领导小组办公室
	北京市图书馆"全民阅读"活动优秀组织奖	宣武区图书馆	北京市文化局
朝阳区图书馆	北京市三八红旗集体	朝阳区图书馆	北京市妇联、北京市总工会、北京市人力资源和社会保障局
	军民共建社会主义精神文明先进单位	朝阳区图书馆	中央宣传部、中央文明办、解放军总政治部

续表

馆 名	奖项名称	获奖者	颁奖机构
朝阳区图书馆	北京市敬老爱老为老服务示范单位	朝阳区图书馆	北京人民政府
	第七届北京图书馆"全民阅读"活动组织奖	朝阳区图书馆	北京市文化局
丰台区图书馆	"树形象 展风采 创佳绩 喜迎十八大"2012年北京市读书益民杯知识竞赛优秀组织奖	丰台区图书馆	北京读书益民工程领导小组办公室
	第七届北京图书馆"全民阅读"活动组织奖	丰台区图书馆	北京市文化局
石景山区图书馆	北京市社会科学普及实验基地	石景山区图书馆	北京市社会科学界联合会
	北京市青少年学生校外活动基地	石景山区图书馆	北京市教育委员会、北京市青少年学生校外教育工作联席会议办公室
	第七届北京图书馆"全民阅读"活动组织奖	石景山区图书馆	北京市文化局
海淀区图书馆	"树形象 展风采 创佳绩 喜迎十八大"2012年北京市读书益民杯知识竞赛优秀组织奖	海淀区图书馆	北京读书益民工程领导小组办公室
	第七届北京图书馆"全民阅读"活动组织奖	海淀区图书馆	北京市文化局
	2012年度北京市社区科普益民计划优秀社区科普宣传员	杨兰英	北京市科学技术协会、北京市财政局
通州区图书馆	"树形象 展风采 创佳绩 喜迎十八大"2012年北京市读书益民杯知识竞赛优秀组织奖	通州区图书馆	北京读书益民工程领导小组办公室
	"树形象 展风采 创佳绩 喜迎十八大"2012年北京市读书益民杯知识竞赛优秀组织奖	通州区图书馆	北京读书益民工程领导小组办公室

续表

馆　名	奖项名称	获奖者	颁奖机构
通州区图书馆	"享惠民硕果 奔文化小康" 北京市2012年北京读书益民工程服务纪实情景剧三等奖	通州区图书馆	北京市读书益民工程领导小组办公室
	北京市图书馆"全民阅读"活动组织奖	通州区图书馆	北京市文化局
	"享惠民硕果 奔文化小康" 2012年北京市益民工程服务纪实情景剧大赛二等奖	通州区图书馆	北京市新闻出版局
顺义区图书馆	基层双拥工作示范单位	顺义区图书馆	北京市双拥工作领导小组
	2012年度北京图书馆"全民阅读"活动组织奖	顺义区图书馆	北京市文化局
昌平区图书馆	"树形象 展风采 创佳绩 喜迎十八大" 2012年北京市益民杯知识竞赛优秀组织奖	昌平区图书馆	北京市读书益民工程领导小组办公室
	北京市图书馆"全民阅读"活动组织奖	昌平区图书馆	北京市文化局
大兴区图书馆	"树形象 展风采 创佳绩 喜迎十八大" 2012年北京市读书益民杯知识竞赛三等奖	大兴区图书馆	北京市读书益民工程领导小组办公室
	2012年中国图书馆学会年会征文三等奖	杨雪	中国图书馆学会
	2012年中国图书馆学会年会征文三等奖	刘叶红	中国图书馆学会
怀柔区图书馆	第十一届中国社区乡镇图书馆发展战略研讨会征文一等奖	王建军、李晓东	中国图书馆学会、社区与乡镇图书馆专业委员会
	第十一届中国社区乡镇图书馆发展战略研讨会征文二等奖	杨雪	中国图书馆学会、社区与乡镇图书馆专业委员会

续表

馆　名	奖项名称	获奖者	颁奖机构
怀柔区图书馆	第十一届中国社区乡镇图书馆发展战略研讨会征文三等奖	刘叶红、周梅	中国图书馆学会、社区与乡镇图书馆专业委员会
	第十一届中国社区乡镇图书馆发展战略研讨会征文三等奖	史昊野	中国图书馆学会、社区与乡镇图书馆专业委员会
	"书香怀柔 全民阅读"活动被评为首都市民学习品牌活动	怀柔区图书馆	北京市建设学习型城市工作领导小组
	"树形象 展风采 创佳绩 喜迎十八大"2012年北京市读书益民杯知识竞赛优秀组织奖	怀柔区图书馆	北京市读书益民工程领导小组办公室
	"享惠民硕果 奔文化小康"2012年北京市读书益民工程服务纪实情景剧大赛三等奖	怀柔区图书馆	北京市读书益民工程领导小组办公室
	北京市图书馆"全民阅读"活动组织奖	怀柔区图书馆	北京市文化局
	"弘扬主旋律、喜迎十八大"北京市千场优秀出版物展节活动先进个人	张慧	北京市新闻出版局、首都出版发行联盟
平谷区图书馆	北京市图书馆"全民阅读"活动组织奖	平谷区图书馆	北京市文化局
	"树形象 展风采 创佳绩 喜迎十八大"2012年北京市读书益民杯知识竞赛优秀组织奖	平谷区图书馆	北京市读书益民工程领导小组办公室
	"树形象 展风采 创佳绩 喜迎十八大"2012年北京市读书益民杯知识竞赛一等奖	刘秋勇	北京市读书益民工程领导小组办公室

续表

馆 名	奖项名称	获奖者	颁奖机构
平谷区图书馆	"树形象 展风采 创佳绩 喜迎十八大" 2012年北京市读书益民杯知识竞赛一等奖	马丽	北京市读书益民工程领导小组办公室
	"树形象 展风采 创佳绩 喜迎十八大" 2012年北京市读书益民杯知识竞赛一等奖	李国新	北京市读书益民工程领导小组办公室
密云区图书馆	北京市阅读季优秀组织奖	密云区图书馆	北京市阅读季办公室

2013年北京市公共图书馆获得荣誉

馆 名	奖项名称	获奖者	颁奖机构
首都图书馆	北京市第十一届思想政治工作优秀单位	首都图书馆	中共北京市委员会
	第二届首都未成年人思想道德建设工作先进单位	首都图书馆	首都精神文明建设委员会
	"安利杯"北京市第二届手语风采大赛优秀组织奖	首都图书馆	首都精神文明办公室、市交通委、市教委
	首都图书馆与中国唱片总公司联合制作的音乐典藏集《北京好歌》获第九届中国金唱片奖编辑文案奖	首都图书馆	中央人民广播电台、中国中国唱片总公司
	2013—2015年北京市科普基地	首都图书馆	北京市科学技术委员会、北京市科学技术协会
	北京市图书馆"全民阅读"活动组织奖	首都图书馆	中国图书馆学会阅读推广委员会、韬奋基金会、中国新华书店协会
	"北京市红领巾读书"活动优秀组织奖	首都图书馆	中国共产主义青年团北京市委员会、中国少年先锋队北京市工作委员会、北京市教育委员会、首都精神文明建设委员会办公室、北京市文化局、北京市科学技术学会

续表

馆 名	奖项名称	获奖者	颁奖机构
首都图书馆	第二届"北京阳光少年"活动优秀组织奖	首都图书馆	北京市青少年学生校外教育工作联席会议办公室、北京校外教育协会
	2013年度北京市文化局系统交通安全先进单位	首都图书馆	北京市文化局
	2013阅读创客	首都图书馆	新京报
	2013年度中国图书馆学会征文组织奖	北京市图书馆协会	中国图书馆学会
	北京市图书馆"全民阅读"活动组织奖	北京市图书馆协会	北京市文化局
	"北京市红领巾读书"活动示范单位	首都图书馆少儿阅读活动中心	中国共产主义青年团北京市委员会、中国少年先锋队北京市工作委员会、北京市教育委员会、首都精神文明建设委员会办公室、北京市文化局、北京市科学技术学会
	2009—2013北京市文化志愿者先进团队	首都图书馆文化志愿者团队	北京文化艺术活动中心、北京市文化志愿者服务中心
	2009—2013北京市文化志愿者先进团队	首都图书馆"语你相通"手语队	北京文化艺术活动中心、北京市文化志愿者服务中心
	北京市千名好家长	杨芳怀	北京市妇联、首都精神文明办公室、北京市教育委员会、共青团北京市委、市关工委

续表

馆 名	奖项名称	获奖者	颁奖机构
首都图书馆	第二届首都未成年人思想道德建设工作先进工作者	张皖	首都精神文明建设委员会
	身边雷锋 最美北京人	李园实	首都精神文明建设委员会
	2009—2012年度北京市档案系统先进个人	赵焕敏	北京市人力资源和社会保障局、北京市档案局
	2013年度北京市文化局系统交通安全优秀工作者	刘真海	北京市文化局
	北京电大2013年度优秀教育工作者	王岩玮	北京电视大学
	先进志愿者项目带头人	杨芳怀	北京市文化志愿者服务中心
	2009—2013北京市文化志愿者先进个人	段瑞林	北京文化艺术活动中心、北京市文化志愿者服务中心
	论文《少年儿童图书馆网站建设的探讨》获第十三届三北地区少年儿童图书馆研讨会征文活动一等奖	张皖	三北地区少年儿童图书馆协会
	论文《书香首图书影共读——书享书与影的精彩世界帮助孩子爱上阅读》获第一届全国图书馆阅读推广服务论坛优秀案例活动二等奖	左娜	中国图书馆学会、国家图书馆、云南省文化厅
	论文《在活动中学习 在参与中提高——首都图书馆提高未成年人阅读品味的实践》获2013全国阅读年会征文活动二等奖	吴洪珺	韬奋基金会、中国新华书店协会、中国图书馆协会阅读推广委员会、《图书馆报》
	论文《老子的辩证法思想与情报学会征文活动》获中国社会科学情报学会征文活动二等奖	范猛	中国社会科学情报学会

343

续表

馆 名	奖项名称	获奖者	颁奖机构
首都图书馆	论文《公共图书馆音像资料排架方式浅析——以首都图书馆为例》获二等奖	武剑玲	中国图书馆学会
	论文《试论图书馆期刊工作质量评价体系的建立》获二等奖	林岫	中国图书馆学会
	论文《从首图两次新馆开馆谈公共图书馆宣传新思路》获二等奖	陈琼	中国图书馆学会
	论文《公共图书馆导向标识扩展性探索》获二等奖	于景琪、刘佳	中国图书馆学会
	论文《参考咨询工作中的侵权风险规避研究——以首图信息咨询中心为例》获三等奖	窦玉萌	中国图书馆学会
	论文《浅说公共图书馆学习共享空间的构建》获三等奖	王静斯	中国图书馆学会
	论文《浅论陈垣关于古籍鉴定与整理的思想和方法》获三等奖	史丽君	中国图书馆学会
	论文《浅析北京奥运文献的分类标引》获三等奖	郑春蕾	中国图书馆学会
东城区第一图书馆	第三届北京阅读季先进集体	东城区第一图书馆	北京阅读季领导小组
东城区第一图书馆	北京市图书馆"全民阅读"活动组织奖	东城区第一图书馆	北京市文化局
东城区第二图书馆	2013年东城区巾帼文明岗	东城区第二图书馆	东城区妇联"巾帼建功"小组

续表

馆 名	奖项名称	获奖者	颁奖机构
东城区第二图书馆	全国中小型公共图书馆联合会2013年研讨会征文一等奖	马可	中国图书馆学会
	全国中小型公共图书馆联合会2013年研讨会征文一等奖	马宁、迟芳	中国图书馆学会
	2012年度优秀人民陪审员	马可	北京市东城区人民法院
	北京市图书馆"全民阅读"活动组织奖	东城区第二图书馆	北京市文化局
	第三届北京阅读季先进个人	程佳蕾	北京市新闻出版局、北京阅读季领导小组
	《关于整合区域医疗资源，缓解养老院床位短缺，提出优质养老服务的建议》2013年度优秀提案	马可	中国人民政治协商会议北京市东城区委员会
西城图书馆	2013年全国中小型公共图书馆联合会征文活动组织奖	西城区第一图书馆	中国图书馆学会、全国中小型公共图书馆联合会
西城区第一图书馆	北京市图书馆"全民阅读"活动组织奖	西城区第一图书馆	北京市文化局
	第三届北京阅读季先进个人	简峥	北京阅读季领导小组
	第五届北京阅读季先进集体	西城区第二图书馆	北京阅读季领导小组
	"中国梦 我的梦"北京市读书益民杯优秀组织奖	西城区第二图书馆	北京市读书益民工程领导小组办公室

续表

馆 名	奖项名称	获奖者	颁奖机构
西城区第一图书馆	北京市图书馆"全民阅读"活动组织奖	西城区第一图书馆	北京市文化局
西城区青少年儿童图书馆	"书缘·家梦"推广活动案例获2013年"全国少年儿童阅读年"——"亲子共读爱的体验"全国家庭亲子阅读推广月活动优秀案例征集评选三等奖	西城区青少年儿童图书馆	中国图书馆学会
	全国少年儿童经典读物情景剧视频大赛活动优秀组织奖	西城区青少年儿童图书馆	中国图书馆学会青少年推广委员会、中国图书馆学会经典阅读推广委员会
	北京市图书馆"全民阅读"活动组织奖	西城区青少年儿童图书馆	北京市文化局
	第二届"北京阳光少年"活动优秀组织奖	西城区青少年儿童图书馆	北京市青少年学生校外教育工作联席会议办公室、市教委、市校外办
朝阳区图书馆	北京市图书馆"全民阅读"活动组织奖	朝阳区图书馆	中国图书馆学会
	第三届北京阅读季先进集体	朝阳区图书馆	北京阅读季领导小组
	中国图书馆学会第一届全国图书馆未成年人服务论坛案例征集三等奖	朝阳区图书馆	中国图书馆学会
	北京市敬老爱老为老服务示范单位	朝阳区图书馆	北京市人民政府
	第三届北京阅读季先进个人	杨朝辉	北京阅读季领导小组

续表

馆 名	奖项名称	获奖者	颁奖机构
朝阳区图书馆	中国图书馆学会 2011—2013 年度优秀会员	谭诗鹏	中国图书馆学会
	中国图书馆学会 2011—2013 年度优秀会员	郑玲	中国图书馆学会
	中国图书馆学会 2011—2013 年度优秀会员	谢刚	中国图书馆学会
石景山区图书馆	第一届全国图书馆未成年人服务论坛案例征集优秀奖	石景山区少年儿童图书馆	中国图书馆学会
	2013年"全国少年儿童阅读年"——"亲子共读爱的体验"全国家庭亲子阅读推广月活动优秀案例征集二等奖	石景山区少年儿童图书馆	中国图书馆学会
海淀区图书馆	"中国梦 我的梦"优秀组织奖	海淀区图书馆	北京市读书益民工程领导小组办公室
	2013年中国图书馆学会年会征文一等奖	张智中	中国图书馆学会
门头沟区图书馆	北京市"首邑杯"文化惠民工程知识竞赛三等奖	门头沟区图书馆	北京市读书益民工程领导小组办公室
房山区图书馆	第三届北京阅读季先进集体	房山区图书馆	北京阅读季领导小组
	北京市图书馆"全民阅读"活动组织奖	房山区图书馆	北京市文化局
房山区燕山图书馆	北京市图书馆"全民阅读"活动组织奖	房山区燕山图书馆	北京市文化局
通州区图书馆	第三届北京阅读季先进个人	杨兰英	北京阅读季领导小组
	第二届首都未成年人思想道德建设工作先进工作者	杨兰英	首都精神文明建设委员会

续表

馆　名	奖项名称	获奖者	颁奖机构
通州区图书馆	2013—2015年北京市科普基地	通州区图书馆	北京市科学技术委员会、北京市科学技术协会
	"中国梦 我的梦"北京书益杯全民朗诵活动三等奖	通州区图书馆	北京市读书益民工程领导小组办公室
	北京市图书馆"全民阅读"活动组织奖	通州区图书馆	北京市文化局
	"中国梦 我的梦"北京书益杯全民诵读活动优秀组织奖	通州区图书馆	北京市读书益民工程领导小组办公室
	第三届北京阅读季先进集体	通州区图书馆	北京阅读季领导小组
	北京市敬老爱老为老服务示范单位	通州区图书馆	北京市人民政府
	全国中小型公共图书馆联合会2013年研讨会征文二等奖	李毅、王云峰	中国图书馆学会、全国中小型公共图书馆联合会
顺义区图书馆	第三届"北京阅读季·阅读盛典"颁奖活动先进集体	顺义区图书馆	书香中国·北京阅读季领导小组
	第三届"北京阅读季·阅读盛典"颁奖活动北京市十大读书人物	刘德水、向新良、谢培刚	书香中国·北京阅读季领导小组
	2013年中国图书馆学会年会征文三等奖	史红艳	中国图书馆学会
	北京市图书馆"全民阅读"活动组织奖	顺义区图书馆	北京市文化局
昌平区图书馆	第三届北京阅读季先进集体	昌平区图书馆	北京阅读季领导小组办公室

续表

馆 名	奖项名称	获奖者	颁奖机构
昌平区图书馆	北京市图书馆"全民阅读"活动组织奖	昌平区图书馆	北京市文化局
	北京市"首邑杯"文化惠民工程知识竞赛二等奖	昌平区图书馆	读书益民工程领导小组办公室
	第三届北京阅读季先进集体	大兴区图书馆	北京阅读季领导小组
	"中国梦 我的梦"北京读书益民杯全民诵读活动最佳组织奖	大兴区图书馆	北京市读书益民工程领导小组办公室
	北京市"首邑杯"文化惠民工程知识竞赛二等奖	大兴区图书馆	北京市读书益民工程领导小组办公室
大兴区图书馆	北京市图书馆"全民阅读"活动组织奖	大兴区图书馆	北京市文化局
	北京市读书风景摄影活动	王东	北京市委宣传部、北京出版局、京华时报社
	北京市读书风景摄影活动	李晶	北京市委宣传部、北京出版局、京华时报社
	北京市读书风景摄影活动	张谦	北京市委宣传部、北京出版局、京华时报社
	北京市图书馆"全民阅读"活动先进个人	王东	北京市文化局
怀柔区图书馆	第三届北京阅读季先进集体	怀柔区图书馆	北京阅读季领导小组

续表

馆 名	奖项名称	获奖者	颁奖机构
怀柔区图书馆	北京市图书馆"全民阅读"活动组织奖	怀柔区图书馆	中国图书馆学会
	2013年中国图书馆学会年会征文二等奖	谷晓丽	中国图书馆学会
	2013年中国图书馆学会年会征文三等奖	文静	中国图书馆学会
	北京市图书馆"首邑杯"全民阅读"活动组织奖	怀柔区图书馆	北京市文化局
	北京市"首邑杯"文化惠民工程知识竞赛优秀奖	怀柔区图书馆	北京市读书益民工程领导小组办公室
	第三届北京阅读季先进个人	王建军	北京市阅读季领导小组
	"中国梦 我的梦"北京市读书益民杯主题征文活动一等奖	孟红柳	北京市读书益民工程领导小组办公室
	"中国梦 我的梦"北京市读书益民杯主题征文活动一等奖	张慧	北京市读书益民工程领导小组办公室
	"中国梦 我的梦"北京市读书益民杯主题征文活动一等奖	杨雪	北京市读书益民工程领导小组办公室
	首都文明单位	怀柔区图书馆	首都精神文明建设委员会
平谷区图书馆	论文《少儿图书馆对未成年人的阅读指导》获一等奖	罗敏	第十三届华北、东北、西北少年儿童图书馆学术暨工作研讨会
	第三届北京阅读季先进集体	平谷区图书馆	北京阅读季领导小组

350

续表

馆 名	奖项名称	获奖者	颁奖机构
平谷区图书馆	中国图书馆学会第一届全国图书馆未成年人服务论坛案例征集优秀奖	平谷区图书馆	中国图书馆学会
	"中国梦 我的梦"北京市读书益民杯全民诵读活动最佳组织奖	平谷区图书馆	北京市读书益民工程领导小组办公室
	2013年"全国少年儿童阅读年"——"亲子共读爱的体验"全国家庭亲子阅读推广月活动优秀案例征集评选三等奖	平谷区图书馆	中国图书馆学会
	北京市"首邑杯"文化惠民工程知识竞赛优秀奖	平谷区图书馆	北京市读书益民工程领导小组办公室
	北京市图书馆"全民阅读"活动组织奖	平谷区图书馆	北京市文化局
	第二届"北京阳光少年"活动优秀组织奖	平谷区图书馆	北京市青少年学生校外教育工作联席会议办公室等
	"弘扬主旋律，喜迎十八大"北京市千场优秀出版物展节活动先进个人	王宇	北京市新闻出版局，首都出版发行联盟
	第三届北京阅读季先进个人	王宇	北京阅读领导小组
	2013年度北京市优秀少先队辅导员	刘凤革	北京市人力资源和社会保障局，共青团北京市委员会等

附录

351

续表

馆 名	奖项名称	获奖者	颁奖机构
密云区图书馆	全国服务农民服务基层文化建设——先进基层图书馆（共享工程支中心）	密云区图书馆	中宣部、文化部、国家广电总局、新闻出版总署
延庆区图书馆	第三届北京阅读季先进集体	延庆区图书馆	北京阅读季领导小组
	北京市图书馆"全民阅读"活动组织奖	延庆区图书馆	北京市文化局
	北京市"首邑杯"文化惠民工程知识竞赛三等奖	延庆区图书馆	北京市读书益民工程领导小组办公室

2014年北京市公共图书馆获得荣誉

馆 名	奖项名称	获奖者	颁奖机构
首都图书馆	全国助残先进单位	首都图书馆	国务院残疾人工作委员会
	2014年度"首都未成年人思想道德建设创新案例"征集评选活动中,"小图书管理员"被评为创新案例	首都图书馆	首都文明办公室
	"中国梦 文化情"第二届文化共享杯全国群众摄影艺术作品征集大赛优秀组织奖	首都图书馆	文化部全国公共文化发展中心
	2014年度交通安全先进单位	首都图书馆	北京市文化局
	2013—2014年CALIS联合目录日文数据库建设突出贡献奖	首都图书馆	高等教育文献保障系统管理中心
	北京市离退休干部先进集体	首都图书馆老干部党支部	中共北京市委组织部、北京市老干部局、北京市人力资源和社会保障局
	全国古籍保护工作先进单位	首都图书馆(北京市古籍保护中心)	中华人民共和国文化部
	2014年"中华古籍保护计划"成果宣传推广活动优秀组织单位	首都图书馆、北京市图书馆协会	中国图书馆学会、国家古籍保护中心
	首都学雷锋志愿服务示范站	首都图书馆志愿服务站	首都文明办公室

续表

馆 名	奖项名称	获奖者	颁奖机构
首都图书馆	"安利杯"北京市第三届手语风采大赛最佳编创奖	北京市文化志愿服务中心首图分中心	首都精神文明办公室、市交通委、市卫生局
	2014年中国图书馆学会征文活动组织奖	北京市图书馆协会	中国图书馆学会
	"心阅书香"助盲有声阅读志愿服务项目被评为首届中国青年志愿服务项目大赛银奖	首都图书馆	共青团中央、民政部、中国志愿服务联合会
	"市民法制宣传教育基地""法律专家志愿服务项目"被评为"文化部志愿服务推进年"基层文化志愿服务示范项目	首都图书馆	中华人民共和国文化部
	2012—2014年度北京市优秀纪检监察干部	段瑞林	中共北京市纪委
	北京市2014年度理论宣讲示范基地先进工作者	段瑞林	中共北京市委讲师团
	2014中国图书馆榜样人物	邓菊英	中国图书馆学会
	全国古籍保护工作先进个人	张昊、史丽君	中华人民共和国文化部
	2014年中国图书馆学会青年人才奖	郭炜	中国图书馆学会
	2014年度北京市文化局优秀车管干部	刘真海	北京市文化局
	2014年度北京市优秀文化志愿者	杨芳怀	北京市文化志愿者服务中心
	2014年度北京市优秀文化志愿项目带头人	刘晶晶	北京市文化志愿者服务中心
	论文《数字时代文献编目工作的变革与创新》获一等奖	张娟、陈人语	中国图书馆学会

354

续表

馆 名	奖项名称	获奖者	颁奖机构
首都图书馆	论文《浅析数字图书馆管理模式》被评为优秀论文一等奖	吴亦超	《科学中国人》杂志社
	论文《公共图书馆青年职工的激励机制探索——以首都图书馆"青年论坛"活动为例》获二等奖	李冠南	中国图书馆学会
	论文《图书馆员专业化的体现及其发展途径浅见》获二等奖	陈琼	中国图书馆学会
	论文《图书馆：图书的推荐员》获二等奖	杨潇	中国图书馆学会
	论文《地方文献资源建设中个体书商的使用和培养》获二等奖	刘朝	中国图书馆学会
	论文《我国公共图书馆开展 human library 服务的调查研究》获二等奖	窦玉萌	中国图书馆学会
	论文《新中国成立以来北京市公共图书馆建筑之变迁》获二等奖	权菲菲	中国图书馆学会
	论文《民营图书馆现状调研及发展问题探讨》获二等奖	虞敏	中国图书馆学会
	论文《公共图书馆职业价值观与职业精神的培育》获三等奖	芦硕	中国图书馆学会
	论文《不教书林有遗珠——记宋刻本〈周易集义〉的发现与鉴定》获"我与中华古籍"征文活动三等奖	王玥琳	

355

续表

馆 名	奖项名称	获奖者	颁奖机构
东城区第一图书馆	全国古籍保护工作先进单位	东城区第一图书馆	中华人民共和国文化部
东城区第二图书馆	2014年中国图书馆年会二等奖	信敬东	中国图书馆学会
	2014年中国图书馆年会二等奖	程佳蕾、马可	中国图书馆学会
	第十三届中国社区乡镇图书馆征文二等奖	张雅楠	中国图书馆学会
	文津图书奖联合评审单位	西城区第一图书馆	国家图书馆
	中国图书馆学会2011—2013年度优秀会员	阎峥	中国图书馆学会
	中国图书馆学会2011—2013年度优秀会员	李静	中国图书馆学会
	全国中小型公共图书馆联合会2014年研讨会征文活动最佳组织奖	西城区第一图书馆	全国中小型公共图书馆联合会、中国知网·中国知识资源总库编委会
西城区第一图书馆	2014年全国盲人阅读推广优秀单位	西城区第一图书馆	中国盲人协会、中国图书馆、中国盲文图书馆、全国盲人出版社、全国盲人阅读推广委员会
	2013年度北京市生活垃圾分类社会单位贡献奖	西城区第一图书馆	首都城市环境建设委员会、首都精神文明建设委员会
	2013年度北京市生活垃圾分类个人贡献奖	张志强	首都城市环境建设委员会、首都精神文明建设委员会

续表

馆 名	奖项名称	获奖者	颁奖机构
西城区第一图书馆	低碳达人	张志强	北京市发展和改革委员会、北京市环保局、北京市教育委员会、共青团北京市委员会、北京市委社会工作委员会
	2014"书香中国·第四届北京阅读季·北京最美阅读空间"图书馆	西城区第一图书馆	北京阅读季领导小组
	全国少年儿童"故事达人"大赛组织奖	西城区第一图书馆	中国图书馆学会、国家图书馆、河南省少年儿童图书馆
	"酷中国——全民低碳行动计划"低碳生活馆示范项目	西城区第一图书馆（绿色科普驿站）	环保部宣教中心、美观环保协会
西城区青少年儿童图书馆	2014年图书馆"书友会"优秀案例征集活动优秀组织奖	西城区青少年儿童图书馆	中国图书馆学会阅读推广委员会
	全国少年儿童"故事达人"大赛优秀组织奖	西城区青少年儿童图书馆	中国图书馆学会、国家图书馆、河南省少年儿童图书馆
	全国亲子阅读推广月活动优秀案例征集评选一等奖	西城区青少年儿童图书馆	中国图书馆学会
	2014年全国少年儿童中华经典读物诵读视频大赛优秀组织奖	西城区青少年儿童图书馆	中国图书馆学会

续表

馆 名	奖项名称	获奖者	颁奖机构
西城区青少年儿童图书馆	第九届"北京阳光少年"活动优秀组织奖	西城区青少年儿童图书馆	北京市青少年学生校外教育工作联席会议办公室
	北京市校外教育先进个人	樊亚玲	北京市青少年学生校外教育工作联席会议办公室、北京市教育委员会、北京市人力资源和社会保障局
	首都劳动奖状	朝阳区图书馆	北京市总工会、北京市人力资源和社会保障局
	北京市三八红旗集体	朝阳区图书馆	北京市妇女联合会、北京市总工会、北京市人力资源和社会保障局
朝阳区图书馆	北京市校外教育先进集体	朝阳区图书馆	北京市青少年学生校外教育工作联席会议办公室、北京市教育委员会、北京市人力资源和社会保障局
	全国中小型公共图书馆联合会2014年研讨会征文活动最佳组织奖	朝阳区图书馆	全国中小型公共图书馆联合会、中国知网·中国知识资源总库编委会
丰台区图书馆	"阅读点亮中国梦"读书益民杯全民诵读大赛优秀奖	丰台区图书馆	北京市读书益民工程领导小组办公室

续表

馆　名	奖项名称	获奖者	颁奖机构
石景山区图书馆	全国文化系统先进集体	石景山区图书馆	中华人民共和国人力资源和社会保障部、中华人民共和国文化部
海淀区图书馆	中国图书馆学会优秀会员	姚光丽	中国图书馆学会
	全国少年儿童"故事达人"大赛组织奖	海淀区图书馆	中国图书馆学会、国家图书馆少年儿童馆、河南省少儿图书馆
	北京市读书益民杯知识竞赛活动优秀组织奖	海淀区图书馆	北京市读书益民工程领导小组办公室
房山区图书馆	全国少年儿童"故事达人"大赛组织奖	房山区图书馆	中国图书馆学会、国家图书馆少年儿童馆、河南省少儿图书馆
	同伴荐书活动优秀组织奖	房山区图书馆	北京市文化局、共青团北京市委员会、少先队北京市工作委员会、北京市教育委员会、首都精神文明建设委员会办公室
通州区图书馆	中国图书馆学会2011—2013年度优秀会员	杨兰英	中国图书馆学会

续表

馆 名	奖项名称	获奖者	颁奖机构
通州区图书馆	书香中国第四届北京阅读季光荣册	通州区图书馆	北京阅读季领导小组
	"阅读点亮中国梦" 北京市读书益民杯全民朗诵大赛二等奖	通州区图书馆	北京市读书益民工程领导小组办公室
	北京市读书益民杯知识竞赛活动二等奖	通州区图书馆	北京市读书益民工程领导小组办公室
	思想政治工作优秀单位	通州区图书馆	中共北京市委
	2014 "书香中国·第四届北京阅读季最美阅读空间" 图书馆	通州区图书馆	北京阅读季领导小组
	图书馆学会优秀会员	鲁豫	中国图书馆学会
	2014 "书香中国·第四届北京阅读季" 活动铜奖、入围奖	徐德岭	北京阅读季领导小组
顺义区图书馆	北京市读书益民杯知识竞赛活动优秀组织奖	顺义区图书馆	北京市读书益民工程领导小组办公室
昌平区图书馆	北京市读书益民杯知识竞赛活动优秀组织奖	昌平区图书馆	北京市读书益民工程领导小组办公室
大兴区图书馆	大兴区职工创新工作室	大兴区图书馆	大兴区总工会、大兴区科学技术委员会
	2014 "书香中国·第四届北京阅读季最美阅读空间" 图书馆	大兴区图书馆	北京阅读季领导小组

续表

馆 名	奖项名称	获奖者	颁奖机构
大兴区图书馆	北京市读书益民杯知识竞赛2011—2013年度优秀会员一等奖	大兴区图书馆	北京市读书益民工程领导小组办公室
	中国图书馆学会2011—2013年度优秀会员	王建军	中国图书馆学会
	全民阅读示范基地	怀柔区图书馆	中国图书馆学会
	全国少年儿童"故事达人"大赛组织奖	怀柔区图书馆	中国图书馆学会、国家图书馆少年儿童馆、河南省少年儿童图书馆
怀柔区图书馆	2014"书香中国·第四届北京阅读季"活动北京金牌阅读推广人	王建军	北京阅读季领导小组
	第十三届中国社区乡镇图书馆发展战略研讨会征文二等奖	张超	湖北省图书馆学会
	北京市读书益民杯知识竞赛活动优秀组织奖	怀柔区图书馆	北京市读书益民工程领导小组办公室
	2011—2013年度优秀会员	刘秋勇	中国图书馆学会
平谷区图书馆	北京市读书益民杯知识竞赛三等奖	平谷区图书馆	北京市读书益民工程领导小组办公室
	2014"书香中国·第四届北京阅读季"活动"悦·读读书风景摄影作品展铜奖	崔东亮	北京阅读季领导小组

361

续表

馆 名	奖项名称	获奖者	颁奖机构
平谷区图书馆	2014年度北京市优秀少先队辅导员	崔东亮	共青团北京市委员会等
延庆区图书馆	北京市"首邑杯"文化惠民工程知识竞赛三等奖	延庆区图书馆	北京市读书益民工程领导小组办公室

2015年北京市公共图书馆获得荣誉

馆 名	奖项名称	获奖者	颁奖机构
首都图书馆	第二届中国青年志愿服务项目大赛银奖	首都图书馆文化志愿服务"图书交换"项目	共青团中央、中央文明办、民政部、中国残疾人联合会、中国志愿服务联合会
	2014年首都学雷锋志愿服务金牌项目	首都图书馆志愿服务站"图书交换"项目	首都精神文明办公室
	"安利杯"北京市第四届手语风采大赛社会系统团体三等奖和最佳编创奖	首都图书馆	北京市残疾人联合会、首都精神文明办公室、北京市总工会
	"安利杯"北京市第四届手语风采大赛社会系统团体三等奖	首都图书馆	北京市残疾人联合会、北京市残疾人福利基金会
	"我的价值观和京华英雄"宣讲比赛优秀宣讲团	首都图书馆"书香"宣讲团	中共北京市委宣传部
	2014年"文化志愿服务推进年"系统活动示范项目	首都图书馆	中华人民共和国文化部
	2013—2014年度北京市未成年人保护工作先进集体	首都图书馆	北京市未成年人保护委员会、北京市人力资源和社会保障局
	图书馆未成年人服务案例征集活动优秀组织奖	首都图书馆	中国图书馆学会

附 录

363

续表

馆 名	奖项名称	获奖者	颁奖机构
首都图书馆	全国图书馆联合编目中心2014—2015年度数据质量优秀奖；全国图书馆联合编目中心2014—2015年度分中心组织管理奖	首都图书馆	国家图书馆全国图书馆联合编目中心
	全国盲人百科知识竞赛优秀组织奖	首都图书馆	中国盲文出版社、中国盲文图书馆
	2015年度优秀馆藏图书馆	首都图书馆	社会科学文献出版社
	2015年中国图书馆学会年会征文组织奖	北京市图书馆协会	中国图书馆学会
	2013—2014年度"五四红旗团委"、2013—2014年度"五四红旗团支部"	首都图书馆团委	北京市文化局团委
	"菁年论坛"在第二届岗位建功促成才活动中评为优秀活动项目	首都图书馆	北京市文化局团委
	"门头沟龙泉镇东龙门数字文化社区共建活动"荣获第二届岗位建功促成才活动优秀项目	首都图书馆	北京市文化局团委
	北京市宣传文化系统四个一批人才	史丽君	北京市委宣传部
	"首都图书馆文化志愿服务图书交换项目"评为"我为改革献一策"活动A类项目	李园实、赵雪锋、杨芳怀、胡波、赵娟、周悦	共青团北京市委员会、中共北京市委市直机关工作委员会、中共北京市委全面深化改革领导小组办公室、北京市人力资源和社会保障局

续表

馆 名	奖项名称	获奖者	颁奖机构
首都图书馆	北京市2015年度理论宣讲示范基地先进工作者	段瑞林	中共北京市委讲师团
	首都优秀治安志愿者	胡启军	北京市志愿服务联合会、首都治安志愿者协会
	"我的价值观和京华英雄"宣讲比赛优秀宣讲员	邵劭、沈莉婷、谷曦	中共北京市委宣传部
	2014—2015年度优秀质量监控员	张雨芹	全国图书馆联合编目中心
	2013—2014年度优秀团干部	高远魏、孙涛荣	北京市文化局团委
	2013—2014年度优秀团员	刘艳、刘晶晶、谷曦、解冰、李享	北京市文化局团委
	第二届岗位建功促成才活动优秀个人	古雪、王静斯	北京市文化局团委
	2015年中国图书馆学会年会征文活动论文获一等奖	林岫、篮玉萌	中国图书馆学会
	2015年中国图书馆学会年会征文活动论文获二等奖	刘艳、付唯莉、段瑞林	中国图书馆学会
	第四届全国文献编目工作研讨会征文活动论文获二等奖	张雨芹	中国图书馆学会
	2015年中国图书馆学会年会征文活动论文获三等奖	付荟、张娟、于景琪、吴洪珺、刘晶晶、顾梦陶、芦颀	中国图书馆学会

365

续表

馆 名	奖项名称	获奖者	颁奖机构
东城区第一图书馆	首都文明单位标兵	东城区第一图书馆	首都精神文明建设委员会
	朗诵艺术贡献奖	东城区第一图书馆	中国诗歌学会朗诵演唱专业委员会、北京语言学会朗诵研究会
	2015年北京市先进工作者	高磊	中共北京市委、北京市人民政府
	2012—2014年度北京市文物安全执法工作先进集体（先进单位）	东城区第二图书馆	北京市文物局、北京市人力资源和社会保障局
	2012—2014年度北京市文物安全执法工作先进个人	刘睿	北京市文物局、北京市人力资源和社会保障局
东城区第二图书馆	全国文明单位	东城区第二图书馆	中央精神文明建设指导委员会办公室
	全国文明单位	东城区第二图书馆	中央精神文明建设指导委员会办公室
	2014年东城区首都文明单位标兵	东城区第二图书馆	东城区精神文明建设委员会
	首都拥军优属拥政爱民模范单位	东城区第二图书馆	北京市双拥工作领导小组办公室、北京市民政局、北京卫戍区政治部、北京市人力资源和社会保障局

续表

馆 名	奖项名称	获奖者	颁奖机构
东城区第二图书馆	2015"全国少年儿童阅读年"——全国少年儿童"我的藏书票"设计大赛优秀组织奖	东城区第二图书馆	中国图书馆学会
	优秀群众文化团队	东城区第二图书馆	北京市文化局
	北京市"红领巾读书"活动优秀品牌文化活动二等奖	东城区第二图书馆	北京市文化局
	朗诵艺术贡献奖	东城区第二图书馆	中国诗歌学会朗诵演唱专业委员会、北京市语言学会朗诵研究会
西城区第一图书馆	全国文明单位	西城区第一图书馆	中央精神文明建设指导委员会
	首都文明单位标兵	西城区第一图书馆	首都精神文明建设委员会
	北京市节水型单位	西城区第一图书馆	北京市水务局
	全国中小型公共图书馆联合会2015年研讨会征文活动最佳组织奖	西城区第一图书馆	全国中小型公共图书馆联合会、中国知识资源总库·中国知网编委会
	"我与中华古籍"摄影大赛活动大众组三等奖	崔月强、林毅、周园	中国图书馆学会
西城区第二图书馆	首都文明单位	西城区第二图书馆	首都精神文明建设委员会
	全国优秀绘本馆	西城区第二图书馆	中国图书馆学会、图书馆报

续表

馆名	奖项名称	获奖者	颁奖机构
西城区青少年儿童图书馆	全国中小型公共图书馆联合会2015年研讨会征文活动最佳组织奖	西城区青少年儿童图书馆	全国中小型公共图书馆联合会、中国知网·中国知识资源总库编委会
	北京市图书馆"全民阅读"活动优秀组织奖	西城区青少年儿童图书馆	中国图书馆学会
	出版界图书馆界全面阅读年会（2015）二等奖	西城区青少年儿童图书馆	中国图书馆学会、中国出版集团公司、中国新华书店协会、韬奋基金会
	2015"全国少年儿童阅读年"——"我给孩子讲故事"大赛二等奖	孔云贞	中国图书馆学会
	2015"全国少年儿童阅读年"——"我给孩子讲故事"大赛三等奖	邢洁	中国图书馆学会
	2015"全国少年儿童阅读年"——"我给孩子讲故事"大赛三等奖	徐强	中国图书馆学会
	2015"全国少年儿童阅读年"——经典阅读绘画大赛优秀组织单位	西城区青少年儿童图书馆	中国图书馆学会、武汉市文化局、武汉市精神文明建设委员会办公室
	2015"全国少年儿童阅读推广月活动"优秀案例征集评选案例优秀奖——"亲子绘本阅读"	西城区青少年儿童图书馆	中国图书馆学会

续表

馆 名	奖项名称	获奖者	颁奖机构
西城区青少年儿童图书馆	2015"全国少年儿童阅读大赛"——全国少年儿童经典讲读、诵读大赛（古诗文专场）一等奖	西城区青少年儿童图书馆	中国图书馆学会
	2015"全国少年儿童阅读大赛"——全国少年儿童经典讲读、诵读大赛（古诗文专场）二等奖	西城区青少年儿童图书馆	中国图书馆学会
	2015"全国少年儿童阅读大赛"——全国少年儿童"我的藏书票"设计大赛优秀组织奖	西城区青少年儿童图书馆	中国图书馆学会
	2015"全国少年儿童阅读大赛"——"用声音传播经典"全国少年儿童中华经典讲读大赛活动优秀组织奖	西城区青少年儿童图书馆	中国图书馆学会、杭州市西湖读书节组委会
	2015"全国少年儿童阅读大赛"——全国少年儿童名著新编短剧大赛优秀组织奖	西城区青少年儿童图书馆	中国图书馆学会
	2015"全国少年儿童阅读大赛"——全国少年儿童名著新编短剧大赛小学组团体三等奖	西城区青少年儿童图书馆	中国图书馆学会
	2015"全国少年儿童阅读大赛"——全国少年儿童名著新编短剧大赛中学组团体三等奖	西城区青少年儿童图书馆	中国图书馆学会
	"全国青年图书馆员朗读大赛"优秀奖	张春霞	中国图书馆学会
	第十届首都职工文化艺术节"典藏·感动"摄影比赛二等奖	王瑞	北京市总工会、北京市委宣传部、首都精神文明办公室、北京市文化局、北京市国资委、北京市工商联

续表

馆 名	奖项名称	获奖者	颁奖机构
西城区青少年儿童图书馆	第十届"北京阳光少年"活动优秀组织奖	西城区青少年儿童图书馆	北京市青少年学生校外教育工作联席会议办公室、北京校外教育协会
朝阳区图书馆	全国文明单位	朝阳区图书馆	中央精神文明建设指导委员会
	北京市图书馆"全民阅读"活动先进单位	朝阳区图书馆	中国图书馆学会
	首都拥军优属拥政爱民模范单位	朝阳区图书馆	北京市双拥办、北京市民政局、北京市人力资源和社会保障局、北京卫戍区政治部
	全国中小型公共图书馆联合会2015年研讨会征文活动优秀组织奖	朝阳区图书馆	全国中小型公共图书馆联合会、中国知网·中国知识资源总库编委会
石景山区图书馆	全国十佳绘本馆	石景山区少年儿童图书馆	中国图书馆学会、图书馆报
	2015"全国少年儿童阅读年"——"我给孩子讲故事"大赛二等奖	石景山区少年儿童图书馆	中国图书馆学会
	全国社会科学普及教育基地	石景山区图书馆	全国社会科学普及工作经验交流会组委会
	2015"全国少年儿童阅读推广月活动"——"亲子绘本阅读"优秀案例二等奖	石景山区少年儿童图书馆	中国图书馆学会

续表

馆 名	奖项名称	获奖者	颁奖机构
石景山区图书馆	2015"全国少年儿童阅读年"——全国少年儿童经典诵读大赛(古诗文专场)二等奖	石景山区少年儿童图书馆	中国图书馆学会
	2015"全国少年儿童阅读年"——国少年儿童经典诵读大赛(古诗文专场)三等奖	石景山区少年儿童图书馆	中国图书馆学会
	2015"全国少年儿童阅读年"——全国少年儿童经典诵读大赛(古诗文专场)三等奖	石景山区少年儿童图书馆	中国图书馆学会
	2015"全国少年儿童阅读年"——全国少年儿童经典诵读大赛(古诗文专场)优秀辅导奖	石景山区少年儿童图书馆	中国图书馆学会
	2015"全国少年儿童阅读年"——全国少年儿童经典诵读大赛(古诗文专场)优秀组织奖	石景山区少年儿童图书馆	中国图书馆学会
	2015"全国少年儿童阅读年"——全国少年儿童经典诵读大赛(成语故事)优秀组织奖	石景山区少年儿童图书馆	中国图书馆学会
	2015"全国少年儿童阅读年"——全国少年儿童"我的藏书票"设计大赛优秀组织奖	石景山区少年儿童图书馆	中国图书馆学会
	2015全国少年儿童绘本创作大赛组织奖	石景山区少年儿童图书馆	中国图书馆学会
	2015"全国少年儿童阅读年"——"用声音传播经典"全国少年儿童中华经典讲读大赛优秀组织奖	石景山区少年儿童图书馆	中国图书馆学会

续表

馆 名	奖项名称	获奖者	颁奖机构
石景山区图书馆	2015"全国少年儿童阅读年"——"中国传统节日"服务案例三等奖	石景山区少年儿童图书馆	中国图书馆学会、杭州市西湖读书节组委会
	2015"全国少年儿童阅读年"——"全国少年儿童名著新编短剧大赛"优秀组织奖	石景山区少年儿童图书馆	中国图书馆学会
海淀区图书馆	2014"爱SHOW才会赢"中卡通心粉主题创意秀大型活动优秀组织奖	海淀区图书馆	中国少年儿童新闻出版总社
	2015"全国少年儿童阅读年"——"我的藏书票"设计大赛优秀组织奖	海淀区图书馆	中国图书馆学会
	2015年全国寻找超级丁丁迷之"挑战星100"典型主题活动优秀组织奖	海淀区图书馆	中国少年儿童新闻出版总社,比利时驻华大使馆、咪咕动漫有限公司,比利时法兰德斯旅游局
房山区图书馆	2015年第五届书香中国·北京阅读季·聚焦阅读摄影展览活动微视频作品《红领巾读书》获"聚焦阅读"微视频铜奖	段也	北京阅读季领导小组办公室
	2015"全国少年儿童阅读年"——"我的藏书票"设计大赛优秀组织奖	房山区图书馆	中国图书馆学会

续表

馆 名	奖项名称	获奖者	颁奖机构
房山区图书馆	同伴荐书活动优秀组织奖	房山区图书馆	北京市文化局、共青团北京市委员会、少先队北京市工作委员会、北京市教育委员会、首都精神文明建设委员会办公室
通州区图书馆	全国小型公共图书馆联合会2015年研讨会征文一等奖	杨兰英	全国中小型公共图书馆联合会、中国知网·中国知识资源总库编委会
	北京市第十二届思想政治工作优秀单位	通州区图书馆	中国共产党北京市委员会
	首都拥军优属拥政爱民模范个人	杨兰英	中共北京市委、北京市人民政府
	"2015全国少年儿童阅读年"——全国少年儿童"我的藏书票"设计大赛优秀组织奖	通州区图书馆	中国图书馆学会
	首都文明单位	通州区图书馆	首都精神文明建设委员会
	第十届"北京阳光少年"活动优秀组织奖	通州区图书馆	北京市青少年学生校外教育工作联席会议办公室、北京校外教育协会

373

续表

馆 名	奖项名称	获奖者	颁奖机构
通州区图书馆	爱心图书室	通州区图书馆	少先队北京市工作委员会，共青团北京市委员会，北京市教育委员会，北京市文化局
顺义区图书馆	"绚丽北京 多彩怀柔 圆梦中国"第五届来京创业者原创诗歌、歌词和摄影作品征集大赛优秀奖	徐德岭	北京文化艺术活动中心，怀柔区文委宣传部
	全国中小型公共图书馆联合会2015年研讨会征文活动二等奖	史红艳、李毅	中国图书馆学会，全国中小型公共图书馆联合会
大兴区图书馆	2015"全国少年儿童阅读年"——全国少年儿童"我的藏书票"设计大赛优秀组织奖	大兴区图书馆	中国图书馆学会
	第六届全国服务农民、服务基层文化建设先进集体	大兴区图书馆	中华人民共和国文化部，中国共产党中央宣传委员会，中华人民共和国国家新闻出版广电总局
	大兴南海子文化奖评选活动优秀群众性文化活动	大兴区图书馆	中共北京市大兴区委宣传部，中共北京市经济技术开发区工委宣传部
怀柔区图书馆	2012—2014年度首都文明单位	怀柔区图书馆	首都精神文明建设委员会
	全国中小型公共图书馆联合会2015年研讨会征文活动二等奖	雷宝强	全国中小型公共图书馆联合会

续表

馆 名	奖项名称	获奖者	颁奖机构
怀柔区图书馆	全国中小型公共图书馆联合会2015年研讨会征文活动二等奖	李晓东	全国中小型公共图书馆联合会
	全国中小型公共图书馆联合会2015年研讨会征文活动三等奖	吕宁	全国中小型公共图书馆联合会
	全国中小型公共图书馆联合会2015年研讨会征文活动三等奖	杨光	全国中小型公共图书馆联合会
	全国中小型公共图书馆联合会2015年研讨会征文活动三等奖	舒朝霞	全国中小型公共图书馆联合会
	全国中小型公共图书馆联合会2015年研讨会征文活动三等奖	杨雪	全国中小型公共图书馆联合会
	全国中小型公共图书馆联合会2015年研讨会征文活动最佳组织奖	怀柔区图书馆	全国中小型公共图书馆联合会、中国知网·中国知识资源总库编委会
	2015年中国图书馆学会年会征文活动三等奖	雷宝强	中国图书馆学会
	2011年—2015年首都拥军阅读军优属拥政爱民模范个人	王建军	中共北京市委、北京市人民政府
	2015"全国少年儿童"我的藏书票"设计大赛优秀组织奖	怀柔区图书馆	中国图书馆学会
	首都市民系列文化活动优秀品牌文化活动三等奖	怀柔区图书馆	北京市文化局

续表

馆 名	奖项名称	获奖者	颁奖机构
平谷区图书馆	"2015全国少年儿童阅读年"——经典阅读绘画大赛优秀组织单位	平谷区图书馆	中国图书馆学会、武汉市文化局、武汉市精神文明建设委员会办公室
	北京市平谷区图书馆2015"全国少年儿童阅读年"——全国少年儿童"我的藏书票"设计大赛优秀组织奖	平谷区图书馆	中国图书馆学会
	第十届"北京阳光少年"活动优秀组织奖	平谷区图书馆	北京市青少年学生校外教育工作联席办公室
	第六届全国服务农民、服务基层文化建设先进集体	平谷区图书馆	中共中央宣传部、文化部、国家新闻出版广电总局
	2015年"大年小戏闹新春"视频节目征集展播活动"观众最喜爱的十部小戏"和"观众最喜爱的十部曲艺"节目入围奖	平谷区图书馆	文化部全国公共文化发展中心

2016年北京市公共图书馆获得荣誉

馆 名	奖项名称	获奖者	颁奖机构
首都图书馆	节约型公共机构示范单位	首都图书馆	国家机关事务管理局、国家发展改革委、财政部
	北京市节能环保低碳教育示范基地创建单位	首都图书馆	北京市发展和改革委员会
	青少年维权岗	首都图书馆	共青团中央、文化部
	"北京市红领巾读书"活动优秀组织奖	首都图书馆	中国少年先锋队北京市工作委员会、北京市教育委员会、首都精神文明建设委员会办公室、中国共产主义青年团北京市委员会、北京市文化局
	第十一届"北京阳光少年"活动优秀组织奖	首都图书馆	北京市青少年学生校外教育工作联席会议办公室、北京校外教育协会
	全国图书馆联合编目中心2015—2016年度中心数据基地	首都图书馆	全国图书馆联合编目中心
	优秀馆藏图书馆钻石奖	首都图书馆	人民邮电出版社
	全国百佳馆	首都图书馆	清华大学出版社
	首届职工"敬业杯"书画摄影艺术展优秀组织奖和单位特别贡献奖	首都图书馆	北京市文化局

续表

馆 名	奖项名称	获奖者	颁奖机构
首都图书馆	2016中国图书馆学会年会征文活动组织奖	北京市图书馆协会	中国图书馆学会
	未成年人思想道德建设创新案例奖	首都图书馆文化志愿服务	首都精神文明建设委员会
	全国宣传推选志愿服务"四个100"先进典型为最佳志愿服务项目	首都图书馆	北京市委宣传部等九家单位
	首都精神文明建设委员会"首都学雷锋志愿服务岗"	首都图书馆文化志愿服务	首都精神文明建设委员会
	全国青年志愿服务大赛银奖	首都图书馆文化志愿服务	共青团中央、民政部、中志联
	首都图书馆文化志愿服务"语阅书香""安利杯"手语服务项目荣获 北京市第五届手语风采大赛社会系统团体二等奖、团体三等奖	首都图书馆文化志愿服务	首都精神文明办公室、市文化局、市残联、市志联
	最美环卫人摄影大赛优秀组织奖	首都图书馆文化志愿服务	北京市文化局、北京市政府管理委员会
	我最喜爱的母爱关爱堂	首都图书馆	北京市总工会
	北京市哲学社会科学和文化艺术领军人才	史丽君	北京市委宣传部
	北京市2016年度理论宣讲示范基地先进工作者	段端林	北京市社会科学院(市委讲师团)

续表

馆名	奖项名称	获奖者	颁奖机构
首都图书馆	中国图书馆学会第二届全国图书馆未成年人服务论坛案例征集活动案例一等奖	王梅、邓又星、孙倩	中国图书馆学会
	中国图书馆学会年会征文活动论文一等奖	邓菲、张娟、孙慧明、肖玥、刘朝	中国图书馆学会
	中国图书馆学会年会征文活动论文二等奖	刘娥	中国图书馆学会
	中国图书馆学会年会征文活动论文三等奖	于景琪	中国图书馆学会
	北京市图书馆"全民阅读"活动优秀案例一等奖	作家与读者见面会	中国图书馆学会、韬奋基金会、中国出版集团公司、中国书刊发行业协会、中国新华书店协会
东城区第一图书馆	2016年书香城市（区县级）	东城区第一图书馆	中国图书馆学会
	四星级文化助盲志愿服务团队	东城区第一图书馆	中国助残志愿者协会、中国盲文图书馆
	2016 "全国少年儿童阅读年"——"红色记忆，星火传承"藏书票设计大赛优秀组织奖	东城区第二图书馆	中国图书馆学会
东城区第二图书馆	中国图书馆学会2013—2016年度优秀会员	马宁	中国图书馆学会
西城区第一图书馆	首都绿色生活好市民	张志强	首都精神文明建设委员会办公室

续表

馆 名	奖项名称	获奖者	颁奖机构
西城区第一图书馆	首届科普阅读推广优秀案例征集评选活动二等奖	西城区第一图书馆	中国图书馆学会阅读推广委员会
	首届科普阅读推广优秀案例征集评选活动优秀奖	西城区第一图书馆	中国图书馆学会阅读推广委员会
	全国中小型公共图书馆联合会2016年研讨会征文优秀组织奖	西城区第一图书馆	全国中小型公共图书馆联合会 中国知网·中国知识资源总库编委会
	五星级文化助盲志愿服务团队	西城区第一图书馆	中国助残志愿者协会、中国盲文图书馆
	五星级文化助盲志愿者	刘琦	中国助残志愿者协会、中国盲文图书馆
	中国图书馆学会2013—2016年度优秀会员	樊亚玲	中国图书馆学会
	中国图书馆学会2013—2016年度优秀会员	郑彩祥	中国图书馆学会
	中国图书馆学会2013—2016年度优秀会员	孟兰	中国图书馆学会
西城区青少年儿童图书馆	第十届"北京阳光少年"——文化科普进校园活动先进集体	西城区青少年儿童图书馆	北京校外教育协会
	第十届"北京阳光少年"——文化科普进校园活动先进工作者	马静	北京校外教育协会

续表

馆 名	奖项名称	获奖者	颁奖机构
西城区青少年儿童图书馆	第二届全国图书馆未成年人服务论坛案例征集活动案例一等奖	西城区青少年儿童图书馆	中国图书馆学会
	2016"全国少年儿童阅读年"——全国亲子绘本阅读推广月活动三等奖	西城区青少年儿童图书馆	中国图书馆学会
	2016"全国少年儿童阅读年"——"童声里的红色记忆"全国少年儿童故事大赛活动优秀组委会	西城区青少年儿童图书馆	中国图书馆学会、杭州市西湖读书节组委会
	全国图书馆员少年儿童经典读物书评大赛优秀组织奖	西城区青少年儿童图书馆	中国图书馆学会阅读推广委员会
	2016"全国少年儿童阅读年"——"爱国情 中国梦"少儿朗读大赛三等奖	西城区青少年儿童图书馆	中国图书馆学会
	2016"全国少年儿童阅读年"——红色经典阅读绘画大赛优秀组织单位	西城区青少年儿童图书馆	中国图书馆学会、武汉市文化局、武汉市精神文明建设指导委员会
	2016"全国少年儿童阅读年"——"红色记忆，星火传承"藏书票设计大赛优秀组织奖	西城区青少年儿童图书馆	中国图书馆学会
	2016"全国少年儿童阅读年"——"红色记忆主题摄影大赛"优秀组织奖	西城区青少年儿童图书馆	中国图书馆学会
	2016"全国少年儿童阅读年"——"寻访红色记忆"征文比赛最佳活动组织奖	西城区青少年儿童图书馆	中国图书馆学会

续表

馆 名	奖项名称	获奖者	颁奖机构
西城区青少年儿童图书馆	2016 "全国少年儿童阅读年"——红色经典阅读绘画大赛优秀指导教师	徐可	中国图书馆学会，武汉市文化局，武汉市精神文明建设指导委员会
	2016 "全国少年儿童阅读年"——"红色记忆主题摄影大赛"家长组三等奖	张楠	中国图书馆学会
	全国中小型公共图书馆联合会2016年研讨会征文优秀组织奖	西城区青少年儿童图书馆	全国中小型公共图书馆联合会、中国知网·中国知识资源总库编委会
	全国中小型公共图书馆联合会2016年研讨会最佳组织奖	西城区青少年儿童图书馆	全国中小型公共图书馆联合会、中国知网·中国知识资源总库编委会
	第二届全国少年儿童名著新编短剧大赛优秀组织奖	西城区青少年儿童图书馆	中国图书馆学会
	2013—2015年度北京市语言文字工作先进个人	樊亚玲	北京市语言文字工作委员会
朝阳区图书馆	全民阅读示范基地	朝阳区图书馆	中国图书馆学会
	2011—2015年北京市法治宣传教育先进集体	朝阳区图书馆	北京市法治宣传教育领导小组办公室、北京市委宣传部、北京人力资源和社会保障局、北京市司法局

382

续表

馆 名	奖项名称	获奖者	颁奖机构
朝阳区图书馆	全国中小型公共图书馆联合会2016年研讨会征文优秀组织奖	朝阳区图书馆	全国中小型公共图书馆联合会、中国知网·中国知识资源总库编委会
	首都劳动奖章	李凯	北京市总工会、北京市人力资源和社会保障局
	北京市三八红旗奖章	韩卫勃	北京市妇女联合会、北京市总工会、北京市人力资源和社会保障局
丰台区图书馆	北京市阅读示范社区	佛城社区、万恒假日风景社区、花乡草桥社区	书香中国·北京阅读季
	金牌阅读推广人	孙小宁	书香中国·北京阅读季
石景山区图书馆	2016"全国少年儿童阅读年"——全国亲子绘本阅读推广月活动二等奖	石景山区少年儿童图书馆	中国图书馆学会
	2016"全国少年儿童阅读年"——"童声里的红色记忆"全国少年儿童故事大赛优秀组织奖	石景山区少年儿童图书馆	中国图书馆学会
	2016"全国少年儿童阅读年"——"红色记忆,星火传承"藏书票设计大赛优秀组织奖	石景山区少年儿童图书馆	中国图书馆学会
	"讲述红色故事 演绎红色经典"全国少年儿童党史连环画故事大赛优秀组织奖	石景山区少年儿童图书馆	中国图书馆学会

续表

馆 名	奖项名称	获奖者	颁奖机构
石景山区图书馆	"爱国情 中国梦"少儿诵读大赛优秀组织奖	石景山区少年儿童图书馆	中国图书馆学会
	第二届全国少年儿童名著新编短剧大赛优秀组织奖	石景山区少年儿童图书馆	中国图书馆学会
海淀区图书馆	清华大学出版社2015年优秀馆藏图书馆评选活动"全国百佳馆"	海淀区图书馆	清华大学出版社有限公司
	2016"全国少年儿童阅读年"——"红色记忆,星火传承"藏书票设计大赛优秀组织奖	海淀区图书馆	中国图书馆学会
	2016年《儿童文学》萌颜萌语故事秀活动优秀组织奖	海淀区图书馆、少儿馆	中国少年儿童新闻出版总社
	中国图书馆学会2013—2016年度优秀会员	张智中	中国图书馆学会
房山区图书馆	北京市直机关工委第六届书香中国·北京阅读季优秀组织奖	房山区图书馆	书香中国·北京阅读季领导小组办公室
	中国图书馆学会2013—2016年度优秀会员	王红	中国图书馆学会
房山区燕山图书馆	全国中小型公共图书馆联合会2016年研讨会征文二等奖	李然	全国中小型公共图书馆联合会
通州区图书馆	第六届书香中国·北京阅读季聚焦阅读银奖	郭婵	第六届书香中国·北京阅读季
	第六届书香中国北京阅读季金牌阅读推广人	杨兰英	书香中国·北京阅读季领导小组办公室

续表

馆　名	奖项名称	获奖者	颁奖机构
通州区图书馆	全国中小型公共图书馆联合会 2016 年研讨会征文优秀组织奖	通州区图书馆	全国中小型公共图书馆联合会、中国知网·中国知识资源总库编委会
	全国中小型公共图书馆联合会 2016 年研讨会征文三等奖	单毅	全国中小型公共图书馆联合会、中国知网·中国知识资源总库编委会
	全国中小型公共图书馆联合会 2016 年研讨会征文三等奖	郑婉君	全国中小型公共图书馆联合会、中国知网·中国知识资源总库编委会
	中国图书馆学会 2013—2016 年度优秀会员	魏红帅	中国图书馆学会
	第六届书香中国·北京阅读季 优秀合作机构奖	通州区图书馆	书香中国·北京阅读季领导小组办公室
	第十一届"北京阳光少年"活动优秀组织奖	通州区图书馆	北京市青少年学生校外教育工作联席会议办公室、北京校外教育协会
大兴区图书馆	第六届书香中国·北京阅读季优秀合作机构奖	大兴区图书馆	书香中国·北京阅读季领导小组办公室
怀柔区图书馆	中国图书馆学会第九届理事会未成年人活动专业委员会委员	王建军	中国图书馆学会未成年人图书馆分会

385

续表

馆 名	奖项名称	获奖者	颁奖机构
怀柔区图书馆	"信息时代 数字未来"——2016年数字图书馆业务技能竞赛"2016年数字图书馆业务技能能手"	张慧	中国图书馆学会
	2016"全国少年儿童阅读年"——"红色记忆,星火传承"藏书票设计大赛优秀组织奖	怀柔区图书馆	中国图书馆学会
	第六届书香中国·北京阅读季优秀合作机构奖	怀柔区图书馆	书香中国·北京阅读季领导小组办公室
	北京市区机关档案工作测评市级优秀单位	怀柔区图书馆	北京市档案局
	中国图书馆学会2013—2016年度优秀会员	王建军	中国图书馆学会
	中国图书馆学会2013—2016年度优秀会员	李晓东	中国图书馆学会
	中国图书馆学会2013—2016年度优秀会员	张慧	中国图书馆学会
平谷区图书馆	第六届全国服务农民、服务基层文化建设先进集体	平谷区图书馆	中宣部、文化部及国家新闻出版广电总局
	北京市图书馆"全民阅读"先进单位奖	平谷区图书馆	中国图书馆学会
	2016"全国少年儿童阅读年"——"红色记忆,星火传承"藏书票设计大赛优秀组织奖	平谷区图书馆	中国图书馆学会
	2016"全国少年儿童阅读年"——"寻访红色记忆"征文比赛最佳活动组织奖	平谷区图书馆	中国图书馆学会
	2016"全国少年儿童阅读年"——"红色记忆"摄影大赛优秀组织奖	平谷区图书馆	中国图书馆学会

续表

馆 名	奖项名称	获奖者	颁奖机构
平谷区图书馆	2016 "全国少年儿童阅读年"——"红色经典阅读绘画"大赛优秀组织单位	平谷区图书馆	中国图书馆学会
	2016 "全国少年儿童阅读年"——"童声里的红色记忆"故事大赛优秀组织奖	平谷区图书馆	中国图书馆学会
	《红色记忆世代相传》（张家伟）作品浙江省"我爱我家，红色传承"微视频大赛二等奖	平谷区图书馆	中国图书馆学会
	2016 "全国少年儿童阅读年"——第二届全国少年儿童名著新编短剧大赛优秀组织奖	平谷区图书馆	中国图书馆学会

2017年北京市公共图书馆获得荣誉

馆 名	奖项名称	获奖者	颁奖机构
首都图书馆	全国学雷锋活动示范点	首都图书馆	中共中央宣传部
	2017"全国少年儿童阅读年"——全国公共图书馆婴幼儿阅读服务情况调研活动优秀组织奖	首都图书馆	中国图书馆学会
	2016年阅读推广优秀项目	首都图书馆	中国图书馆学会
	2017"全国少年儿童阅读年"——"我最喜爱的一本书"藏书票设计大赛优秀组织奖	首都图书馆	中国图书馆学会、国家图书馆
	国家图书馆全国图书馆联合编目中心2016—2017年度分中心组织优秀成果展示单位	首都图书馆	国家图书馆全国图书馆联合编目中心
	国家图书馆全国图书馆联合编目中心2016—2017年度分中心数据基地	首都图书馆	国家图书馆全国图书馆联合编目中心
	北京市继续教育工作先进集体	首都图书馆	中共北京市委组织部、北京市教育工作联席会议办公室、北京市人力资源和社会保障局
	北京市校外教育先进集体	首都图书馆	北京市青少年学生校外教育工作联席会议办公室、北京市教育委员会、北京市人力资源和社会保障局

续表

馆 名	奖项名称	获奖者	颁奖机构
首都图书馆	"北京市红领巾领读书"活动优秀组织奖	首都图书馆	中国少年先锋队北京市工作委员会、北京市教育委员会、首都精神文明建设委员会办公室、中国共产主义青年团北京市委员会、北京市文化局
	第十二届"北京阳光少年"活动优秀组织奖	首都图书馆	北京市青少年学生校外教育工作联席会议办公室、北京校外教育协会
	2017年度北京市健康示范单位	首都图书馆	北京市爱国卫生运动委员会
	北京市优秀文化志愿团队	首都图书馆文化志愿服务团队	北京市文化志愿者服务中心
	北京市文化志愿服务中心"首都学雷锋志愿服务示范站(岗)金牌项目"	首都图书馆文化志愿服务分中心	北京市文化志愿者服务中心
	2017年全市文化志愿服务项目突出表现奖	首都图书馆	北京市文化志愿者服务中心
	北京科普基地联盟第三届北京科普基地优秀教育活动三等奖	首都图书馆	北京市科学技术委员会、北京市科学技术协会
	第三届北京科普基地优秀教育活动二等奖	首都图书馆	北京市科学技术委员会、北京市科学技术协会
	2013—2016年度首都综治工作先进工作者	杨湧	首都社会治安综合治理委员会、北京市人力社保局

389

续表

馆 名	奖项名称	获奖者	颁奖机构
首都图书馆	2015—2016年度北京市未成年人保护工作先进个人	潘淼	北京市未成年人保护委员会办公室、中共北京市委社会工作委员会、北京市民政局、北京市人力社保局
	2017"全国少年儿童阅读年"——全国公共图书馆婴幼儿阅读服务情况调研优秀组织个人奖	贾蔷	中国图书馆学会
	第十二届"北京阳光少年"活动优秀组织工作者	左娜	北京市青少年学生校外教育工作联席会议会办公室、北京校外教育协会
	2017年中国图书馆学会年会征文活动论文一等奖	武克涵、肖玥	中国图书馆学会
	2017年中国图书馆学会年会征文活动论文二等奖	段瑞林、林岫、付唯莉、刘艳、刘佳、于景琪	中国图书馆学会
	2017年中国图书馆学会年会征文活动论文三等奖	赵春雨、吴洪珺、虞敏、权菲菲	中国图书馆学会
	2017第二届中国志愿服务论坛优秀志愿服务论文一等奖	刘艳	北京市文化志愿者服务中心
	北京市课外、校外教育理论与实践研讨会论文一等奖	左娜	北京市教育委员会

续表

馆 名	奖项名称	获奖者	颁奖机构
东城区第一图书馆	北京市图书馆"全民阅读"优秀案例一等奖	首都科学讲堂——院士与读者见面会	中国图书馆学会、韬奋基金、中国出版集团公司、中国书刊发行业协会、中国新华书店协会
东城区第一图书馆	全国中小型公共图书馆联合会2016—2017年研讨会征文优秀组织奖	东城区第一图书馆	全国中小型公共图书馆联合会、中国知网·中国知识资源总库编委会
东城区第二图书馆	全国文明单位	东城区第二图书馆	中央精神文明建设指导委员会
西城区第一图书馆	文津图书奖联合评审单位	西城区第一图书馆	国家图书馆
西城区第一图书馆	全国中小型公共图书馆联合会2017年研讨会征文优秀组织奖	西城区第一图书馆	全国中小型公共图书馆联合会、中国知网·中国知识资源总库编委会
西城区第一图书馆	2017"全国少年儿童美德故事大赛活动优秀个人组织奖	梁媛	中国图书馆学会
西城区第二图书馆	北京市图书馆"全民阅读"阅读推广优秀项目	西城区第二图书馆	中国图书馆学会
西城区第二图书馆	2017""全国少年儿童美德故事大赛活动优秀组织奖	西城区第二图书馆	中国图书馆学会

391

续表

馆 名	奖项名称	获奖者	颁奖机构
西城区青少年儿童图书馆	第十一届"北京阳光少年"活动优秀组织奖	西城区青少年儿童图书馆	北京校外教育协会
	全国中小型公共图书馆联合会2017年研讨会征文优秀组织奖	西城区青少年儿童图书馆	全国中小型公共图书馆联合会、中国知识资源总库编委会
	全国中小型公共图书馆联合会2017年研讨会征文最佳组织奖	西城区青少年儿童图书馆	全国中小型公共图书馆联合会、中国知识资源总库编委会
	"出版界图书馆界全民阅读年会（2017）"全民阅读案例一等奖	西城区青少年儿童图书馆	中国图书馆学会、韬奋基金会、中国出版集团公司、中国书刊发行业协会、中国新华书店协会
	2017"全国少年儿童阅读年"——"我最喜爱的一本书"藏书票设计大赛优秀组织奖	西城区青少年儿童图书馆	中国图书馆学会
	2017"全国少年儿童阅读年"——全国少年儿童电子绘本创作大赛优秀组织奖	西城区青少年儿童图书馆	中国图书馆学会
	第三届全国少年儿童著名新编短剧大赛"优秀组织奖	西城区青少年儿童图书馆	中国图书馆学会
	第十二届"北京阳光少年"活动优秀组织奖	西城区青少年儿童图书馆	北京市青少年学生校外教育工作联席会办公室、北京校外教育协会
	第十二届"北京阳光少年"活动优秀组织工作者	马静	北京市青少年学生校外教育工作联席会议办公室

续表

馆 名	奖项名称	获奖者	颁奖机构
朝阳区图书馆	北京市民终身学习示范基地	朝阳区图书馆	北京市建设学习型城市工作领导小组办公室
	全国文明单位	朝阳区图书馆	中央精神文明建设指导委员会
丰台区图书馆	北京市阅读示范社区	大红门街道建欣苑社区	书香中国·北京阅读季
石景山区图书馆	文津图书奖	石景山区图书馆	国家图书馆
	首届北京市中小学生朗诵大赛暨第三届曹灿杯青少年朗诵大赛最佳组织奖	石景山区图书馆	中国关心下一代工作委员会事业发展中心、中国诗歌学会朗诵演唱专业委员会、北京市语言学会、北京市教育学会
	全国文明单位	石景山区图书馆	中央精神文明建设指导委员会
	2017年十佳绘本馆	石景山区图书馆	中国图书馆学会
海淀区图书馆	化学工业出版社2016年度馆藏评选活动钻石典藏奖	海淀区图书馆	化学工业出版社
	第三届阅读之城——市民读书计划优秀组织奖	海淀区图书馆	北京图书馆联盟
	化学工业出版社2017年度馆藏评选活动年度之星奖	海淀区图书馆	化学工业出版社

393

续表

馆 名	奖项名称	获奖者	颁奖机构
房山区图书馆	2013—2016年中国图书馆学会优秀会员	张艳辉	中国图书馆学会
	2016年"全国少年儿童阅读年"——"我的藏书票"设计大赛优秀组织奖	房山区图书馆	中国图书馆学会
	2013—2016年中国图书馆学会优秀会员	杨兰英	中国图书馆学会
	2013—2016年中国图书馆学会优秀会员名单	李冬梅	中国图书馆学会
通州区图书馆	北京市民终身学习示范基地	通州区图书馆	北京市建设学习型城市工作领导小组办公室
	首都未成年人思想道德建设创新案例	通州区图书馆	首都精神文明建设委员会
	第十二届"北京阳光少年"活动优秀组织奖	通州区图书馆	北京市青少年学校外教育工作联席会议办公室
	2017年首都市民学习之星	魏红帅	北京市建设学习型城市工作领导小组
	全国示范农家书屋	通州区图书馆	国家新闻出版广电总局
	农家书屋全面建设十周年先进集体	通州区图书馆	国家新闻出版广电总局
	第十二届"北京阳光少年"活动优秀组织工作者	杨兰英	北京市青少年学生校外教育工作联席会议办公室、北京校外教育协会

续表

馆 名	奖项名称	获奖者	颁奖机构
通州区图书馆	2013—2016年中国图书馆学会优秀会员	魏红帅	中国图书馆学会
大兴图书馆	2017"全国少年儿童阅读年"——全国公共图书馆婴幼儿阅读服务情况调研活动优秀组织奖	大兴区图书馆	中国图书馆学会
	2017"全国少年儿童阅读年"优秀组织个人奖	侯燕	中国图书馆学会
怀柔图书馆	全国中小型公共图书馆联合会2017年研讨会征文二等奖	李晓东	全国中小型公共图书馆联合会、中国知网·中国知识资源总库编委会
	全国中小型公共图书馆联合会2017年研讨会征文三等奖	张超	全国中小型公共图书馆联合会、中国知网·中国知识资源总库编委会
	全国中小型公共图书馆联合会2017年研讨会征文三等奖	雷宝强	全国中小型公共图书馆联合会、中国知网·中国知识资源总库编委会
	2017年中国图书馆学会年会征文活动优秀组织奖	怀柔图书馆	中国图书馆学会
	2017年中国图书馆学会年会征文活动论文三等奖	雷宝强	中国图书馆学会
	全国中小型公共图书馆联合会2017年研讨会最佳组织奖	怀柔图书馆	全国中小型公共图书馆联合会、中国知网·中国知识资源总库编委会

续表

馆 名	奖项名称	获奖者	颁奖机构
怀柔区图书馆	全国中小型公共图书馆联合会2017年研讨会征文优秀组织奖	怀柔区图书馆	全国中小型公共图书馆联合会、中国知识资源总库编委会、中国网·中国知识资源总库编委会
	北京2017年终身学习品牌项目	怀柔区图书馆	北京市成人教育学会
	北京市民终身学习示范基地	怀柔区图书馆	北京市建设学习型城市工作领导小组办公室
	2017"全国少年儿童阅读年"——创意书签设计大赛优秀组织奖	怀柔区图书馆	中国图书馆学会
	农家书屋全面建设十周年先进个人	李超	国家新闻出版广电总局
	2017"全国少年儿童阅读年"——创意书签设计大赛优秀指导老师奖	吕宁	中国图书馆学会
平谷区图书馆	全民阅读先进单位（2016年）	平谷区图书馆	中国图书馆学会
	2017"全国少年儿童阅读年"——第三届全国少年儿童名著新编短剧大赛优秀组织奖	平谷区图书馆	中国图书馆学会
	2017"全国少年儿童阅读年"——全国少年儿童"我的藏书票"设计大赛优秀组织奖	平谷区图书馆	中国图书馆学会
延庆区图书馆	中国图书馆学会优秀会员	帅丽宁	中国图书馆学会

2018年北京市公共图书馆获得荣誉

馆 名	奖项名称	获奖者	颁奖机构
首都图书馆	2015—2017年度首都文明单位标兵	首都图书馆	首都精神文明建设委员会
	2014—2016年度北京市文化工作先进集体	首都图书馆	北京市文化局、北京市人力资源和社会保障局
	第八届首都民族团结进步先进集体	首都图书馆	北京市委统战部、北京市民族宗教委、北京市人力资源和社会保障局
	北京市2017年度法律七进工作先进单位	首都图书馆	
	公共机构能效领跑者	首都图书馆	国家机关事务管理局、国家发展改革委、财政部
	2017年度"四个100"最佳志愿服务组织	首都图书馆文化志愿服务中心	全国宣传推选学雷锋志愿服务"四个一百"先进典型活动组委会
	第四届中国青年志愿服务项目大赛银奖	首都图书馆文化志愿服务中心	共青团中央
	第十三届中国北京国际文化创意产业博览会中荣获最佳展示奖	首都图书馆	中华人民共和国文化部、国家广播电视总局、国家新闻出版署、北京市人民政府

续表

馆 名	奖项名称	获奖者	颁奖机构
首都图书馆	"红领巾读书活动"优秀组织奖	首都图书馆	中国共产主义青年团北京市委员会、中国少年先锋队北京市工作委员会、北京市教育委员会办公室、首都精神文明建设委员会办公室、北京市文化和旅游局、北京市科学技术协会
	2017—2018年度中心数据基地	首都图书馆	国家图书馆全国图书馆联合编目中心
	2017—2018年度数据监督阵地	首都图书馆	国家图书馆全国图书馆联合编目中心
	2017年度优秀文化志愿服务项目	首都图书馆典藏借阅中心	北京市公共图书馆文化志愿服务总队
	文化部2017年文化志愿服务示范活动典型案例——"春雨工程"全国文化志愿者边疆行典型案例	首都图书馆文化志愿服务中心	中华人民共和国文化部
	文化部2017年基层文化志愿服务典型案例	首都图书馆文化志愿服务中心	中华人民共和国文化部
	文化部2017年基层文化志愿服务典型团队	首都图书馆文化志愿服务中心	中华人民共和国文化部

续表

馆 名	奖项名称	获奖者	颁奖机构
首都图书馆	首都学雷锋志愿服务示范岗	首都图书馆文化志愿服务中心	首都精神文明建设委员会
	2018出版界图书馆界全民阅读优秀案例奖项"	首都图书馆	中国图书馆学会、韬奋基金会、中国书刊发行业协会、中国新华书店协会、中国出版集团公司、中共盱眙县委
	2018出版界图书馆界全民阅读优秀案例奖项"	首都图书馆	中国图书馆学会、韬奋基金会、中国书刊发行业协会、中国新华书店协会、中国出版集团公司、中共盱眙县委
	2018"全国少年儿童阅读年"——全国公共图书馆未成年人服务案例评选活动一等奖	首都图书馆	中国图书馆学会未成年人图书馆分会
	"我听·我读"——2017全国少儿读者朗诵大赛最佳组织单位	北京市图书馆协会	中国图书馆学会
	2017中国图书馆学会年会征文活动组织奖	北京市图书馆协会	中国图书馆学会
	"依法办馆创新发展——新时代公共图书馆建设与服务"知识学习竞赛活动全国总决赛团体三等奖	北京市图书馆协会	中国图书馆学会
	2014——2016年度北京市文化工作先进个人	肖维平	北京市文化局、北京市人力资源和保障局

399

续表

馆名	奖项名称	获奖者	颁奖机构
首都图书馆	2018年度"京津冀图书馆阅读之星"	马妍	京津冀图书馆联盟
	2018年中小型公共图书馆联合会研讨会论文二等奖	胡波	全民阅读促进委员会·中小型公共图书馆联合会 中国知网·中国知识资源总库编辑委员会
东城区第一图书馆	北京市文化工作先进集体	东城区第一图书馆	北京市文化局、北京市人力资源和社会保障局
	2014—2016年度北京市文化工作先进个人	高磊、师毅	北京市文化局、北京市人力资源和社会保障局
	首都文明单位标兵	东城区第一图书馆	首都精神文明建设委员会
	北京市三八红旗奖章	穆红梅	北京市妇女联合会、北京市人力资源和社会保障局
	首都劳动奖章	肖佐刚	北京市总工会、北京市人力资源和社会保障局
	2018品质领读活动	"书海听涛——作家与读者见面会"系列活动	书香北京·北京阅读季领导小组办公室
东城区第一图书馆	北京市科普基地（2012、2013—2015、2016—2018年）	东城区第一图书馆	北京市科学技术委员会、北京市科学技术协会

续表

馆 名	奖项名称	获奖者	颁奖机构
东城区第二图书馆	2014—2016年度北京市文化工作先进集体	东城区第二图书馆	北京市文化局、北京市人力资源和社会保障局
	2014—2016年度北京市文化工作先进个人	左垫	北京市文化局、北京市人力资源和社会保障局
	2014—2016年度北京市文化工作先进个人	马可	北京市文化局、北京市人力资源和社会保障局
	2018年"依法办馆创新发展——新时代公共图书馆建设与服务"知识学习竞赛活动"研学菁英"	李胜利	中国图书馆学会
	2018年"依法办馆创新发展——新时代公共图书馆建设与服务"知识学习竞赛活动"研学之星"	李胜利	中国图书馆学会
	"2018京津冀地方文献资源建设发展论坛"征文二等奖	马宁	河北省图书馆学会、北京图书馆学会、天津市图书馆学会、藏书报
	"经典诵读·点亮童心"2018陈伯吹国际儿童文学经典作品诵读比赛优秀组织奖	东城区第二图书馆	中国上海陈伯吹国际儿童文学奖理事会办公室
	2018"全国少年儿童阅读年——'我的藏书票'设计大赛优秀组织奖"	东城区第二图书馆	中国图书馆学会
	2018年度北京职工幸福家庭	朱彦博	市总工会女职工委员会、北京职工婚姻家庭建设协会

401

续表

馆 名	奖项名称	获奖者	颁奖机构
西城区第一图书馆	2014—2016年度北京市文化工作先进个人	樊亚玲	北京市文化局、北京市人力资源和社会保障局
	北京市三八红旗集体	西城区第一图书馆	北京市妇女联合会、北京市总工会、北京市人力资源和社会保障局
	2018年"依法办馆 创新发展——新时代公共建设与服务"知识学习竞赛活动"研学之星"	樊亚玲	中国图书馆学会
	2018年中小型公共图书馆联合会研讨会组织奖	西城区第一图书馆	全民阅读促进委员会、中小型公共图书馆联合会、中国图书馆学会公共图书馆分会基层图书馆工作委员会、《中国知识资源总库〈中国知识资源总库〉图书馆杂志》社
	2018年中小型公共图书馆联合会研讨会征文优秀组织奖	西城区第一图书馆	全民阅读促进委员会、中小型公共图书馆联合会中国知网·中国知识资源总库编辑委员会
	2018"全国少年儿童阅读年"——"礼行天下"全国少年儿童礼仪故事大赛活动优秀组织单位奖	西城区第一图书馆	中国图书馆学会

402

续表

馆 名	奖项名称	获奖者	颁奖机构
西城区第一图书馆	"外交官带你看世界"活动"2018品质领读活动"	西城区第一图书馆	书香中国·北京阅读季领导小组办公室
西城区第二图书馆	2018"全国少年儿童阅读年"推荐单位先进工作者	曹玉函	中国图书馆学会
	首都文明单位	西城区第二图书馆	首都精神文明建设委员会
	2014—2016年度北京市文化工作先进集体	西城区青少年儿童图书馆	北京市文化局、北京市人力资源和社会保障局
	2018年"我身边的图书馆——公共图书馆法与新时代公共图书馆建设与服务"主题征文活动会员论坛之星	刘迪	中国图书馆学会
西城区青少年儿童图书馆	2018年十佳绘本馆	西城区青少年儿童图书馆	中国图书馆学、图书馆报
	2018年中小型公共图书馆联合会研讨会征文"优秀组织奖"	西城区青少年儿童图书馆	全民阅读促进委员会、中小型公共图书馆联合会、中国知网·中国知识资源总库编辑委员会
	2018年中小型公共图书馆联合会研讨会"组织奖"	西城区青少年儿童图书馆	公共图书馆联合会、中国知网·中国知识资源总库编辑委员会

附录

403

续表

馆 名	奖项名称	获奖者	颁奖机构
西城区青少年儿童图书馆	北京市家庭文明建设示范基地	西城区青少年儿童图书馆	北京市妇女联合会
	进入"全民阅读示范基地"名单	西城区青少年儿童图书馆	中国图书馆学会
	2018"全国少年儿童阅读年"——全国少年儿童英语趣配音大赛优秀组织单位奖	西城区青少年儿童图书馆	中国图书馆学会
	2018"全国少年儿童阅读年"——"我的藏书票"设计大赛优秀组织单位奖	西城区青少年儿童图书馆	中国图书馆学会
	2018"全国少年儿童阅读年"——"我的藏书票"设计大赛优秀组织指导个人奖	郑彩萍	中国图书馆学会
	2018"全国少年儿童阅读年"活动推荐单位先进工作者	那洁、郑彩萍	中国图书馆学会
朝阳区图书馆	2014—2016年度北京市文化工作先进集体	朝阳区图书馆	北京市文化局、北京市人力资源和社会保障局
	2018品质领读活动	朝阳区图书馆	书香中国·北京阅读季领导小组办公室
	首都文明单位标兵	朝阳区图书馆	首都精神文明建设委员会
	2014—2016年度北京市文化工作先进个人	仇宏文	北京市文化局、北京市人力资源和社会保障局

续表

馆 名	奖项名称	获奖者	颁奖机构
丰台区图书馆	金牌阅读推广人	李峥嵘	书香中国·北京阅读季
石景山区图书馆	北京市中小学生社会大课堂资源单位	石景山区图书馆	北京市教育委员会
石景山区图书馆	第十二届"北京阳光少年"活动优秀组织奖	石景山区图书馆	北京市校外教育协会
石景山区图书馆	2018年十佳绘本馆	石景山区图书馆	中国图书馆学会
石景山区图书馆	2014—2016年度北京市文化工作先进集体	石景山区图书馆	北京市文化局、北京市人力资源和社会保障局
石景山区图书馆	第一届公共图书馆创新创意征集推广活动《有声明信片》优秀奖	石景山区图书馆	中国图书馆学会
石景山区图书馆	文津图书奖	石景山区图书馆	国家图书馆
海淀区图书馆	第五季书香中国·北京阅读季优秀组织奖	海淀区图书馆	书香中国·北京阅读季组办公室
海淀区图书馆	2018"全国少年儿童阅读年"——"我的藏书票"设计大赛优秀组织奖	海淀区图书馆	中国图书馆学会
海淀区图书馆	2014—2016年度北京市文化工作先进个人	刘冬梅	北京市文化局、北京市人力资源和社会保障局
房山区图书馆	2018"全国少年儿童阅读年"——"我的藏书票"设计大赛优秀组织奖	房山区图书馆	中国图书馆学会
房山区图书馆	2018品质领读活动	房山区图书馆	书香中国·北京阅读季组办公室

续表

馆 名	奖项名称	获奖者	颁奖机构
房山区燕山图书馆	全国藏书票比赛优秀组织单位	燕山图书馆	中国图书馆学会
通州区图书馆	北京市中小学生社会大课堂资源单位	通州区图书馆	北京市教育委员会
	2017年北京市百姓宣讲工作光荣册	通州区图书馆	中共北京市委宣传部、首都精神文明建设委员会办公室、中共北京市委干部理论教育讲师团
	"我身边的图书馆——公共图书馆法与新时代公共图书馆建设与服务"主题征文活动优秀论文奖	单毅	中国图书馆学会
	"我身边的图书馆——公共图书馆法与新时代公共图书馆建设与服务"主题征文活动"会员论坛之星"	郑婉君	中国图书馆学会
	书香运河讲堂北京市2018年终身学习品牌项目	通州区图书馆	北京市成人教育学会
	第四届中国青年志愿服务项目大奖银奖	通州区图书馆	共青团中央、中央文明办、民政部、水利部、国家卫生健康委员会、中国残疾人联合会、中国志愿服务联合会
	2018品质领读活动	通州区图书馆	书香中国·北京阅读季领导小组办公室
	2017年"阅读推广优秀项目"名单	通州区图书馆	中国图书馆学会

续表

馆 名	奖项名称	获奖者	颁奖机构
通州区图书馆	2018"全国少年儿童阅读年"——"我的藏书票"设计大赛优秀组织单位奖	通州区图书馆	中国图书馆学会
	2018"全国少年儿童阅读年"活动推荐单位先进工作者	魏红帅	中国图书馆学会
	2018"全国少年儿童阅读年"——"我的藏书票"设计大赛优秀组织指导个人奖	魏红帅	中国图书馆学会
	农家书屋全面建设十周年先进个人	史红艳	国家新闻出版广电总局
	全国示范书屋	张镇驻马庄村	国家新闻出版广电总局
	北京市中小学生社会大课堂资源单位	顺义区图书馆	北京市教育委员会
	中国图书馆学会第一届公共图书馆创新创意作品征集推广活动优秀创意奖	顺义区图书馆	中国图书馆学会
	2014—2016年度北京市文化工作先进个人	史红艳	北京市文化局、北京市人力资源和社会保障局
顺义区图书馆	2018"全国少年儿童阅读年"——"我的藏书票"设计大赛优秀组织单位	顺义区图书馆	中国图书馆学会、顺义区图书馆
	2018品质领读活动	顺义区图书馆	书香中国·北京阅读季领导小组办公室
	2018—2019年北京市中小学生社会大课堂资源单位	顺义区图书馆	北京市教育委员会

续表

馆 名	奖项名称	获奖者	颁奖机构
大兴区图书馆	2014—2016年度北京市文化工作先进个人	孙海波	北京市文化局、北京市人力资源和社会保障局
	北京市中小学生社会大课堂资源单位	怀柔区图书馆	北京市教育委员会
	2014—2016年度北京市文化工作先进集体	怀柔区图书馆	北京市文化局、北京市人力资源和社会保障局
	2014—2016年度北京市文化工作先进个人	张慧	北京市文化局、北京市人力资源和社会保障局
	2014—2016年度北京市文化工作先进个人	李超	北京市文化局、北京市人力资源和社会保障局
	2015—2017年度首都文明单位	怀柔区图书馆	首都精神文明建设委员会
怀柔区图书馆	2018年"依法办馆 创新发展——新时代公共图书馆建设与服务"知识学习竞赛活动"研学菁英"	雷宝强	中国图书馆学会
	2018年"依法办馆 创新发展——新时代公共图书馆建设与服务"知识学习竞赛活动"研学之星"	雷宝强	中国图书馆学会
	2018年"依法办馆 创新发展——新时代公共图书馆建设与服务"知识学习竞赛活动"研学之星"	张慧	中国图书馆学会
	2018年"依法办馆 创新发展——新时代公共图书馆建设与服务"知识学习竞赛活动"研学之星"	孟红柳	中国图书馆学会

续表

馆 名	奖项名称	获奖者	颁奖机构
怀柔区图书馆	2018年"依法办馆 创新发展——新时代公共图书馆建设与服务"知识学习竞赛活动"研学之星"	杨光	中国图书馆学会
	2018年"依法办馆 创新发展——新时代公共图书馆建设与服务"知识学习竞赛活动"研学之星"	刘宇	中国图书馆学会
	2018年"依法办馆 创新发展——新时代公共图书馆建设与服务"知识学习竞赛活动"研学之星"	曹键雄	中国图书馆学会
	"2018全民悦读朗读大会"北京赛区成人组三等奖	李晓东	全民悦读朗读大会组委会办公室、中华文化促进会朗读专业委员会
	北京社会科学普及基地	怀柔区图书馆	北京市社会科学界联合会
	西部公共图书馆2018年学术研讨会征文活动二等奖	张慧	中国图书馆学会
	西部公共图书馆2018年学术研讨会征文活动优秀奖	张境轩	中国图书馆学会
	西部公共图书馆2018年学术研讨会征文活动优秀奖	汪晓翠	中国图书馆学会
	2018年中小型公共图书馆联合会研讨会征文优秀组织奖	怀柔区图书馆	全民阅读促进委员会、中小型公共图书馆联合会、中国知网·中国知识资源总库编辑委员会

409

续表

馆 名	奖项名称	获奖者	颁奖机构
怀柔区图书馆	2018年中小型公共图书馆联合会研讨会论文一等奖	张慧	全民阅读促进委员会、中小型公共图书馆联合会、中国知网·中国知识资源总库编辑委员会
	2018年中小型公共图书馆联合会研讨会论文二等奖	孟红柳	全民阅读促进委员会、中小型公共图书馆联合会、中国知网·中国知识资源总库编辑委员会
	2018年中小型公共图书馆联合会研讨会论文二等奖	姜琳娜	全民阅读促进委员会、中小型公共图书馆联合会、中国知网·中国知识资源总库编辑委员会
	2018年中小型公共图书馆联合会研讨会论文三等奖	刘叶红	全民阅读促进委员会、中小型公共图书馆联合会、中国知网·中国知识资源总库编辑委员会
	2018"全国少年儿童阅读年"——"我的藏书票"设计大赛优秀组织单位奖	怀柔区图书馆	中国图书馆学会
	"书香怀柔"第十一届全民阅读活动"被评为"2018品质领读活动"	怀柔区图书馆	书香中国·北京阅读季领导小组办公室

410

续表

馆 名	奖项名称	获奖者	颁奖机构
怀柔区图书馆	2018"全国少年儿童阅读年"——"我的藏书票"设计大赛优秀组织指导个人奖	薛雅心	中国图书馆学会
	2018"全国少年儿童阅读年"活动推荐单位先进工作者	薛雅心	中国图书馆学会
平谷区图书馆	2014—2016年度北京市文化工作先进集体	平谷区图书馆	北京市文化局、北京市人力资源和社会保障局
	全民阅读示范基地	平谷区图书馆	中国图书馆学会
	2018"全国少年儿童阅读年"——"我的藏书票"设计大赛优秀组织单位奖	平谷区图书馆	中国图书馆学会
	2018"全国盲人法律知识网络竞赛"优秀组织单位奖	平谷区图书馆	中国盲文图书馆

411

2019年北京市公共图书馆获得荣誉

馆 名	奖项名称	获奖者	颁奖机构
首都图书馆	2018年宣传推选首都学雷锋志愿服务"五个100"先进典型活动最佳志愿服务组织	首都图书馆文化志愿服务中心	北京市委宣传部等九家单位
	"书香阅图书捐赠及图书交换志愿服务""五个100"先进典型活动"最佳志愿服务项目"	首都图书馆	北京市委宣传部等九家单位
	"2019年北京文化旅游扶贫协作和支援合作工作成果图片展示活动"组织奖	首都图书馆	北京市文旅局等三家单位
	2019年中国图书馆学会学术论文和业务案例征集活动中提交的"2018年度业务数据及效能支撑案例",入选综合服务效能之星	首都图书馆	中国图书馆学会
	"2019全民阅读活动典型案例征集活动"中提交的"阅读北京——2019年度首都市民阅读系列文化活动"案例,入选"2019全民阅读活动典型案例"	首都图书馆	中国图书馆学会等五家单位
	有声阅读示范单位	首都图书馆	中国广播电影电视社会组织联合会
	2019年度全民讲解员优秀组织单位	首都图书馆	中国网络文化产业年会组委会

续表

馆 名	奖项名称	获奖者	颁奖机构
首都图书馆	"2019 微悦读 新互动 第六届图书馆微服务研讨会暨第二届图书馆新媒体创新服务评选活动""最佳新媒体平台"	首都图书馆	上海图书馆学会
	中华人民共和国成立 70 周年北京市庆祝活动领导小组联欢活动指挥部颁发的荣誉证书	刘朝、瞿文敏、孙涛	中华人民共和国成立 70 周年北京市庆祝活动领导小组联欢活动指挥部
	2019 年中国图书馆学会学术论文和业务案例征集活动中提交的《支援扶贫：完善贫困地区基层公共文化服务新思路》入选一等论文名单	李冠南、孙慧明	中国图书馆学会
	2019 年中国图书馆学会学术论文和业务案例征集活动中提交的《别样课堂 书香十年 甘之如饴——首都图书馆开展北京市中小学生社会大课堂实践活动》入选一等论文	左娜	中国图书馆学会
	2019 年中国图书馆学会学术论文和业务案例征集活动中提交的《公共图书馆文化志愿服务管理分析与启示——以首都图书馆为例》入选二等论文	杨芳怀、陈琼	中国图书馆学会
	2019 年中国图书馆学会学术论文和业务案例征集活动中提交的《文旅融合背景下的图书馆业与旅游业"文化之旅"合作模式探索》入选三等论文	刘雅丹、顾梦陶	中国图书馆学会

续表

馆 名	奖项名称	获奖者	颁奖机构
首都图书馆	2019年中国图书馆学会学术论文和业务案例征集活动中提交的《公共图书馆青少年文化志愿者的工作模式初探》入选三等论文名单	杨芳怀	中国图书馆学会
	2019年中国图书馆学会学术论文和业务案例征集活动中提交的《动漫在线》入选三等案例	张皖	中国图书馆学会
	京津冀少年儿童图书馆、中小学图书馆学暨图书馆工作研讨会中提交的《浅谈图书馆特色阅览室阅建——以北京少年儿童图书馆为例》荣获一等奖	解黄娇、曼珊珊、赵璇子	天津图书馆学会、北京图书馆协会、河北省图书馆学会
	京津冀少年儿童图书馆、中小学图书馆学暨图书馆工作研讨会中提交的《基于绘本的少儿图书馆阅读推广研究——以首都图书馆少儿图书馆为例》荣获三等奖	赵璇子、曼珊珊、解黄娇	天津图书馆学会、北京图书馆协会、河北省图书馆学会
东城区第二图书馆	《角楼图书馆：新时代的文化空间》入选一等案例	左垒、马宁、杨魏、张亚楠、周也非	中国图书馆学会
西城区第一图书馆	2018年首都推选首都学雷锋志愿服务"五个100"先进典型活动"最佳志愿服务项目"	西城区第一图书馆"图书交换"志愿服务项目	北京市委宣传部等九家单位
西城区第一图书馆	巾帼文明岗	西城区第一图书馆文献借阅一部	中华全国妇女联合会

续表

馆 名	奖项名称	获奖者	颁奖机构
西城区第一图书馆	五星级文化助盲志愿服务团队	西城区第一图书馆	中国助残志愿者协会、中国盲文图书馆
	五星级文化助盲志愿者	张祎	中国助残志愿者协会、中国盲文图书馆
	"西城区第一图书馆生态环保课堂"进入"2018年阅读推广优秀项目"	西城区第一图书馆	中国图书馆学会
	爱心帮教团队	西城区第一图书馆	北京市监狱（戒毒）管理局
西城区青少年儿童图书馆	第十三届"北京阳光少年"活动优秀组织奖	西城区青少年儿童图书馆	北京校外教育协会
	提交的"北京市西城区'激辩青春'中学生辩论赛"案例，"2019·全民阅读活动典型案例征集活动"进入"2018·全民阅读活动典型案"	西城区青少年儿童图书馆	中国图书馆学会、韬奋基金会、中国书刊发行业协会、中国新华书店协会、中国出版集团公司
	"2019年度影响力绘本馆征集活动"进入"2019年度影响力绘本馆"	西城区青少年儿童图书馆	中国图书馆学会、韬奋基金会、中国书刊发行业协会、中国新华书店协会、中国出版集团公司
	中国科协科技团党委举办的"不忘初心、牢记使命、建功新时代"征文活动作品诗歌类优胜奖	张春霞	中国科协科技社团党委

续表

馆 名	奖项名称	获奖者	颁奖机构
西城区青少年儿童图书馆	中国科协科技社团党委举办的"不忘初心、牢记使命、建功新时代"征文活动作品散文和小说故事类二等奖	许亮亮	中国科协科技社团党委
朝阳区图书馆	"全国百城少儿共读共绘活动"案例在"2019全民阅读活动典型案例征集活动"中进入"2019全民阅读活动典型案例"	朝阳区图书馆	中国图书馆学会、韬奋基金会、中国书刊发行业协会、中国新华书店协会、中国出版集团公司
丰台区图书馆	北京市优秀阅读推广人	梁清华、牛力	书香中国·北京阅读季
	北京市书香社区	长辛店装技所社区	书香中国·北京阅读季
石景山区图书馆	"春雨工程"志愿服务项目	石景山区图书馆	文化和旅游部
	"五个100"最佳志愿服务项目	石景山区图书馆	北京市委宣传部
	全民阅读示范基地	石景山区图书馆	中国图书馆学会
	2019年度影响力绘本馆	石景山区图书馆	中国图书馆学会
海淀区图书馆	北京市精神文明建设奖	姚光丽	中共北京市委、北京市人民政府
房山区图书馆	2018年宣传推选首都学雷锋志愿服务"五个100"先进典型活动首都最佳志愿服务项目	房山区文化活动中心（房山区图书馆）	中共北京市委宣传部等九家单位

续表

馆 名	奖项名称	获奖者	颁奖机构
房山区图书馆	首都学雷锋志愿服务"五个100"先进典型活动首都最佳志愿服务组织	房山区文化活动中心（房山区图书馆）	北京市委宣传部（首都文明办）、北京市委政法委、北京市直机关工委、北京市委社会工委、北京市民政局、北京市委教育工委、北京市委教育工委、北京市卫生健康委、北京市国资委、北京市总工会、共青团北京市委员会、北京市妇联、北京市文联、北京市残联、北京市志愿服务联合会
通州区图书馆	第十三届"北京阳光少年"活动优秀组织奖	通州区图书馆	北京校外教育协会
	全国学雷锋活动示范点	通州区图书馆	中共中央宣传部
	第十三届"北京阳光少年"文化科普进校园活动先进集体	通州区图书馆	北京校外教育协会
	第十三届"北京阳光少年"活动专项工作优秀组织工作者	魏红帅	北京校外教育协会
	2018年宣传推选首都学雷锋志愿服务"五个100"先进典型活动最佳志愿服务组织	通州区图书馆	中共北京市委宣传部等九家单位
	北京市筹备和保障中华人民共和国成立70周年活动积极贡献	郭婵	中共北京市委、北京市人民政府

417

续表

馆 名	奖项名称	获奖者	颁奖机构
顺义区图书馆	2018年全民阅读优秀组织	顺义区图书馆	中国图书馆学会
	2019年"春雨工程"优秀志愿服务项目	"潮白讲坛·百姓课堂"服务项目	国家文化和旅游部、中央文明办
	中国图书馆学会第二届公共图书馆创新创意征集推广活动入选案例三等奖	顺义区图书馆"游花海 品书香"阅读+活动案例	中国图书馆学会
大兴区图书馆	北京2022冬奥会与残奥会"社会文明行动计划"示范单位	大兴区图书馆	首都精神文明建设委员会办公室
	2019全国少年儿童阅读年——"共沐书香悦享好书"青少年经典导读活动星级组织单位	大兴区图书馆	中国图书馆学会
	2019年全民阅读先进单位	大兴区图书馆	中国图书馆学会
	北京市健康教育促进与教育优秀实践基地	大兴区图书馆	北京健康教育协会
	"书香大兴"2019年全民悦读汇"案例,入选2019全民阅读活动典型案例征集活动	大兴区图书馆	中国图书馆学会、中国书刊发行业协会、中国新华书店协会中国出版集团公司
	"书香大兴"2019年全民悦读汇"案例入选2019全民阅读活动典型案例	王伟	中国图书馆学会、中国书刊发行业协会、中国新华书店协会中国出版集团公司

续表

馆 名	奖项名称	获奖者	颁奖机构
大兴区图书馆	2019年度首都控烟工作控烟先进个人	赵冲	北京市爱国卫生运动委员会办公室
	京津冀少年儿童图书馆、中小学图书馆学术暨工作研讨会征文一等奖	雷宝强	天津市图书馆学会、北京市图书馆协会、河北省图书馆学会
	京津冀少年儿童图书馆、中小学图书馆学术暨工作研讨会征文二等奖	彭明勇、文静	天津市图书馆学会、北京市图书馆协会、河北省图书馆学会
	京津冀少年儿童图书馆、中小学图书馆学术暨工作研讨会征文三等奖	孟红柳、李晓东、刘宇、房新宇	天津市图书馆学会、北京市图书馆协会、河北省图书馆学会
	北京市控烟示范单位	怀柔区图书馆	北京市爱国卫生运动委员会
怀柔区图书馆	2019首都最美家庭	杨光	中国共产党北京市委员会宣传部、首都精神文明建设委员会办公室、北京市妇女联合会
	2018年度首都控烟工作学术论文和业务案例征集活动中提交的《中小型公共图书馆优秀传统文化传承中的作用》，入选三等论文名单	李超	北京市爱国卫生运动委员会
	2019年中国图书馆学会《中小型公共图书馆优秀传统文化传承中的作用》，入选三等论文名单	雷宝强	中国图书馆学会阅读推广委员会
	"共沐书香 悦享好书"青少年经典导读活动星级组织单位	怀柔区图书馆	中国图书馆学会

419

续表

馆名	奖项名称	获奖者	颁奖机构
平谷区图书馆	2018年宣传推选首都学雷锋志愿服务"五个100"先进典型活动中最佳志愿服务组织	平谷区图书馆	中共北京市委宣传部等九家单位
	2018年宣传推选首都学雷锋志愿服务"五个100"先进典型活动最佳志愿服务项目	平谷区图书馆	中共北京市委宣传部等九家单位
密云区图书馆	第九届书香中国·北京阅读季金牌阅读推广人	尉红英	北京市阅读季办公室

2020年北京市公共图书馆获得荣誉

馆 名	奖项名称	获奖者	颁奖机构
首都图书馆	第六届全国文明单位	首都图书馆	中央文明办
	第三批全国法治宣传教育基地	首都图书馆	全国普法办公室
	2019年度"北京市扶贫协作奖""社会责任奖"	首都图书馆	北京市扶贫协作和支援合作工作领导小组办公室、北京市人力资源和社会保障局
	北京市事业单位脱贫攻坚专项奖励"记大功"	首都图书馆	北京市人力资源和社会保障局
	2019年度首都控烟先进集体	首都图书馆	北京市爱国卫生运动委员会、北京市卫生健康委员会
	第十四届"北京阳光少年"活动优秀组织奖	首都图书馆	北京市校外教育协会
	首都最佳志愿服务项目	首都图书馆	中共北京市委宣传部、首都精神文明建设委员会办公室、中共北京市委政法委员会、中共北京市委社会工作委员会、北京市民政局、北京市总工会、中国共产主义青年团北京市委员会、北京市妇女联合会、北京市残疾人联合会、北京市志愿服务联合会

421

续表

馆 名	奖项名称	获奖者	颁奖机构
首都图书馆	优秀志愿服务项目	首都图书馆	北京市文化志愿者服务中心
	优秀文化志愿服务分中心	北京市公共图书馆文化志愿服务总队	北京市文化志愿者服务中心
	北京市三八红旗奖章	肖维平	北京市妇女联合会、北京市人力资源和社会保障局、北京市总工会
	2020北京市文化和旅游行业榜样	杨芳怀	北京市文化和旅游局
	2019年度"北京市扶贫协作奖"爱心奉献奖	杨芳怀	北京市扶贫协作和支援合作工作领导小组办公室、北京市人力资源和社会保障局
	第十四届"北京阳光少年"活动优秀工作者	王艳晨	北京市青少年学生校外教育工作联席会议、北京校外教育协会
	优秀党务工作者	段瑞林、韩滨、林岫、贾锋、史丽君	中共北京市文化和旅游局党组

续表

馆 名	奖项名称	获奖者	颁奖机构
首都图书馆	优秀共产党员	刘真海、苗文菊、谷曦、徐冰、宋艳萍、冯薇、薛蕾、曼珊珊、顾梦陶、袁碧荣、周莉、郭俊、王海茹、宋治国	中共北京市文化和旅游局党组
东城区图书馆	2020年北京市先进工作者	肖佐刚	中共北京市委、北京市人民政府
	2020年北京市劳动模范	肖佐刚	北京市总工会
	2019阅读推广星级单位	东城区第一图书馆	中国图书馆学会
	2019年阅读推广优秀项目奖	"书海听涛"阅读推广项目	中国图书馆学会
东城区第一图书馆	全国文明单位	东城区第一图书馆	中央精神文明建设指导委员会
	首都拥军属拥政爱民模范单位	东城区第一图书馆	中共北京市委、北京市人民政府

423

续表

馆 名	奖项名称	获奖者	颁奖机构
东城区第一图书馆	2020年优秀文化志愿服务分队	东城区第一图书馆文化志愿服务分队	北京市文化志愿者服务中心
	2020年优秀文化志愿服务项目	"书海听涛志愿者"服务项目	北京市文化志愿者服务中心
东城区第二图书馆	全国家庭亲子阅读体验基地	东城区第二图书馆——角楼图书馆	全国妇联家庭和儿童工作部
	2020首届北京网红打卡地推荐（阅读空间类）	东城区第二图书馆——角楼图书馆	北京市旅游行业协会、北京演出行业协会、北京动漫游戏产业协会
	2019年宣传推选首都学雷锋志愿服务"五个100"先进典型活动首都最佳志愿服务项目	西城区"文化助盲项目"志愿服务项目	北京市委宣传部、首都文明办公室、市委政法委、市委社会工委、市民政局、市总工会、团市委、市妇联、市残联、市志愿服务联合会
西城区图书馆	《活化地区优质历史文化资源的路径——以西城区腾退文物文化赋能为例》被评为2019年度北京市侨联课题研究论文成果（建言献策类）二等奖	潘兵、樊亚玲、崔月强、魏天凤、梁媛、闫菲	北京市归国华侨联合会
	《整合内外资源，合力打造基层公共文化分级网络建设》被评为2019年度北京市侨联课题研究优秀论文成果（建言献策类）优秀奖	潘兵、樊亚玲、周同、石骆、曹玉酩、杨旸、张萍	北京市归国华侨联合会

续表

馆 名	奖项名称	获奖者	颁奖机构
西城区图书馆	《〈公共文化服务保障法〉视野下的文化服务研究》被评为2019年度北京市侨联优秀论文研究课题联优秀论文成果（建言献策类）优秀奖	潘兵、樊亚玲、李静、郭宏霞、李大华、郝杰	北京市归国华侨联合会
	《区级公共图书馆服务效能的调研与思考》北京市侨联优秀调研课题成果（建言献策类）优秀奖	潘兵、于燕君、戈宁、韩芳、吕相茹	北京市归国华侨联合会
	《关于以"城市记忆"推动历史文化名城建设的探索与思考——以北京市西城区图书馆为例》被评为2020年度北京市侨联优秀调研课题成果（建言献策类）三等奖	潘兵、樊亚玲、邱燕红、梁媛、翟璐芳	北京市归国华侨联合会
	《社会力量参与街道级公共图书馆服务效能提升》被评为2020年度北京市侨联优秀调研课题成果（建言献策类）优秀奖	潘兵、樊亚玲、安欣、石路、曹玉函、邹希宽	北京市归国华侨联合会
	《浅析文化经济政策的变化特点及文化产业的发展——以北京文化产业发展的研究探索为例》被评为2020年度北京市侨联优秀调研课题成果（建言献策类）三等奖	潘兵、樊亚玲、李静、李大华、郝杰	北京市归国华侨联合会
	"心手相牵 攻抗疫情"视障读者活动比赛优秀组织奖	西城区图书馆	中国盲文图书馆
	"英语角"志愿服务项目被评为优秀志愿服务项目	公图志愿总队西城区图书馆分队	北京市文化志愿者服务中心

续表

馆 名	奖项名称	获奖者	颁奖机构
西城区图书馆	优秀志愿服务分队	公图志愿总队西城区图书馆分队	北京市文化志愿者服务中心
	"线上文化战'疫'活动"被评为优秀志愿服务项目	公图志愿总队西城区图书馆分队	北京市文化志愿者服务中心
	最佳志愿服务项目	北京市西城区第一图书馆文化助盲志愿服务项目	全国宣传推选学雷锋志愿服务"四个100"先进典型活动组委会
西城区第一图书馆	首都拥军优属拥政爱民模范单位	西城区第一图书馆	中共北京市委、北京市人民政府
			中共北京市委宣传部、首都精神文明建设委员会办公室、中共北京市委政法委工作委员会、北京市民政局、北京市总工会、中国共产主义青年团北京市委员会、北京市妇女联合会、北京市残疾人联合会、北京市志愿服务联合会
	首都学雷锋志愿服务荣誉证书	西城区第一图书馆	
	2019年度首都控烟工作先进集体	西城区第一图书馆	北京市爱国卫生运动委员会办公室

续表

馆 名	奖项名称	获奖者	颁奖机构
西城区青少年儿童图书馆	第十四届"北京阳光少年"活动专项工作优秀工作者	郑彩洋	北京市青少年学生校外教育工作联席会议、北京校外教育协会
	第十四届"北京阳光少年"活动优秀组织奖	西城区青少年儿童图书馆	北京校外教育协会
	"书香战役"全国百家图书馆馆员慰问武汉同人书信大赛"活动纪念奖"	西城区青少年儿童图书馆	陕西省安康市图书馆
	作品《疫情当前 纸短情长》"书香战役"全国百家图书馆馆员慰问武汉同人书信大赛"优秀作品奖"	温茜	陕西省安康市图书馆
	2020年北京市志愿服务项目大赛银奖	西城区青少年儿童图书馆	北京市志愿服务联合会
	2020"全国少年儿童阅读年"——"最美+少年儿童摄影作品征集"星级组织单位	西城区青少年儿童图书馆	中国图书馆学会
朝阳区图书馆	北京市退役军人工作先进个人	李凯	北京市退役军人事务部、北京市人力资源和社会保障局

427

续表

馆　名	奖项名称	获奖者	颁奖机构
朝阳区图书馆	首都拥军优属拥政爱民模范个人	杨朝辉	中共北京市委、北京市人民政府
	爱国拥军模范单位	朝阳区图书馆	全国双拥工作领导小组、退役军人事务部、中央军委政治工作部
	北京市先进工作者	李凯	中共北京市委、北京市人民政府
丰台区图书馆	优秀阅读推广人	陈建、卢纪元、徐红梅、高翔	书香中国·北京阅读季
	北京市"书香家庭"	齐吉祥	书香中国·北京阅读季
	书香城市（区县级）	石景山区图书馆	中国图书馆学会
石景山区图书馆	2019年宣传推选首都学雷锋志愿服务"五个100"先进典型活动首都最佳志愿服务项目	石景山"图书漂流"志愿服务项目	中共北京市委宣传部、首都精神文明建设委员会办公室、中共北京市委社会工作委员会、中共北京市委政法委员会、北京市民政局、北京市总工会、中国共产党委员会、北京市青年团北京市妇女联合会、北京市残疾人联合会、北京市志愿服务联合会

428

续表

馆 名	奖项名称	获奖者	颁奖机构
石景山区图书馆	全国文明单位	石景山区图书馆	中央精神文明建设委员会
	"图书馆报2020年度影响力绘本馆征集活动"年度影响力绘本馆	石景山区图书馆少儿绘本馆	图书馆报
海淀区图书馆	2019年度阅读推广星级单位	海淀区图书馆	中国图书馆学会
	2020—2021年度先进基层党组织	海淀区图书馆	中共海淀区文化和旅游局机关总支委员会
	2020年全市文化志愿服务项目优秀志愿服务分队	公图志愿总队海淀区图书馆分队	北京市文化志愿者服务中心
	2020年全市文化志愿服务项目优秀志愿服务项目	"小志荐书"线上图书推荐志愿服务项目	北京市文化志愿者服务中心
房山区图书馆	2019年宣传推选首都学雷锋志愿服务"五个100"先进典型活动首都最佳志愿服务组织	房山区图书馆文化志愿服务分队	中共北京市委宣传部、首都精神文明建设委员会办公室、中共北京市委社会工作委员会、中共北京市委政法委员会、北京市民政局、北京市总工会、中国共产主义青年团北京市委员会、北京市妇女联合会、北京市残疾人联合会、北京市志愿服务联合会

429

续表

馆 名	奖项名称	获奖者	颁奖机构
房山区图书馆	2019年宣传推选首都学雷锋志愿服务"五个100"先进典型活动首都最佳志愿服务项目	房山区"少儿亲子故事会"志愿服务项目	中共北京市委宣传部、首都精神文明建设委员会办公室、中共北京市委社会工作委员会、北京市民政局、北京市委政法委员会、中国共产主义青年团北京市委员会、北京市残疾人联合会、北京市妇女联合会、北京市志愿服务联合会
通州区图书馆	第十四届"北京阳光少年"活动专项工作优秀工作者	魏红帅	北京校外教育协会
	北京市三八红旗手奖章	杨兰英	北京市妇女联合会、北京市人力资源和社会保障局、北京市总工会
	2020年度北京市优秀文化志愿者	魏红帅	北京市文化志愿者服务中心
	2020年北京市优秀文化志愿者	郭婵	北京市文化志愿者服务中心
大兴区图书馆	北京市三八红旗集体奖章	大兴区图书馆	北京市妇女联合会、北京市总工会、北京市人力资源和社会保障局

续表

馆 名	奖项名称	获奖者	颁奖机构
大兴区图书馆	2019年度首都控烟工作控烟先进个人	赵冲	北京市爱国卫生运动委员会办公室
	2020北京市文化和旅游行业榜样	孙海波	北京市文化和旅游局
	北京市控烟示范单位	大兴区图书馆	北京市爱国卫生运动委员会
怀柔区图书馆	图书馆报2020年度影响力绘本馆征集活动年度影响力绘本馆	怀柔区图书馆少儿阅览室	图书馆报
平谷区图书馆	首都学雷锋志愿服务：最佳志愿服务项目	平谷区图书馆	北京市委宣传部、首都文明办公室、市委政法委、市委社会工委、市民政局、市总工会、团市委、市妇联、市残联、市志愿服务联合会
	2020"全国少年儿童阅读年"——"最美+少年儿童摄影作品征集"活动星级组织单位	平谷区图书馆	中国图书馆学会
	"方言图书馆"创意短视频展示活动全国二等级及星级组织单位	平谷区图书馆	中国图书馆学会阅读推广委员会

431

续表

2021年北京市公共图书馆获得荣誉

馆 名	奖项名称	获奖者	颁奖机构
首都图书馆	北京市扶贫协作先进集体	首都图书馆	中共北京市委办公厅、北京市人民政府办公厅
	脱贫攻坚专项奖励"记大功"	首都图书馆	北京市人力资源和社会保障局
	全国巾帼文明岗	首都图书馆汽车图书馆（文化志愿服务中心）	中华全国妇女联合会
	2021年北京市全民阅读优秀项目	首都图书馆"阅读北京——首都市民阅读季系列文化活动"	书香中国·北京阅读季领导小组办公室
	2020年度首都精神文明建设工作优秀案例	首都图书馆"志愿首图传文明"案例	首都精神文明建设委员会
	2020年宣传推选首都学雷锋志愿服务"五个100"先进典型活动首都最佳志愿服务项目	首都图书馆"心阅书香"助盲有声志愿服务项目	首都精神文明建设委员会

续表

馆 名	奖项名称	获奖者	颁奖机构
首都图书馆	"忆百年峥嵘 筑少年梦想"活动首都未成年人思想道德建设创新案例提名奖	首都图书馆	首都精神文明建设委员会办公室
	全国文化和旅游系统先进工作者	肖维平	人力资源社会保障部、文化和旅游部
	2021年第十五届北京市优秀思想政治工作者	肖维平	北京市委宣传部等
	北京市节约用水先进个人	宋治国	北京市人民政府
	脱贫攻坚专项奖励"记功"	杨芳怀、胡波	北京市人力资源和社会保障局
	脱贫攻坚专项奖励"嘉奖"	丁小蕾、田峰、刘杨、李凌云、谷曦、孟云剑、赵雪锋、段瑞林、徐冰、高莹、黄菁	北京市人力资源和社会保障局
	北京市机关第五届青年技能大赛学习能力竞赛三等奖	王宇舟、刘鎏、郑思远	中共北京市委直属机关工作委员会、共青团北京市委员会
	北京市机关第五届青年技能大赛影评写作能力竞赛贡献奖	郑思远	中共北京市委直属机关工作委员会、共青团北京市委员会

433

附 录

续表

馆 名	奖项名称	获奖者	颁奖机构
首都图书馆	全民科学素质工作先进个人	李凌霄	中国科学技术协会
	全国图书馆联合编目中心2020—2021年度优秀数据质量监控员	张雨芹	国家图书馆全国图书馆联合编目中心
	全国古籍修复技艺竞赛优秀奖	王岚	国家古籍保护中心
	首都文明单位标兵	东城区第一图书馆	首都精神文明建设委员会
	北京市城乡社区共建先进集体	东城区第一图书馆	中共北京市委社会工作委员会、民政局，北京市人力资源和社会保障局
东城区第一图书馆	2021年首都志愿服务项目大赛铜奖	东城区第一图书馆文化志愿服务分队	北京市志愿者联合会
	首届文化助盲志愿服务项目专项赛二等奖	东城区第一图书馆	中国盲文图书馆
	首届文化助盲志愿服务项目专项赛最佳组织奖	东城区第一图书馆	中国盲文图书馆
	北京市图书馆协会第一届青年论坛优秀论文（方案）奖	傅顺	北京市图书馆协会
东城区第二图书馆	2021北京网红打卡地（阅读空间类）	东城区第二图书馆——角楼图书馆	北京市旅游行业协会、北京演出行业协会、北京动漫游戏产业协会

续表

馆 名	奖项名称	获奖者	颁奖机构
西城区图书馆	首都文明单位	西城区图书馆	首都精神文明建设委员会
	2020年宣传推选首都学雷锋志愿服务"五个100"先进典型活动首都最佳志愿服务组织	西城区第一图书馆志愿服务分队	首都精神文明建设委员会
	"时刻听党话 永远跟党走"视障读者红色经典诵读比赛优秀组织奖	西城区图书馆	中国盲文图书馆
	"时刻听党话 永远跟党走"视障读者红色经典诵读比赛优秀指导老师奖	李彤	中国盲文图书馆
	文化助残志愿服务项目专项赛二等奖	西城区"文化助盲项目"志愿服务项目	中国盲文图书馆
	文化助残志愿服务项目专项赛最佳组织奖	西城区图书馆	中国盲文图书馆
	冬奥城市运行及环境保障工作"两美两星"主题宣传活动"环境志愿服务之星"	郜天莹	2022年冬奥会和冬残奥会、北京市运行保障指挥部城市运行及环境保障组办公室
西城区青少年儿童图书馆	北京市社区之家	西城区青少年儿童图书馆	北京市社会建设工作领导小组办公室

续表

馆 名	奖项名称	获奖者	颁奖机构
西城区青少年儿童图书馆	首都文明单位	西城区青少年儿童图书馆	首都精神文明建设委员会
朝阳区图书馆	首都文明单位标兵	朝阳区图书馆	首都精神文明建设委员会
	2019—2020年度首都精神文明建设奖	李凯	中共北京市委员会、北京市人民政府
	北京市优秀基层党组织书记	韩卫勃	中共北京市委
丰台区图书馆	北京市"书香家庭"	方继孝、高峰	书香中国·北京阅读季
石景山区图书馆	首都文明单位标兵	石景山区图书馆	首都精神文明建设委员会
	全国文旅系统先进集体	石景山区图书馆	人力资源社会保障部、文化和旅游部
	首都未成年人思想道德建设创新案例提名奖	石景山区图书馆	首都精神文明建设委员会办公室
海淀区图书馆	北京市图书馆协会第一届青年论坛优秀论文奖	姜威	北京市图书馆协会
通州区图书馆	2021年首都志愿服务项目大赛提名奖	通州区图书馆"家风·学行合一"文化志愿项目	首都志愿服务项目大赛组委会

续表

馆 名	奖项名称	获奖者	颁奖机构
通州区图书馆	2021年宣传推选首都学雷锋志愿服务"五个100"先进典型活动首都最佳志愿服务项目	通州区图书馆"家风·学行合一""文化志愿项目	首都精神文明建设委员会
顺义区图书馆	五星级志愿者	许增龙	北京市志愿服务联合会
	优秀馆藏图书馆·万卷奖	顺义区图书馆	人民邮电出版社有限公司
	首都文明单位	顺义区图书馆	首都精神文明建设委员会
大兴区图书馆	2021年北京市全民阅读优秀项目	大兴区图书馆	书香中国·北京阅读季领导小组办公室
	第十一届书香中国·北京阅读季金牌阅读推广人	孙海波	书香中国·北京阅读季领导小组办公室
怀柔区图书馆	2020年宣传推选首都学雷锋志愿服务"五个100"先进典型活动首都最佳志愿服务组织	北京市公共图书馆文化志愿服务总队怀柔区图书馆分队	首都精神文明建设委员会
平谷区图书馆	2020年"方言·图书馆"创意短视频展示活动通报表扬	平谷区图书馆	中国图书馆学会阅读推广委员会

437

续表

馆 名	奖项名称	获奖者	颁奖机构
平谷区图书馆	2020年"方言·图书馆"创意短视频展示活动进入银星作品名单	高东星、刘凤革、于新然	中国图书馆学会阅读推广委员会
延庆区图书馆	第九届全国"服务农民 服务基层"文化建设先进集体	延庆区图书馆	中共中央宣传部"双服务"评选工作办公室

2022年北京市公共图书馆获得荣誉

馆 名	奖项名称	获奖者	颁奖机构
首都图书馆	2021年"春雨工程"全国示范性志愿服务项目	首都图书馆"书香援疆，携手奔小康"文化志愿服务项目	文化和旅游部办公厅、中央文明办秘书局
	"北京市红领巾读书"活动优秀组织奖	首都图书馆	中国共产主义青年团北京市委员会、中国少年先锋队北京市工作委员会、北京市教育委员会、首都精神文明建设委员会办公室、北京市文化和旅游局、北京市科学技术协会
	2022年度"首都未成年人思想道德建设创新案例"征集评选活动创新案例提名	首都图书馆"冬奥伴'首'礼，承载双奥情"活动	首都精神文明建设委员会办公室
	2021年宣传推选首都学雷锋志愿服务"五个100"先进典型活动首都最佳志愿服务项目	首都图书馆"心阅美文"助首都志愿服务项目	首都精神文明建设委员会
	第六届大众喜爱的阅读新媒体号	首都图书馆微信公众号、视频号	中国新闻出版传媒集团、中国全民阅读媒体联盟、全民阅读与融媒体智库

续表

馆 名	奖项名称	获奖者	颁奖机构
首都图书馆	2022年北京市宣传文化系统"四个一批"人才	毛雅君	中共北京市委宣传部
	2022年冬奥会、冬残奥会北京市先进个人	肖玥	北京冬奥组委、中共北京市委、北京市人民政府
	"首都文化和旅游紫禁杯"先进个人	李姿蕾、宋洽国	北京市文化和旅游局、北京市人力资源和社会保障局
	2021年度机关党建研究成果三等奖	肖维平、毛雅君、段瑞林、魏文婷、孙晓冬	北京市机关党的建设研究会
	荣誉证书	毛雅君、李思荣	北京2022年冬奥会和冬残奥会、北京市城市文化活动组办公室
东城区图书馆	2021—2022年度北京市文化志愿服务优秀文化志愿服务组织	东城区图书馆文化志愿服务分队	北京市文化旅游志愿者服务中心
	2021—2022年度北京市文化志愿服务优秀文化志愿服务项目	"书海听涛"活动	北京市文化旅游志愿者服务中心

续表

馆 名	奖项名称	获奖者	颁奖机构
东城区图书馆	"北京市红领巾读书"活动优秀组织奖	东城区图书馆	中国共产主义青年团北京市委员会、中国少年先锋队北京市工作委员会、北京市教育委员会、北京市文明建设委员会办公室、北京市文化和旅游局、北京市科学技术协会
	2021至2022年度北京市文化志愿服务优秀文化志愿服务工作者	王鹏宇	北京市文化和旅游志愿者服务中心
	"北京市红领巾读书"活动优秀辅导员	张葳	中国共产主义青年团北京市委员会、中国少年先锋队北京市工作委员会、北京市教育委员会、北京市文明建设委员会办公室、北京市文化和旅游局、北京市科学技术协会
西城区图书馆	"北京市红领巾读书"活动优秀组织奖	西城区图书馆	中国共产主义青年团北京市委员会、中国少年先锋队北京市工作委员会、北京市教育委员会、北京市文明建设委员会办公室、北京市文化和旅游局、北京市科学技术协会
	2021年书偶创意设计征集活动优秀组织单位	西城区图书馆	中国图书馆学会阅读推广委员会
	"首都文化和旅游紫禁杯"先进集体	西城区图书馆	北京市文化和旅游局、北京市人力资源和社会保障局
	"北京市红领巾读书"活动优秀组织奖	西城区图书馆	中国共产主义青年团北京市委员会、中国少年先锋队北京市工作委员会、北京市教育委员会、北京市文明建设委员会办公室、北京市文化和旅游局、北京市科学技术协会

续表

馆 名	奖项名称	获奖者	颁奖机构
西城区图书馆	《立法推动下的"接诉即办"工作研究》被评为2021年度北京市侨联课题研究优秀成果（建言献策类）二等奖	潘兵、樊亚玲、李静、郝杰、魏天凤	北京市归国华侨联合会
	《宣南红色文化资源活化研究》被评为2021年度北京市侨联课题研究优秀成果（建言献策类）优秀奖	于燕君、韩芳、李雅婧、王明扬	北京市归国华侨联合会
	《关于打破老年人数字鸿沟的调研与思考》被评为2021年度北京市侨联课题研究优秀成果（建言献策类）一等奖	潘兵、樊亚玲、赵志鹏、葛明、扬旸	北京市归国华侨联合会
	《京津冀公共文化服务协同发展探究》被评为2021年度北京市侨联课题研究优秀成果（建言献策类）优秀奖	潘兵、戈宇、李春玉、闫菲、邹希宽	北京市归国华侨联合会
	《文旅融合发展为基层公共图书馆注入新活力》被评为2021年度北京市侨联课题研究优秀成果（建言献策类）优秀奖	潘兵、邱燕红、梁媛、霍璐芳	北京市归国华侨联合会

续表

馆 名	奖项名称	获奖者	颁奖机构
西城区图书馆	城市志愿者服务证书	熊倩	北京2022年冬奥会和冬残奥会城市志愿者（北京市）指挥部
	"首都文化和旅游紫禁杯"先进个人	樊亚玲	北京市文化和旅游局，北京市人力资源和社会保障局
	"北京市红领巾读书"活动优秀辅导员	卫威	中国共产主义青年团北京市委员会、中国少年先锋队北京市工作委员会、北京市教育委员会、首都精神文明建设委员会办公室、北京市文化和旅游局、北京市科学技术协会
朝阳区图书馆	"北京市红领巾读书"活动示范单位	朝阳区图书馆	中国共产主义青年团北京市委员会、中国少年先锋队北京市工作委员会、北京市教育委员会、首都精神文明建设委员会办公室、北京市文化和旅游局、北京市科学技术协会
	2021—2022年度北京市文化志愿服务优秀文化志愿服务工作者	刘超	北京市文化旅游志愿者服务中心
	北京2022年冬奥会和冬残奥会服务保障贡献个人	尤旭东	北京2022年冬奥会和冬残奥会组织委员会运动会服务部、疫情防控办公室
	北京2022年冬奥会和冬残奥会服务保障贡献个人	马春薇	北京2022年冬奥会和冬残奥会组织委员会运动会服务部、疫情防控办公室
	北京2022年冬奥会和冬残奥会服务保障贡献个人	刘文涛	北京2022年冬奥会和冬残奥会组织委员会运动会服务部、疫情防控办公室

续表

馆 名	奖项名称	获奖者	颁奖机构
丰台区图书馆	2022年首都志愿服务项目大赛铜奖	"书香丰台"志愿服务项目	首都志愿服务联合会
	2021年首都学雷锋志愿服务"五个100"先进典型活动最佳志愿服务组织	丰台区图书馆文化志愿服务分队	首都志愿服务联合会
	北京2022年冬奥会和冬残奥会北京城市文化活动突出重要贡献	叶南	北京市文化和旅游局
	2021年宣传推选首都学雷锋志愿服务"五个100"先进典型活动最佳志愿服务组织	穆宏燕家庭	首都志愿服务联合会
石景山区图书馆	2022年度影响力绘本馆征集活动年度影响力绘本馆	石景山区图书馆	图书馆报
	"首都文化和旅游紫禁杯"先进个人	李亚红	北京市文化和旅游局
	2022年首都志愿服务项目大赛铜奖	"小志荐书"志愿服务项目	首都志愿服务联合会
海淀区图书馆	2021—2022年度北京市文化志愿服务优秀文化志愿服务组织	海淀区图书馆文化志愿服务分队	北京市文化旅游志愿者服务中心

续表

馆 名	奖项名称	获奖者	颁奖机构
海淀区图书馆	2021—2022年度北京市文化志愿服务优秀文化志愿服务项目	"小志荐书"志愿服务项目	北京市文化旅游志愿者服务中心
	2021—2022年度北京市文化志愿服务优秀文化志愿服务工作者	刘昌琴	北京市文化旅游志愿者服务中心
	"北京市红领巾读书"活动优秀组织奖	海淀区图书馆	中国共产主义青年团北京市委员会、中国少年先锋队北京市工作委员会、北京市教育委员会、首都精神文明建设委员会办公室、北京市文化和旅游局、北京市科学技术协会
	2021—2022年度北京市文化志愿服务优秀文化志愿服务组织	北京文化旅游志愿者服务中心公共图书馆总队燕山图书馆分队	北京市文化旅游志愿者服务中心
房山区燕山图书馆	北京市2022年终身学习品牌项目	房山区燕山图书馆:"青苗悦读汇"少儿阅读活动	北京市成人教育学会
	2021—2022年度北京市文化志愿服务优秀文化志愿服务工作者	段然	北京市文化旅游志愿者服务中心

续表

馆 名	奖项名称	获奖者	颁奖机构
通州区图书馆	2021年宣传推选首都学雷锋志愿服务"五个100"先进典型活动"首都最佳志愿服务项目"	通州区图书馆"家风学行合一"文化志愿项目	首都精神文明建设委员会
	"首都文化和旅游紫禁杯"先进集体	通州区图书馆	北京市文化和旅游局、北京市人力资源和劳动保障局
	2022年首都志愿服务项目大赛志愿服务项目银奖	通州区图书馆志愿服务分队"通图儿童故事会（线上）"	首都志愿服务联合会
	2022年首都志愿服务项目大赛科技类别银奖	通州区图书馆志愿服务分队"通图儿童故事会（线上）"	首都志愿服务联合会
	第六届中国青年志愿服务项目大赛银奖	通州区图书馆	第六届中国青年志愿服务项目大赛暨志愿服务交流会全国组委会
	首都未成年人思想道德建设创新案例	通州区图书馆"家风"教育新系列活动	首都精神文明建设委员会办公室

续表

馆 名	奖项名称	获奖者	颁奖机构
通州区图书馆	2021年度北京市民主党派参政议政优秀调研成果一等奖	赵红春	中共北京市委统一战线工作部
	"首都文化和旅游紫禁杯"先进个人	魏红帅	北京市文化和旅游局、北京市人力资源和社会保障局
	"首都文化和旅游紫禁杯"先进集体	顺义区图书馆	北京市文化和旅游局、北京市人力资源和社会保障局
	2022年首都志愿服务项目大赛提名奖	顺义区图书馆"明凡书苑"线上阅读志愿服务项目	北京市文化旅游志愿者服务中心
	2021—2022年度北京市文化志愿服务优秀文化志愿服务组织	顺义区图书馆文化志愿服务分队	北京市文化旅游志愿者服务中心
顺义区图书馆	"首都文化和旅游志愿服务"先进个人	李毅	北京市文化和旅游局、北京市人力资源和社会保障局
	2021—2022年度北京市文化志愿服务优秀文化志愿服务工作者	刘长垦	北京市文化旅游志愿者服务中心
	2021—2022年度北京市文化志愿服务优秀文化志愿服务工作者	许增龙	北京市文化旅游志愿者服务中心
	2021—2022年度北京市文化志愿服务优秀文化志愿服务工作者	司军明	北京市文化旅游志愿者服务中心

续表

馆 名	奖项名称	获奖者	颁奖机构
昌平区图书馆	"北京市红领巾读书"活动优秀组织奖	昌平区图书馆	中国共产主义青年团北京市委员会、中国少年先锋队北京市工作委员会、北京市教育委员会、首都精神文明建设委员会办公室、北京市文化和旅游局、北京市科学技术协会
大兴区图书馆	"首都文化和旅游紫禁杯"先进集体	大兴区图书馆	北京市文化和旅游局、北京市人力资源和社会保障局
怀柔区图书馆	"首都文化和旅游紫禁杯"先进集体	怀柔区图书馆	北京市文化和旅游局、北京市人力资源和社会保障局
怀柔区图书馆	"首都文化和旅游紫禁杯"先进个人	姜琳娜	北京市文化和旅游局、北京市人力资源和社会保障局
平谷区图书馆	"北京市红领巾读书"活动优秀组织奖	平谷区图书馆	中国共产主义青年团北京市委员会、中国少年先锋队北京市工作委员会、北京市教育委员会、首都精神文明建设委员会办公室、北京市文化和旅游局、北京市科学技术协会
平谷区图书馆	"首都文化和旅游紫禁杯"先进个人	刘凤革	北京市文化和旅游局、北京市人力资源和社会保障局
密云区图书馆	"北京市红领巾读书"活动优秀组织奖	密云区图书馆	中国共产主义青年团北京市委员会、中国少年先锋队北京市工作委员会、北京市教育委员会、首都精神文明建设委员会办公室、北京市文化和旅游局、北京市科学技术协会

续表

馆 名	奖项名称	获奖者	颁奖机构
密云区图书馆	2021—2022年度北京市文化志愿服务优秀文化志愿服务组织	密云区图书馆文化志愿服务分队	北京市文化志愿者服务中心
	2021—2022年度北京市文化志愿服务优秀文化志愿服务工作者	王继良	北京市文化志愿者服务中心
延庆区图书馆	2022年度影响力绘本馆征集活动年度影响力绘本馆	延庆区图书馆	图书馆报
	"首都文化和旅游紫禁杯"先进个人	徐强	北京市文化和旅游局、北京市人力资源和社会保障局
西城区青少年儿童图书馆	第八届北京校外教育理论与实践研究征文评选活动一等奖	何瑞雪	北京校外教育协会
	第八届北京校外教育理论与实践研究征文评选活动二等奖	南娟	北京校外教育协会

2012年—2022年
北京市公共图书馆编辑出版书录

馆 名	书 名	著 者	出版社	出版时间
首都图书馆	《菊苑留痕——首都图书馆藏北京各京剧院团老戏单：1951—1966》	倪晓建 主编	学苑出版社	2012年
首都图书馆	《百年传承 十年华章——首都图书馆新馆开馆十周年纪念文集》	首都图书馆 编	学苑出版社	2012年
首都图书馆	《熟悉·陌生北京城》	邓菊英 主编	学苑出版社	2013年
首都图书馆	《阅读在身边》	邓菊英 主编	学苑出版社	2013年
首都图书馆	《首都图书馆藏革命历史文献书目提要》	首都图书馆 编	国家图书馆出版社	2013年
首都图书馆	《一个世纪的开放历程——首都图书馆建馆一百周年》	倪晓建、肖维平等 编	中国戏剧出版社	2013年
首都图书馆	《启迪民智、书脉传承——首都图书馆建馆百年纪念文集》	倪晓建、肖维平等 编	学苑出版社	2013年
首都图书馆	《首都图书馆百年纪事》	倪晓建、肖维平等 编	学苑出版社	2013年
首都图书馆	《首都图书馆藏国家珍贵古籍图录（叙录140篇）》	首都图书馆 编	国家图书馆出版社	2013年
首都图书馆	《中国图书馆分类法 未成年人图书馆版 第四版》	王梅 参著	国家图书馆出版社	2013年
首都图书馆	《二十四史导读》	杨之峰 编著	同心出版社	2013年
首都图书馆	《建国门地区史话》	郭炜 参著	北京出版集团公司北京出版社	2013年

续表

馆 名	书 名	著 者	出版社	出版时间
首都图书馆	《首都图书馆藏绥中吴氏赠书目录》	首都图书馆 编	国家图书馆出版社	2014年
首都图书馆	《新编太学文献大成》	首都图书馆 编	学苑出版社	2014年
首都图书馆	《问道书渊·图书馆工作偶拾》	倪晓建 著	上海科学技术文献出版社	2014年
首都图书馆	《在首图看展览》	首都图书馆 编	百花洲文艺出版社	2014年
首都图书馆	《首都图书馆古籍普查登记目录》	首都图书馆 编	国家图书馆出版社	2014年
首都图书馆	《书香致远》	首都图书馆 编	东方出版社	2015年
首都图书馆	《阅藏知津》	杨之峰 点校	中华书局	2015年
首都图书馆	《中国古代彩色套印版画图录》	马文大、周心慧 编	文物出版社	2015年
首都图书馆	《旧京一瞥》	张田 著	北京燕山出版社	2015年
首都图书馆	《城市中最大的一本书——首都图书馆百年纪》	倪晓建等 编	中国唱片总公司	2015年
首都图书馆	《汉译西方军事文献汇刊 德国专辑》	倪晓建 主编	学苑出版社	2015年
首都图书馆	《中国古代藏书印小史》	王玥琳 著	中国长安出版社	2015年
首都图书馆	《陈垣的史源学理论与实践》	史丽君 著	人民出版社	2016年
首都图书馆	《军统对日战揭秘》	孙潇潇 著	团结出版社	2016年
首都图书馆	《不能错过的亲子阅读：0—4岁》	吴洪珺 参著	国家图书馆出版社	2016年
首都图书馆	《书香首图 悦读阅美——首都图书馆校外活动实践课程》	首都图书馆 编	学苑出版社	2016年

附录

451

续表

馆　名	书　名	著　者	出版社	出版时间
首都图书馆	《纸上蝴蝶——北京市中小学生"我的藏书票"设计作品集》	首都图书馆 编	学苑出版社	2016年
首都图书馆	《图书馆讲坛工作》	王海茹 参著	中国国际出版社 朝华出版社	2017年
首都图书馆	《历代兵制译注》	史丽君 译注	中华书局	2017年
首都图书馆	《走进皇家坛庙》	首都图书馆 编	辽海出版社	2018年
首都图书馆	《阅读北京——带您走进身边的图书馆》	首都图书馆 编	学苑出版社	2018年
首都图书馆	《明中叶吴中文人集团研究》	邱晓平 著	台湾：花木兰文化事业有限公司	2018年
首都图书馆	《国际城市记忆与地方文献学术研讨会论文集》	肖维平、陈坚 编	学苑出版社	2018年
首都图书馆	《京籍渊薮 甲子回眸——北京地方文献中心成立六十周年纪念文集》	马文大、孟云剑 编	学苑出版社	2018年
首都图书馆	《京华旧影》	马文大、孟云剑 编	学苑出版社	2018年
首都图书馆	《北京特色古刹的文化》	袁碧荣 编著	中国人民大学出版社	2018年
首都图书馆	《大运河与通州古城》	郭炜、张利、王琦、陈长春 编著	北京出版集团公司北京出版社	2018年
首都图书馆	《市井·坊间拾遗》	张田 著	北京美术摄影出版社	2019年
首都图书馆	《未刊清代硃卷集成》	董玥 编	学苑出版社	2019年

续表

馆 名	书 名	著 者	出版社	出版时间
首都图书馆	《文明探源：考古十讲》	首都图书馆 编	社会科学文献出版社	2020年
首都图书馆	《书意心影：北京市第四届最美书评征集评选活动优秀作品集》	首都图书馆 编	中国财政经济出版社	2020年
首都图书馆	《民国京昆期刊文献汇编·春柳》	李涛痕 主编	学苑出版社	2020年
首都图书馆	《陈垣史学思想与20世纪中国史学》	周少川、史丽君 著	人民出版社	2020年
首都图书馆	《北京市十五家区级公共图书馆古籍普查登记目录》	《北京市十四家区级公共图书馆古籍普查登记目录》编委会 编	国家图书馆出版社	2020年
首都图书馆	《国韵京剧——梨园弟子口述历史》	陈建新 总主编	音像出版物中国数字文化集团有限公司	2020年
首都图书馆	《妙无余——中国藏书印的历史与文化》	王玥琳 著	国家图书馆出版社	2022年
首都图书馆	《北京市十四家区级公共图书馆古籍普查登记目录》	首都图书馆 编	国家图书馆出版社	2022年
首都图书馆	《盛世文华 四库纵谈——首图讲坛〈四库全书〉系列讲座文集》	首都图书馆 编	学苑出版社	2022年
首都图书馆	《四季书声》	首都图书馆 编	中国财政经济出版社	2021年
首都图书馆	《旧广告 新史料——民国报刊广告图画选编》	林岫、李念祖、刘艳 著	学苑出版社	2022年
首都图书馆	《首都图书馆藏国家珍贵古籍图录》（1—6）	首都图书馆 编	国家图书馆出版社	2022年

续表

馆　名	书　名	著　者	出版社	出版时间
首都图书馆	《国家图书馆藏黄小松友朋书札》	国家图书馆 编 王玥琳 整理	中华书局	2022年
首都图书馆	《北京民俗影像》	首都图书馆 编	北京联合出版有限公司、北京联合天畅文化传播有限公司	2022年
首都图书馆	《松荫轩藏印谱简目》	本书编纂组 编	复旦大学出版社	2022年
首都图书馆	《声暖情长——北京市诵读大赛原创美文优秀作品集（2018-2021年）》	首都图书馆 编	人民文学出版社	2022年
首都图书馆	《〈书册涵光〉北京市第六届最美书评征集评选活动优秀作品集》	首都图书馆 编	中国财政经济出版社	2022年
东城区第一图书馆	《我与中轴线》	《我与中轴线》编委会 编	北京出版社	2012年
东城区第一图书馆	《聚焦中轴线》	《聚焦中轴线》编委会 编	北京出版社	2012年
东城区第一图书馆	《古代英烈廉政诗词集粹丛书》	中共北京市东城区纪律检查委员会、北京市东城区监察局 编	中国方正出版社	2014年
东城区第一图书馆	《北京科举地理——金榜题名的历史遗迹》	师毅等 编著	世界知识出版社	2015年
东城区第一图书馆	《铁证——日本随军画师笔下的侵华罪行》	继忆（北京市东城区第一图书馆提供材料）编著	中国友谊出版社	2015年

续表

馆　名	书　名	著　者	出版社	出版时间
东城区第一图书馆	《千年科举》	师毅等 编著	全国文化信息资源共享工程中心	2015年
东城区第一图书馆	《台湾科举史料汇编》	王鸿鹏 编	九州出版社	2016年
东城区第一图书馆	《北京科举地理》	师毅等 编著	全国文化信息资源共享工程中心	2016年
东城区第一图书馆	《日下新谭——第十三届科举制与科举学国际学术研讨会论文集》	师毅 编	世界知识出版社	2017年
东城区第一图书馆	《端居笔记——北京市东城区第一图书馆馆员论文集》	董海 编	世界知识出版社	2017年
东城区第一图书馆	《拾萃洲边——北京市东城区第一图书馆读者征文集》	王鸿鹏 编	世界知识出版社	2017年
东城区第一图书馆	《古籍善本图录》	见世君等 编	世界知识出版社	2017年
东城区第一图书馆	《中华大典艺术卷服饰分典》	李之檀、谢大勇 编	岳麓书社	2017年
东城区第一图书馆	《帝都形胜——燕京八景诗钞》	王鸿鹏 编	九州出版社	2018年
东城区第一图书馆	《科普阅读推广优秀案例集》	穆红梅 编	国家图书馆出版社	2019年
东城区第一图书馆	《图书馆科普阅读推广》	肖佐刚等 编	朝华出版社	2020年
东城区第一图书馆	《台湾科举诗选》	王鸿鹏 编	九州出版社	2022年
东城区第二图书馆	《新北京新京味儿——百年百篇话北京》	左堃、李林栋 主编	光明日报出版社	2021年

附录

续表

馆 名	书 名	著 者	出版社	出版时间
东城区图书馆	《新北京新京味儿——最美长安街》	左堃、李林栋 主编	光明日报出版社	2022年
西城区第一图书馆	《合作共赢 同创未来：北京西城社区学习中心十年足迹》	西城区第一图书馆 编	中国旅游出版社	2014年
西城区第二图书馆	《丁香笔会书画作品选档解读：戴笠与军统》	李金龙 主编	中国青年出版社	2015年
西城区第二图书馆	《四月丁香梦（2013—2014年诗选）》	李金龙 主编	中国青年出版社	2015年
西城区第二图书馆	《中华灯谜纵横谈》	李金龙 主编	北京邮电大学出版社	2015年
西城区第一图书馆	《北京市西城区第一图书馆入藏地方文献目录提要：2010—2015》	北京市西城区第一图书馆 编	学苑出版社	2016年
西城区第一图书馆	《跟着大使看世界》	樊亚玲、阎峥、甄建国 主编	朝华出版社	2017年
西城区第二图书馆	《北京民间故事传说》	李金龙 主编	北京邮电大学出版社	2018年
西城区图书馆	《四月丁香情（2018—2019年诗选）》	李金龙 主编	经济日报出版社	2020年
西城区图书馆	《百年宣南 红色足迹》	西城区图书馆 编	经济日报出版社	2021年
西城区图书馆	《跟着大使看世界》（第二辑）	樊亚玲、甄建国 主编	民主与建设出版社	2022年
西城区图书馆	《北京市西城区图书馆入藏地方文献目录提要（2016—2020）》	北京市西城区图书馆 编	学苑出版社	2022年
朝阳区图书馆	《北京市朝阳区图书馆馆藏石刻拓片汇编》	北京市朝阳区图书馆 编	中国书店	2018年
海淀区图书馆	《翰墨情长——海淀区图书馆第1—6届最美书评作品汇编》	海淀区图书馆 编	中国财政经济出版社	2022年

续表

馆 名	书 名	著 者	出版社	出版时间
通州区图书馆	《古运新歌——百姓咏通州》	北京市通州区图书馆 编	时代作家出版社	2016年
通州区图书馆	《流光旧影认通州——通州区图书馆藏老照片集》	北京市通州区图书馆 编	光明日报出版社	2016年
通州区图书馆	《百年通图 风华正茂——纪念北京市通州区图书馆建馆100周年》	北京市通州区图书馆 编	煤炭工业出版社	2016年
通州区图书馆	《潞城考古录》	（清）刘锡信 著	北京联合出版社	2017年
通州区图书馆	《北京通州历史舆图》	北京市通州区文化委员会、北京市通州区图书馆 编	北京燕山出版社	2017年
通州区图书馆	《波光云影绘通州 2017年度通州区纪实摄影作品集》	北京市通州区图书馆 编	吉林摄影出版社	2018年
通州区图书馆	《人文通州——2018年通州区纪实摄影作品集》	北京市通州区图书馆 编	河北教育出版社	2019年
通州区图书馆	《人文通州——2019年通州区纪实摄影作品集》	北京市通州区图书馆 编	河北教育出版社	2020年
通州区图书馆	《漕运100问》	北京市通州区图书馆 编	北京燕山出版社	2020年
通州区图书馆	《人文通州——2020年通州区纪实摄影作品集》	北京市通州区图书馆 编	河北教育出版社	2021年
通州区图书馆	《北京通州历史文献辑录稿》	北京市通州区图书馆 编	中国书店	2022年
大兴区图书馆	《大兴记忆：民间趣闻轶事》	北京市大兴区图书馆 编	三联书店出版社	2014年

续表

馆　名	书　名	著　者	出版社	出版时间
大兴区图书馆	《大兴记忆：岁月光影》	北京市大兴区图书馆 编	化学工业出版社	2015 年
大兴区图书馆	《怀念那些消失的庄稼》	北京市大兴区图书馆 编	三联书店出版社	2016 年
大兴区图书馆	《大兴记忆：七十二连营》	北京市大兴区图书馆 编	中国妇女出版社	2018 年
大兴区图书馆	《大兴记忆：四妯娌种瓜》	北京市大兴区图书馆 编	中国妇女出版社	2018 年
大兴区图书馆	《大兴记忆：永定河畔的姑妞草》	北京市大兴区图书馆 编	中国妇女出版社	2018 年
大兴区图书馆	《大兴记忆："金把黄"的由来》	北京市大兴区图书馆 编	中国妇女出版社	2019 年
大兴区图书馆	《大兴记忆：古桑园的传说——桑葚救驾》	北京市大兴区图书馆 编	中国妇女出版社	2019 年
大兴区图书馆	《大兴记忆：状元饺》	北京市大兴区图书馆 编	中国妇女出版社	2020 年
大兴区图书馆	《大兴记忆：聚燕台的生死恋》	北京市大兴区图书馆	中国妇女出版社	2020 年
大兴区图书馆	《大兴记忆：消失的广阳城》	北京市大兴区图书馆 编	中国妇女出版社	2022 年
大兴区图书馆	《大兴记忆：张华和〈博物志〉》	北京市大兴区图书馆 编	中国妇女出版社	2022 年
怀柔区图书馆	《书有余香》	怀柔区图书馆、怀柔区诗联学会 编	中国国际文化出版社	2017 年
怀柔区图书馆	《书味香凝》	怀柔区图书馆 编	中国国际文化出版社	2017 年

北京市公共图书馆第五次、第六次评估定级一级馆名单

文化部第五次公共图书馆评估定级一级图书馆名单

首都图书馆	东城区图书馆	西城区图书馆
西城区第二图书馆	西城区青少年儿童图书馆	朝阳区图书馆
丰台区图书馆	石景山区图书馆	石景山区少年儿童图书馆
海淀区图书馆	房山区图书馆	通州区图书馆
昌平区图书馆	大兴区图书馆	怀柔区图书馆
平谷区图书馆	密云县图书馆	延庆县图书馆

来源：中华人民共和国文化和旅游部网站
网址：http://zwgk.mct.gov.cn/zfxxgkml/ggfw/202012/t20201205_916575.html

文化部第六次公共图书馆评估定级一级图书馆名单

首都图书馆	东城区图书馆	西城区第一图书馆
西城区第二图书馆	西城区青少年儿童图书馆	朝阳区图书馆
海淀区图书馆	丰台区图书馆	石景山区图书馆
房山区文化活动中心（房山区图书馆）	通州区图书馆	顺义区图书馆
昌平区图书馆	大兴区图书馆	平谷区图书馆
怀柔区图书馆	密云区图书馆	延庆区图书馆

来源：中华人民共和国文化和旅游部网站
网址：http://zwgk.mct.gov.cn/zfxxgkml/ggfw/202012/t20201205_916609.html

2012年—2022年
北京市公共图书馆馆长、书记任职年表

首都图书馆

姓 名	职 务	任职时间
倪晓建	馆长	2000年12月—2015年11月
肖维平	书记	2004年2月—2023年1月
常 林	馆长	2015年11月—2020年10月
王志庚	馆长	2020年12月—2021年8月
毛雅君	馆长	2021年10月至今

东城区第一图书馆

姓 名	职 务	任职时间
肖佐刚	馆长	2005年11月至今
王 芯	书记	2015年5月—2021年8月
王鸿鹏	书记	2008年11月—2014年10月
左 堃	书记	2022年1月至今

东城区第二图书馆

姓 名	职 务	任职时间
肖佐刚	馆长	2011年12月23日—2013年9月9日
林 琰	书记	1997年—2014年2月25日
左 堃	馆长	2013年9月10日—2021年9月8日
左 堃	书记	2014年2月21日至今
肖佐刚	馆长	2021年9月9日至今

西城区图书馆（原西城区第一图书馆）

姓　名	职　务	任职时间
阎　峥	馆长	2011 年 11 月 20 日—2016 年 11 月 27 日
樊亚玲	馆长	2016 年 11 月 28 日至今
吉晓明	书记	2012 年 1 月 1 日—2013 年 4 月 23 日
樊亚玲	书记	2016 年 11 月 28 日—2020 年 11 月
于燕君	书记	2020 年 11 月 28 日至今

西城区图书馆（原西城区第二图书馆）

姓　名	职　务	任职时间
李金龙	馆长	2005 年 3 月 16 日—2018 年 5 月 19 日
林凤兰	书记	2009 年 7 月—2016 年 11 月 27 日
于燕君	书记	2016 年 11 月 28 日至今

西城区青少年儿童图书馆

姓　名	职　务	任职时间
李燕博	馆长	2012 年 1 月 1 日—2013 年 4 月 24 日
李燕博	书记	2012 年 1 月 1 日—2013 年 6 月 20 日
樊亚玲	馆长	2013 年 4 月 24 日—2016 年 11 月 28 日
樊亚玲	书记	2013 年 6 月 20 日—2016 年 11 月 28 日
阎　峥	馆长	2016 年 11 月 28 日—2018 年 7 月 13 日
林凤兰	书记	2016 年 11 月 28 日—2018 年 7 月 13 日
郑彩萍	副馆长（主持工作）	2018 年 7 月 13 日—2021 年 6 月 4 日
刘　洋	书记	2018 年 7 月 13 日—2018 年 11 月 22 日
孟　兰	书记	2019 年 3 月 21 日—2020 年 2 月 13 日
张春霞	书记	2020 年 2 月 13 日至今
樊亚玲	馆长	2021 年 6 月 4 日至今

朝阳区图书馆

姓 名	职 务	任职时间
李 凯	馆长	2014年1月23日至今
韩卫勃	书记	2012年7月26日至今

丰台区图书馆

姓 名	职 务	任职时间
宋淑娣	书记、馆长	2008年10月16日—2016年4月4日
王海洲	书记、馆长	2016年11月8日—2020年1月13日
郝 伟	书记	2021年5月14日至今

石景山区图书馆

姓 名	职 务	任职时间
王 红	书记、馆长	2012年1月1日—2018年1月7日
吴 私	书记、馆长	2018年1月8日至今
张占周	书记	2020年12月21日至今

海淀区图书馆

姓 名	职 务	任职时间
姚光丽	馆长	2016年12月20日至今
姚光丽	书记	2010年5月至今

门头沟区图书馆

姓 名	职 务	任职时间
陈乐宝	书记、馆长	2011年3月至今

房山区图书馆

姓 名	职 务	任职时间
宋守鹏	馆长	2009年6月1日—2015年7月1日
周兰萍	书记	2010年2月25日—2015年7月1日
刘冬梅	图书服务部部长（馆长）	2015年7月1日至今

房山区燕山图书馆

姓 名	职 务	任职时间
李大志	书记、馆长	2005年11月25日—2016年10月26日
王海东	书记、馆长	2016年10月26日至今

通州区图书馆

姓 名	职 务	任职时间
杨兰英	馆长	2012年至今
董本和	书记	2012年—2017年1月
杨兰英	书记	2018年4月至今

顺义区图书馆

姓 名	职 务	任职时间
史红艳	书记、馆长	2006年10月至今

昌平区图书馆

姓 名	职 务	任职时间
周亚玲	书记、馆长	2006年7月6日—2012年8月28日
寇小新	书记、馆长	2015年5月20日—2017年12月22日
王海川	书记	2018年7月13日至今
王海川	馆长	2020年4月20日至今

大兴区图书馆

姓 名	职 务	任职时间
孙海波	馆长	2013年1月至今
侯 燕	书记	2013年2月至今

怀柔区图书馆

姓 名	职 务	任职时间
王建军	馆长	1998年6月22日—2020年5月14日
张 慧	馆长	2021年6月17日至今
王建军	书记	2000年2月12日—2020年5月14日
张 慧	书记	2021年9月27日至今

平谷区图书馆

姓 名	职 务	任职时间
徐百香	书记	2012年1月—2012年7月
于晓伶	书记	2012年7月25日—2018年8月1日
王 宇	馆长	2012年7月2日—2021年12月1日
王 宇	书记	2018年8月1日—2022年2月23日
刘凤革	馆长	2021年12月1日至今
刘凤革	书记	2022年12月23日至今

密云区图书馆

姓 名	职 务	任职时间
董克宗	馆长	2012 年 1 月 1 日—2014 年 8 月 25 日
刘彩红	书记	2012 年 2 月 1 日—2014 年 8 月 25 日
刘彩红	馆长	2014 年 8 月 25 日—2015 年 11 月 4 日
董克宗	书记	2014 年 8 月 25 日至今
胡书英	代馆长	2015 年 11 月 4 日—2016 年 8 月 15 日
项久顺	馆长	2016 年 8 月 15 日—2018 年 1 月 29 日
尉红英	馆长	2018 年 1 月 29 日至今

延庆区图书馆

姓 名	职 务	任职时间
栾彩明	馆长	2009 年 3 月—2020 年 2 月
刘越岭	馆长	2020 年 3 月—2021 年 5 月
张 娟	馆长	2021 年 6 月至今
栾彩明	书记	2009 年 3 月—2019 年 3 月
王建华	书记	2019 年 4 月至今

2012年—2022年公共图书馆法律法规、政策文件、行业标准

名　称	颁布时间	颁布机构
中华人民共和国文物保护法（第四次修正）	2015年4月24日	全国人民代表大会常务委员会
中华人民共和国公共文化服务保障法	2016年12月25日	第十二届全国人民代表大会常务委员会第二十五次会议通过
中华人民共和国公共图书馆法	2017年11月4日	第十二届全国人民代表大会常务委员会第三十次会议通过
北京市公共文化服务保障条例	2022年9月23日	北京市第十五届人民代表大会常务委员会第四十三次会议通过
中央补助地方美术馆、公共图书馆、文化馆（站）免费开放专项资金管理暂行办法	2013年6月7日	财政部 文化部
关于加快构建现代公共文化服务体系的意见	2015年1月14日	中共中央办公厅 国务院办公厅
国家基本公共文化服务指导标准（2015—2020年）	2015年1月14日	中共中央办公厅 国务院办公厅
关于做好政府向社会力量购买公共文化服务工作意见的通知	2015年5月11日	财政部 文化部 新闻出版广电总局 体育总局
文化志愿服务管理办法	2016年7月18日	文化部
关于推进县级文化馆图书馆总分馆制建设的指导意见	2016年12月29日	文化部 新闻出版广电总局 体育总局 发展改革委 财政部
关于实施中华优秀传统文化传承发展工程的意见	2017年1月25日	中共中央办公厅 国务院办公厅
文化部关于印发《"十三五"时期全国古籍保护工作规划》的通知	2017年8月7日	文化部
公共数字文化工程融合创新发展实施方案	2019年4月16日	文化和旅游部办公厅

续表

名　称	颁布时间	颁布机构
文化和旅游部公共服务司关于印发《公共图书馆、文化馆（站）恢复开放工作指南》的通知	2020年2月25日	文化和旅游部公共服务司
公共图书馆、文化馆（站）恢复开放疫情防控措施指南（第二版）	2020年9月22日	文化和旅游部公共服务司
文化和旅游部关于公布第六批国家珍贵古籍名录和第六批全国古籍重点保护单位名单的通知	2020年10月30日	文化和旅游部公共服务司
关于推动公共文化服务高质量发展的意见	2021年3月8日	文化和旅游部 国家发展改革委 财政部
国家基本公共服务标准（2021年版）	2021年3月30日	国家发展改革委 中央宣传部 教育部 民政部 司法部 财政部 人力资源社会保障部 住房和城乡建设部 文化和旅游部 国家卫生健康委等
文化和旅游部公共服务司关于印发《公共图书馆、文化馆（站）疫情防控措施指南（2021年11月修订版）》的通知	2021年11月1日	文化和旅游部公共服务司
中共中央办公厅 国务院办公厅印发《关于推进新时代古籍工作的意见》	2022年4月11日	中共中央办公厅 国务院办公厅
文化和旅游部关于印发《公共图书馆馆藏文献信息处置管理办法》的通知	2022年4月13日	文化和旅游部
文化和旅游部办公厅 国家文物局办公室关于印发《公共图书馆系统古籍类文物定级指南》的通知	2022年12月19日	文化和旅游部办公厅
北京市人民政府关于进一步加强基层公共文化建设的意见	2015年5月29日	北京市人民政府

续表

名　称	颁布时间	颁布机构
北京市基层公共文化设施服务规范	2015年6月4日	北京市文化局
北京市基层公共文化设施建设标准	2015年6月15日	北京市文化局 北京市发展和改革委员会
北京市文化局、北京市财政局关于开展首都公共文化服务示范区创建工作的通知	2015年6月23日	北京市文化局 北京市财政局
关于政府向社会力量购买公共文化服务的实施意见	2016年7月31日	北京市人民政府办公厅
北京市基层图书服务资源整合实施方案	2016年8月12日	北京市文化局
北京市基层公共文化建设资金管理办法	2016年12月14日	北京市财政局
北京市基层图书服务资源整合实施管理办法	2016年12月28日	北京市文化局
推进文化馆图书馆总分馆制实施方案	2017年9月27日	北京市文化局 北京市新闻出版广电局 北京市体育局 北京市发展和改革委员会 北京市财政局
关于进一步加快推进北京市公共图书馆"一卡通"建设工作的通知	2018年7月4日	北京市文化局
北京市推进全国文化中心建设中长期规划（2019年—2035）	2020年4月9日	北京市推进全国文化中心建设领导小组
新冠肺炎流行期间北京市图书馆防控指引	2020年月26日	北京市新冠肺炎疫情防控工作领导小组复工复产防控组
北京市公共图书馆、文化馆、综合文化中心(室)疫情防控措施指引(第四版)	2021年11月23日	北京市文化和旅游局
《北京市图书馆条例》实施办法（修订）	2021年12月22日	北京市文化和旅游局
北京市基层图书服务资源整合实施管理办法（修订）	2021年12月22日	北京市文化和旅游局

续表

名 称	颁布时间	颁布机构
北京市公共图书馆、文化馆、综合文化中心（室）疫情防控措施指引（第五版）	2022年1月4日	北京市文化和旅游局
GB/T28220-2011 公共图书馆服务规范	2012年5月1日	中华人民共和国文化部
WH/T 51-2012 图像元数据规范	2012年8月6日	中华人民共和国文化部
WH/T 50-2012 网络资源元数据规范	2012年8月6日	中华人民共和国文化部
WH/T 48-2012 数字对象唯一标识符规范	2012年8月6日	中华人民共和国文化部
WH/Z 1-2012 图书馆数字资源长期保存元数据规范	2012年8月6日	中华人民共和国文化部
WH/T 52-2012 管理元数据规范	2012年10月25日	中华人民共和国文化部
WH/T 66-2014 古籍元数据规范	2014年1月6日	中华人民共和国文化部
WH/T 66-2014 古籍元数据规范	2014年8月13日	中华人民共和国文化部
WH/T 65-2014 电子图书元数据规范	2014年1月6日	中华人民共和国文化部
WH/T 64-2014 电子连续性资源元数据规范	2014年1月6日	中华人民共和国文化部
WH/T 63-2014 视频资源元数据规范	2014年1月6日	中华人民共和国文化部
WH/T 62-2014 音频资源元数据规范	2014年1月6日	中华人民共和国文化部
WH/T 69-2014 乡镇图书馆统计指南	2014年8月26日	中华人民共和国文化部
WH/T 71-2015 图书馆参考咨询服务规范	2015年6月19日	中华人民共和国文化部

续表

名　称	颁布时间	颁布机构
WH/T 72-2015 图书馆数字资源长期保存信息包封装规范	2015年7月3日	中华人民共和国文化部
WH/T 73-2016 社区图书馆服务规范	2016年3月11日	中华人民共和国文化部
WH/T 74-2016 图书馆行业条码	2016年4月21日	中华人民共和国文化部
WH/T 76-2016 流动图书车车载装置通用技术条件	2016年7月19日	中华人民共和国文化部
WH/T 85-2019 中国古今地名数据描述规范	2019年9月11日	中华人民共和国文化部
WH/T 87.3-2019 公共图书馆业务规范 第3部分：县级公共图书馆	2019年4月9日	中华人民共和国文化部
WH/T 87.2-2019 公共图书馆业务规范 第2部分：市级公共图书馆	2019年4月9日	中华人民共和国文化部
WH/T 87.1-2019 公共图书馆业务规范 第1部分：省级公共图书馆	2019年4月9日	中华人民共和国文化部
WH/T 88-2020 图书馆古籍虫霉防治指南	2020年3月6日	中华人民共和国文化部
WH/T 89-2020 公共图书馆总分馆业务规范	2020年9月1日	中华人民共和国文化部
WH/T 70.3-2020 公共图书馆评估指标 第3部分：省、市、县级少年儿童图书馆	2020年9月1日	中华人民共和国文化部
WH/T 70.2-2020 公共图书馆评估指标 第2部分：省、市、县级公共图书馆	2020年9月1日	中华人民共和国文化部
WH/T 70.1-2020 公共图书馆评估指标 第1部分：区域公共图书馆事业发展	2020年9月1日	中华人民共和国文化部

续表

名　称	颁布时间	颁布机构
WH/T 90-2020 汉文古籍文字认同描述规范	2020年9月29日	中华人民共和国文化部
WH/T 91-2020 汉文古籍集外字描述规范	2020年9月28日	中华人民共和国文化部
WH/T 95-2022 图书馆民国时期文献特藏书库基本要求	2022年1月29日	中华人民共和国文化部
WH/T 96-2022 公共图书馆年度报告编制指南	2022年1月29日	中华人民共和国文化部

2012年—2022年北京市公共图书馆数据对比图

2012年—2022年北京市公共图书馆馆藏文献总量情况

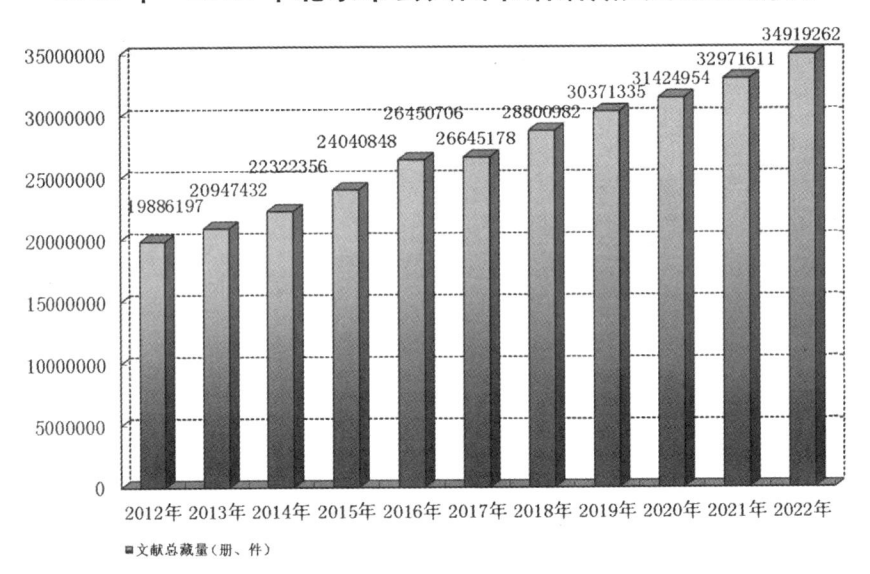

年份	文献总藏量（册、件）
2012年	19886197
2013年	20947432
2014年	22322356
2015年	24040848
2016年	26450706
2017年	26645178
2018年	28800982
2019年	30371335
2020年	31424954
2021年	32971611
2022年	34919262

2012年—2022年北京市公共图书馆购书经费情况

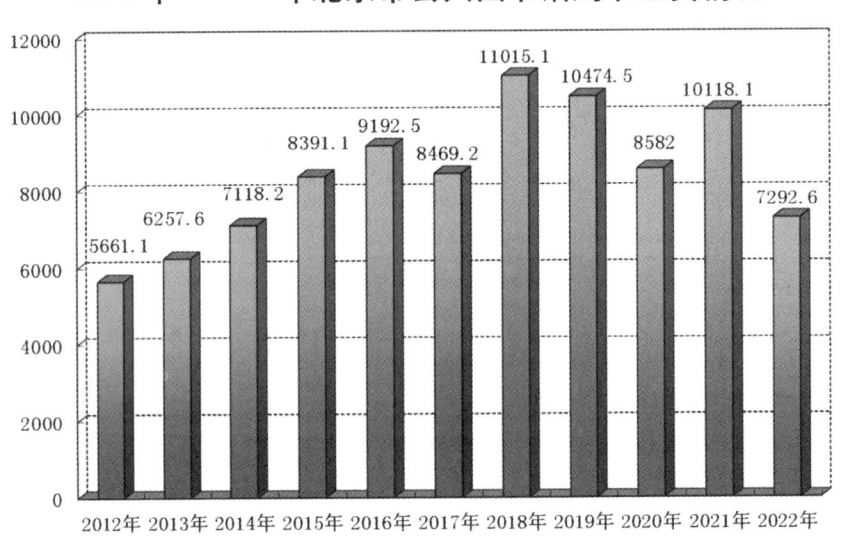

年份	购书经费（万元）
2012年	5661.1
2013年	6257.6
2014年	7118.2
2015年	8391.1
2016年	9192.5
2017年	8469.2
2018年	11015.1
2019年	10474.5
2020年	8582
2021年	10118.1
2022年	7292.6

2012年—2022年北京市公共图书馆书刊文献外借情况

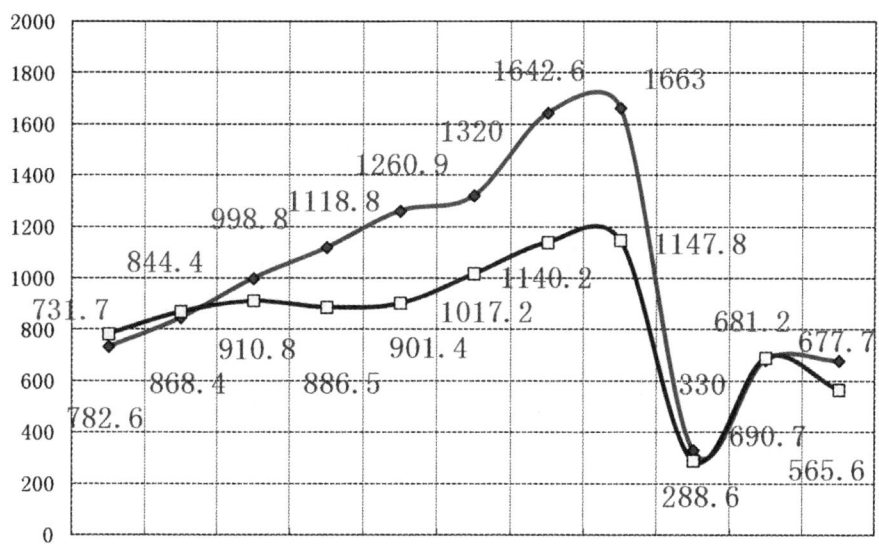

图中数据：
- 人次（万人次）：731.7、844.4、998.8、1118.8、1260.9、1320、1642.6、1663、330、690.7、677.7
- 册次（万册次）：782.6、868.4、910.8、886.5、901.4、1017.2、1140.2、1147.8、288.6、681.2、565.6

2012年—2022年北京市公共图书馆发放读者证情况

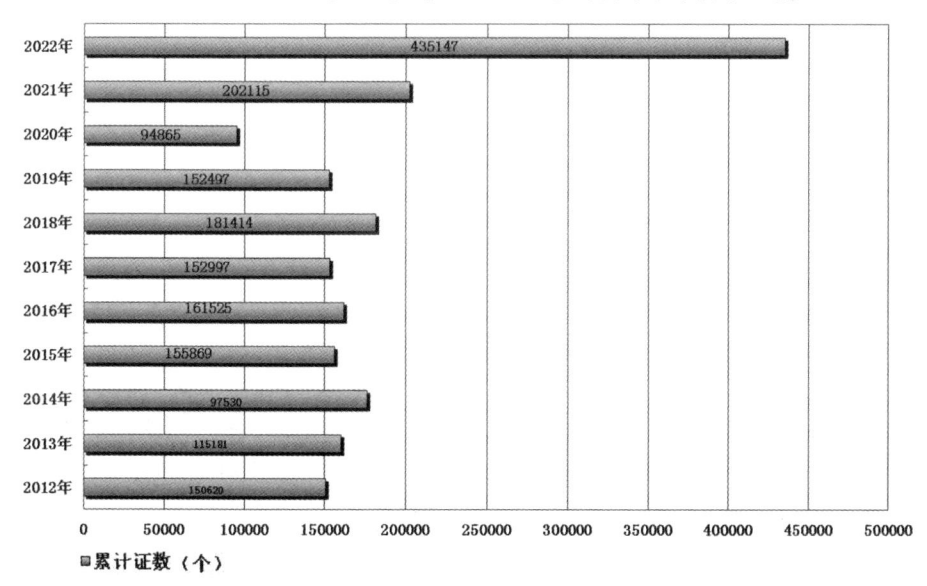

年份	累计证数（个）
2022年	435147
2021年	202115
2020年	94865
2019年	152497
2018年	181414
2017年	152997
2016年	161525
2015年	155869
2014年	97530
2013年	115181
2012年	150620

附录

2012年—2022年北京市公共图书馆举办读者活动情况

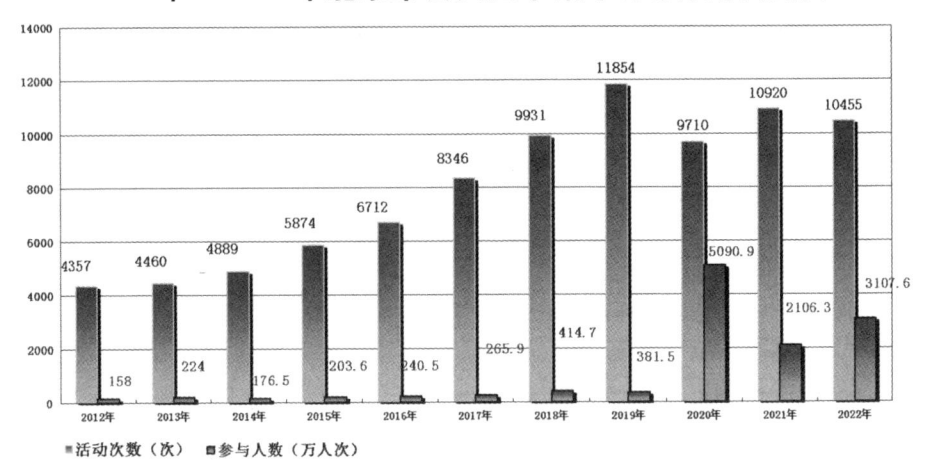

年份	活动次数（次）	参与人数（万人次）
2012年	4357	158
2013年	4460	224
2014年	4889	176.5
2015年	5874	203.6
2016年	6712	240.5
2017年	8346	265.9
2018年	9931	414.7
2019年	11854	381.5
2020年	9710	5090.9
2021年	10920	2106.3
2022年	10455	3107.6

Table of Contents

Beijing Between the Pages
On the Occasion of the 110th Anniversary of the Foundation of
the Capital Library of China…… Cui Daiyuan / **1**

Build Cultural Hubs at Doorstep, Bring Poems and Dreams Within Reach
Overview on the Development of Beijing Public Libraries During the Past Decade / **7**

The Chronicle of Beijing Public Libraries (2012-2022) / 21
2012 / 23
2013 / 42
2014 / 62
2015 / 79
2016 / 103
2017 / 127
2018 / 143
2019 / 160
2020 / 179
2021 / 199
2022 / 225

Classified Chronicle of Beijing Public Libraries (2012-2022) / 255

Visits and Inspections by Municipal-Level Leaders and Above / 257
Assessment and Grading of Public Libraries / 262
Important Meetings and Trainings / 264
Major Projects / 269
Innovation in Operations and Services / 274
Associations and Alliances / 283

Public Reading Campaigns / 290
Cultural Volunteer Services and Services for Special Groups / 297
Facility Constructions and Organizational Reforms / 303

Appendix / 307

Introduction to Capital Library of China and District-Level Libraries in Beijing / 309
New Facilities of Beijing Public Libraries (2012-2022) / 329
Honors and Awards of Beijing Public Libraries (2012-2022) / 331
Catalog of Edited Publications by Beijing Public Libraries (2012-2022) / 450
List of Level-A Libraries from the 5th & 6th Evaluations of
Beijing Public Libraries / 459
Tenure Timeline of Directors and Secretaries of Beijing Public Libraries
(2012-2022) / 460
Legal Regulations, Policy Documents, and Industry Standards for
Public Libraries (2012-2022) / 466
Data Comparison Charts of Beijing Public Libraries (2012-2022) / 472

Build Cultural Hubs at Doorstep, Bring Poems and Dreams Within Reach

Overview on the Development of Beijing Public Libraries During the Past Decade

Since the 18th National Congress of the Communist Party of China (hereinafter referred to as CPC), China's public library system has entered a new era of vigorous development. As General Secretary Xi Jinping pointed out in his reply to senior experts of the National Library and his congratulatory letter to the first National Conference on Reading, "libraries are an important sign of a country's cultural development, and they are crucial venues to nourish national spirit and cultivate cultural confidence." He also called on libraries to "make new contributions to the building of socialist country with great cultural strength by sticking to the correct political direction, carrying forward our fine traditional culture, exploring new ways of providing services and encouraging a love of reading among the public, and better meeting the people's intellectual and cultural needs". He expressed the wish that "all Chinese people are engaged in reading and contribute to an atmosphere where everyone loves reading, has good books to read and knows what to gain from reading".

The "reading for all" initiative, included in the government work report for 10 consecutive times, has progressed from being "advocated," to "vigorously promoted", and then to "further advanced". Over the past decade, public cultural services provided by libraries are gaining popularity in a learning-oriented society with more and more avid readers. The successive launches of the *Law of the People's Republic of China on the Protection of Public Cultural Services*, the *Law of the People's Republic of China on Public Libraries*, and the *Regulations on Promoting Public Reading* have provided unprecedented and robust legal guarantees for the development of public cultural sector. At the national level, a timely and judicious decision was made to merge culture and tourism into a constituent department of the State Council, promoting the integrated development of cultural affairs, cultural industries, and tourism. This move has facilitated industry and consumption upgrades, bolstered cultural confidence, enhanced China's cultural soft power, and increased the influence of Chinese culture on the global arena.

In the past decade, Beijing has made impressive progress in building a city of readers. The establishment of the Beijing Municipal Bureau of Culture and Tourism has empowered tourism development with culture, elevated the tourism experience, utilized tourism to promote cultural dissemination, and showcased the cultural charm. Thus, by meeting people's aspirations for a better life, a more meaningful connection between "poems" and "dreams" is achieved.The introduction and revision of policies such as the Beijing "1+3" public cultural policies, the *Beijing Public Library Regulations*, and the *Implementation and Management Measures for Integrating Primary-level Library Services and Resources in Beijing* have propelled the continuous advancement of legal and institutional development in Beijing's public libraries. Significant achievements have been made in improving the public cultural services and the overall planning and development of public libraries in Beijing. As the national cultural center, Beijing has also made profound explorations in culture and tourism integration, as well as the collaborative development and cooperation model among Beijing, Tianjin, and Hebei. The integrated development of technology and culture, the vigor of which is unleashed by technological empowerment and cross-sector collaborations, has accelerated the pace of reform in traditional libraries. On significant occasions and milestones such as the celebration of the 100th anniversary of the founding of the CPC, the successful hosting of the Beijing Winter Olympics and Winter Paralympics, and the convening of the 20th National Congress of the Party, public libraries in Beijing have organized diverse themed reading activities to create a rich and vibrant literary atmosphere. In the face of the "major test" posed by the COVID-19 pandemic, the entire staff of Beijing's public libraries rose to challenges and forged ahead, fully demonstrating their commitment and dedication. They adapted their services proactively, and disseminated knowledge about epidemic prevention actively, making great contributions to supporting primary-level efforts and fostering confidence in the fight against the pandemic.

Over the past ten years, Beijing's public libraries have steadily progressed. Compared to 2012, the total collection of documents of the city increased by 75.6% by 2022, and operational funds grew by 60.67%. The public library area per 10,000 people reached 322.98 square meters[1]. The city's public libraries at municipal, district, sub-district and community level organized a total of over 146,000 online and offline events, engaging nearly 95 million citizens. In the 5th and 6th national evaluations of public libraries of county-level and above, all of Beijing's municipal and district-level libraries got a "Level-A" rating. These figures represent the tangible achievements of Beijing's public libraries in the past decade and attest to the collective effort and determination for development. The increasingly diversified library services are further getting the public interested in reading, engaged in reading and fond of reading. Beijing has been making remarkable and unceasing efforts to build itself into a global city and a creative hub, thereby increasingthe cultural fulfillment and happiness of its citizens.

1. Advancing the Construction of a Benefit-all Public Library System

Beijing has now established a comprehensive library system with the Capital Library as the central library, district libraries as main libraries, sub-district libraries as branches, and community librariesas primary-level service outlets. Additionally, various forms and diverse cooperation models, including rural public-benefit libraries and special reading spaces, have been continuously extended to the primary level. Over the past decade, the coverage of public libraries has consistently expanded, leading to a significant overall improvement in efficiency.The Capital Library places great importance on its role as the central library by actively promoting the construction of the city's public library service system, exploring new paths and models for public cultural services, and fostering a professional, standardized and structured growth for the public library service system. 6,175 public libraries distributing across four levels, housing a collection of 48.93 million volumes/items. The combined area of these libraries amounted to 707,000 square meters, offering 108,000 reading seats.

Since 2013, public library facilities across the city have steadily expanded. The second phase of Capital Library, new buildings of Chaoyang District

---

1 According to the Annual Report of 2012 and 2022.

Library, Tongzhou District Library, Miyun District Library, Yanshan Library of Fangshan District, Shunyi District Library, and Fangshan District Library, the North Branch of Haidian District Library, Dahongmen Branch of Fengtai District Library have been completed and opened to the public. The total area of public library buildings in the city has reached 341,000 square meters[1]. Beijing Library has completed its structural topping-out and is scheduled to open for service by the end of 2023. Meanwhile, the city vigorously promotes the construction of primary-level libraries and special reading spaces. With unique architectural styles and high-quality reading environments, these libraries create distinct cultural and aesthetic spaces, enriching the city's cultural heritage while meeting diverse reading needs. Commercial operation and involvement of non-governmental actors have extended public library service hours, enriched service content, and improved service efficiency. As the "15-minute public reading service circle" takes shape, library services have become more accessible and convenient, sparking active engagement from local residents.

Adopting a new strategy combining "internet celebrity" thinking and self-media promotion, public libraries in Beijing make efforts to attract citizens to visit in person, enabling them to fully enjoy the public cultural spaces for learning and leisure. Visiting libraries has turned into a way of life. Space revitalization has boosted service innovation and a positive shift from "book-centered" approach to "people-centered" approach. Notably, outstanding examples such as the Daxing Airport Branch and Chunming Yi Reading Space of Capital Library as well as Corner Tower Library of Dongcheng District, Chaoyang Urban Book House (Xiyuetang Branch), and Honglou Public Collection Building of Xicheng District have attracted a large number of citizens to visit, displaying the new look of public libraries in the digital age.

In response to the imbalanced urban and rural development, the "Rural (Public Benefit) Library" project, the spiritual driver of the rural revitalization strategy, has effectively enhanced the cross-region flow and sharing of reading resources. Beijing has established 4,551 rural (public benefit) libraries[2]. Through the integration of primary-level library service resources, all of them have been

---

[1] According to the Annual Report of 2022
[2] Report on the Supplementary Updates of Publications for Beijing's 2022 Rural (Public Benefit) Libraries

included as sub-branches or outlets of public libraries in all districts. As a result, resource sharing, centralized management regulations, standardized services, and coordinated participation in activities have been achieved, which has fully elevated the utilization rate and service efficiency of literary resources in rural areas. The themed campaign "My study, My dream" has encouraged children and teenagers to learn history and foster ideals from a very young age through reading, further enhancing the reading experience and intrinsic motivation for reading among rural students.

Over the past decade, as the public library sector entered a period of rapid development, Beijing's public libraries made attempts at corporate governance structural reform. Public libraries at district-level and above successively established library boards which regularly convene to discuss various work policies and strategies, create collaborative platforms and actively engage with non-governmental actors, thereby injecting vitality into the development of public libraries.

2. Co-Building Shared Collections and Resources

Literature resources are fundamental for libraries to provide services. As reading becomes more digital, mobile and social, public libraries in Beijing strive to strengthen their collections while preserving their unique characteristics in resource development, aiming to meet readers' diverse reading needs through a multi-dimensional service approach. In 2022, the total special fund for book acquisitions in the city's public libraries at the municipal, district, sub-district, and township levels reached 76.6066 million yuan, a 31.65% increase from ten years ago[1]. The total collection of public libraries in Beijing rose 75.6% from ten years ago to 34.9193 million[2]. The digital resources saw a growth of 1.5 times compared to ten years ago, to 780.43TB. The circulation of materials reached 11.63 million occurrences, with 11.478 million books and periodicals checked out, representing an increase of 1.27 times and 46.67% respectively from a decade ago[3].

---

1 Data source: Annual Report of 2012, 2022
2 Data source: Annual Report of 2012, 2022
3 Data source: Annual Report of 2012, 2022

Under the precondition of actively adapting to new technologies and new media, and respecting copyrights, more locally characteristic collections in various formats have been independently developed, protected, introduced, and applied. Based on self-owned collections, Beijing public libraries have constructed distinctive databases and established unique resource brands. In 2022, public libraries in Beijing organized and explored digital resources related to the Winter Olympics. The Capital Library focused on creating the "Digital Winter Olympics" resource column, while Yanqing District Library established the "Most Beautiful Winter Olympics City - Winter Olympics Cultural Special Gallery". Fengtai District Library procured and developed the "Fengtai District Library • Winter Olympics Encyclopedia" database, and Tongzhou District Library launched a Winter Olympics-themed online exhibition using panoramic digital exhibition technology. All of these efforts contributed to the successful hosting of the Beijing Winter Olympics and Winter Paralympics. Other distinctive self-built database projects like the Capital Library's "Beijing Memory", Dongcheng District Library's "Eastern Cultural Flavors", Haidian District Library's "Haidian Chronicles", Xicheng District Library's "Xuannan Guildhalls", and the "Book Elf - Library Ex-Libris" at Xicheng District Youth and Children's Library played an essential role in preserving regional historical and cultural materials and supporting urban development and economic construction. Moreover, these projects facilitated the open sharing of digital resources and increased the utilization of literature resources. The Cultural Information Sharing Project effectively utilized self-built resources and new media channels to organize special film and exhibition activities across the city, with a total of thousands of screenings.

Facing the "major test" of the COVID-19 pandemic, all public libraries in Beijing responded swiftly and adapted accordingly. The normalized epidemic prevention and control required libraries to make rapid adjustment in order to meet reading demands, innovate reading methods, and change service models. In response, digital resources for live broadcasts, virtual exhibitions, online reading, and audiovisual experiences like WeChat live streaming "Public Culture Cloud of Capital Library" and "Culture Cloud of Shunyi District Library" emerged. The city's public libraries integrated various types of documentary resources to facilitate the migration of digital resources to the cloud and mobile platforms. As of 2022, the city's public libraries had established 473 databases, including

125 self-built ones, representing a 62.34% increase[1] compared to 2019. A total of over 4.455 million digital documents were viewed, benefiting 1.198 million readers[2]. The libraries used culture to warm people's hearts and took actions to prevent the spread of the epidemic, offering diverse choices for the vast number of readers to spend their time at home during the challenging period of time.

As General Secretary Xi Jinping pointed out, "Chinese culture carries the spiritual vein of our nation and country. We not only require successive generations tocherish and protect our culture, but also to keep up with the times and bring forth the new from the old." He advocated to "revitalize the words inscribed in ancient texts", and "alongside the vibrant civilizations created by people worldwide, Chinese culture shall offer correct spiritual guidance and robust spiritual inspiration to mankind." Over the past decade, the Capital Library (Beijing Ancient Book Conservation Center), with collaborative efforts from various ancient book institutions in Beijing, has accomplished notable outcomes in national key cultural projects such as *the Preservation Plan for Ancient Chinese Books, the Preservation Plan for Documentation from the Republic of China era*, and *the Promotion and Development of Outstanding Traditional Chinese Culture*, encompassing aspects like conservation, organization, digitalization, standardization, and popularization of classic texts.

Based on the successful results of the ancient book census and registration, we actively advanced the organization, development, and publication of local documents and research outcomes. The Capital Library took the lead in completing its ancient book census, actively assisting municipal units in conducting the census. By 2022, the census of ancient books in 41 municipal ancient book archives in Beijing was almost completed. Seventeen archives in the city officially published their ancient book census and registration catalog. Progress was also made in the digitalization of ancient books and the release of ancient book information. Through technological empowerment, ancient book resources have been able to be protected and explored in a smart approach, and multi-media means have better showcased the charm of the classics. Since the launch of the Ancient Book Protection Center's website in Beijing in 2013, public libraries throughout the city have collaborated in the preservation and

---

1 Data source: Annual Report of Year 2019 and 2022
2 Beijing Public Summary of 2022

digitalization of ancient texts. With a focus on the conservation, significant advancements have been made in terms of restoration, digitization, access, organization, and reuse of these texts. The Capital Library continues to develop the "Precious Ancient Book Database" which deposits the digital forms of ancient books of district libraries across the city so as to support these libraries in their ancient book digitalization endeavors. Both infrastructure for ancient book digitization and the digitalization of full-text book images are making steady progress. Multi-media communication has made ancient books "readily accessible", and achievements have been made in the development of related cultural and creative products, study tours, and other new ways to promote and pass on traditional culture.

As ancient texts encounter modern technology, the Beijing Ancient Books Conservation Center will continue to guide district-level public libraries in Beijing to safeguard precious documents, showcase the culture encoded in ancient books, and encourage the active participation of all citizens in the conservation of ancient texts with an open, diverse, integrated, and innovative cultural approach. Through these efforts, the ethos of Chinese civilization will be inherited and promoted, enabling people to appreciate the spirit and charm of classic literature.

3. Innovating Service Approaches with the "Internet+" Thinking

Since the 18th National Congress of the CPC, reflecting on innovation, pursuing innovation, and implementing innovation have gradually become a basic consensus and new normal in the public library sector. As a result, the landscape is now marked by the prominent emergence of collaborative innovation driven by concepts like "Library +" and "Internet +", fostering cross-sector integration involving areas such as culture, commerce, tourism, and sports.

The year 2012, dubbed the "Year of the Mobile Internet", witnessed the explosion of smart devices, social media, and big data. Over a billion[1] Chinese Internet users and mobile Internet users opened up an unprecedented opportunity to elevate the efficiency of library services. New media platforms, connecting reader needs with online services offered by public libraries, have gradually

---

1 The 50th *China Internet Growth Statistics Report*

emerged as a new frontier for innovative library services. The integration of different media has enriched the communication methods utilized by libraries. Public library accounts on platforms like Weibo, WeChat, Apps, and TikTok have been actively accumulating followers, and both the volume of information pushed and user visits have maintained an upward trend. Traditional services such as event announcements and library updates have been extended to new media platforms, resulting in increased engagement in services like reader reservations, book introductions, resource recommendations, advisory assistance, borrowing and library card issuance, and QR code entry. Integration with platforms like Alipay, Wechat mini-programs, and H5 further enhances the efficiency and convenience of these services.

Faced with the impact of the COVID-19 pandemic on in-person library visits, public libraries across Beijing have taken proactive measures in response to the initiative from the Beijing Library Association. They've integrated their digital cultural service platforms, applications, and public service accounts to provide online services. Through various channels, they've introduced the *Guide to Beijing Public Library's Digital Cultural Resources*, ensuring convenient and efficient access to digital resources for the citizens.

The "unified library card" service outlets for public libraries in Beijing continue to be optimized based on the city-wide four-level service network. As of 2022, the "unified library card" network spans 457 member libraries across the city, 428 of which offer interlibrary loan services. Based on the integration of local literary resources, unified cataloging, combined bibliographic searches, interlibrary loan, and collaborative creation and sharing of digital resources, a range of services have been introduced, including online mobile lending services, 24-hour self-service devices, book reservations, electronic reader cards, and the provision of home book delivery. These new services represent the effective practices by public libraries of new methods and models of reader services, all enabled by technological advancements.

4. Organizing Diverse Reading Activities for Lifelong Readers

As reading channels shift from physical books to new media platforms, digital resources, and immersive, multi-dimensional knowledge sharing, a range of reading activities, exhibitions, lectures, and competitions have evolved from offline to online. Readers can actively participate and fully engage in these programs through libraries' WeChat public accounts, live broadcasts and other interactive platforms. In the year 2020, during the COVID-19 pandemic, public libraries at all levels in Beijing collectively organized 9,710 reader activities in various forms, which marked a 1.23-fold increase from the period before 2012, with participation reaching 50.909 million individuals, marking a 14.56-fold increase in participation compared to a decade ago.

Seizing on the interactive advantages of new media platforms, public libraries in Beijing have advanced a range of promising promotional initiatives in reading. The "Reading Beijing - Capital Citizens' Reading Series Cultural Activities", which has been running for seven years, has enticed millions of citizens to participate. In collaboration with the Capital Library and various district libraries, it has selected 451 lead readers and 287 young book enthusiasts. Additionally, it has recommended over 1000 books to readers and identified 69 "Top Reading Spaces" (primary-level libraries accessible to the public). In 2022 alone, these activities attracted an impressive 39.26 million participations. Social media engagement was also substantial, with 25.82 million reads on Weibo topics and 11.478 million views on live broadcasts. Citywide reading events like the Beijing City Reading Competition, "Reading Accompanies My Growth", the selection of outstanding primary-level libraries accessible to the public as "Top Reading Spaces", and the collection of "Finest Book Reviews" have fostered collaboration among district libraries citywide. These collective efforts have established the "Reading Beijing" cultural brand, effectively showcasing Beijing's vibrant achievements in promoting "reading for all" initiative as well as the radiating impact on the Beijing-Tianjin-Hebei region and even the whole country in terms of cultural synergy and reading promotion.

The innovative reading activities, such as "Journey of Literary Fragrance to the East of the Forbidden City" at Dongcheng District Library, "Poetry Reading Under the Crabapple Tree" at Xicheng District Library, "Reading Strolls" at Chaoyang District Library, "Fengtai Cultural Lecture Hall" at Fengtai District Library, "Joyful Reading Express" at Shijingshan District Library, "Reading Expedition" at Haidian District Library, "Xishan Lecture Series" at Mentougou Public Cultural Center (Mentougou District Library), "Reading Ignites Wisdom and Dreams Take Flight" at Fangshan District Cultural Activity Center

(Fangshan District Library), "Youth Reading Festival" at Yanshan Library in Fangshan District, "Literary Fragrance of Beijing Municipal Administrative Centre" at Tongzhou District Library, "Immersing in Flowery Sea While Reading" at Shunyi District Library, "Changping Recitation Arts Festival and Competition" at Changping District Library, "Bud Action" at Daxing Library, "Children's Hearts and Drawing" at Huairou District Library, "Beijing-Tianjin-Hebei Recitation Invitation Competition" at Pinggu District Library, "Reciting in Miyun" at Miyun District Library, "Sound of Books Under the Great Wall" at Yanqing District Library, and "Green Grass Literary Society" at Xicheng District Youth and Children's Library, among others, have extended their influence beyond the confines of libraries to scenic spots, studios, schools, and even online platforms, becoming new spaces for reading promotion. These initiatives have integrated cultural elements with tourism, giving rise to a variety of distinctive cultural and tourism fusion activity brands.

5. Providing Inclusive Reader Services Catering to All Cultural Needs

In the provision of public cultural services, libraries are obliged to consider the requirements of not only the general populace but also special groups such as the elderly, minors, the disabled, ethnic minorities, military personnel (armed police), and farmers (migrant workers), thereby delivering tailored and distinctive cultural services, alongside doorstep services. Over the past decade, public libraries across Beijing have consistently refined their service measures, making it convenient for special groups to access library services.

Taking advantage of their unique characteristics, public libraries in Beijing have carefully crafted reading services with a special emphasis on fostering the reading habits of children and youth. In alignment with the "Double Reduction" policy, Beijing's public libraries place substantial emphasis on nurturing reading habits among children and youth and promoting a lifelong love for reading. Over the years, the "Red Scarf Reading" initiative has evolved into a diverse array of activities, including storytelling competitions, family scene drama contests, ex-libris design competitions, e-book creation, classic literature guidance for teenagers, and science fiction writing contests. These initiatives collectively establish themselves as a cultural brand for youth reading event in Beijing. At the same time, the service provided by the Beijing reading guidance platform of classic literature for young readers has undergone consistent upgrades. In the year 2022 alone, a total of 7,117 "Red Scarf Reading" events were conducted, reaching animpressive audience of 1.597 million young readers. Public libraries in Beijing also designed tailor-made facilities like cinemas, multimedia zones, and performing stage for children and youth to expand children's overall perception of the library, thereby enticing them to visit the library to read, observe, learn and engage in various activities.

With the establishment of facilities such as senior reading rooms, accessible information service centers, and homes for migrant workers, the library's commitment to the ideals of fair, universal, and equitable service, as well as its social image, has been further highlighted. In terms of services for individuals with disabilities, public libraries in various districts actively cooperate with the digital reading promotion project, by lending intelligent audiobook devices tothe visually impaired and providing accessible reading assistance services. To boost the intrinsic vitality of impoverished areas and foster poverty alleviation collaboration of Beijing, the Capital Library and public libraries across all districts have undertaken cultural support initiatives for regions including Xinjiang, Hebei, Inner Mongolia, Yunnan, and Chongqing. They have created collaborative pairing-assistance documentary resources and data for Beijing's paired assistance cooperation, organized cultural support public welfare activities, offered themed reading services, and provided assistance in special exhibitions, document interviews and cataloging, digital resource utilization, local document-related work, and reading promotion activities. These efforts have heralded a new era in cultural poverty alleviation.These programs have garnered the backing of the Beijing Public Library Cultural Volunteer Service Team, with approximately 49,000 volunteers participating in across 4,789 cultural initiatives, totaling 154,000 hours of service.

Simultaneously, public libraries across the city actively engage in government information disclosure. District-level public libraries, leveraging their geographical advantages, have extended their services into military camps to foster a love for reading among the armed forces. By actively promoting national literature, as well as preserving and innovating national culture , public libraries have played a pivotal role in promoting the inclusive development of public cultural services and consistently meeting people's aspirations for a better life.

6. Enhancing Cooperation Across Regions and Nations for Shared Prosperity

To fully implement the *Coordinated Development Master Plan for the Beijing-Tianjin-Hebei Region and Cultural Synergy Framework Agreement for the Beijing-Tianjin-Hebei Region* issued by the CPC Central Committee, the Beijing-Tianjin-Hebei Library Alliance was officially established in 2015. Over the past 7 years, the member libraries of the alliance, utilizing their respective strengths and collaborating through platforms such as reference and information, professional talent development, public benefit service, public cultural demonstration area construction, and Winter Olympics-themed services, have jointly planned and carried out a series of programs including reading promotion, cultural assistance, exhibition tours, exchanges and seminars, and talent cultivation, achieving complementary and coordinated development that benefits all parties. Under the Beijing-Tianjin-Hebei Library Cooperation Agreement, the alliance provided cultural assistance to libraries in economically disadvantaged counties; hosted the Beijing-Tianjin-Hebei Library Alliance Librarians Forum, launched the Beijing-Tianjin-Hebei Library Red Document Database project which advanced efforts in collecting, integrating, protecting, and utilizing red documents within the Beijing-Tianjin-Hebei region through constructing database. Joint initiatives of libraries from the three regions encompass programs like the "Beijing-Tianjin-Hebei Region Youth Classic Reading Activity", "Embracing the Future through Reading about Winter Olympics - Winter Olympic Knowledge Competition for Youth and Children of the Beijing-Tianjin-Hebei Region" and "My Journey with the Library". The *Framework Agreement for the Development Support Plan of the Xiong'an New Area Library* has been signed with the Xiong'an New Area Public Services Bureau, in order to carry out integrated research into library development across the Beijing-Tianjin-Hebei region, introduce novel concepts for the development of library service systems, foster the smart transformation of libraries, establish a fresh development paradigm, and promote the coordinated growth of libraries within the three regions.

Over the past decade, Beijing's public libraries have stepped up efforts in lateral collaborative development, garnering invaluable experiences in international exchange and cooperation, thereby bolstering their international influence. In accordance with the "Belt and Road Library International Cooperation and Exchange Program", a delegation of public libraries in Beijing selects four of Beijing's sister cities for exchanges annually. With principles of mutually establishing reading zones, hosting academic lectures, exchanging collections, fostering interactive academic exchanges, and encouraging reciprocal librarian visits, the "Reading Beijing" library space was established, which serves as a cornerstone for further diversifying cooperative exchange efforts. As for regional collaboration, a delegation from Beijing public libraries visited Taiwan as part of the "Beijing Cultural Week" series of cultural exchange activities. They successfully launched the "Capital Library 'Reading Beijing' Program", where the displayed books gained high popularity among young people in Taiwan, thereby enhancing cross-strait exchanges. At the same time, as these libraries proactively reach out to the world, they also wholeheartedly "bring in" cultural elements. By crafting cultural exhibition platforms and organizing events like the "Latin American Art Season" and "Iranian Cultural Week", Beijing public libraries offered immersive cultural experiences to the capital's citizens.

7. Leveraging Smart Library Construction with Technology

During the 12th Five-Year Plan period, *the National Cultural Information Resource Sharing Project, the Digital Library Promotion Project*, and construction of public electronic reading rooms were comprehensively advanced. This brought a wealth of high-quality digital resources and convenient services to primary-level libraries, addressing problems like limited application of information technology and inadequate resource development in primary-level libraries. These efforts played a crucial role in the digitalization of library collections and the provision of online information services. During the 13th Five-Year Plan period, in addition to coordinated advancement of the aforementioned three major projects, innovation in public digital cultural initiatives was vigorously promoted. In 2018, the "Capital Library Public Culture Cloud" was launched. This platform linked the resources of public libraries across the city and created a public digital cultural service platform with seven major functional modules. Thus, a "cloud library" was establishedin Beijing. At the beginning of the COVID-19 outbreak, public libraries at all levels in the city "closed offline but blossomed online", ensuring uninterrupted library services through digital reading. Usage data indicated that the digital cultural initiatives implemented in

Beijing were genuinely welcomed by the public as practical measures.

In recent years, public libraries throughout the city have expedited the advancement of smart library construction. They have proactively incorporated into their operational frameworks and reader services next-generation information technologies such as RFID, cloud computing, big data, artificial intelligence, blockchain, VR, facial recognition, smart shelves, and robotics. As a result, significant strides have been made in the realm of smart library development. Since 2022, the Capital Library has employed innovative measures to drive the transformation and upgrade of traditional library services through the synergy of "Internet+" initiatives. The "Reading Delights in Beijing" online borrowing service platform provides readers in the whole city with home delivery for borrowed books and doorstep collection for returns; The "Reader Intelligent Q&A System", accessible through various online service platforms such as the official website, the WeChat mini program, and the WeChat official account, addresses a range of comprehensive service inquiries, including reservation of library visits, book borrowing, information consultation, and OPAC searches; The "Scan-to-Borrow Book Service" offers readers with more document borrowing options; software robot automation technology is used to simulate manual operations, enabling the automation of repetitive tasks. Interweaving the Internet, big data, cloud computing, artificial intelligence, and the Internet of Things, smart libraries have gradually formed a new model of reading services benefiting all citizens.

Cultural confidence is a more fundamental, widespread, and deep-seated sense of confidence; it represents a more essential, profound, and enduring strength. Beijing, a city celebrated for its historical and cultural heritage, is now radiating the brilliance of a new era. Beijing public libraries, integral to the national reading system, consistently contribute to the promotion of "reading for all" initiative by cultivating local reading culture, catering to diverse reading demands, elevating the strength and expertise of reading promotion. In the future, public libraries will extend beyond the scope of reading, further developing high-quality cultural service brands. They will delve into the distinctive features of collections and enhance the breadth and depth of services by creating open, inclusive, and shared spaces.

The development of libraries is ushering in its golden age. The mutual empowerment of culture and technology will make knowledge reach readers' minds more conveniently, allow "reading for all" initiative to truly integrate into urban life and enable citizens to easily enjoy a more diverse range of library services.

May more readers experience poetic life right at their doorstep. May public libraries in Beijing and the construction of national cultural centers reach new heights. May the staff of Beijing public libraries strive tirelessly, work diligently without slackening, and make vigorous efforts to create a new cultural splendor for the capital city!